数理人口学

Mathematical Models for Demography and Epidemiology

稲葉 寿

東京大学出版会

Mathematical Models for Demography and Epidemiology
Hisashi INABA
University of Tokyo Press, 2002
ISBN978-4-13-066901-6

はじめに

本書の主題は，人口 (human population) のダイナミクスに関する決定論的で連続時間の数理モデルを解説することである．前半ではおもに一般人口集団の再生産モデルを扱い，後半では伝染病流行モデルをとり上げる．人間も生物の一員であるから，その人口論は生態学における個体群動態学と多くの共通性を有することは言うまでもない．しかし人間の寿命は他の動物などに比べても長く，その結婚，出産，死亡などのライフサイクルは年齢によって明確な規則性を有する．生物学的ファクターのみならず，人間の社会行動も強く年齢依存的である．したがって，人口論では人口総量の変動だけが問題とされることはまれであって，人口変動の有効な記述のためには年齢構造の考察を欠かすことができない．すなわち本書で扱う数理モデルはもっぱら年齢構造をもつ人口 (age-structured population) のモデルである．

人口の研究は，欧米においては人口学 (demography/population studies) として確立されているが，わが国のアカデミズムの中ではいまだ制度化された学問分野とは言いがたい．人口学は人口の出生，死亡，移動，分布などに関する社会科学的研究から，人類学的，生物学的研究までを含む非常に学際的な分野であるが，人口学的方法のコアにあるものは，人口に関わる諸現象を数理モデルによって解明・理解しようとする数理人口学 (mathematical demography) である．この研究領域は，最広義においては人口学における数理的手法の利用・開発のすべてを含むとも考えられ，形式人口学 (formal demography) ないし人口統計学と画然と区別されうるわけではないが，あえて言うならば，経験的命題の定量的定式化とその計測・実証を主務とする人口統計学ないし計量人口学に対して，数理人口学は人口学的概念や法則性の論理的帰結として人口現象を解明・理解することを目的としている．すなわち演繹的体系としての人口動学 (population dynamics) の構築がその中心的な課題である．本章の主題の 1 つである一般人口の再生産に関する数理モデルは，数理人口学における基本的モデルとして発展してきたものである．

一方，人類集団はその発展過程でくり返し伝染病の大規模な流行によって深刻な打撃を受け，疫病は場合によっては歴史の転轍機の役割を果たしてきたことはよく知られている．たとえば 14 世紀におけるペストの流行は，数年のうちに欧州の人口の 3 分の 1 から 2 分の 1 を奪ったといわれる．20 世紀に入っても，1918 年に発生したスペイン風邪（インフルエンザ）は全世界で 2300 万人以上の死者をだした．しかし，第二次大戦以降，先進諸国においては保健医療体制の発展によって大規模な感染症流行はみられなくなり，寿命は著しく延長されたことも事実である．発展途上諸国においても天然痘の撲滅に代表されるように，先進諸国の後を追って順次感染症は制圧されるであろうという希望がもたれた．ところが，1980 年代に明らかとなったエイズの世界的流行によって，そうした希望は打ち砕かれた．2000 年末までのエイズによる累積死亡者数は 2000 万人を超え，生存している感染者数は 3600 万を超すと推計されている．しかもマラリア，結核などの従来からある感染症の再興や薬剤耐性菌の出現も頻度を増してきている．人口集団における「ホスト–パラサイト」現象は，その進化の歴史とともに古く本質的なものであり，近い将来において人類が感染症から解放されることはないであろう．こうした事態に対処するためには，医学的治療法の進展とともに，流行という人口レベルの現象を制御する知恵が必要である．本書のもうひとつのテーマである伝染病の数理モデルは，そうした問題を考えてゆくための重要な手段である．

20 世紀の初頭，15 億から 17 億であったと推計される人類の人口は，20 世紀中に 60 億を超えた．その人口成長率は低下してきており，21 世紀中に世界人口の減少が始まる確率は高まってきているものの，なお年 1.3% の割合で増加中であり，ピーク時には 80 億から 100 億に達すると予想されている ([293])．100 億の人口というのは地球環境が支持できる限界に近いと指摘する研究者は多い．成長の限界に達した人口は，今日の先進諸国の人口のように制御された減衰過程に入るか，制御不能の破局的減少に見舞われるかのいずれかである．いずれにせよ，限界近くまで膨張した地球人口とその活動は地球環境・生態系の破壊を急速に進めるであろうが，それは未知のウィルスとの接触をもたらし，人工的な薬剤の使用や高密度の住環境は，既存ウィルスの適応と進化，拡散を促進するであろう．すでにサハラ以南のアフリカ諸国におけるエイズ流行が示しているように，感染症の世界的流行が世界人口のレギュレーション要因にならないとは限らないのである．21 世紀は人口問題の世紀であるとともに，感染症の世紀でもある．人口数理モデルは，そうした 21 世紀の人類が直面する問題群への科学的アプローチの基礎として重要な手がかりを与えてくれるであろう．

本書の構想は 1996 年暮れの，東京大学出版会の丹内利香さんとの出会いに始まる．20 世紀中にという掛け声もむなしく，脱稿までに 5 年の月日が流れてしまったことはひとえに著者の遅筆のゆえであり，その間あきらめずに構想を推進していただいた丹内さんにまず感謝したい．もともとは人口モデル全般にわたる公平な紹介をおこないたいと考えて書きはじめたのであるが，そうした試みは自分の能力を超えるものであることがすぐに判明した．結果的に自分が関わった諸問題の紹介に終わってしまい，しかも必ずしも初学者に親切なものとならなかったことを読者にお詫びしたい．本書のタイトル『数理人口学』もその意味で，いささか内容との対応を欠いているきらいがあることをお断りしておかねばならない．本書は伝統的な数理人口学に含まれるテーマ（離散時間モデルや確率統計的モデルなど）を含んでいない一方で，感染症の数理モデルのような，従来の理解では数理人口学を超える範囲のものを含んでいるからである．解説的な長いタイトルは邦語の書物としてはなじまないために，簡単に『数理人口学』とさせていただいたことをご了解いただきたい．

本書中，筆者自身の研究にかかわる部分は，旧厚生省人口問題研究所（現国立社会保障・人口問題研究所）で開始され，そこから派遣された留学先であるオランダのライデン大学理論生物学研究所 (ITB, Leiden) および国立数学・コンピュータ科学研究所 (CWI, Amsterdam) における Odo Diekmann 教授 (現ユトレヒト大学) との出会いによってその方向性が定まった．その出会いの機会を作ってくださったのは筆者の京都大学在学中の恩師である故山口昌哉先生である．なによりも両先生の学恩に感謝の意を表したいと思う．同時にオランダへの留学を可能にしていただいた旧厚生省人口問題研究所の河野稠果所長（当時）以下の同僚諸氏にも深く感謝したい．また，本書は幸いにも東京大学学術研究成果刊行助成制度による支援を受けることができた．ご推薦いただいた東京大学大学院数理科学研究科の岡本和夫，薩摩順吉両教授ならびに関係各位の皆様に御礼申し上げる次第です．

本書の内容は，すでにスタンダードな古典になっている部分や専門誌に公表した部分以外に本書のために新たに得た結果も含んでいる．したがって十分に批判に曝されていないために，なんらかの誤りを含んでいる可能性は高い．それはすべて言うまでもなく筆者の責任であるが，慧眼の読者諸氏の指摘をまって改善していきたいと考えている．そうしたありうべき欠陥にもかかわらず本書を公開したのは，従来あまりにもこの分野がわが国で等閑に付されていたという事情による．その意図を了とされ，本書を手がかりとして，人口問題やその数理モデルに関心をもっていただければ本望である．

2001 年 11 月　著者識

目 次

第1章

歴史的ノート

人口の数理モデル研究は，近代科学の発祥とともに古い歴史をもっているが，とりわけ過去 30 年間において集中的に研究され，人口学や生態学の一部分たることを超えて，応用数理の独自の一分野として確立されるに至った．本章では，おもに一般人口モデルの発展を歴史的に回顧して本文への導入としたい．

1.1　19 世紀末までの前史

人口に関する問題関心そのものは人類社会の歴史とともに古い．たとえばコーエン (J. E. Cohen) は，紀元前 1600 年以前の古代バビロニアの叙事詩のなかに人口過剰の問題に関する記述があることを指摘している ([70])．実際，原始的な部族社会ですら人口と資源の対立を意識せざるを得なかったであろうし，国家権力や行政組織の出現は，租税・軍役の調達のための量的な人口把握の必要性と不可分であったにちがいない．しかしながら人口変動への認識関心が近代科学としての体裁を得るには，17 世紀における西欧科学革命を待たなければならなかった[1)].

人口成長がどのような法則性をもつか，という古代から存在する問題に対する最も基礎的な解答は，幾何学的ないし指数関数的に増加する人口モデルとして表現される．

いま資源の制約のない不変な居住環境において，孤立して生きている 1 つの均質な人口集団を考えよう．時刻 t における人口数を $P(t)$ として，それは連続量として考えられるほど十分に大きいものとする．出生率と死亡率をそれぞれ β，μ とすれば，人口成長は以下の方程式で支配されるであろう：

$$\frac{dP(t)}{dt} = (\beta - \mu)P(t) = \lambda P(t). \tag{1.1}$$

ここで $\lambda = \beta - \mu$ は連続時間における**人口成長率** (rate of increase) に他ならない．これより $P(t) = P(0)e^{\lambda t}$ を得る．(1.1) を**マルサスモデル**というが，このような指数関数的増加法則にしたがう人口を**マルサス型人口** (Malthusian population)，また成長率 λ を**マルサス径数** (Malthusian parameter) と呼んでいる．(1.1) は連続時間モデルであるが，時間を離散的にとれば

$$P(n+1) = (1+r)P(n), \quad n = 0, 1, 2, \cdots$$

という差分方程式モデルを得る．ここで r が単位期間における人口成長率（幾何学的成長率）になり，n 時刻での人口は $P(n) = (1+r)^n P(0)$ となる．これらのモデルの名称は人口の幾何学的成長という概念が**マルサス** (T. R. Malthus) の有名な『人口論』(*An Essay on the Principle of Population*, [295]) によって広く受容されるようになったことにちなんでいるが，すでに 17 世紀には広く認識されていた法則性であって，マルサスの創見によるものではない ([317]).

1) 人口学の起源は 17 世紀におけるグラント (J. Graunt) らによる人間の死亡法則（生命表）の研究 ([150]) であるといわれている．

ところで人口の増加を世代単位でみて，世代の重複がなく，世代間の人口比が一定であると仮定するならば，幾何級数的増加法則は自明であるが，現実の人口のように世代が重複している場合にそれが幾何学的成長をおこなうかどうかはじつはまったく自明なことではない．この点は後の安定人口理論の出現によって初めて明らかにされたのであるが，その基本的アイディアはすでに 13 世紀の**レオナルド・ピサノ（フィボナッチ）** (Leonardo Pisano/Fibonacci) による有名な算術書『リベル・アバッキ』(*Liber Abaci*, [134]) に示された兎の増殖モデルにおいてみることができる．

いまひとつがいの兎を単位として考えて，これらが死亡することなく出生から 2 カ月目に成熟して，以後毎月ひとつがいの子供兎を産むと想定する．月を時間の単位として第 n 期の兎人口を P_n とすると，以下の漸化式が成り立つことが容易にわかる：

$$P_n = P_{n-1} + P_{n-2}. \tag{1.2}$$

初めにひとつがいの産まれたての兎がいたと考えれば，初期条件は，$P_1 = P_2 = 1$ である．この漸化式はよく知られているようにフィボナッチ数列を作りだす．一般項は以下のように書ける：

$$P_n = \frac{1}{\sqrt{5}}\left\{\left(\frac{1+\sqrt{5}}{2}\right)^n - \left(\frac{1-\sqrt{5}}{2}\right)^n\right\}.$$

明らかに兎人口の初期増加はマルサス的ではないが，$n \to \infty$ において漸近的にはマルサス的成長をおこなうことがわかる．実際，

$$P_n = \frac{1}{\sqrt{5}}\left(\frac{1+\sqrt{5}}{2}\right)^n (1-\varepsilon^n)$$

と書き直せば，$|\varepsilon| = |(\sqrt{5}-1)/(\sqrt{5}+1)| < 1$ であるから $\lim_{n\to\infty} \varepsilon^n = 0$ となり，P_n は十分に時間がたつと漸近的にマルサス径数が $(\sqrt{5}-1)/2$ となる幾何学的成長をおこなうことになる．このとき公比 $(\sqrt{5}+1)/2$ は古代から黄金分割比として知られていたものに他ならない．フィボナッチモデ

ルは，年齢構造のある人口の成長の帰結を示した点で現代の安定人口理論の概念をすでにそのなかに宿していたと言えよう．漸近的マルサス成長という概念は，今日なお作用素半群の漸近理論において重要な役割を果たしている．

フィボナッチのモデルはその後長い間無視され，その後の研究に影響を残したとは言えないが，マルサスよりも早くに，**オイラー** (L. Euler) が独自に，人口の増加を差分方程式によって記述し，一定の出生，死亡秩序のもとにある年齢構造をもった人口が，漸近的には幾何学的成長をおこなうであろうことを，ジュースミルヒ (J. P. Süssmilch) にあてた書簡のなかで示唆していた ([378], [384])．オイラーはまた，幾何級数的に増加しつつある人口におけるさまざまな人口学的指標値の関係を述べて，それらが不完全な人口データの推定に利用できることを示した ([130])．これらは現代の人口学における間接推定法の先駆けとなるものであったが，やはりこの業績も 20 世紀に安定人口理論が出現するまで見過ごされ，影響力をもたなかったのである．

オイラーやジュースミルヒと同時代に，**ベルヌーイ** (D. Bernoulli) は想定された天然痘 (smallpox) の感染確率のもとでの年齢別未感染者割合の推定や，種痘が平均寿命に及ぼす効果を研究した ([29])．これは疫学における数理モデル利用の嚆矢である ([411])．

明らかに単純なマルサスモデルは，限られた時間における人口増加を記述する場合以外は非現実的である．現実には，外的な環境の変動や資源の制約，人口それ自体が人口の生存条件を変化させる要因になることなどを考慮すれば，成長率が不変に保たれることはない．人口のマルサス的成長という潜在能力とその現実における挫折は，マルサスの人口論における基本的認識に他ならない．

マルサスの人口論以前より，人口の無制限な成長は不可能であって増加率はやがて鈍化するという考え方は存在していた．19 世紀にはいると**ケトレー** (A. Quetelet) が人口は終局的には定常的になるべきことを論じていたが，これを初めて数理モデルとして定式化したのは**フェアフルスト** (P.

F. Verhulst) である ([423]). フェアフルストのモデルは今日では**ロジスティックモデル** (Logistic model) と呼ばれ，以下のような非線形方程式で表される：

$$\frac{dP(t)}{dt} = \lambda \left(1 - \frac{P(t)}{K}\right) P(t), \quad t > 0. \tag{1.3}$$

この方程式は解析的に解けて，$\lambda > 0$ のとき，人口サイズ $P(t)$ は $t \to \infty$ において一定値 $K > 0$ に単調に漸近する．この量 K を当該の環境の**環境収容力**ないし**環境容量** (carrying capacity) と呼ぶ．このモデルは，人口密度が高くなると人口規模は人口成長に負の効果を与える（ロジスティック効果）であろうという考え方に依拠している．

フェアフルストの業績もまた長らく埋もれていたが，マッケンドリック (A. G. McKendrick) やパール (R. Pearl) らによって再発見され，資源制約のある個体群成長の基本モデルとして広く利用されるようになった ([306], [335])．また 1970 年代には，ロジスティック方程式は差分化するとパラメータの値によって周期解やカオス的な解が出現することが発見され，その予想外に豊かな解の構造がふたたび注目されるようになった ([192], [448])．

1.2　20 世紀初頭から 1960 年代まで

1911 年に**ロトカ** (A.J. Lotka) はシャープ (F. R. Sharpe) とともに書いた記念碑的論文 ([374]) において，以下の有名な**再生方程式** (renewal equation) を提起した：

$$B(t) = \int_0^\infty B(t-a)\ell(a)\beta(a)\,da. \tag{1.4}$$

ここで $B(t)$ は時刻 t における単位時間あたりの出生児数，$\ell(a)$ は a 歳までの生残率，$\beta(a)$ は a 歳人口の年齢別出生率である．シャープとロトカは再生方程式の解が漸近的にマルサス成長をすること，そしてその漸近的成長率が与えられた年齢別出生率と生残率によって一意的に決定されることを示した．彼らの証明は厳密なものではなかったが，後にフェラー (W. Feller) によって数学的に正当化された ([133])．シャープ–ロトカのモデルでは，t 時刻の人口の年齢分布は $B(t-a)\ell(a)$ となるから，年齢分布は $t \to \infty$ において初期データから独立な一定の分布（**安定年齢分布**）に収束し，全人口がマルサス的に成長することがわかる．このとき人口が漸近的に拡大再生産するのか，縮小再生産するかは，**基本再生産数**（**純再生産率**）R_0 が 1 より大きいか小さいかによって決まる：

$$R_0 = \int_0^\infty \beta(a)\ell(a)\,da.$$

R_0 は人口一人あたりの期待子供数であるから，直観的には $R_0 = 1$ が人口成長の閾値となることは明らかであろう．

歴史的に言えば，純再生産率の概念はロトカよりも早くすでに 19 世紀末にベルリン統計局のベック (R. Böckh) や人口学者クチンスキー (R. R. Kuczynski) によって見出されていたが，彼らには動学モデルが欠けていたためマルサス径数との関連を見出すことができなかった．一方，マルサス成長下における年齢分布の形態は，初期のロトカ ([285]) 以外にも，ボルトキヴィッチ (L. V. Bortkiewicz) [2)]が独自に導いていたが，彼のモデルにも年齢別出生率の概念がなく，動学モデルとしては定式化されていなかった．後に 1930 年前後になって，ロトカとクチンスキーの間で安定人口理論の基礎概念のオリジナリティをめぐって論争が勃発したが，森田 ([317]) やサミュエルソン (P. A. Samuelson, [363]) が明らかにしているように，オイラーの貢献を除けば，年齢構造をもつ人口を動学モデルとして定式化して，特性方程式を通じて安定年齢分布や純再生産率の意義を初めて示したのはシャープ–ロトカの理論が最初であったことは間違いないであろう．この後，シャープ–ロトカモデルはもっぱらロトカ自身によって発展させられ，**安定人口理論** (stable population theory) として近代人口学における基本的なツールとなった．

---

2) 数理モデルによるマルクス経済学の解明で有名であるが，その人口モデルへの貢献については森田 ([317]) を参照．また [363],[370] を見よ．

両大戦の戦間期において，ロトカの理論は，おそらくロトカ自身に気づかれることなく，いくつかの方向へ重要な進展をみた．マッケンドリックは，医学的問題への数理モデルの適用の試みのなかで人口の年齢分布関数が満たすべき以下のような一階の偏微分方程式（**マッケンドリック方程式：McKendrick equation**）を提出していた ([305])：

$$\frac{\partial p(t,a)}{\partial t} + \frac{\partial p(t,a)}{\partial a} = -\mu(t,a)p(t,a). \tag{1.5}$$

ここで $p(t,a)$ は時刻 t における a 歳の人口密度であり，$\mu(t,a)$ は時刻 t における a 歳の瞬間的死亡率である．

この方程式もまた長らく忘れ去られていたが，1950 年代に，フォン・フェルスター (H. von Foerster) らにより細胞増殖のモデルとして再発見され有名になった ([424])．そのためフォン・フェルスター方程式と呼ばれることもある．

時刻 t における年齢別出生率を $\beta(t,a)$ として，この方程式に境界条件

$$p(t,0) = \int_0^\infty \beta(t,a)p(t,a)\,da$$

を付加したシステムは，封鎖人口の年齢分布を決定するまったく一般的な方程式系になる．とくに，出生率，死亡率が時間に依存しない場合は，$p(t,0) = B(t)$ とおけばロトカの積分方程式 (1.4) の微分方程式による同値な表現になっていることがわかる．すなわち，連続時間の安定人口モデルは，偏微分方程式の初期値・境界値問題として考察することができる．この定式化は，理論生物学において 1960 年代を通じてしだいに利用されるようになった ([23], [377], [412], [413])．

マッケンドリックはまた，1920 年代末から 1930 年代にかけてケルマック (W. O. Kermack) とともに人口レベルにおける伝染病流行の数理モデルに関する一連の論文を発表した．それらは今日に至るまでくり返し参照される基本的文献となっている ([247]–[249])．ケルマック–マッケンドリックのモデルは，感受性人口，感染人口，隔離人口という部分人口が非線形

相互作用によって結び付けられたモデルであって，非線形の構造化人口モデルとしては最も早く研究されたものであるが，やはりその完全な意義が明らかになるのは 1970 年代以降のことである．

1920 年代に，ノートン (H. T. J. Norton) は年齢構造をもつメンデル集団の人口モデルを定式化して，その漸近挙動を検討した ([177], [321])．その過程で，封鎖人口集団の年齢構造は，出生率，死亡率が時間的に変動した場合でも初期条件から漸近的に独立となるという人口過程の弱エルゴード性を示した．この結果も半世紀以上忘れ去られていたが，1960 年代に至って，人口学者のコール (A. Coale) の示唆 ([67]) を得たロペス (A. Lopez) は，ノートンの結果を知らないまま，レスリー行列モデルに基づいて弱エルゴード定理を証明した ([283])．同じころ数学者のバーコフ (G. Birkhoff) は，非負の線形発展作用素の弱エルゴード性に関するまったく一般的な結果を得ており，1980 年代以降，人口学的過程のエルゴード性は，一般的な非負作用素論の観点から再検討されるに至った ([37], [208], [362])．

ロトカがその著書『物理的生物学の原理』(*Elements of Physical Biology*, [287]) において提出した複数の生物集団の相互作用ダイナミクスの微分方程式モデルは，1920 年代後半から 1930 年代にかけて，イタリア人数学者**ヴォルテラ** (Vito Volterra) によって拡張され，数学的にくわしく検討された ([372])．とりわけ彼らの名前を不朽のものとしたのは複数の生物人口の競争的相互作用モデルであった．

いま $P_1(t), P_2(t)$ を時刻 t での 2 種の生物の個体数とする．このとき**ロトカ–ヴォルテラの競争方程式** (Lotka-Volterra competition equation) は以下のような連立常微分方程式で表される ([234], [393], [446])：

$$\begin{aligned} P_1'(t) &= (\varepsilon_1 - \lambda_1 P_1(t) - \mu_{12} P_2(t))P_1(t) \\ P_2'(t) &= (\varepsilon_2 - \lambda_2 P_2(t) - \mu_{21} P_1(t))P_2(t) \end{aligned} \tag{1.6}$$

ここで ε_j は自然増加率，λ_j は種内競争係数，μ_{ij} は競争相手 j の存在による種 i の増殖率の低下を表す種間競争係数である $(i, j = 1, 2)$．とくに

$\lambda_1 = \lambda_2 = 0$, $\varepsilon_1 > 0$, $\varepsilon_2 < 0$, $\mu_{12} > 0$, $\mu_{21} < 0$ の場合は P_1 が被食者，P_2 が捕食者となる**被食者–捕食者モデル** (prey-predator model) となる[3)]．このとき各人口は平衡状態にあるかまたは周期的に振動する．これは線形の人口モデルにはない注目すべき現象であり，ロトカ–ヴォルテラのモデルは人口集団間の非線形相互作用の基本的モデルとして，生物学ばかりでなく経済学や社会学に至るまで大きな影響を与えた．

さらに第二次世界大戦中にベルナルデリ (H. Bernardelli), ルイス (E. G. Lewis), **レスリー** (P. H. Leslie) はそれぞれ独立に，離散的な年齢・時間間隔をもつ行列人口モデルを考案した ([278], [279], [378])．現実の人口データはすべて離散量であるから，行列人口モデルは年齢別人口の時間発展を実際に計算していくための原理を与える点で重要であり，理論的にも独自の発展をとげている ([54], [77], [340])．

安定人口モデルは両性の相互作用や資源・環境制約によるフィードバック効果，人口の不均質性などを考慮していない点で限定的なものであることはロトカの時代から認識されていた．その不十分性は先進諸国において戦後発生した，結婚，出産をめぐる再生産様式の大変動を前にすると明らかであったが，人口学が急速に増加する発展途上諸国の人口（それはほとんどマルサス人口であった！）の解析に活躍の場を見出すにしたがって，人口学的間接推定の基礎として安定人口論の有用性が再認識され，1960 年代末に至るまで，それは数理人口学におけるほとんど唯一のパラダイムとして生き残ったのである．

またケルマック–マッケンドリックモデルによって 1930 年前後にその基礎が与えられた伝染病数理モデルの研究も，ベイリー (N. T. J. Bailey, [17], [18])，バートレット (M. S. Bartlett, [19], [20])，ケンドール (D. G. Kendall, [246]) らの限られた貢献を除いては，1970 年代半ばまで停滞した．

3) ロトカはこのモデルをホスト–パラサイト系のモデルとして記述している ([287])．

1.3　ロトカ小伝

上記のように，人口の数理モデル研究が 1 つの研究領域として確立されるに至った過程では，20 世紀前半におけるロトカの一連の業績は決定的な役割を果たしたと言える．そこで，ロトカの生涯をノートシュタイン (F. W. Notestein, [322])，ダブリン (L. I. Dublin, [123])，キングスランド (S. E. Kingsland, [257]) らにしたがって手短に紹介しておこう．ロトカはわが国ではヴォルテラとともに数理生物学の創始者の一人として記憶されていることが多いが，実際には人口学者としての活動が顕著であった．しかも以下に見るように，終始アカデミズム内部の人であったヴォルテラとは異なり，ロトカはついにアカデミーに地位を得ることはなかったのである．

図 1.1　アルフレッド・ロトカ ([257]).

アルフレッド・ロトカ (Alfred James Lotka) は，1880 年 3 月 2 日，アメリカ人の両親のもとに当時のオーストリア帝国のレムベルグ（現在はウクライナのルボフ）に生まれた．少年時代をフランスで過ごした後，教育を受けるためにイングランドにおもむき，1901 年にバーミンガム大学から物理学と化学で学士号を取得した．その後，1901 年から 1902 年まで，ライプチッヒ大学に学んだ．当時のライプチッヒ大学はオストワルト (F. W. Ostwald) が物理化学研究所を指導しており，熱力学的原理で物理学，化学，生物学を統一しようとするエネルギー一元論を主張していた[4)]．ライプチッヒにおける経験は，ロトカに生物集団の進化と発展の一般理論への生涯にわたる関心を与えたといわれる．

1902 年に渡米したロトカは，ジェネラル・ケミカル (General Chemical Co.) に入社して 1908 年まで勤務した．その間，1907 年に年齢構造をもつ人口の性質に関する最初の論文が出版された ([285])．1908 年から 1909 年にかけて，コーネル大学の大学院生兼物理学助手となり，1909 年にコーネル大学から修士号を取得，その時期の考察は安定人口論の成立を告げる記念碑的なシャープとの共著論文「年齢分布における 1 つの問題」(*A Problem in Age-Distribution*, [374]) として 1911 年に現れた．1909 年から 1911 年まで，合衆国特許庁，標準局に勤務し，1911 年から 1914 年まではサイエンティフィック・アメリカン・サプリメント (Scientific American Supplement) の編集者として働いた．その間，それまでの業績によって 1912 年にバーミンガム大学から博士号を取得した．1914 年から 1919 年までふたたびジェネラル・ケミカルに勤務した．

ロトカの業績は長らく注目されることがなかったが，1920 年に至ってレイモンド・パール (Raymond Pearl) に見出され，1922 年にジョンズホプキンス大学でフェローシップを得てフルタイムの研究生活を再開し，そこに 1924 年までとどまって，数理生物学の金字塔となった『物理的生物学

4) オストワルトは 1900 年前後に化学における自己触媒反応の一般化によって生物の成長モデルを考えていたようである ([331])．

の原理』を完成させた[5)]．また1923年にはマラリアの伝染病モデルに関する研究を公表している ([286])．

その後，1924年にロトカはメトロポリタン生命保険会社に入り，1947年に退職するまでその統計部門に勤務した．彼の人口学的研究の多くはこの時期におこなわれている．彼の人口学における主著である『生物集団の解析的理論』(*Théorie Analytique des Associations Biologiques*, [292]) は1939年にパリで仏語で出版された．また1938年から1939年までアメリカ人口学会の会長を勤め，1942年にはアメリカ統計学会の会長となった．1948年から1949年まで国際人口学会 (International Union for the Scientific Study of Population; IUSSP) の副会長であり，かつ同会の合衆国支部の議長であった．晩年のロトカは『生物集団の解析的理論』の英語版を準備していたが，1949年12月5日にニュージャージー州レッドバンクの自宅で亡くなり，その作業は中断してしまった．

ロトカの主著の1つ『物理的生物学の原理』の影響はきわめて広範であり，今日の数理生物学・理論生物学の成立を促したばかりでなく，それが示している物質系と生命系を貫く数学的な統一原理の把握という着想は，社会科学やシステム科学などにも大きな思想的影響を与えてきている．一方，彼の後半生を特徴付ける人口学的研究の集成となった『生物集団の解析的理論』は，戦時下のパリで仏語で出版されたためか，人口学界以外ではほとんど注目されずに終わった．しかし人口学が彼の生涯の研究を貫く中心的関心事であったことは間違いないであろう[6)]．

1.4　1970年代以降：構造化人口動態学の成立

人口学における数理モデルの進歩はきわめて緩慢なものであったが，1970

5)　この本のなかには，安定人口モデル，捕食者–被食者モデル，伝染病モデルなどがすでに現れている．

6)　ノートシュタインの ロトカの追悼文には，ロトカの95の科学論文，13の雑誌記事，6冊の単行書のリストがついていて，その関心領域の広がりを示す興味深い資料となっている ([322])．

年代後半に入ると，安定人口モデルに人口の異質性を取り入れる拡張がおこなわれた．ルブラ (H. Le Bras)，ロジャース (A. Rogers) やショーン (R. Schoen) は，居住地域や婚姻状態によって分割された人口に対して適用できるようにロトカの理論を拡張した．このベクトル型モデル（多状態人口モデル）では，それまでの年齢，性という構造以外にもさまざまな人口学的，社会学的，経済学的な内部構造をもつ異質的な人口集団が各状態間を遷移しつつ成長していく過程を記述できることとなり，社会現象の分析ツールとしての人口学的方法の射程は著しく拡大された ([271], [349], [368])．

人口学から数理生物学ないし応用数理の方面に目を転ずると，1974 年に現れたガーティン (M. E. Gurtin) とマッカミイ (R. C. MacCamy) による非線形の年齢構造化人口モデルの研究は，数学者，数理生物学者に大きなインパクトを与えた点で注目される ([165])．ガーティン–マッカミイのモデルは人口サイズの人口動態率へのフィードバック効果を考慮したものであり，非線形マッケンドリック方程式の初期値・境界値問題として定式化される．動態率が人口サイズの減少関数である場合には，フェアフルストのロジステックモデルに年齢構造を導入したものと考えられる．フェアフルストのモデルの出現から，その年齢構造化版が現れるまで，じつに 130 年以上が経過したわけである．こうしたモデルは，安定な定常解や周期解が存在しうる点で，安定人口モデルなどよりはるかに豊かな解の構造をもっている．

1980 年代に入ると，ウェブ (G. F. Webb) は，より一般的な非線形人口モデルに対して非線形半群による解を構成してその性質を詳しく調べるという関数解析的な手法を確立した ([437])．また数理生物学・理論生物学におけるますます高度化されたモデリングへの要求を背景に，メッツ (J. A. J. Metz)，ディークマン (O. Diekmann) らを中心とする欧州の数理生物学研究グループは，人口がさまざまな内部構造（年齢，空間的配置，持続時間，サイズ・体重などの生理学的パラメータなど）をもち，環境と相互作用をおこないながら自己発展する過程を数学的に適切に表現する理論的枠組みとその応用研究を集中的に推し進めた．その初期の研究の成果はメッツとディークマンによる論文集として 1986 年に現れている ([309])．こうした一連の研究によって，1980 年代半ばには**構造化個体群動態学** (structured population dynamics) は応用数理の一分野として確立されるに至った．

本書では，人口の内部構造変数としては，年齢 (chronological age)，持続時間 (duration / local time)，空間配置などの特殊な（しかし最も重要な）ものしか扱わない．したがって，構造化人口モデルの一般論は必要ではないが，ここで構造化人口モデルの一般的定式について簡単に紹介しておこう．くわしくは [83], [309], [415] などを見ていただきたい．

いま何らかの内部構造をもつ人口集団を考えよう．各個体は年齢 $a \in \mathbf{R}_+$ とそれ以外の構造変数 $x = (x_1, x_2, ..., x_k) \in \mathbf{R}^k$ で特徴付けられているとする．x_i としては，たとえば細胞人口 (cell population) であれば，DNA や RNA の含有量や細胞サイズ，重量などを構造変数にとれる．構造変数 (a, x) の時間変化は一般に，

$$\frac{da}{dt} = 1, \quad \frac{dx}{dt} = v(a, x, E) \tag{1.7}$$

という決定論的な法則性にしたがっていると仮定する．ここで，$v := (v_1, .., v_k)$ は（年齢以外の）構造変数の変化速度であり，個体の年齢 a，構造 x，環境 E などの関数である．環境変数 E としては人口密度効果などのフィードバックが考えられる．もし環境変数 E が定数（不変の環境）であれば，(1.7) は構造変数の運動を完全に決定している．構造変数 (a, x) は個体レベルにおける特性を示すという意味で個体状態変数 (i-state variable) と呼ばれ，それが値をとる部分集合 $\mathbf{R}_+ \times \Omega \subset \mathbf{R}^{k+1}$ を個体状態空間 (i-state space) という．

$p(t, a, x)$ を時刻 t，年齢 a，構造変数（ベクトル）x をもつ人口の年齢密度関数であるとしよう．すなわち，

$$\int_{a_1}^{a_2} \int_{\Omega_0} p(t, a, x)\, dx da$$

は時刻 t において構造変数 $(a, x) \in [a_1, a_2] \times \Omega_0 \subset \mathbf{R}_+ \times \Omega$ をもつ人口数

を与える．その意味から $p(t,\cdot,\cdot)$ は $X := L^1_+(\mathbf{R}_+ \times \Omega)$ に値をとると考えられるが，空間 X を人口状態レベル (p-state level) における人口状態空間 (p-state space) という．

このとき一般に，人口レベルにおける基礎方程式 (保存則：p-balance law) は以下のように表される：

$$\frac{\partial p(t,a,x)}{\partial t} + \frac{\partial p(t,a,x)}{\partial a} + \bigtriangledown(v \cdot p) = -\mu(a,x,E)p(t,a,x), \tag{1.8}$$

$$p(t,0,x) = \int_0^\infty \int_\Omega \beta(a,y,x,E)p(t,a,y)\,dyda. \tag{1.9}$$

ここで $\mu(a,x,E)$ は年齢別・状態別死亡率であり，$\beta(a,y,x,E)$ は年齢 a，状態 y の個体が状態 x の個体を生む出生率である．さらに，

$$\bigtriangledown(v \cdot p) := \sum_{i=1}^{k} \frac{\partial v_i(a,x,E)p(t,a,x)}{\partial x_i}$$

である．環境変数 E が人口の状態に依存して変化する場合には，(1.8), (1.9) は非線形方程式である．

保存則 (1.8) は形式的には以下のように導かれる．いま Ω_0 を滑らかな境界 $\partial\Omega_0$ をもつ Ω 内の任意の領域としよう．$J(a,x)$ を人口の流れ (flux) のベクトル，n を Ω_0 の外向き法線ベクトルとすれば，(a,x) における外向きの流れは $n \cdot J(a,x)$ で与えられる．このとき，コーホート[7]上の人口のバランスを考えると，

$$\left(\frac{\partial}{\partial t} + \frac{\partial}{\partial a}\right)\int_{\Omega_0} p(t,a,x)\,dx + \int_{\partial\Omega_0} n \cdot J d\sigma = -\int_{\Omega_0} \mu(a,x,E)p(t,a,x)\,dx.$$

ここで σ は $\partial\Omega_0$ の面積要素である．ガウスの発散定理から，

$$\int_{\partial\Omega_0} n \cdot J\,d\sigma = \int_{\Omega_0} \bigtriangledown J\,dx$$

7) 人口学では 1 つの人口学的事象を同時に経験した人口集団を「コーホート」(cohort) と呼ぶ．通常，何の説明もなくコーホートといえば，同時刻に出生した人口（出生コーホート）を指す．

であるから，

$$\int_{\Omega_0}\left[\frac{\partial p(t,a,x)}{\partial t}+\frac{\partial p(t,a,x)}{\partial a}+\bigtriangledown J(a,x)+\mu(a,x,E)p(t,a,x)\right]dx=0.$$

ここで Ω_0 は任意であったから，

$$\frac{\partial p(t,a,x)}{\partial t}+\frac{\partial p(t,a,x)}{\partial a}+\bigtriangledown J(a,x)+\mu(a,x,E)p(t,a,x)=0$$

を得る．さらに流れは密度と速度の積で与えられるから，$J=v\cdot p$ とすれば (1.8) を得る．

1980 年代から構造化人口モデルの関数解析的な研究が，発展方程式の研究と交錯しながら大きく進歩をとげたのは事実であるが，なお非局所的な非線形性をもつ人口方程式をつねに処理できるような一般的な理論があるわけではない．自由なモデル構築の立場からすれば，可積分関数だけではなく，デルタ関数のような測度を分布関数として扱ったり，環境から人口へのフィードバックとしては必ずしもリプシッツ連続ではないような写像を扱えることが望ましいが，そうした場合に (1.8), (1.9) のような微分方程式モデルが，初期条件に対して連続的に依存する一意的な非負解をもつという意味で，数学的に「適切」(well-posed) な問題を提供するとは限らない ([103])．モデルは現象の記述のためにあるのであるから，場合によっては「はじめに微分方程式ありき」という立場に拘泥する必要はない．最近では，この分野を一貫して主導してきたディークマン，ギレンベルグ (M. Gyllenberg)，メッツ，ティーメ (H. R. Thieme) らのグループは，微分方程式に依存しない，すなわち瞬間的変化率を用いないで，人口の発展を記述・解析する方法の開発を試みている ([96], [99], [100])．

第 2 刷にあたって

本書初版刊行以降，18 年が過ぎた．その間の人口問題と感染症に関わる数理モデルの発展は著しい．最近の発展および文献については [455], [456], [459], [460], [462] 等を参照していただきたい．

第2章

安定人口モデルの基礎

ここでは年齢構造を考慮した人口の動学モデルとして最も単純な線形単性モデル（安定人口モデル）について述べる．安定人口モデルは単純なモデルであるが，発展途上諸国の人口や歴史的人口に対してはよく適合するモデルであって，近代人口学の発展に中心的な役割を果たした．またロトカ–ヴォルテラの競争方程式とともに生命系において最も成功した数理モデルとして，生物学のみならず経済学や社会学における多くの研究を触発してきた．ここでは，初めにマッケンドリック方程式の初期値・境界値問題として安定人口モデルを定式化してから，ロトカの積分方程式を導き，その解の性質を調べることにしよう．主要な目標は安定人口理論の基本定理とも言えるシャープ–ロトカ–フェラーの定理（強エルゴード定理）を証明することである．

2.1　年齢密度関数，死亡率と出生率

人口における最も基本的な内部構造は年齢構造である．実際，人間個体の死亡や再生産行動は年齢，すなわち個体出生からの経過時間，をパラ

メータとすることによって明確な規則性をもつからである．そこで連続量として扱えるほど十分に大きなサイズの，年齢構造をもつ均質的な人口集団の状態は，時刻 t におけるその**年齢密度関数** (age-density function) $p(t,a)$ $(a \in [0,\omega])$ によって記述される．ここで $0 < \omega \le +\infty$ は最大到達年齢である．それゆえ積分

$$\int_{a_1}^{a_2} p(t,a)\,da$$

は時刻 t における年齢階級 $[a_1,a_2]$ にある人口数を与え，

$$P(t) = \int_0^{\omega} p(t,a)\,da$$

は時刻 t における総人口である．$P(t) < \infty$ とするために，以下では $p(t,\cdot)$ は非負の可積分関数であると仮定する．すなわち各 t に対して，$p(t,\cdot) \in L^1_+(0,\omega)$ である．

一定の領域に居住する人口は，外部との人口移動がない場合には**封鎖人口** (closed population) と呼ばれる．明らかに封鎖人口の状態変化は，出生，加齢，死亡のみによって決定される．出生，死亡などの人口学的事象が加齢とともに発生する過程は，それ自体微細に観察すれば複雑な過程であり，分析のためには独自のモデルが必要である．しかしここでは，人口レベルにおける巨視的モデリングに必要な限りでの基本的関数として死亡率と出生率を導入しておこう．

死力 (force of mortality) あるいは**年齢別死亡率** (age-specific death rate)$\mu(a)$ は個体レベルにおいては，年齢 a 歳における個体の死亡の瞬間的な発生率（生存状態から死亡状態への推移強度）として定義される．実際，確率変数 X を個体の死亡年齢として，その分布関数を $F(a)$，確率密度関数を $f(a)$ とすれば，死力 $\mu(a)$ は以下のように定義される[1)]：

$$\mu(a) = \lim_{h\to 0} \frac{Pr(a \le X < a+h \,|\, a \le X)}{h} = \lim_{h\to 0} \frac{Pr(a \le X < a+h)}{Pr(a \le X)h}$$

1)　$Pr(A)$ は事象 A の発生する確率を表す．

$$= \frac{f(a)}{1-F(a)} = -\frac{d}{da}\log(1-F(a)).$$

このとき，

$$\ell(a) = 1 - F(a)$$

は a 歳まで個体が生存する確率を表し，**生残率** (survival rate) と呼ばれる．したがって，

$$\frac{d\ell(a)}{da} = -\mu(a)\ell(a)$$

であるから以下を得る：

$$\ell(a) = \exp\Big(-\int_0^a \mu(\sigma)\,d\sigma\Big).$$

個体が有限の最大年齢 ω をもつと想定する場合は，$\ell(\omega) = 0$ となるように

$$\int_0^\omega \mu(a)\,da = \infty \tag{2.1}$$

と仮定される．$\mu(a)$ は非負で $[0, \omega)$ においては局所可積分な関数である．人口レベルにおいては，決定論的解釈にしたがって，単位時間あたりに年齢区間 $[a_1, a_2]$ にある人口から発生する死亡数は，

$$\int_{a_1}^{a_2} \mu(a)p(t,a)\,da$$

で与えられ，単位時間あたりの総死亡者数 $D(t)$ は以下で与えられる：

$$D(t) := \int_0^\omega \mu(a)p(t,a)\,da. \tag{2.2}$$

(2.1) のような特異性を仮定した場合，(2.2) が有限確定であるためには，$p(t,\cdot) \in L^1_+$ であるだけでは不十分である．たとえば，

$$p(t,\cdot) \in \{\ell(\cdot)\phi(\cdot) \,|\, \phi \in L^1_+(0,\omega)\} \tag{2.3}$$

であって，$\sup_{a\in[0,\omega]} |\mu(a)\ell(a)| < \infty$ であると仮定すれば，$D(t)$ は有限となる．実際，後に見るように，$p(t,a) = p(t-a,0)\ell(a)$ であるから，(2.3)

は妥当な仮定である．あるいは，ここで考察するような線形モデルでは，ω を再生産年齢の上限より大きく，最大到達年齢よりも小さい任意の正数として固定して，年齢区間 $[0,\omega]$ 上の人口のみを考えれば十分である．実際，年齢区間 (ω,∞) の人口は何ら $[0,\omega]$ 上の人口に影響を及ぼさないからである．その場合は，$\mu(\cdot)\in L^{\infty}_{+}(0,\omega)$ であるから，$L^{1}_{+}(0,\omega)$ 全体が年齢密度関数の状態空間であるとしてよい．

粗死亡率 (crude death rate; CDR) は単位時間あたり，一個体あたりの死亡率であり，

$$\mathrm{CDR}:=\frac{D(t)}{P(t)}=\frac{\int_0^{\omega}\mu(a)p(t,a)\,da}{\int_0^{\omega}p(t,a)\,da}$$

と定義される．死亡発生の平均年齢は**寿命** (life span) と呼ばれる：

$$寿命:=\int_0^{\omega}af(a)\,da=\int_0^{\omega}a\mu(a)\ell(a)\,da.$$

寿命はゼロ歳時における死亡までの平均待機時間であり，また一個体あたりの生存延べ年数でもある．実際，

$$\begin{aligned}\int_0^{\omega}a\mu(a)\ell(a)\,da&=-\int_0^{\omega}a\frac{d\ell(a)}{da}\,da\\&=-a\ell(a)|_0^{\omega}+\int_0^{\omega}\ell(a)\,da=\int_0^{\omega}\ell(a)\,da=生存延べ年数.\end{aligned}$$

ここでは ω が最大到達年齢で，$\ell(\omega)=0$ となることを用いた．より一般に a 歳の平均余命を $e(a)$ と表せば，

$$e(a)=\frac{1}{\ell(a)}\int_a^{\omega}\ell(x)\,dx$$

となる．$e(a)$ は必ずしも単調ではないことに注意しておこう．

最大年齢が無限大 $(\omega=\infty)$ であることと寿命が有限であることは矛盾しない．たとえば死亡率が年齢に無関係に一定値 $\mu>0$ であれば $\ell(a)=e^{-\mu a}$ であり，$\omega=\infty$ であるが，寿命は

$$\int_0^{\infty}e^{-\mu a}\,da=\frac{1}{\mu}$$

となる．すなわち加齢による死亡率の変化がない（「老化」がない）のであれば，死はランダムにやってくるだけであり，最大年齢は無限大でも寿命（死までの平均待機時間）は有限である．

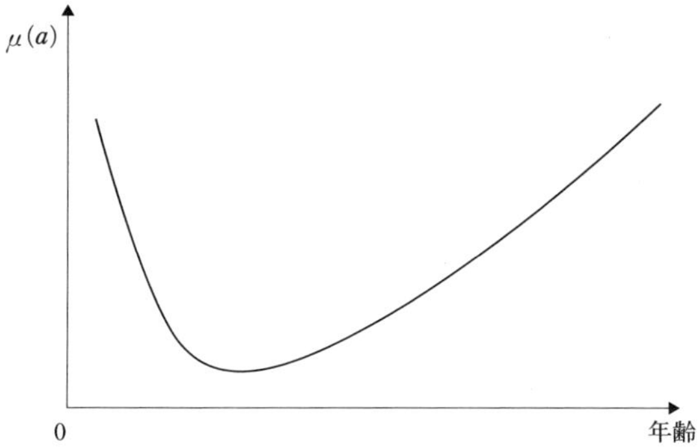

図 **2.1**　典型的な死亡力のパターン．幼年期と高齢期において高い死亡率を示す．

実際の人間の死亡データは年間の発生率でしか得られないから，$\mu(a)$ は直接測定はできない．**生命表** (life table) は実際のデータからちょうど年齢 x（x はゼロまたは自然数）歳において，次の 1 年間に死亡する確率

$$q_x = \frac{\ell(x+1)}{\ell(x)}$$

を推定することによって，生残率 $\ell_x = \ell(x)$ や生存延べ年数

$$L_x := \int_x^{x+1} \ell(a)\,da$$

および各歳における余命

$$\frac{1}{\ell(x)} \int_x^{\omega} \ell(a)\,da = \sum_{j=x}^{\infty} L_j$$

などを計算して表にしたものに他ならない ([445])．

年齢別出生率 (age specific birth rate) $\beta(a)$ は，単位時間あたりに無限小の年齢幅 $[a, a+da]$ にいる一個体から生まれる新生児数であると定義さ

れる．したがって，

$$\int_{a_1}^{a_2} \beta(a)p(t,a)\,da$$

は単位時間あたりに年齢区間 $[a_1, a_2]$ にある個体から生まれる新生児数を与える．ただし本章では単性の人口モデルを考えているから，$\beta(a)$ は親と同性の出生児に関する出生率である．時刻 t における単位時間あたりの新生児数の総数 $B(t)$ は以下で与えられる：

$$B(t) = \int_0^{\omega} \beta(a)p(t,a)\,da.$$

出生率 $\beta(a)$ は有界閉区間 $[\beta_1, \beta_2]$ $(0 < \beta_1 < \beta_2)$ 上でのみゼロでない値をとりうる非負有界可積分関数であり，$\beta(a) = 0$ $(a \notin [\beta_1, \beta_2])$ であると仮定される．この年齢区間 $[\beta_1, \beta_2]$ を**再生産年齢** (reproductive age) と呼ぶ．**粗出生率** (crude birth rate; CBR) は単位時間あたり，一個体あたりの出生率であり，

$$\mathrm{CBR} := \frac{B(t)}{P(t)} = \frac{\int_0^{\omega} \beta(a)p(t,a)\,da}{\int_0^{\omega} p(t,a)\,da}$$

と定義される．

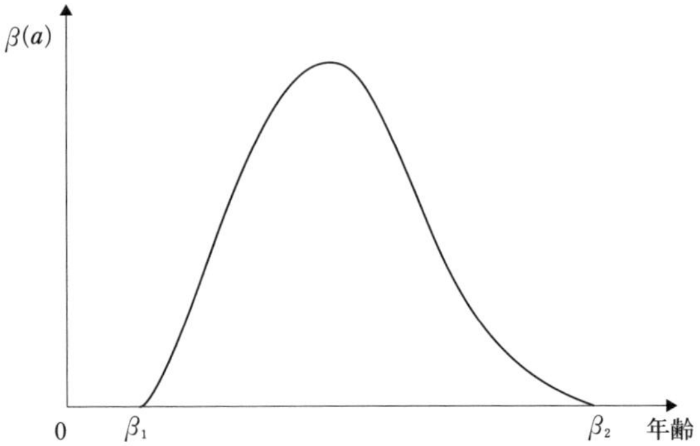

図 2.2 典型的な年齢別出生率のパターン．β_1 と β_2 は再生産年齢の上限と下限．

2.2　マッケンドリック方程式

安定人口モデルは時間的に定常な人口動態率のもとでの線形単性の封鎖人口モデルであり，両性の相互作用を考慮していない．以下では女性人口の再生産（「女子が女児を産む」過程）が時間的に一定の出生率と死亡率のもとでおこなわれると想定する．むろん，現実には出生力の実現のためには男性人口の存在が前提となるが，ここでは男性人口は潤沢に供給されていて，女子の出生力実現は妨げられないと仮定しておく．

時刻 t における a 歳以下の人口数を $F(t,a)$ とすれば，

$$F(t,a) := \int_0^a p(t,\sigma)\,d\sigma$$

となる．$B(t)$ を単位時間あたりの出生児数，$\mu(a)$ を死力とする．このとき a 歳以下の人口数の時間間隔 $h>0$ の間の変化を考えれば，以下のバランスの方程式（人口方程式）を得る：

$$F(t+h,a+h)-F(t,a)=\int_t^{t+h} B(s)\,ds-\int_0^h\int_0^{a+s}\mu(\sigma)p(t+s,\sigma)\,d\sigma ds.$$

ここで右辺の最初の項は出生による人口の増加を示し，第 2 項は死亡による人口の減少を示している．ここで h について微分して，$h=0$ とおけば以下の連続方程式を得る：

$$p(t,a)+\int_0^a \frac{\partial p(t,\sigma)}{\partial t}\,d\sigma = B(t)-\int_0^a \mu(\sigma)p(t,\sigma)\,d\sigma.$$

とくに $a=0$ とおけば $p(t,0)=B(t)$ を得るから，$\beta(a)$ を t 時刻の年齢別女児出生率とすれば，

$$p(t,0)=B(t)=\int_0^\omega \beta(a)p(t,a)\,da. \tag{2.4}$$

ただしここで $\omega \le +\infty$ は年齢の上限値である．連続方程式を a で微分して以下を得る：

$$\frac{\partial p(t,a)}{\partial t}+\frac{\partial p(t,a)}{\partial a}=-\mu(a)p(t,a). \tag{2.5}$$

これを**マッケンドリック方程式**と呼ぶ[2)]．初期条件を $p(a,0)=p_0(a)$ とすれば考えている女子人口のダイナミクスは以下の初期値・境界値問題にしたがう：

$$
\begin{aligned}
&\frac{\partial p(t,a)}{\partial t}+\frac{\partial p(t,a)}{\partial a}=-\mu(a)p(t,a), \quad t>0, \quad a>0,\\
&p(t,0)=\int_0^\omega \beta(a)p(t,a)\,da, \quad t>0,\\
&p(0,a)=p_0(a).
\end{aligned}
\tag{2.6}
$$

このシステムを**安定人口モデル** (stable population model) と呼ぶ．本章では安定人口モデルの性質を考えるが，モデルの対象としてはヒト集団を想定しているため，可能な限り条件を一般化するということにはこだわらず，出生率や死亡率については前節で述べたようなヒト集団にとって現実的と思われる仮定を採用する．

マッケンドリック方程式は偏微分方程式ではあるが，以下に示すように単純な一階常微分方程式に還元できる．いま任意の点 (t,a) を固定して $p(t+h,a+h)\equiv\bar{p}(h)$, $\mu(a+h)\equiv\bar{\mu}(h)$ を h の関数と考えよう．このとき，

$$
\frac{d\bar{p}(h)}{dh}=\frac{\partial p(t+h,a+h)}{\partial t}+\frac{\partial p(t+h,a+h)}{\partial a}
$$

であるから，マッケンドリック方程式は以下のように書き換えられる：

$$
\frac{d\bar{p}(h)}{dh}=-\bar{\mu}(h)\bar{p}(h). \tag{2.7}
$$

(2.7) は1つのコーホート上では死亡率のみによって人口サイズが縮小していくことを示している．数学でいう特性線は，この場合，生命線 $t-a=$ const. に他ならない．(2.7) は一階の常微分方程式であるから，簡単に積分できて，

$$
\bar{p}(h)=\bar{p}(0)e^{-\int_0^h \bar{\mu}(\sigma)d\sigma}.
$$

2) 再発見者の名も冠して，マッケンドリック–フォン・フェルスター (McKendrick-von Foerster) 方程式と呼ばれることも多いが，本書では簡単のためマッケンドリック方程式と呼ぶ．

変数をもとに戻せば以下を得る：

$$p(t+h, a+h) = p(t, a)e^{-\int_0^h \mu(a+\sigma)d\sigma}.$$

そこで $t > a$ の場合は $(t-a, 0)$ を出発点として $h = a$ とすれば，

$$p(t, a) = p(t-a, 0)e^{-\int_0^a \mu(\sigma)\sigma}.$$

また $t < a$ の場合は $(0, a-t)$ を出発点として $h = t$ とすれば，

$$p(t, a) = p(0, a-t)e^{-\int_0^t \mu(a-t+\sigma)\sigma}.$$

したがって以下を得る：

$$p(t, a) = \begin{cases} B(t-a)\ell(a), & t-a > 0, \\ p_0(a-t)\dfrac{\ell(a)}{\ell(a-t)}, & a-t > 0. \end{cases} \tag{2.8}$$

表現 (2.8) は，与えられた初期値 $p(0, a-t) = p_0(a-t)$ と未知の境界値（単位時間あたりの出生数）$p(t-a, 0) = B(t-a)$ によって任意の時刻の年齢分布が決定されていることを表している．したがって，$B(t)$ が決定されればシステム (2.6) は基本的には解かれたことになる．

ただし表現 (2.8) で与えられる分布 $p(t, a)$ が，偏微分方程式システム (2.6) の古典的な意味での解であるためには $p(t, a)$ が連続で偏微分可能でなければならないが，初期条件が境界条件 (2.4) を満たしていない場合，すなわち**共立性条件** (consistency condition)

$$p_0(0) = \int_0^\omega \beta(a)p_0(a)\,da$$

が成り立っていなければ，$t-a=0$ 上で (2.8) は不連続である．さらに初期条件の微分可能性を仮定しなければ，必ずしも $B(t)$ は微分可能ではない．こうしたモデルとしては本質的ではない制約を回避するためには，(2.6) の偏微分方程式のかわりに，

$$Dp(t, a) = -\mu(a)p(t, a)$$

とするのが便利である．ただしここで D は特性線方向への微分を表す演算子で，

$$Df(t,a) := \lim_{h\to 0} \frac{f(t+h,a+h)-f(t,a)}{h}$$

として定義される．マッケンドリック方程式をこのように解釈しておけば，(2.8) は連続な $B(t)$ に対して安定人口モデル (2.6) の解を与えている．

2.3 ロトカの積分方程式

$t \le \omega$ であるとき，表現 (2.8) を境界条件 (2.4) に代入して，積分区間を $(0,t)$ と (t,ω) に分割すれば以下を得る：

$$B(t) = G(t) + \int_0^t \Psi(a)B(t-a)\,da. \tag{2.9}$$

ただしここで $G(t)$, $\Psi(a)$ は以下のように与えられる既知の関数である：

$$G(t) := \int_t^\omega \beta(a)\frac{\ell(a)}{\ell(a-t)}p_0(a-t)\,da, \quad \Psi(a) := \beta(a)\ell(a). \tag{2.10}$$

ここで適宜 $\beta(a)$, $\ell(a)$ は $a>\omega$ では $\beta(a)=0$, $\ell(a)=0$ となるように定義域は拡大されていると考えて，$G(t)=0$ $(t>\omega)$ と定義しておけば，(2.9) はすべての $t>0$ で成立している．$G(t)$ は初期時刻に生存している女子人口から，時刻 t に生まれる単位時間あたりの新生児数である．

(2.9) は $B(t)$ を未知関数とする 1 つの方程式に他ならない．この方程式は数学ではヴォルテラの第二種積分方程式としてよく知られているものであるが，人口学においては，しばしば**ロトカの積分方程式**ないしは**再生（更新）方程式**と呼ばれる．これによって $B(t)$ の挙動が決定されれば，(2.8) によって初期時刻以後の年齢分布関数が完全に決まることになる．そこで以下ではもっぱら再生方程式の性質を考えよう．

初めに，ロトカの積分方程式の解を構成する簡単な方法は，逐次代入であることに注意しておこう．いま関数 $B_n(t)$ $(n=0,1,2,\cdots)$ を以下のよ

うに定義する：

$$B_0(t) = G(t), \quad B_n(t) = \int_0^t \Psi(t-a)B_{n-1}(a)da, \quad n \geq 1. \tag{2.11}$$

このとき仮定から，$B_n(t)$ $(n \geq 0)$ は有界な台[3] $[n\beta_1, (n+1)\beta_2]$ をもつ連続関数となることが容易にわかる．そこで帰納的に以下が示される：

$$0 \leq B_n(t) \leq \|G\|_\infty \frac{\|\Psi\|_\infty^n}{n!}|t-a|^n.$$

ここで $\|f\|_\infty := \sup_{x \geq 0}|f(x)|$ である．したがって任意の時間区間 $[0, T]$ において，正項級数 $\sum_{n=0}^\infty B_n(t)$ $(t \in [0, T])$ は収束する優級数

$$\sum_{n=0}^\infty \|G\|_\infty \frac{\|\Psi\|_\infty^n}{n!} T^n$$

をもつから，それ自身絶対かつ一様収束している．その和はロトカの積分方程式の解であることは明らかであろう．T は任意であったから，じつはすべての $t > 0$ で解が存在する．初期データ $G(t)$ が非負連続関数であれば，解 $B(t)$ も非負の連続関数となる．(2.10) から $G(t)$ が連続になることを示すのは容易である．さらに初期条件に適当な滑らかさを仮定すれば $B(t)$ は微分可能であり，安定人口モデルが偏微分方程式として古典解をもつことが示される ([197]).

ここで定義した関数 $B_n(t)$ は，$B_0(t)$ が初期人口の子供世代の出生率[4]を示し，$B_1(t)$ は初期人口の孫世代の出生率である．すなわち，$B_n(t)$ は初期人口の $n+1$ 代目の子孫の出生率を与えている．したがって，時刻 t における n 代目の子孫の年齢密度関数を $p_n(t, a)$（ただし初期人口は第ゼロ世代とする）とおけば，

$$p_0(t, a) = \begin{cases} 0, & t - a > 0, \\ p_0(a-t)\dfrac{\ell(a)}{\ell(a-t)}, & a - t > 0, \end{cases}$$

3) 関数 f に対して，集合 $\{x \mid f(x) \neq 0\}$ の閉包を f の台 (support) という．

4) 「単位時間あたり」の出生数という意味での出生率で,「単位時間あたり一人あたり」の出生数ではない．

$$p_{n+1}(t,a) = \begin{cases} B_n(t-a)\ell(a), & t-a>0, \\ 0, & a-t>0, \end{cases} \quad n \ge 0.$$

そこで年齢密度関数 $p(t,a)$ は以下のように表される：

$$p(t,a) = \sum_{n=0}^{\infty} p_n(t,a).$$

これはある時刻の人口を初期人口とその子孫の各世代の人口の和として表現したものに他ならず，**世代展開** (generation expansion) と呼ばれる．無限和の形をしているが，各 t について実際はつねに有限項の和である．すなわちある時刻において共存している世代の数は有限である．

各世代の総出生数を計算してみると，(2.11) より

$$\int_0^{\infty} B_n(t)\,dt = \int_0^{\infty} dt \int_0^t \Psi(t-a)B_{n-1}(a)\,da$$
$$= \int_0^{\infty} B_{n-1}(a)\,da \int_a^{\infty} \Psi(t-a)\,dt = R_0 \int_0^{\infty} B_{n-1}(t)\,dt$$

を得る．ここで，

$$R_0 := \int_0^{\infty} \Psi(a)\,da$$

は**基本再生産数** (basic reproduction number) と呼ばれる．基本再生産数 R_0 は，その構成から一女性が生涯に生むと期待される女児数と解釈されるが，上で見たように，継続する世代（親世代と子世代）の人口サイズの比でもある．その意味で**基本再生産比** (basic reproduction ratio) と呼ばれることもある．R_0 は人口学においては伝統的に**純再生産率** (net reproduction rate; NRR) と呼ばれてきたが，R_0 は無次元数であり，「率」ではない．

2.4　シャープ–ロトカ–フェラーの定理

以下ではロトカの積分方程式の解をラプラス変換によって表示して，その漸近挙動を考察する．まず $B(t)$ に対するアプリオリな評価を与えてお

こう．(2.10) からただちに

$$G(t) \le \bar{\beta} e^{-\underline{\mu} t} \|p_0\|_{L^1}, \quad \Psi(a) \le \bar{\beta} e^{-\underline{\mu} a}$$

を得る．ここで $\bar{\beta} = \sup_{a \ge 0} \beta(a)$, $\underline{\mu} = \inf_{a \ge 0} \mu(a)$ である．したがって (2.9) から，

$$B(t) \le \bar{\beta} e^{-\underline{\mu} t} \|p_0\|_{L^1} + \bar{\beta} \int_0^t B(s) e^{-\underline{\mu}(t-s)}\, ds.$$

それゆえ，グロンウォールの不等式から以下を得る．

$$B(t) \le \bar{\beta} e^{(\bar{\beta} - \underline{\mu})t} \|p_0\|_{L^1}. \tag{2.12}$$

すなわち $B(t)$ は高々指数関数的にしか増加しない．

より正確な漸近挙動を調べるためにラプラス変換を用いる（付録 B 参照）．実数値関数 $f(t) \in L^1_{loc}(0, \infty)$ のラプラス変換を $\hat{f}(\lambda)$ ($\lambda \in \mathbf{C}$) と表そう．評価 (2.12) から，再生方程式の解 $B(t)$ については，そのラプラス変換が少なくとも $\mathrm{Re}\,\lambda > \bar{\beta} - \underline{\mu}$ となる複素数 λ については存在することがわかる．また $G(t)$, $\Psi(a)$ は有限区間でだけゼロでない可積分関数であるから，すべての複素数 λ についてラプラス変換を有する．関数の畳み込み (convolution) のラプラス変換は各関数のラプラス変換像の積に等しいから，ロトカの積分方程式にラプラス変換をおこなえば，

$$\hat{B}(\lambda) = \hat{G}(\lambda) + \hat{\Psi}(\lambda) \hat{B}(\lambda).$$

そこでいま複素数の集合 Λ を

$$\Lambda := \{\lambda \in \mathbf{C} \mid \hat{\Psi}(\lambda) = 1\}$$

と定義する．ここで方程式

$$\hat{\Psi}(\lambda) = \int_0^\omega e^{-\lambda a} \Psi(a)\, da = 1$$

は**ロトカの特性方程式** (Lotka's characteristic equation)[5)]，その根 $\lambda \in \Lambda$ は**特性根** (characteristic root) と呼ばれる．

もし $\lambda \in \{\lambda \in \mathbf{C} \mid \mathrm{Re}\,\lambda > \bar{\beta} - \underline{\mu}\} \setminus \Lambda$ であれば，

$$\hat{B}(\lambda) = \frac{\hat{G}(\lambda)}{1 - \hat{\Psi}(\lambda)}$$

となり，$\hat{B}(\lambda)$ は $\mathbf{C} \setminus \Lambda$ へ解析接続されて，特異点 Λ を除いて解析的な関数となる．$1 - \hat{\Psi}(\lambda)$ は λ の整関数であるから，$\hat{B}(\lambda)$ の特異点は有理型関数 $(1 - \hat{\Psi}(\lambda))^{-1}$ の極からなる．もし逆変換が可能であれば，

$$B(t) = \frac{1}{2\pi i} \int_{x-i\infty}^{x+i\infty} e^{\lambda t} \hat{B}(\lambda)\, d\lambda, \quad x > \bar{\beta} - \underline{\mu}. \tag{2.13}$$

このとき $B(t)$ の漸近挙動は特異点 Λ の分布によって決定される．そこで特性根の集合 Λ の構造を明らかにしておこう：

定理 2.1　$R_0 > 0$ とすると，以下が成り立つ：

(1) Λ はただ 1 つの実数 λ_0 を含む．λ_0 は単根であり，$\lambda_0 \le \bar{\beta} - \underline{\mu}$ を満たす．任意の $\lambda \in \Lambda \setminus \{\lambda_0\}$ について $\mathrm{Re}\,\lambda < \lambda_0$ となる．また $R_0 > 1$ であれば $\lambda_0 > 0$，$R_0 = 1$ であれば $\lambda_0 = 0$，$R_0 < 1$ であれば $\lambda_0 < 0$ である．

(2) $\lambda \in \Lambda$ であれば $\bar{\lambda} \in \Lambda$ である．

(3) 任意の $\sigma \in \mathbf{R}$ について，半平面 $\mathrm{Re}\,\lambda > \sigma$ には高々有限個の $\lambda \in \Lambda$ しか存在しない．

証明　実関数

$$x \to \hat{\Psi}(x) = \int_0^{\omega} e^{-xa} \Psi(a)\, da, \quad x \in \mathbf{R}$$

5)　理論生物学においてはオイラーの方程式ないしオイラー–ロトカの方程式と呼ばれる場合もある．

を考える．$\Psi(a) \geq 0$ は非負で，有界な区間上で正値をとるから，これは狭義減少連続関数である：

$$\lim_{x \to -\infty} \hat{\Psi}(x) = +\infty, \quad \lim_{x \to +\infty} \hat{\Psi}(x) = 0.$$

したがって特性方程式 $\hat{\Psi}(\lambda) = 1$ はただ 1 つの実根 λ_0 をもつ．また，

$$\left. \frac{d}{dx} \hat{\Psi}(x) \right|_{x=\lambda_0} = -\int_0^\omega a e^{-\lambda_0 a} \Psi(a)\, da > 0$$

であるから λ_0 は単根である．$\hat{\Psi}(0) = R_0$ であるから，$R_0 > 1$ であれば $\lambda_0 > 0$，$R_0 = 1$ であれば $\lambda_0 = 0$，$R_0 < 1$ であれば $\lambda_0 < 0$ である．このときさらに $\lambda_0 + \underline{\mu} > 0$ であれば，

$$1 = \int_0^\omega e^{-\lambda_0 a} \Psi(a)\, da \leq \frac{\bar{\beta}}{\lambda_0 + \underline{\mu}}.$$

よって $\lambda_0 \leq \bar{\beta} - \underline{\mu}$ が成り立つ．$\lambda_0 + \underline{\mu} \leq 0$ であれば当然同じ不等式関係が成り立つ．λ_n を λ_0 とは異なる根とすれば，

$$\begin{aligned} 1 &= \int_0^\omega e^{-\lambda_0 a} \Psi(a)\, da = \mathrm{Re} \left(\int_0^\omega e^{-\lambda_n t} \Psi(a)\, da \right) \\ &= \int_0^\omega e^{-\mathrm{Re}\, \lambda_n a} \cos(\mathrm{Im}\, \lambda_n a) \Psi(a)\, da < \int_0^\omega e^{-\mathrm{Re}\, \lambda_n a} \Psi(a)\, da. \end{aligned}$$

したがって，$\hat{\Psi}(x)$ は狭義単調減少であるから $\mathrm{Re}\, \lambda_n < \lambda_0$ を得る．以上から (1) が示された．

(2) は明らかであろうから (3) を示そう．無数の特性根 $\lambda_n = \alpha_n + i\beta_n$ $(\sigma \leq \alpha_n \leq \bar{\beta} - \underline{\mu})$ があったとしよう．このとき $\hat{\Psi}(\lambda) - 1$ は正則で，恒等的にゼロではないから，その零点は ∞ 以外には集積しない．そこで部分列 $\lambda_{n(k)} = \alpha_{n(k)} + i\beta_{n(k)}$ がとれて，$k \to \infty$ で $\alpha_{n(k)} \to \alpha^*$, $\beta_{n(k)} \to \infty$ と仮定できる．このとき，

$$\lim_{k \to \infty} \left| \hat{\Psi}(\lambda_{n(k)}) - \int_0^\omega e^{-\alpha^* a - i\beta_{n(k)} a} \Psi(a) da \right| = 0.$$

一方，リーマン–ルベーグの補題（付録の定理 B.7) により，

$$\lim_{k\to\infty}\int_0^{\omega} e^{-\alpha^* a - i\beta_{n(k)}a}\Psi(a)\,da = 0.$$

よって $\lim_{k\to\infty}\hat{\Psi}(\lambda_{n(k)}) = 0$ となるが，これは仮定 $\hat{\Psi}(\lambda_{n(k)}) = 1$ に反する．したがって (3) が示された．□

一般にロトカの特性方程式の根（特性根）は無数にあるとは限らない．実際，たとえば $\Psi(a)$ のラプラス変換 $\hat{\Psi}(\lambda)$ が有理関数になるような場合には特性根は有限個しかないはずである．しかし我々が仮定しているように再生産区間が有限区間である場合には，$\hat{\Psi}(\lambda)$ は整関数になり，特性根は可算無限個存在することが示される：

定理 2.2 ([381]) 再生産期間が有限であればロトカの特性根は可算無限個存在する．

証明 整関数 $f(\lambda)$ を，

$$f(\lambda) := \int_0^{\infty} e^{-\lambda a}\Psi(a)\,da - 1$$

とおけば，特性根は $f(\lambda)$ の零点である．$f(\lambda)$ のべき級数展開を

$$f(\lambda) = \sum_{n=0}^{\infty} a_n\lambda^n, \qquad a_n = \frac{f^{(n)}(0)}{n!}$$

とおく．このとき $f(\lambda)$ の整関数としての位数 (order) は 1 となる．実際，整関数の位数 ρ は以下で与えられることが知られている ([414, p. 480])：

$$\rho = \overline{\lim}_{n\to\infty}\frac{n\log n}{\log|1/a_n|}.$$

これを適用すれば以下を得る：

$$\frac{\log|1/a_n|}{n\log n} = 1 + \frac{\log\left[(n!)^{\frac{1}{n}}/n\right]}{\log n} - \frac{\log\left(\int_0^{\beta_2} a^n\Psi(a)\,da\right)^{\frac{1}{n}}}{\log n}.$$

ここで β_2 は再生産区間の上限である．上記から明らかに

$$\lim_{n\to\infty}\frac{\log|1/a_n|}{n\log n}=1$$

を得るからである．$P(\lambda)$ を $f(\lambda)$ の零点でつくった基本乗積とすれば，アダマールの定理 ([414, p. 482]) により，$f(\lambda)$ は以下のように表される：

$$f(\lambda)=\lambda^m e^{Q(\lambda)}P(\lambda).$$

ここで m は原点の零点としての位数（$f(0)=0$ であれば $m=1$，そうでなければ $m=0$）であり，$Q(\lambda)$ は高々1次の多項式である．特性根が有限個であったとしよう．このとき $P(\lambda)$ はゼロ以外の特性根を根とする多項式である．$Q(\lambda)=u\lambda+v$ とおけば，

$$\int_0^{\beta_2}e^{-\lambda a}\Psi(a)\,da-1=\lambda^m e^{u\lambda+v}P(\lambda).$$

ここでもし $\mathrm{Re}\,u>0$ であれば，実軸上で $\lambda\to-\infty$ とすれば左辺は $+\infty$，右辺はゼロに収束するから矛盾である．次に $\mathrm{Re}\,u<0$ であれば，実軸上で $\lambda\to+\infty$ とすれば左辺は -1，右辺はゼロに収束するから矛盾となる．$\mathrm{Re}\,u=0$ であれば，実軸上で $\lambda\to+\infty$ とすれば左辺は -1 に収束するが右辺の絶対値は $+\infty$ となるからふたたび矛盾となる．したがって $P(\lambda)$ は多項式ではありえず，特性根は有限個ではない．$f(\lambda)$ は整関数であったから，無限個の零点は可算個である．□

以下で見るようにロトカの特性方程式の実根は安定人口モデルにおける漸近的な指数関数的な成長率になっている．そこで定理2.1によってその存在が保証される支配的な特性根 λ_0 を**自然成長率** (intrinsic rate of natural increase)，あるいは**安定人口成長率**と呼んでいる[6]．

ラプラス変換によって関数 $B(t)$ の漸近的挙動を調べるためには，複素逆変換公式による関数の表示 (2.13) が基本的であるが，漸近展開を得るた

6) 生態学では内的（自然）増加率あるいは内的成長率などと呼ぶ．

めには，じつは $B(t)$ そのものよりも $B(t)-G(t)$ のラプラス変換を考えたほうが都合がよい．そこでまず以下の補題を用意しておこう：

補題 2.1　$\sigma \in \mathbf{R}$ を固定すると y の関数として $\hat{G}(\sigma+iy)$, $\hat{\Psi}(\sigma+iy)$ は $L^2(\mathbf{R})$ に属し，かつ $\hat{\Psi}(\sigma+iy)\hat{G}(\sigma+iy) \in L^1(\mathbf{R})$ である．

証明　関数

$$g_\sigma(t) = \begin{cases} e^{-\sigma t}G(t), & t>0, \\ 0, & t<0, \end{cases}$$

$$\psi_\sigma(t) = \begin{cases} e^{-\sigma t}\Psi(t), & t>0, \\ 0, & t<0 \end{cases}$$

を定義すれば，明らかに $g_\sigma, \psi_\sigma \in L^1(\mathbf{R}) \cap L^2(\mathbf{R})$ であるから，プランシェレルの定理からそのフーリエ変換 $g_\sigma^*(y)$, $\psi_\sigma^*(y)$ は $L^2(\mathbf{R})$ に属し，

$$\sqrt{2\pi}g_\sigma^*(y) = \hat{G}(\sigma+iy) \in L^2(\mathbf{R}), \quad \sqrt{2\pi}\psi_\sigma^*(y) = \hat{\Psi}(\sigma+iy) \in L^2(\mathbf{R})$$

となる．したがってシュワルツの不等式から $\hat{\Psi}(\sigma+iy)\hat{G}(\sigma+iy) \in L^1(\mathbf{R})$ を得る．□

以上の準備のもとで**シャープ–ロトカ–フェラーの定理**を示そう．

定理 2.3 (シャープ–ロトカ–フェラーの定理)　安定人口モデルにおける再生方程式 (2.9) に関して以下が成り立つ：

$$B(t) = q_0 e^{\lambda_0 t}(1+O(e^{-\eta t})). \tag{2.14}$$

ここで η はある正数で，

$$q_0 = \frac{\int_0^\infty e^{-\lambda_0 t}G(t)\,dt}{\int_0^\infty a e^{-\lambda_0 a}\Psi(a)\,da}$$

である．

証明 初めに以下のような分解を考える．

$$\hat{B}(\lambda) = \frac{\hat{G}(\lambda)}{1-\hat{\Psi}(\lambda)} = \hat{G}(\lambda) + \frac{\hat{G}(\lambda)\hat{\Psi}(\lambda)}{1-\hat{\Psi}(\lambda)}.$$

このとき右辺の第 2 項に対して付録の定理 B.9 の条件が成り立つことを示そう．

$$\lim_{|\lambda|\to+\infty, \mathrm{Re}\,\lambda>\delta} \frac{\hat{G}(\lambda)\hat{\Psi}(\lambda)}{1-\hat{\Psi}(\lambda)} = 0, \tag{2.15}$$

$$\int_{-\infty}^{+\infty} \left| \frac{\hat{G}(\sigma+iy)\hat{\Psi}(\sigma+iy)}{1-\hat{\Psi}(\sigma+iy)} \right| dy < +\infty. \tag{2.16}$$

ここで $\delta \in \mathbf{R}$ は任意の実数で，$\sigma \in \mathbf{R}$ は直線 $\mathrm{Re}\,\lambda = \sigma$ 上に Λ の点が存在しないような実数である．任意の半平面 $\mathrm{Re}\,\lambda > \delta$ において 2 次元的に

$$\lim_{|\lambda|\to+\infty} \hat{\Psi}(\lambda) = \lim_{|\lambda|\to+\infty} \hat{G}(\lambda) = 0$$

となる．実際，$S_1 = \{\mathrm{Re}\,\lambda > \delta \,|\, |\arg(\lambda-\delta)| \le \theta < \pi/2\}$ という領域を考えると，$\lambda \in S_1$ でかつ $|\lambda| \to \infty$ であれば，

$$|\hat{\Psi}(\lambda)| \le \int_0^{\omega} e^{-\mathrm{Re}\,\lambda t}\Psi(t)\,dt \le \int_0^{\omega} e^{-t|\lambda|\cos\theta}\Psi(t)\,dt \to 0.$$

$\hat{G}(\lambda)$ についても同様である．以上から (2.15) が成り立つことがわかった．次に以下が成り立つことに注意しよう：

$$m_\sigma := \inf_{y\in\mathbf{R}} |1-\hat{\Psi}(\sigma+iy)| > 0.$$

さらに関数 $g_\sigma(t)$, $\psi_\sigma(t)$ を補題 2.1 のように定義すれば，そのフーリエ変換 $g_\sigma^*(y)$, $\psi_\sigma^*(y)$ は $L^2(\mathbf{R})$ に属し，

$$2\pi\psi_\sigma^*(y)g_\sigma^*(y) = \hat{\Psi}(\sigma+iy)\hat{G}(\sigma+iy) \in L^1(\mathbf{R})$$

となる．それゆえ

$$\left| \frac{\hat{G}(\sigma+iy)\hat{\Psi}(\sigma+iy)}{1-\hat{\Psi}(\sigma+iy)} \right| \le \frac{2\pi}{m_\sigma}|g_\sigma^*(y)\psi_\sigma^*(y)| \in L^1(\mathbf{R}).$$

したがって (2.16) が成り立つ．そこで $\sigma > \lambda_0$ として関数

$$J(t) := \frac{1}{2\pi i}\int_{\sigma-i\infty}^{\sigma+i\infty} \frac{\hat{G}(\lambda)\hat{\Psi}(\lambda)}{1-\hat{\Psi}(\lambda)} e^{\lambda t} d\lambda$$

を考えると，これは定義されて付録の定理 B.9 の条件を満たすから，ラプラス変換

$$\hat{J}(\lambda) = \frac{\hat{G}(\lambda)\hat{\Psi}(\lambda)}{1-\hat{\Psi}(\lambda)} = \hat{B}(\lambda) - \hat{G}(\lambda)$$

をもつ．ラプラス変換の原像の一意性から以下を得る；

$$B(t) = G(t) + J(t). \tag{2.17}$$

最後に λ_0 以外の任意の特性根が直線 $\mathrm{Re}\,\lambda = \sigma_1$ の左側にあるような $\sigma_1 < \lambda_0$ を考えて，図 2.3 のような積分路をとる．このときリーマン–ルベーグの補題 (付録の定理 B.7) から，実軸に平行な積分路 $i = 2,\ 4$ に関しては

$$\lim_{T\to\infty} \int_{\Gamma_i} e^{\lambda t} \hat{J}(\lambda)\, d\lambda = 0$$

となる．したがってコーシーの積分定理から，

$$J(t) = \mathrm{Res}_{\lambda=\lambda_0}\{e^{\lambda t}\hat{J}(\lambda)\} + \frac{1}{2\pi i}\int_{\sigma_1-i\infty}^{\sigma_1+i\infty} \frac{\hat{G}(\lambda)\hat{\Psi}(\lambda)}{1-\hat{\Psi}(\lambda)} e^{\lambda t} d\lambda.$$

ここで $\mathrm{Res}_{\lambda=\lambda_0} f(\lambda)$ は $\lambda = \lambda_0$ における $f(\lambda)$ の留数を表している．こうして $J(t)$ の積分路を $\mathrm{Re}\,\lambda = \sigma$ から $\mathrm{Re}\,\lambda = \sigma_1$ に変えれば，以下のように書ける：

$$J(t) = e^{\lambda_0 t}(q_0 + \varepsilon_0(t)). \tag{2.18}$$

ここで，

$$q_0 e^{\lambda_0 t} = \mathrm{Res}_{\lambda=\lambda_0}\left[\frac{\hat{G}(\lambda)\hat{\Psi}(\lambda)}{1-\hat{\Psi}(\lambda)} e^{\lambda t}\right] = \frac{\int_0^\infty e^{-\lambda_0 t} G(t)\, dt}{\int_0^\infty a e^{-\lambda_0 a} \Psi(a)\, da} e^{\lambda_0 t}$$

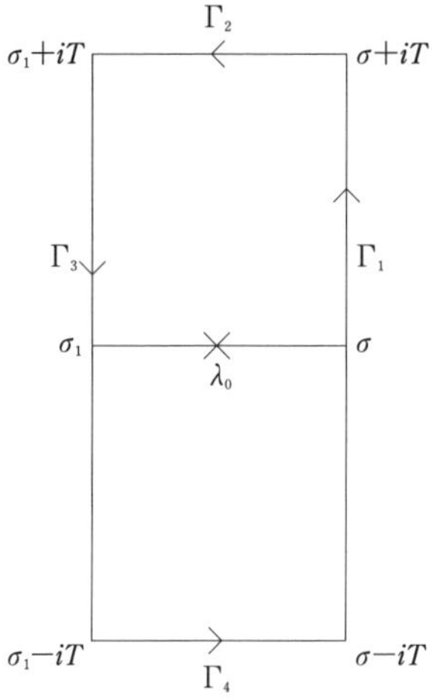

図 2.3

であり,

$$|\varepsilon_0(t)| = \frac{e^{-\lambda_0 t}}{2\pi}\left|\int_{\sigma_1-i\infty}^{\sigma_1+i\infty}\frac{\hat{G}(\lambda)\hat{\Psi}(\lambda)}{1-\hat{\Psi}(\lambda)}e^{\lambda t}\,d\lambda\right|$$
$$\leq \frac{e^{-(\lambda_0-\sigma_1)t}}{m_{\sigma_1}}\|g^*_{\sigma_1}\|_{L^2(\mathbf{R})}\|\psi^*_{\sigma_1}\|_{L^2(\mathbf{R})}.$$

$q_0 = 0$ となるのはすべての $t \geq 0$ について $G(t) = 0$ となるときに限る. しかしこの場合, 再生方程式の解は自明解 $B(t) \equiv 0$ である. 一方, もし $q_0 > 0$ であれば, (2.17), (2.18) によって,

$$B(t) = q_0 e^{\lambda_0 t}\left(1 + \frac{e^{-\lambda_0 t}G(t)}{q_0} + \frac{1}{q_0}\varepsilon_0(t)\right).$$

ここで $\eta = \lambda_0 - \sigma_1$ とすれば,

$$\varepsilon(t) := \frac{e^{-\lambda_0 t}G(t)}{q_0} + \frac{1}{q_0}\varepsilon_0(t) = O(e^{-\eta t})$$

であるから, (2.14) が示された. □

上の定理によって $B(t)$ の $t \to \infty$ における行動は決定されたが，より多くの特性根に対する留数を計算すれば過渡状態をよりくわしく見ることができる：

定理 2.4　λ_i $(i = 0, 1, 2, \cdots)$ は位数 k_i の $\hat{J}(\lambda)$ の極であり，$\lambda_0 > \mathrm{Re}\,\lambda_1 = \mathrm{Re}\,\lambda_2 > \mathrm{Re}\,\lambda_3 = \mathrm{Re}\,\lambda_4 > \cdots$ と順序づけられているとする．このとき以下の漸近展開が成り立つ：

$$B(t) = G(t) + \sum_{i=0}^{2n} e^{\lambda_i t} \left(\sum_{j=1}^{k_i} \frac{q_{-j}^{(i)}}{(j-1)!} t^{j-1} \right) + O(e^{\delta t}). \tag{2.19}$$

ここで δ は $\mathrm{Re}\,\lambda_{2n} > \delta > \mathrm{Re}\,\lambda_{2n+1}$ となる定数であり，

$$q_{-1}^{(0)} = q_0, \quad q_{-j}^{(i)} = \frac{1}{2\pi i} \int_{\Gamma_i} (\lambda - \lambda_i)^{j-1} \hat{J}(\lambda)\, d\lambda$$

である．ただし Γ_i は λ_i を囲む閉曲線で，λ_i 以外の Λ の要素をその内部に含まないものとする．

証明　前定理の証明において $J(t)$ の積分路を $\delta + iy$ $(-\infty < y < +\infty)$ にとればよい．□

λ_j を特性根として，それらが単根である場合，人口学では (2.13) に対して上と同様な積分路の変更をおこなって得られる形式的な級数展開 (ヘルツ–ヘルグロッツ展開：Hertz-Herglotz expansion)

$$B(t) = \frac{1}{2\pi i} \int_{x-i\infty}^{x+i\infty} e^{\lambda t} \hat{B}(\lambda)\, d\lambda = \sum_{j=0}^{\infty} Q_j e^{\lambda_j t},$$

$$Q_j := \frac{\hat{G}(\lambda_j)}{-\hat{\Psi}'(\lambda_j)}$$

が用いられることが多いが，古くはフェラー が指摘したように，このような展開はつねに可能なわけではない ([133])．ヴォルテラ方程式の解が級数

展開を許す条件に関してはルネル (S. M. V. Lunel) の研究がある ([421], [422]).

主要項の係数 q_0 がゼロの場合に注意しよう．定理の証明ですでに見たように，このケースがおきるのは $G(t) \equiv 0$ の場合だけである．すなわち，すべての $t \geq 0$ に対して，

$$\int_0^{\omega} \beta(a+t) p_0(a) \frac{\ell(a+t)}{\ell(a)} \, da = 0.$$

したがって，すべての $t \geq 0$ についてほとんどいたるところで

$$\beta(a+t) p_0(a) = 0, \quad a \in [0, \omega] \tag{2.20}$$

となる場合のみである．(2.20) がおきるのは $\beta(\cdot)$ の再生産期間の上限以下の年齢層において p_0 がつねにゼロである場合であり，すなわちすべての初期人口が再生産期間の上限よりも高齢である場合である．この場合は新たな出産がないために全人口は死亡によって単調に減少する．そこで (2.20) の条件を満たす初期データを**自明なデータ**，そうでない場合を**非自明なデータ**と呼ぶ．

出生率 $B(t)$ の漸近挙動に関するシャープ–ロトカ–フェラーの定理から，年齢分布の漸近挙動が導かれる．

定理 2.5　p_0 が非自明な初期データであれば，

$$\lim_{t \to \infty} e^{-\lambda_0 t} p(t, a) = q_0 e^{-\lambda_0 a} \ell(a) \tag{2.21}$$

が年齢区間 $[0, \omega]$ において一様に成り立つ．

証明　$t > \omega$ において，

$$p(t, a) = e^{\lambda_0 (t-a)} (q_0 + \varepsilon_0(t-a)) \ell(a)$$

であるから，

$$|e^{-\lambda_0 t} p(t, a) - q_0 e^{-\lambda_0 a} \ell(a)| \leq e^{-\lambda_0 a} \ell(a) \varepsilon_0(t-a).$$

一方，定理 2.3 から，ある $M_{\sigma_1} > 0$ $(\sigma_1 < \lambda_0)$ が存在して，

$$|\varepsilon_0(t)| \le M_{\sigma_1} e^{-(\lambda_0-\sigma_1)t}.$$

したがって以下を得る：

$$|e^{-\lambda_0 t} p(t,a) - q_0 e^{-\lambda_0 a} \ell(a)| \le M_{\sigma_1} e^{-\sigma_1 a} \ell(a) e^{-(\lambda_0-\sigma_1)t}.$$

ここで $e^{-\sigma_1 a}\ell(a) \le \max\{1, e^{-\sigma_1 \omega}\}$ であるから左辺は $t \to \infty$ のとき $a \in [0, \omega]$ について一様にゼロに収束する．□

自然成長率 λ_0 以外の特性根は共役複素根と対になって出現して，その係数も互いに共役である．$\lambda, \bar{\lambda}$ を共役な特性根，$\alpha, \bar{\alpha}$ をその係数とすれば，漸近展開 (2.19) の第 2 項以下では，

$$\alpha e^{\lambda t} + \bar{\alpha} e^{\bar{\lambda} t} = 2|\alpha| e^{\mathrm{Re}\,\lambda t} \cos(\mathrm{Im}\,\lambda t + \arg\alpha)$$

という実の振動項が現れる．このとき振動項の指数関数部分の成長率 $\mathrm{Re}\,\lambda$ は λ_0 より小さいから，時間とともに指数関数的に成長ないし減衰する第 1 項に対して，振動項は相対的に消滅していく．その意味で，$B(t)$ は漸近的にマルサス成長すると言えるが，もし第 2 項以下の特性根の実部が負であれば，$B(t)$ は指数関数的にマルサス的成長軌道に収束する．すなわち，

$$\lim_{t\to\infty} |B(t) - q_0 e^{\lambda_0 t}| = 0 \tag{2.22}$$

となる．現実の人口に関しては，ほとんどの場合第 2 特性根の実部は負であって (2.22) が成り立っている．しかも第 2 特性根およびその共役根の虚部 $\mathrm{Im}\,\lambda_1$ に関して，

$$\frac{\mathrm{Im}\,\lambda_1}{2\pi} \approx \kappa := \int_0^\omega a \frac{\Psi(a)}{R_0}\, da$$

が成り立つ．ここで κ は定常人口における平均出産年齢であり，**平均世代間隔**

$$T := \frac{\log R_0}{\lambda_0}$$

に近い値である．すなわち展開 (2.19) の最初の振動項は，ほぼ平均世代間隔に等しい周期をもつ減衰振動になる．それ以下の振動項の影響は非常に微弱であって，無視しても影響は小さい ([254]).

$R_0 < 1$ であればすべての特性根の実部は負であるから，収束は絶対的であるが，R_0 を 1 より大きくしていった場合に，主特性根 λ_0 が正になるのに伴って，第 2 特性根のペアが複素平面上で虚軸を横切って，右半平面に移動するかどうかは一般に自明ではない．純再生産率関数 Ψ は，それを定数倍することによって第 2 特性根が純虚数であるようにできるとき，**リスケーリング性** (rescaling property) をもつというが，そのような場合は収束が絶対的なものから相対的なものに切り替わる分岐点となる R_0 が存在する．これは後に扱う非線形モデルにおける定常解の安定性の交換の問題と類似の問題であって，通常の人口のモデルにおけるように，再生産期間の下限が正であれば，リスケーリング性があると考えられている ([425], [428]).

2.5 人口作用素の固有値問題

すでにロトカの積分方程式を経由して安定人口モデル (2.6) の解は得られているわけであるが，ここでは微分方程式を解くという立場から再度この問題を考えてみよう．

(2.6) はマッケンドリック方程式の初期値･境界値問題であるから，これに対して変数分離法を適用してみよう．すなわち解として $p(t,a) = w(t)u(a)$ という形態を仮定して，(2.6) に代入すれば，

$$w'(t)u(a) + w(t)u'(a) = -\mu(a)w(t)u(a).$$

したがって両辺を $w(t)u(a)$ で割って移項すれば，

$$\frac{w'(t)}{w(t)} = \frac{1}{u(a)}\left(-\frac{d}{da} - \mu(a)\right)u(a)$$

となり，左辺は t のみ，右辺は a のみの関数であるから，全体としては定

数でなければならない．この定数を λ とおけば，

$$w'(t) = \lambda w(t), \quad \left(-\frac{d}{da} - \mu(a)\right) u(a) = \lambda u(a)$$

を得る．これから，

$$w(t) = e^{\lambda t} w(0), \qquad u(a) = e^{-\lambda a} \ell(a) u(0)$$

を得るが，境界条件の式から，

$$u(0) = \int_0^\omega \beta(a) u(a)\, da = u(0) \int_0^\omega e^{-\lambda a} \beta(a) \ell(a)\, da$$

でなければならないから，非自明な u を得るためには，λ としてはロトカの特性方程式の根だけが可能である．

いま $L^1(0,\omega)$ 上の一階の微分作用素 A を

$$(A\phi)(a) := \left(-\frac{d}{da} - \mu(a)\right) \phi(a)$$

と定義しよう．ただし A の定義域 $\mathcal{D}(A)$ は

$$\mathcal{D}(A) = \left\{ \phi \in L^1 \,\middle|\, \phi\text{は絶対連続で}\phi' \in L^1,\ \phi(0) = \int_0^\omega \beta(a)\phi(a)\, da \right\}$$

である．この A を**人口作用素** (population operator) と呼ぶ．このように定義すれば，$\lambda_i \in \Lambda$ に対応して，$u_i(a) = e^{-\lambda_i a}\ell(a)$ とすれば，$u_i(a)$ は人口作用素の固有値問題 $Au = \lambda u$ の解である．すなわち，前節で得たロトカの特性根 $\lambda_i \in \Lambda$ は A の固有値であり，u_i は固有値 λ_i に属する固有関数に他ならない[7)]．

簡単のために特性根 $\lambda_i \in \Lambda$ が単根だけであると仮定しよう．定数倍を無視すれば，マッケンドリック方程式の変数分離型の解として $e^{\lambda_i(t-a)}\ell(a)$

7)　$\omega = \infty$ の場合は，もし死力 μ が上に有界であれば，$u(a) = \exp(-\lambda a)\ell(a)$ $(\lambda \in \Lambda)$ は必ずしも可積分ではなく，固有関数にならない場合がある．実際，$\sup_{a \geq 0} \mu(a) = \bar{\mu} < \infty$ とすれば，u が可積分となるためには $\mathrm{Re}\,\lambda > -\bar{\mu}$ であることが必要である．

を得るから，α_i を適当な係数として，

$$p(t,a) = \sum_{i=0}^{\infty} \alpha_i e^{\lambda_i t} u_i(a) \tag{2.23}$$

が一般解になると期待される．ただし，$u_i(a) := e^{-\lambda_i a}\ell(a)$ である．しかし初期条件を満たすためには，

$$p_0(a) = \sum_{i=0}^{\infty} \alpha_i u_i(a) \tag{2.24}$$

でなければならないが，一般に固有関数系 $\{u_i\}_{i=0,1,2,\cdots}$ によってこうしたフーリエ展開のような展開が可能なわけではないから，(2.23) は漸近展開としてのみ期待できる．

人口作用素の固有値問題に対しては，その共役問題を考えることができる．L^1 上の作用素 A の共役作用素 A^* は L^∞ 上で定義される線形作用素で，関係

$$\langle v, Au \rangle = \langle A^* v, u \rangle, \quad v \in L^\infty,\ u \in L^1$$

を満たすものとして定義される．ただしここで，

$$\langle f, g \rangle := \int_0^\omega f(a)g(a)\,da$$

である．形式的な計算によって容易にわかるように，

$$(A^*v)(a) = \frac{dv(a)}{da} - \mu(a)v(a) + \beta(a)v(0),$$
$$\mathcal{D}(A^*) = \{v \in L^\infty \mid v(\omega) = 0, v \text{ は微分可能で } A^*v \in L^\infty\}$$

である．このとき共役固有値問題

$$A^*v = \lambda v, \quad v \in L^\infty(0,\omega)$$

の固有値 $\lambda = \lambda_j$ に対応する解（共役固有関数）は以下のように書ける：

$$v_j(a) = v_j(0)\int_a^\omega e^{-\lambda_j(s-a)}\frac{\ell(s)}{\ell(a)}\beta(s)\,ds.$$

ここで λ_j はロトカの特性根である．このとき以下が成り立つ：

補題 2.2　固有関数 u_i と共役固有関数 v_j の間には以下のような直交性が成り立つ：

$$\langle v_j, u_i \rangle = \begin{cases} 0, & i \neq j, \\ \displaystyle\int_0^\omega a e^{-\lambda_i a} \ell(a)\beta(a)\, da, & i = j. \end{cases}$$

証明　定義から,

$$\langle A^* v_j, u_i \rangle = \lambda_j \langle v_j, u_i \rangle = \langle v_j, A u_j \rangle = \lambda_i \langle v_j, u_i \rangle$$

であるから，$i \neq j$ であれば $\langle v_j, u_i \rangle = 0$ である．また $i = j$ であれば,

$$\begin{aligned} \langle v_i, u_i \rangle &= \int_0^\omega e^{-\lambda_i a} \int_a^\omega e^{-\lambda_i (s-a)} \ell(s)\beta(s)\, ds da \\ &= \int_0^\omega da \int_a^\omega e^{-\lambda_i s} \ell(s)\beta(s)\, ds \\ &= \int_0^\omega ds \int_0^s da\, e^{-\lambda_i s} \ell(s)\beta(s) = \int_0^\omega s e^{-\lambda_i s} \ell(s)\beta(s)\, ds \end{aligned}$$

となる．□

したがって，(2.24) に左から v_j をかけて積分すれば,

$$\langle v_j, p_0 \rangle = \alpha_j \langle v_j, u_j \rangle$$

となるから,

$$\alpha_i = \frac{\langle v_i, p_0 \rangle}{\langle v_i, u_i \rangle}$$

でなければならない．すなわち λ_i が単根であれば，以下のような形式的な固有関数展開を得る：

$$p(t, a) = \sum_{i=0}^{\infty} \frac{\langle v_i, p_0 \rangle}{\langle v_i, u_i \rangle} e^{\lambda_i t} u_i(a).$$

先に見たように，これは一般には漸近展開としてだけ意味をもっている．

自然成長率 λ_0 に対応する共役固有関数 v_0 はフィッシャー (R. A. Fisher) によって**繁殖価** (reproductive value) として定義されたものに他ならない ([135])：

$$v_0(a) = v_0(0) \int_a^\omega e^{-\lambda_0(s-a)} \frac{\ell(s)}{\ell(a)} \beta(s)\, ds.$$

ここで $v_0(0)$ は正の任意定数である．繁殖価はマルサス的成長をおこなっている人口において，年齢 a の個体が a 歳以後に生むと期待される子供数を成長率 λ_0 で割り引いたものであるから，a 歳の個体の全体人口のマルサス的成長への寄与度を表していると解釈される (図 2.4).

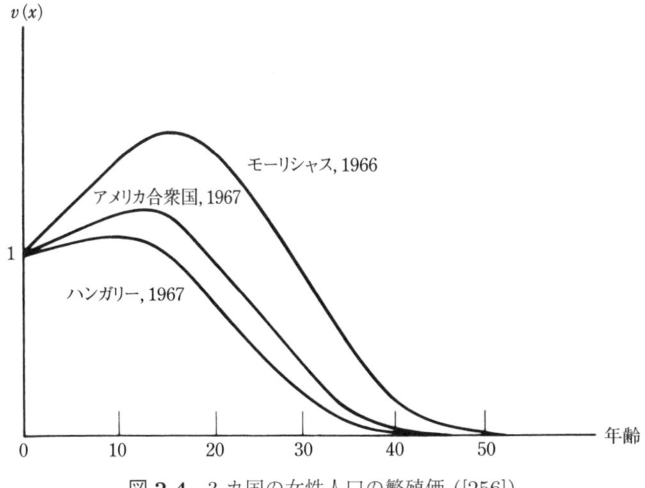

図 **2.4**　3 カ国の女性人口の繁殖価 ([256]).

さらに人口の**総繁殖価** (total reproductive value) は以下のように定義される：

$$V(t) := \langle v_0, p(t, \cdot) \rangle.$$

総繁殖価については以下が成り立つ：

定理 2.6　安定人口モデルにおける総繁殖価は初期条件によらず純粋にマルサス的に成長する．その成長率は自然成長率である．

証明　定義により，

$$\begin{aligned}V'(t) &= \langle v_0, \frac{\partial}{\partial t}p(t,\cdot)\rangle = \langle v_0, Ap(t,\cdot)\rangle \\ &= \langle A^* v_0, p(t,\cdot)\rangle = \lambda_0\langle v_0, p(t,\cdot)\rangle = \lambda_0 V(t).\end{aligned}$$

したがって $V(t) = e^{\lambda_0 t}V(0)$ であり，総繁殖価は自然成長率 λ_0 で指数関数的に成長する．□

繁殖価の概念は，個体のライフサイクルの進化を考えるうえで，重要な意義をもつと考えられている ([60]).

2.6　年齢構造のダイナミクス

すでに前章で安定人口モデルの解の漸近挙動は解明されているが，ここではマッケンドリック方程式を用いて安定人口における年齢構造の時間発展が，総人口の成長とは独立にそれ自身で決定されていることを示そう[8]．

まず規格化された年齢密度関数 (age profile) $w(t,a)$ を以下のように定義しておく：

$$w(t,a) := \frac{p(t,a)}{P(t)}, \quad P(t) = \int_0^\omega p(t,a)da. \tag{2.25}$$

ここで $P(t)$ は全人口数に他ならない．このとき $p(t,a)$ が安定人口モデル (2.6) にしたがえば，簡単な計算によって，以下の 2 組の方程式を得る：

$$\begin{cases} w_t(t,a) + w_a(t,a) + \mu(a)w(t,a) + \alpha(w(t,\cdot))w(t,a) = 0, \\ w(t,0) = \displaystyle\int_0^\omega \beta(a)w(t,a)\,da, \\ w(0,a) = w_0(a). \end{cases} \tag{2.26}$$

8)　本節の記述はもっぱらイアネリ (M. Iannelli) によった ([197]).

$$\begin{cases} P'(t) = \alpha(w(t,\cdot))P(t), \\ P(0) = P_0. \end{cases} \tag{2.27}$$

ここで,

$$w_0(a) := \frac{p_0(a)}{\int_0^\omega p_0(\sigma)\, d\sigma}, \quad P_0 := \int_0^\omega p_0(a)\, da,$$
$$\alpha(w(t,\cdot)) := \int_0^\omega [\beta(a) - \mu(a)] w(t,a)\, da$$

である. 年齢構造 $w(t,a)$ の方程式は非線形であるが, 人口規模 $P(t)$ を含まない. したがって, その時間発展は初期年齢構造 $w_0(a)$ と人口動態率のみによって決定されていることがわかる. ひとたび (2.26) によって年齢構造の時間発展が知られれば, 全人口規模 $P(t)$ が (2.27) によって決まり, (2.25) によって人口密度関数 $p(t,a)$ が復元される.

前節で定義したのと同様に**自明な初期年齢構造** (trivial initial profiles) とは以下の条件を満たすような w_0 である:

$$\beta(a+t)w_0(a) = 0, \quad a \in [0,\omega], \quad t \geq 0.$$

安定人口モデル (2.6) の初期条件が自明でなければ, その解 $p(t,a)$ によって

$$w(t,a) := \frac{p(t,a)}{\int_0^\omega p(t,\sigma)\, d\sigma}$$

がすべての $t \geq 0$ で定義されて, (2.26) を満たす解になる. 一方, $w(t,a)$ が (2.26) の解であれば,

$$\alpha(w(t,\cdot)) := \int_0^\omega [\beta(\sigma) - \mu(\sigma)] w(t,\sigma)\, d\sigma,$$
$$p(t,a) := P_0 w(t,a) \exp\left(\int_0^t \alpha(w(s,\cdot))\, ds\right)$$

とおけば, $p(t,a)$ が初期条件 $p(0,a) = P_0 w(0,a)$ をもつ (2.6) の解となることは明らかであろう. すなわち非線形システム (2.26) は線形問題 (2.6)

への還元によって一意的に解かれている．このような年齢構造の力学とサイズの力学が**分離可能** (separable) であることは安定人口モデルの特徴であるが，非線形人口モデルの一部のクラスにおいても同様な性質がある (4.4 節および [44] を参照)．

非線形問題 (2.26) の時間的に定常な解を求めよう．すなわち以下の問題を考える：

$$\begin{cases} w_a(a) + \mu(a)w(a) + \alpha(w)w(a) = 0, \\ w(0) = \int_0^\omega \beta(a)w(a)\,da, \\ \int_0^\omega w(t,a)\,da = 1. \end{cases} \tag{2.28}$$

$w^*(a)$ を (2.28) の解として，

$$\alpha^* := \int_0^\omega [\beta(\sigma) - \mu(\sigma)]w^*(\sigma)\,d\sigma$$

とおけば以下を得る：

$$w^*(a) = \frac{e^{-\alpha^* a}\ell(a)}{\int_0^\omega e^{-\alpha^*\sigma}\ell(\sigma)\,d\sigma}.$$

規格化の条件から，

$$1 = \int_0^\omega e^{-\alpha^*\sigma}\beta(\sigma)\ell(\sigma)\,d\sigma.$$

これはロトカの特性方程式に他ならず，すでに見たようにこれを満たす実数 α^* としては自然成長率 λ_0 しかない．したがって (2.28) の可能な非負解は

$$w^*(a) = \frac{e^{-\lambda_0 a}\ell(a)}{\int_0^\omega e^{-\lambda_0\sigma}\ell(\sigma)\,d\sigma} \tag{2.29}$$

だけであるが，これが実際に (2.28) の解であることは，単に以下を確認すればよい：

$$\int_0^\omega [\beta(\sigma) - \mu(\sigma)]w^*(\sigma)\,d\sigma = \lambda_0.$$

すなわち定常問題 (2.28) は (2.29) で与えられる唯一の非自明な非負解をもつ．

定常解 $w^*(a)$ に対応して $\alpha(w^*) = \lambda_0$ となるから，年齢分布が定常状態にとどまっていれば，方程式 (2.27) は

$$P'(t) = \lambda_0 P(t), \quad P(0) = P_0$$

となり，全人口サイズは純粋に指数関数的成長をとげる：

$$P(t) = e^{\lambda_0 t} P_0.$$

すなわち定常年齢構造に対応して，(2.6) のいわゆる**持続解** (persistent solution) あるいは**指数関数解** (exponential solution) が得られる：

$$p^*(t,a) = P_0 e^{\lambda_0 (t-a)} \ell(a) = P_0 e^{\lambda_0 t} w^*(a). \tag{2.30}$$

シャープ–ロトカ–フェラーの定理から，安定年齢分布 $w^*(a)$ は，初期年齢構造 w_0 が自明でなければ，$t \to +\infty$ における L^1 の意味での漸近的年齢分布であることがわかる：

定理 2.7　w_0 が非自明であれば，

$$\lim_{t \to \infty} \int_0^\omega |w(t,a) - w^*(a)| \, da = 0. \tag{2.31}$$

証明　定理 2.3 により $t > \omega$ で

$$p(t,a) = q_0 e^{\lambda_0 (t-a)} \ell(a)(1 + \varepsilon(t-a)).$$

ここで $\lim_{t \to \infty} \varepsilon(t) = 0$ であり，かつ $q_0 > 0$ である．このとき，

$$w(t,a) = \frac{e^{-\lambda_0 a} \ell(a)(1 + \varepsilon(t-a))}{\int_0^\omega e^{-\lambda_0 a} \ell(a)(1 + \varepsilon(t-a)) \, da}.$$

そこで (2.31) は容易にしたがう．□

定理 2.7 は $w^*(a)$ が，任意の非自明な初期年齢分布から出発した場合の極限年齢分布であるということ，したがって人口システムが自明な分布となるのでない限り，どのような摂動を受けても最終的にはこの年齢構造が回復されるという意味で，この分布が「安定」であることを意味している．そこで $w^*(a)$（あるいはその定数倍）を**安定年齢分布** (stable age distribution) と呼ぶ[9]．安定年齢分布が一度実現されると，外乱がなければ，その後の人口はその安定年齢構造を保持したまま純粋にマルサス的な成長をとげる．

安定年齢分布 $w^*(a)$ は初期年齢分布とは無関係に出生率，死亡率という人口動態率のみによって決定され，他の任意の年齢分布の漸近的極限であるが，こうした初期データに独立な極限分布をもつ人口は**強エルゴード的** (strongly ergodic) であると呼ばれる．そこでシャープ–ロトカ–フェラーの定理を**強エルゴード定理** (strong ergodicity theorem) と呼ぶ場合もある ([69])．

規格化された安定年齢分布 $w^*(a)$ は

$$w^*(a) = w^*(0)e^{-\lambda_0 a}\ell(a)$$

と書けていることに注意しよう．ここで

$$w^*(0) = \frac{1}{\int_0^\omega e^{-\lambda_0\sigma}\ell(\sigma)\,d\sigma}$$

は安定成長 (2.30) の下での人口の粗出生率で，**安定人口出生率** (stable birth rate) と呼ばれる．実際，

$$b_0 := \frac{p^*(t,0)}{\int_0^\omega p^*(t,a)\,da} = w^*(0)$$

だからである．一方，安定成長のもとでの粗死亡率，**安定人口死亡率** (stable

9) 人口学では $w^*(a)$ の定数培を単に「安定人口」と呼んでいる．また $\lambda_0 = 0$ の場合をとくに「静止人口」と呼ぶ場合もある．

death rate) は

$$d_0 := \frac{\int_0^\omega \mu(a)p^*(t,a)\,da}{\int_0^\omega p^*(t,a)\,da} = b_0 - \lambda_0$$

となる．すなわち自然成長率は安定人口出生率と安定人口死亡率の差で与えられる．さらに各時点 t における人口成長率を $\lambda(t)$ とおくと，

$$\lambda(t) = \frac{B(t) - D(t)}{P(t)} = \int_0^\omega [\beta(a) - \mu(a)]w(t,a)\,da.$$

ここで B/P, D/P はそれぞれ粗出生率，粗死亡率である．ふたたびシャープ–ロトカ–フェラーの定理によって，もし w_0 が自明でなければ，

$$\lim_{t\to\infty} \lambda(t) = \lambda_0$$

となる．すなわち過渡的なマルサス径数 $\lambda(t)$ は自然成長率に収束する．むろん，初期人口分布がすでに $w^*(a)$ であれば $\lambda(t) = \lambda_0$ $(t \geq 0)$ である．

前節で導入した繁殖価を用いれば，初期分布が非自明である場合の年齢分布関数は，$\varepsilon > 0$ が存在して，

$$p(t,a) = \frac{\langle v_0, p_0 \rangle}{\langle v_0, u_0 \rangle} e^{\lambda_0 t} u_0(a) + O(e^{(\lambda_0 - \varepsilon)t}) \tag{2.32}$$

と書けている．ただし $u_0(a) = e^{-\lambda_0 a}\ell(a)$ であった．(2.32) は正規化された安定年齢分布 $w^*(a)$ を用いれば，

$$p(t,a) = Q^* w^*(a) e^{\lambda_0 t} + O(e^{(\lambda_0 - \varepsilon)t})$$

と書ける．ここで Q^* は

$$Q^* := \frac{\langle v_0, p_0 \rangle}{\langle v_0, u_0 \rangle b_0}$$

で与えられるが，人口学においてはしばしば**安定同値人口** (stable equivalent) と呼ばれる．すなわち，自明でない初期分布から出発する安定人口

は安定同値人口を初期人口のサイズとする持続解（マルサス的成長軌道）に漸近すると言うことができる．実際の人口ではほとんど (2.22) が成り立つから，指数関数的な速度で，

$$\lim_{t\to\infty} |p(t,a) - Q^* w^*(a) e^{\lambda_0 t}| = 0$$

となる．

繁殖価の定義には定数倍の任意性があるから，とくに係数を以下のように調整した繁殖価を $v_0^*(a)$ と書こう：

$$v_0^*(a) := \frac{1}{\kappa b_0} \int_a^\omega e^{-\lambda_0(s-a)} \frac{\ell(s)}{\ell(a)} \beta(s)\, ds.$$

ただし κ は安定人口における平均出産年齢である：

$$\kappa := \int_0^\omega a e^{-\lambda_0 a} \Psi(a)\, da.$$

いま初期分布として $a_\dagger$ 歳におかれた単位人口を考える．すなわち $\delta(x)$ をデルタ関数として，$p_0(a) = \delta(a - a_\dagger)$ とおけば，

$$Q^* = \frac{\langle v_0^*, p_0 \rangle}{\langle v_0^*, u_0 \rangle b_0} = \frac{v_0^*(a_\dagger)}{v_0^*(0)\kappa b_0} = v_0^*(a_\dagger).$$

したがってこのときは

$$p(t,a) = v_0^*(a_\dagger) e^{\lambda_0 t} w^*(a) + O(e^{(\lambda_0 - \eta)t}), \quad \eta > 0$$

を得る．すなわち繁殖価 $v_0^*(a_\dagger)$ はこの単位の初期人口の安定同値人口に他ならない．換言すれば，$a_\dagger$ 歳におかれた単位の人口は t 時刻後に漸近的に $v_0^*(a_\dagger) e^{\lambda_0 t} w^*(a)$ の人口増加をもたらす．

2.7　人口半群

ふたたび安定人口モデル (2.6) を考えよう．すでに見たように，再生方程式の解の存在と一意性によって初期人口分布が与えられれば，(2.8) はその

後の人口の状態を一意的に決定している．以下では簡単のため，$L^1_+(0,\omega)$ を人口システムの状態空間（可能な年齢密度関数全体のなす関数空間）と考える．

(2.8) は初期分布 $p(0,a)$ を t 時間後の分布 $p(t,a)$ に写す $L^1_+(0,\omega)$ のなかの線形写像とみなすことができる．これを $T(t)$ $(t \geq 0)$ と書こう．すなわち，

$$(T(t)p_0)(a) = \begin{cases} B(t-a\,;\,p_0)\ell(a), & t-a>0, \\ p_0(a-t)\dfrac{\ell(a)}{\ell(a-t)}, & a-t>0. \end{cases} \tag{2.33}$$

ここで $B(t\,;\,p_0)$ は再生方程式

$$B(t\,;\,p_0) = G(t\,;\,p_0) + \int_0^t \Psi(a)B(t-a\,;\,p_0)\,da \tag{2.34}$$

の解である．ただし $G(t\,;\,p_0)$ は以下で与えられる．

$$G(t\,;\,p_0) := \int_t^\omega \beta(a)\frac{\ell(a)}{\ell(a-t)}p_0(a-t)\,da.$$

ここでは $t \leq \omega$ であるが，$G(t\,;\,p_0) = 0$ $(t > \omega)$ であるとする．また $T(0) = I$（恒等写像）と定義する．この写像によって得られる分布 $p(t,a) = (T(t)p_0)(a)$ は特性線 $t-a=$const. に沿って微分可能である場合でも，一般に各変数について偏微分可能ではないから，もとの安定人口モデルの古典的な解ではない．しかし積分方程式による定式にしたがえば，偏微分可能性はモデルにとって本質的ではなく，写像 $T(t)$ は人口モデルとして必要十分な性質をもっていることは明らかである．そこで偏微分方程式の古典解に拘泥することなく，(2.33), (2.34) をあらためて安定人口モデルとみて，その性質を考えてみよう．まず最も重要なことは以下の**半群性** (semigroup property) が成り立つことである：

定理 2.8　任意の $t_1 \geq 0$, $t_2 \geq 0$ に対して，

$$T(t_1)T(t_2) = T(t_1+t_2). \tag{2.35}$$

証明　これはマッケンドリック偏微分方程式システムの解の意味を適切に拡張しておけば，その解の一意性からしたがう性質であるが，ここでは微分方程式を経由せずに直接示そう．初めに以下に注意しよう：

$$(T(t_2)T(t_1)p_0)(a) = \begin{cases} B(t_2 - a\,; T(t_1)p_0)\ell(a), & t_2 > a, \\ (T(t_1)p_0)(a - t_2)\dfrac{\ell(a)}{\ell(a - t_2)}, & t_2 < a, \end{cases}$$

$$(T(t_1)p_0)(a) = \begin{cases} B(t_1 - a\,; p_0)\ell(a), & t_1 > a, \\ p_0(a - t_1)\dfrac{\ell(a)}{\ell(a - t_1)}, & t_1 < a, \end{cases}$$

$$(T(t_2 + t_1)p_0)(a) = \begin{cases} B(t_1 + t_2 - a\,; p_0)\ell(a), & t_1 + t_2 > a, \\ p_0(a - t_1 - t_2)\dfrac{\ell(a)}{\ell(a - t_1 - t_2)}, & t_1 + t_2 < a. \end{cases}$$

もし $t_1 + t_2 < a$ とすれば，$t_2 < a$ かつ $t_1 < a - t_2$ であるから，

$$\begin{aligned} (T(t_2)T(t_1)p_0)(a) &= (T(t_1)p_0)(a - t_2)\frac{\ell(a)}{\ell(a - t_2)} \\ &= p_0(a - t_1 - t_2)\frac{\ell(a - t_2)}{\ell(a - t_1 - t_2)}\frac{\ell(a)}{\ell(a - t_2)} \\ &= p_0(a - t_1 - t_2)\frac{\ell(a)}{\ell(a - t_1 - t_2)} = (T(t_1 + t_2)p_0)(a). \end{aligned}$$

次に $t_2 < a < t_1 + t_2$ とすれば，$t_2 < a$ かつ $a - t_2 < t_1$ であるから，

$$\begin{aligned} (T(t_2)T(t_1)p_0)(a) &= (T(t_1)p_0)(a - t_2)\frac{\ell(a)}{\ell(a - t_2)} \\ &= B(t_1 - (a - t_2); p_0)\ell(a - t_2)\frac{\ell(a)}{\ell(a - t_2)} \\ &= B(t_1 - (a - t_2); p_0)\ell(a) = (T(t_1 + t_2)p_0)(a). \end{aligned}$$

最後に $a < t_2$ においては，

$$\begin{aligned} (T(t_2)T(t_1)p_0)(a) &= B(t_2 - a\,; T(t_1)p_0)\ell(a) \\ &= B(t_1 + t_2 - a\,; p_0)\ell(a) = (T(t_1 + t_2)p_0)(a) \end{aligned}$$

を得る．ここで，

$$B(t\,;\,T(s)p_0) = B(t+s\,;\,p_0) \tag{2.36}$$

となることを用いた．実際，

$$G(t;T(s)p_0) = \int_t^\infty (T(s)p_0)(a-t)\frac{\Psi(a)}{\ell(a-t)}\,da$$
$$= \int_t^{t+s} B(s-(a-t);p_0)\Psi(a)\,da + \int_{t+s}^\infty p_0(a-t-s)\frac{\Psi(a)}{\ell(a-t-s)}\,da$$

であることから，

$$B(t\,;\,T(s)p_0) = \int_0^t B(t-a\,;\,T(s)p_0)\Psi(a)\,da$$
$$+\int_t^{t+s} B(t+s-a\,;\,p_0)\Psi(a)\,da + \int_{t+s}^\infty p_0(a-t-s)\frac{\Psi(a)}{\ell(a-t-s)}\,da.$$

一方，

$$B(t+s\,;\,p_0) = \int_0^t B(t+s-a;p_0)\Psi(a)\,da$$
$$+\int_t^{t+s} B(t+s-a\,;\,p_0)\Psi(a)\,da + \int_{t+s}^\infty p_0(a-t-s)\frac{\Psi(a)}{\ell(a-t-s)}\,da$$

であるから，固定した $s \geq 0$ に対して $B(t+s\,;\,p_0)$ と $B(t\,;\,T(s)p_0)$ は同一のヴォルテラ方程式

$$X(t) = \int_0^t X(t-a)\Psi(a)da + F(t),$$
$$F(t) := \int_t^{t+s} B(t+s-a\,;\,p_0)\Psi(a)\,da + \int_{t+s}^\infty p_0(a-t-s)\frac{\Psi(a)}{\ell(a-t-s)}\,da$$

を満たす．ヴォルテラ方程式の解の一意性により (2.36) を得る．以上から (2.35) が成り立っていることがわかった．□

定理 2.9　$p(t,a) = (T(t)p_0)(a)$ は以下の性質をもつ：

(1) $$T(t)p_0 \in C_+([0,\infty)\,;\,L^1(0,\omega)). \tag{2.37}$$

(2) $$\|T(t)p_0\|_{L^1} \le e^{(\bar{\beta}-\underline{\mu})t}\|p_0\|_{L^1}. \tag{2.38}$$

(3) $p(t,a) = (T(t)p_0)(a)$ は $a < t$ で連続かつ $t > 0$ で境界条件 (2.4) を満たす.

(4) ほとんどいたるところの $(t,a) \in \mathbf{R}_+ \times [0,\omega]$ について,

$$\lim_{h\to 0} \frac{p(t+h,a+h) - p(t,a)}{h} = -\mu(a)p(t,a). \tag{2.39}$$

証明 (2.38) を初めに示そう. (2.33) から,

$$\|T(t)p_0\|_{L^1} = \int_0^t |B(t-a\,;\,p_0)|\ell(a)\,da + \int_t^\omega \frac{\ell(a)}{\ell(a-t)}|p_0(a-t)|\,da$$
$$\le \bar{\beta}\int_0^t e^{(t-a)(\bar{\beta}-\underline{\mu})}e^{-\underline{\mu}a}\,da\|p_0\|_{L^1} + e^{-\underline{\mu}t}\|p_0\|_{L^1} = e^{t(\bar{\beta}-\underline{\mu})}\|p_0\|_{L^1}.$$

よって (2.38) が示された. 次に $T(t)$ の線形性, 半群性と (2.38) によって, $t \ge s \ge 0$ であれば,

$$\begin{aligned}\|T(t)p_0 - T(s)p_0\|_{L^1} &= \|T(s)(T(t-s)p_0 - p_0)\|_{L^1} \\ &\le e^{(\bar{\beta}-\underline{\mu})s}\|T(t-s)p_0 - p_0\|_{L^1}\end{aligned}$$

となるから, (2.37) が成り立つことを見るためには

$$\lim_{h\to+0}\|T(h)p_0 - p_0\|_{L^1} = 0$$

を示せば十分である.

$$\|T(h)p_0 - p_0\|_{L^1}$$
$$= \int_0^h |B(h-a\,;\,p_0)\ell(a) - p_0(a)|\,da + \int_h^\omega \left|p_0(a-h)\frac{\ell(a)}{\ell(a-h)} - p_0(a)\right|\,da$$

において右辺の最初の項が $h \to +0$ でゼロに収束することは明らかであろう．第 2 項を J とおき，$a \notin [0,\omega]$ において $\ell(a)=0$，$p_0(a)=0$ と拡張しておけば，

$$J \le \int_{\mathbf{R}} \left| p_0(s)\frac{\ell(s+h)}{\ell(s)} - p_0(s) \right| ds + \int_{\mathbf{R}} |p_0(s) - p_0(s+h)|\, ds$$

となる．したがって $\lim_{h\to+0} J = 0$ であり，(2.37) が示された．(3), (4) を示すのは容易である．□

上記の定理を $T(t)$ の性質として言い換えれば，(2.38) は

$$\|T(t)\| \le e^{(\bar{\beta}-\underline{\mu})t}$$

であることを示し，(2.37) は任意の $p_0 \in L^1(0,\omega)$ に対して，$T(t)p_0$ が関数 $[0,\infty) \to L^1(0,\omega)$ として連続なことを示している．これらは線形作用素 $T(t)$ が**強連続**ないし C_0 **級半群** (strongly continuous semigroup) をなすことを示している．そこで $T(t)$ $(t \ge 0)$ を**人口半群** (population semigroup) と呼ぶ．任意の $t > 0$ について $T(t)$ が非負の作用素であること，すなわち $T(t)(L^1_+) \subset L^1_+$ であることは明らかであるが，さらに以下の定理が示される：

定理 2.10　p_0 が自明な初期データでなければ，任意の $t > 0$ について，

$$\|T(t)p_0\|_{L^1} > 0.$$

証明　ある $t_0 \ge 0$ において，$\|T(t)p_0\|_{L^1} = 0$ であれば，$T(t)p_0$ の非負性からほとんどいたるところの意味において $T(t_0)p_0 = 0$ である．そこで任意の $t \ge t_0$ において，

$$\|(T(t)p_0)(a)\|_{L^1} = \|(T(t-t_0)T(t_0)p_0)(a)\|_{L^1} = 0.$$

ところが p_0 が自明な初期データでなければ $q_0 > 0$ であり，$\|T(t)p_0\|_{L^1}$ は漸近的に正値であるから矛盾を得る．したがって任意の $t > 0$ について $\|T(t)p_0\|_{L^1} > 0$ である．□

表現 (2.33), (2.34) において $B(t\,;p_0)$ を解いて，人口半群 $T(t)$ の具体的な形を求めてみよう．ヴォルテラ積分方程式 (2.34) に対してそのレゾルベント方程式を，

$$R(t)=\Psi(t)+\int_0^t \Psi(t-s)R(s)\,ds,\quad t>0$$

とおけば，この解（レゾルベント核）$R(t)$ によって (2.34) は以下のように解ける：

$$B(t\,;p_0)=G(t\,;p_0)+\int_0^t R(t-s)G(s\,;p_0)\,ds.$$

したがって $T(t)$ は以下のように表示される：

$$(T(t)p_0)(a)=\begin{cases}\left[G(t-a\,;p_0)+\displaystyle\int_0^{t-a} R(t-a-s)G(s\,;p_0)\,ds\right]\ell(a), & \\ & t-a>0,\\ p_0(a-t)\dfrac{\ell(a)}{\ell(a-t)}, & a-t>0.\end{cases}$$

とくに $t>2\omega$ においては，

$$(T(t)p_0)(a)=\ell(a)\int_0^\omega R(t-a-s)G(s\,;p_0)\,ds.$$

ここで，

$$G(t\,;p_0)=\int_0^\omega \Psi(a+t)\frac{p_0(a)}{\ell(a)}\,da$$

と書ける．したがって以下の定理を得る：

定理 2.11　$\omega<\infty$ であれば，有限時間後には $T(t)$ はコンパクトな積分作用素になる．

証明　$t>2\omega$ においては，$T(t)$ は有界な積分作用素 $G(t;\cdot)$ と積分作用素

$$(F(t)\phi)(a):=\ell(a)\int_0^\omega R(t-a-s)\phi(s)\,ds$$

の合成として表されているから，$F(t)$ がコンパクト作用素であることを示せばよいが，L^1 のコンパクト性の基準 ([451, p. 275]) と評価 $R(t) \le \bar{\beta}e^{\bar{\beta}t}$ から，$F(t)$ がコンパクト作用素であることは容易にわかる．したがって，$T(t)$ は少なくとも $t > 2\omega$ で，それ自身コンパクト作用素になる．□

面白いことに人間人口のように性的成熟までに時間がかかり，最小の再生産年齢が正，すなわち $\beta_1 > 0$ が存在して，$a \in [0, \beta_1]$ で $\beta(a) = 0$ である場合には，積分方程式を解かなくとも $T(t)$ はより単純な作用素の反復として得られる．実際，$0 < t < \beta_1$ という時間においては，出生児は初期人口を親とするものだけから構成されているから，

$$B(t\,;p_0) = \int_{\beta_1}^{\beta_2} \beta(a)p(t,a)\,da = \int_{\beta_1}^{\beta_2} \beta(a)\frac{\ell(a)}{\ell(a-t)}p_0(a-t)\,da.$$

したがって $T(t)$ $(0 < t \le \beta_1)$ は，

$$(T(t)p_0)(a) = \begin{cases} \ell(a)\displaystyle\int_{\beta_1}^{\beta_2} \beta(s)\frac{\ell(s)}{\ell(s-t+a)}p_0(s-t+a)\,ds, & t-a>0, \\ p_0(a-t)\dfrac{\ell(a)}{\ell(a-t)}, & a-t>0 \end{cases} \tag{2.40}$$

と書ける．一般の $t > \beta_1$ に対しては，$n = [t/\beta_1]$ [10] とおけば，半群性から

$$T(t) = T(t-n\beta_1)T(n\beta_1) = T(t-n\beta_1)T^n(\beta_1)$$

となる．ここで $0 \le t - n\beta_1 < \beta_1$ であるから，$T(t-n\beta_1)$ と $T(\beta_1)$ は (2.40) で与えられ，$T(t)$ は既知の作用素の積で表されていることがわかる．人口半群の解析的性質については付録 C で述べる．

10) $[x]$ は実数 x を超えない最大の整数を示すガウス記号である．

第3章

安定人口モデルの発展

安定人口モデルは，その出現以来，ほぼ半世紀にわたって人口学における標準理論として利用されてきた．その背景には，20 世紀後半における発展途上諸国を中心とする人口爆発の問題が長い間人口学の主要な課題であり，マルサスモデルが十分に有効であるような状況を提供してきたという事情がある．本章では線形・単性という限界内における安定人口モデルとその強エルゴード定理の拡張形態を取り扱う．これらのいくつかの拡張形態は，原理的には安定人口モデルに還元できるものであって，漸近挙動を見る限り新味に乏しいが，そこから得られる新しい指標や過渡的現象は，人口学的・生物学的応用にとっては重要な意義をもっている．

3.1　多状態安定人口モデル

1970 年代にロジャースとルブラはそれぞれ独立に，地理的に分割された人口集団とその地域間人口移動を考慮にいれるように安定人口モデルを拡張する試みをおこなった ([275], [349])．とりわけロジャースとその協力者は，理論的モデルの提示にとどまらず，現実に入手可能なデータからパラメータを推定して，実用性のある多地域人口推計モデルを構築する方法論を示した．その方法論は地域人口のみならず，労働力状態別人口や配偶状態別人口などをモデル化した**多状態人口モデル** (multistate demographic models) に適用されて大きな成功を収めた ([271], [368])．

線形モデルである限りにおいて，多状態モデルの数学的性質は本質的に安定人口モデルと同様であるが，実際の入手可能なデータから必要なパラメータを推定するのは難しい場合が多く，現実的な含意を引き出すためには格段の工夫が必要とされる．しかし多状態モデルを考察することは，一般に個体が同一年齢においてもその人口学的挙動に関して同質的ではないというリアリティをモデルに反映させるための重要な一歩である．社会科学，生物学，疫学などにおける定量的問題においては，個体群のさまざまな状態間における配置とその動的推移の問題として定式化されるものが数多く存在するから，多状態人口学の考え方の潜在的な応用範囲は非常に大きいであろう．本節ではパラメータの推定問題などの実用上重要な問題には触れずに，ベクトル型安定人口モデルの数学的性質のみをスケッチしておきたい．

いま単性の人口が有限個の相互に排他的な**状態** (state) に分割されているとして，$i=1,2,\cdots,n$ を各状態を示す番号であるとする．ここで人口の状態とは，個体の動態に影響を与えるような特性であって，具体的には，居住地域，労働力状態，結婚状態，パリティ（出産歴）などが考えられる．$p_i(t,a)$ は i 状態の人口密度関数であるとして，人口ベクトルを，

$$p(t,a)=(p_1(t,a),\cdots,p_n(t,a))^{\mathrm{T}}$$

と定義しておく．ここで T は行列の転置作用を示す．$q_{ij}(a)$ $(i\neq j)$ を状態 j から状態 i への瞬間的な推移強度，$\mu_j(a)$ を状態 j における死力関数であるとする．さらに，

$$q_{jj}(a)=-\mu_j(a)-\sum_{i\neq j}q_{ij}(a),\quad 1\leq j\leq n$$

と定義して，$q_{ij}(a)$ $(1 \le i,j \le n)$ を (i,j) 要素とする $n \times n$ 行列を $Q(a)$ とする．また $m_{ij}(a)$ は，状態 j にある個体が i 状態に属する新生児を産む年齢別出生率関数であるとする．$M(a)$ を，$m_{ij}(a)$ $(1 \le i,j \le n)$ を (i,j) 要素とする $n \times n$ 行列とする．このときベクトル型あるいは多状態の安定人口モデルは以下のようなベクトル型のマッケンドリック方程式の初期値・境界値問題として表される：

$$\begin{aligned}
&\frac{\partial p(t,a)}{\partial t} + \frac{\partial p(t,a)}{\partial a} = Q(a)p(t,a), \quad t>0,\ a>0, \\
&p(t,0) = \int_0^\omega M(a)p(t,a)\,da, \quad t>0, \\
&p(0,a) = p_0(a).
\end{aligned} \tag{3.1}$$

ここで $p_0(a)$ は初期人口ベクトルである．

上記のシステムに対応する再生方程式を導くために，以下のような行列微分方程式を考えよう：

$$\frac{dL(a)}{da} = Q(a)L(a), \quad L(0) = I.$$

ここで I は $n \times n$ の単位行列である．$Q(a)$ を $0 \le a < \omega$ における連続関数と仮定しておけば，常微分方程式論でよく知られているように，$L(a)$ は常微分方程式システム

$$\frac{dp(a)}{da} = Q(a)p(a) \tag{3.2}$$

の基本解行列に他ならない．$p(a)$ は n 次元ベクトルであり，これを多状態の出生コーホートを表す人口ベクトルと見れば，$p(a)$ はゼロ歳時における状態間の新生児分布が $p(0)$ である場合の a 歳時点で生存している人口の状態間分布に他ならない．$Q(a)$ は対角要素だけが負であるため，(3.2) は本質的に正なシステムであって，基本解行列 $L(a)$ は非負の正則行列になる．$L(a)$ の (i,j) 要素を $\ell_{ij}(a)$ とすれば，$\ell_{ij}(a)$ は j 状態に出生した個体が a 歳で i 状態に生存している確率を表している．スカラーの場合の生

残率関数 $\ell(a)$ が生命表の基礎関数であったように，$\ell_{ij}(a)$ は**多状態生命表** (multistate life table) の基本となる生残率関数である ([445])．さらに推移行列 $L(b,a)$ $(b \geq a)$ を $L(b,a) = L(b)L^{-1}(a)$ と定義すれば，これも非負行列であり，その要素 $\ell_{ij}(b,a)$ は a 歳で j 状態に生存していた個体が b 歳で i 状態に生存している確率を表すことがわかる．

推移行列を用いれば，マッケンドリック方程式 (3.1) は特性線に沿って積分されて，以下の表現を得る：

$$p(t,a) = \begin{cases} L(a)B(t-a), & t-a>0, \\ L(a,a-t)p_0(a-t), & a-t>0. \end{cases} \tag{3.3}$$

ただしここで $B(t) := p(t,0)$ である．したがってスカラーの安定人口モデルの場合と同様に，表現 (3.3) を (3.1) の境界条件の式に代入すれば以下を得る：

$$B(t) = G(t) + \int_0^t \Psi(a)B(t-a)\,da. \tag{3.4}$$

ただしここで $G(t)$, $\Psi(a)$ は以下のように与えられる既知の関数である：

$$\begin{aligned} G(t) &:= \int_t^\infty M(a)L(a,a-t)p_0(a-t)\,da, \\ \Psi(a) &:= M(a)L(a). \end{aligned}$$

ここで $M(a)$, $L(a)$ は $a > \omega$ ではゼロとなるように適宜定義域は拡大されているとする．

人口問題で考えている状況においては，$G(t)$, $\Psi(a)$ は有界可積分と仮定してよいから，そうした仮定のもとではベクトル型の再生積分方程式 (3.4) は $t \in [0,\infty)$ において一意的な局所可積分解 $B(t)$ をもつことが容易にわかる．(3.4) から $B(t)$ の挙動が決定されれば，$p(t,a)$ の挙動は (3.3) によってすべて決まる．再生方程式 (3.4) からスタートして多状態安定人口モデル (3.1) の漸近挙動を厳密に決定することは，第 2 章の議論とまったく同様におこなうことができるから，ここでは反復することはやめて，より直観的な議論をおこなおう．

第 2 章では $B(t)$ にラプラス変換をおこなったが，ここでは $p(t,a)$ に対してラプラス変換をおこなってみよう：

$$\hat{p}(\lambda, a) := \int_0^\infty e^{-\lambda t} p(t,a)\, dt, \quad \lambda \in \mathbf{C}.$$

ここで $p(t,a)$ のノルムは高々指数関数的にしか増大しないから，λ の実部が十分に大きければ，p のラプラス変換は存在すると仮定できる．(3.1) の両辺に上記のラプラス変換をおこなえば以下を得る：

$$\begin{aligned} \frac{d\hat{p}(\lambda, a)}{da} &= p_0(a) + (-\lambda + Q(a))\hat{p}(\lambda, a), \\ \hat{p}(\lambda, 0) &= \int_0^\omega M(a)\hat{p}(\lambda, a)\, da. \end{aligned} \tag{3.5}$$

(3.5) の微分方程式を解けば，

$$\hat{p}(\lambda, a) = e^{-\lambda a} L(a)\hat{p}(\lambda, 0) + \int_0^a e^{-\lambda(a-s)} L(a,s) p_0(s)\, ds.$$

これを (3.5) の境界条件式の右辺に代入して，$\hat{p}(\lambda, 0)$ について解けば以下を得る：

$$\hat{p}(\lambda, 0) = (I - \hat{\Psi}(\lambda))^{-1} \int_0^\infty \int_s^\infty e^{-\lambda(a-s)} \Psi(a) da L^{-1}(s) p_0(s)\, ds.$$

したがって $\hat{p}(\lambda, a)$ は以下のように求まる：

$$\begin{aligned} \hat{p}(\lambda, a) = &\int_0^a e^{-\lambda(a-s)} L(a,s) p_0(s)\, ds \\ &+ e^{-\lambda a} L(a)(I - \hat{\Psi}(\lambda))^{-1} \int_0^\infty \int_s^\infty e^{-\lambda(a-s)} \Psi(a)\, da L^{-1}(s) p_0(s)\, ds \end{aligned}$$

これより逆変換によって形式的な解 $p(t,a)$ が求まったことになる：

$$p(t,a) = \frac{1}{2\pi i} \int_{x-i\infty}^{x+i\infty} e^{\lambda t} \hat{p}(\lambda, a)\, d\lambda. \tag{3.6}$$

ただしここで x は $\hat{p}(x+i\mathbf{R})$ が絶対収束しているような，十分大きな実数である．複素数の集合 Ω を

$$\Omega := \{\lambda \in \mathbf{C} \,|\, \det(I - \hat{\Psi}(\lambda)) = 0\} = \{\lambda \in \mathbf{C} \,|\, 1 \in \sigma(\hat{\Psi}(\lambda))\}$$

と定義する．ここで $\sigma(A)$ は行列 A の固有値の集合を表す．$\hat{p}(\lambda, a)$ は Ω に極をもつ有理型関数であり，スカラーの安定人口モデルの場合と同様に，積分路をシフトすることによって漸近展開を得ることができると期待される．そこでふたたび特性根の集合 Ω の構造を調べよう．はじめに $\underline{\mu} := \inf \mu_j(a)$ とおけば，

$$|L(b,a)| \le e^{-\underline{\mu}(b-a)} \tag{3.7}$$

であることを示しておく．ただしベクトル $x = (x_1, \cdots, x_n)$ と行列 $A = (a_{ij})_{1 \le i,j \le n}$ のノルムとしては，

$$|x| = \sum_{i=1}^{n} |x_i|, \quad |A| = \max_j \sum_{i=1}^{n} |a_{ij}|$$

を用いる．$\ell_{ij}(b,a)$ を $L(b,a)$ の (i,j) 要素とすれば，

$$\frac{d}{db}\ell_{ij}(b,a) = \sum_{k=1}^{n} q_{ik}(b)\ell_{kj}(b,a), \quad \ell_{ij}(a,a) = \delta_{ij}$$

であり，以下が成り立つ：

$$\begin{aligned}\frac{d}{db}\sum_{i=1}^{n}\ell_{ij}(b,a) &= \sum_{i=1}^{n}\sum_{k=1}^{n} q_{ik}(b)\ell_{kj}(b,a) = \sum_{k=1}^{n}\sum_{i=1}^{n} q_{ik}(b)\ell_{kj}(b,a)\\ &= \sum_{k=1}^{n}(-\mu_k(b))\ell_{kj}(b,a) \le (-\underline{\mu})\sum_{i=1}^{n}\ell_{ij}(b,a).\end{aligned}$$

したがって，

$$\sum_{i=1}^{n}\ell_{ij}(b,a) \le e^{-\underline{\mu}(b-a)}$$

を得るが，これは (3.7) が成り立つことを意味している．以上の準備のもとで以下の定理を示そう．

定理 3.1 ([204]) $\bar{m} := \sup|M(a)|$ とおけば以下が成り立つ：

(1) Ω は半平面 $\mathrm{Re}\,\lambda \le \bar{m} - \underline{\mu}$ に含まれる.

(2) $\lambda \in \Omega$ であれば $\bar{\lambda} \in \Omega$ である.

(3) 任意の $x \in \mathbf{R}$ について，半平面 $\mathrm{Re}\,\lambda > x$ には高々有限個の $\lambda \in \Omega$ しか存在しない.

証明 (2), (3) については定理2.1と同様であるから省略する. (1) を示そう. 特性行列 $\hat{\Psi}(\lambda)$ は λ が実数であれば非負行列であるから，フロベニウス根 $F(\lambda)$ $(\lambda \in \mathbf{R})$ をもつ[1]. また $\hat{\Psi}^*(\lambda)$ $(\lambda \in \mathbf{C})$ は $\hat{\Psi}(\lambda)$ の (i,j) 要素 $\hat{\psi}_{ij}(\lambda)$ の絶対値を (i,j) 要素とする非負行列で，そのフロベニウス根を $F^*(\lambda)$ と表す. このとき，$r(A)$ を行列 A のスペクトル半径とすれば，$r(\hat{\Psi}(\lambda)) \le F^*(\lambda)$ となることが知られている ([320]). 一方，$\hat{\Psi}^*(\lambda) \le \hat{\Psi}(\mathrm{Re}\,\lambda)$ であるから，$F^*(\lambda) \le F(\mathrm{Re}\,\lambda)$ であり，$r(\hat{\Psi}(\lambda)) \le F(\mathrm{Re}\,\lambda)$ を得る. さて以下の評価に注意しよう：

$$
\begin{aligned}
|\hat{\Psi}(\mathrm{Re}\,\lambda)| &\le \int_0^\infty e^{-\mathrm{Re}\,\lambda a}|\Psi(a)|\,da \le \int_0^\infty e^{-\mathrm{Re}\,\lambda a}|M(a)||L(a)|\,da \\
&\le \frac{\bar{m}}{\mathrm{Re}\,\lambda + \underline{\mu}}.
\end{aligned}
$$

したがってフロベニウス根の性質から以下を得る：

$$
F(\mathrm{Re}\,\lambda) \le \max_j \sum_{i=1}^n \hat{\psi}_{ij}(\lambda) = |\hat{\Psi}(\mathrm{Re}\,\lambda)| \le \frac{\bar{m}}{\mathrm{Re}\,\lambda + \underline{\mu}}.
$$

それゆえ，もし $\mathrm{Re}\,\lambda > \bar{m} - \underline{\mu}$ であれば，$r(\hat{\Psi}(\lambda)) \le F(\mathrm{Re}\,\lambda) < 1$ となる. ところが $\lambda \in \Omega$ であれば $r(\hat{\Psi}(\lambda)) \ge 1$ であるから，半平面 $\mathrm{Re}\,\lambda > \bar{m} - \underline{\mu}$ には Ω の要素は存在しないことがわかる. □

---

1) 非負行列の理論に関しては [144], [320], [373] などを参照.

スカラーモデルの場合は支配的な実の特性根の存在とそれに対応する安定分布が存在することは容易に示されたが，ベクトルモデルではことはそう単純ではない．実際，まったく相互に人口の交流のない複数の地域からなる人口システムを考えれば容易にわかるように，各状態に共通の斉一成長率がつねに存在するわけではない．すなわちベクトルモデルに対して安定分布が存在するためには，システムの分解不能性が必要であろう[2)]．そこで**純再生産行列** (net reproduction matrix) を，

$$\hat{\Psi}(0) = \int_0^\infty \Psi(a)\, da$$

によって定義する．このときもし $\hat{\Psi}(0)$ が分解可能であれば，添字の集合 $L = \{1, 2, \cdots, n\}$ は 2 つの共通部分のない部分集合 K と H の和となって，$i \in K$ かつ $j \in H$ であれば $\hat{\psi}_{ij}(0) = 0$ であるから，ほとんどいたるところの $a \in [0, \infty)$ について，

$$\sum_{k=1}^{n} m_{ik}(a)\ell_{kj}(a) = 0, \quad i \in K, \quad j \in H$$

となっている．これは H に属する状態に生まれた個体は K に属する状態の子供を出生することがないことを意味している．その場合，人口を K に属する状態に生まれた者と H に属する状態に生まれた者の 2 つに分類すれば，K に属する状態に生まれた人口集団は，自分と同類の人口のみによって再生産されるという意味において，再生産について閉じた集団をなしている．そうした場合には，先に述べたように，各状態に共通のマルサス径数が存在するということは期待できない．一方，分解不能性を仮定すれば以下が示される：

定理 3.2 ([204])　純再生産行列 $\hat{\Psi}(0)$ が分解不能であれば以下が成り立つ：

2)　一般に $n \times n$ の非負行列 $A = (a_{ij})$ は，その添字の集合 $N = \{1, 2, \cdots, n\}$ の 2 つの部分集合 K と H が存在して，$N = K \cup H$, $K \cap H = \emptyset$ であって，$i \in K$ かつ $j \in H$ であれば $a_{ij} = 0$ である場合に**分解可能** (decomposable or reducible) といい，そうでない場合に**分解不能** (indecomposable or irreducible) であるといわれる．

(1) $\lambda_0 \in \Omega \cap \mathbf{R}$ が存在して，$\lambda_0 > \sup\{\mathrm{Re}\,\lambda \,|\, \lambda \in \Omega \setminus \{\lambda_0\}\}$ が成り立つ．このとき $F(\lambda_0) = 1$ であり，$F(0) > 1$ であれば $\lambda_0 > 0$，$F(0) = 1$ であれば $\lambda_0 = 0$，$F(0) < 1$ であれば $\lambda_0 < 0$ である．

(2) $R(\lambda) := (I - \hat{\Psi}(\lambda))^{-1}$ とおけば，$R(\lambda)$ は $\lambda = \lambda_0$ において 1 位の極をもち，その留数 R_{-1} は以下のように与えられる 1 次元の射影子である．

$$R_{-1}\phi = \frac{\langle v_0(0), \phi \rangle_n}{\langle v_0(0), -\Psi_1 u_0(0) \rangle_n} u_0(0).$$

ここで $v_0(0)$, $u_0(0)$ は $\hat{\Psi}(\lambda_0)$ のフロベニウス根 $F(\lambda_0) = 1$ に属する左右の正固有ベクトル，$\langle , \rangle_n$ は n 次元ベクトルの内積であり，Ψ_1 は以下で与えられる：

$$\Psi_1 = -\int_0^\infty a\Psi(a) e^{-\lambda_0 a}\, da.$$

証明　仮定のもとでは $\hat{\Psi}(x)$ $(x \in \mathbf{R})$ は非負の分解不能行列である．よってそのフロベニウス根 $F(x) > 0$ が存在して，パラメータ x の狭義単調減少関数であり，以下を満たす：

$$\min \sum_{i=1}^n \hat{\psi}_{ij}(x) \le F(x) \le \max \sum_{i=1}^n \hat{\psi}_{ij}(x).$$

したがって，$\lim_{x \to -\infty} F(x) = +\infty$，$\lim_{x \to \infty} F(x) = 0$ を得るから，$F(x) = 1$ となる実根 λ_0 がただ 1 つ存在して，$F(0) > 1$ であれば $\lambda_0 > 0$，$F(0) = 1$ であれば $\lambda_0 = 0$，$F(0) < 1$ であれば $\lambda_0 < 0$ となる．また定義から $\lambda_0 \in \Omega$ であることは明らかである． 任意の $\lambda \in \Omega$ に対して，$1 \in \sigma(\hat{\Psi}(\lambda))$, $\hat{\Psi}(\mathrm{Re}\,\lambda) \ge \hat{\Psi}^*(\lambda)$ より，

$$r(\hat{\Psi}(\mathrm{Re}\,\lambda)) = F(\mathrm{Re}\,\lambda) \ge F^*(\lambda) \ge r(\hat{\Psi}(\lambda)) \ge 1.$$

$F(x)$ は単調減少なので，$\mathrm{Re}\,\lambda \le \lambda_0$ を得る．さらにもし $\mathrm{Im}\,\lambda \neq 0$ であれば，$\hat{\Psi}^*(\lambda) \le \hat{\Psi}(\mathrm{Re}\,\lambda)$ において等号は成り立たないから，

$$1 \le r(\hat{\Psi}(\lambda)) \le F^*(\lambda) < F(\mathrm{Re}\,\lambda).$$

したがって $\mathrm{Re}\,\lambda < \lambda_0$ となる．すなわち λ_0 は Ω の唯一の実数であり，$\lambda_0 > \sup\{\mathrm{Re}\,\lambda \,|\, \lambda \in \Omega \setminus \{\lambda_0\}\}$ を得る．

次に (2) を示そう．$\langle v_0(0), \Psi_1 u_0(0)\rangle_n \neq 0$ であることから，λ_0 は $(I - \hat{\Psi}(\lambda))^{-1}$ の 1 位の極であることがわかる (作用素留数定理: [181], [369])．留数を計算しよう．恒等式

$$(I - \hat{\Psi}(\lambda))\mathrm{adj}(I - \hat{\Psi}(\lambda)) = \det(I - \hat{\Psi}(\lambda)) \cdot I$$

を微分すれば，

$$\frac{d}{d\lambda}(I - \hat{\Psi}(\lambda))\bigg|_{\lambda=\lambda_0} \mathrm{adj}(I - \hat{\Psi}(\lambda)) + (I - \hat{\Psi}(\lambda))\frac{d}{d\lambda}\mathrm{adj}(I - \hat{\Psi}(\lambda))\bigg|_{\lambda=\lambda_0}$$
$$= \frac{d}{d\lambda}\det(I - \hat{\Psi}(\lambda))\bigg|_{\lambda=\lambda_0} \cdot I. \tag{3.8}$$

また任意のベクトル ϕ に対して，

$$(I - \hat{\Psi}(\lambda_0))\mathrm{adj}(I - \hat{\Psi}(\lambda_0))\phi = 0.$$

$\hat{\Psi}(\lambda_0)$ のフロベニウス根 1 に対応する固有空間は 1 次元であるから，スカラー $c(\phi)$ が存在して，

$$\mathrm{adj}(I - \hat{\Psi}(\lambda_0))\phi = c(\phi)u_0(0).$$

また $v_0(0)(I - \hat{\Psi}(\lambda_0)) = 0$ であることに注意して，$v_0(0)$, ϕ を (3.8) の左右から乗じて $\lambda = \lambda_0$ とすれば，

$$c(\phi)\langle v_0(0), -\Psi_1 u_0(0)\rangle_n = \langle v_0(0), \phi\rangle_n \, \frac{d}{d\lambda}\det(I - \hat{\Psi}(\lambda))\bigg|_{\lambda=\lambda_0}.$$

したがって以下を得る：

$$\left[\frac{d}{d\lambda}\det(I - \hat{\Psi}(\lambda))\bigg|_{\lambda=\lambda_0}\right]^{-1} \mathrm{adj}(I - \hat{\Psi}(\lambda_0))\phi$$
$$= \frac{\langle v_0(0), \phi\rangle_n}{\langle v_0(0), -\Psi_1 u_0(0)\rangle_n} u_0(0).$$

ところがこの左辺は

$$\lim_{\lambda \to \lambda_0} (\lambda - \lambda_0)(I - \hat{\Psi}(\lambda))^{-1}\phi$$

に他ならないから，(2) が示された．□

定理 3.2 から，分解不能な多状態人口システムにおいては，(3.6) において積分路を $\lambda_0 > y > \sup\{\mathrm{Re}\,\lambda \,|\, \lambda \in \Omega \setminus \{\lambda_0\}\}$ となるように，左方へシフトすることができることがわかる．このとき留数定理から以下を得る：

$$p(t,a) = \lim_{\lambda \to \lambda_0} (\lambda - \lambda_0) e^{\lambda t} \hat{p}(\lambda, a) + \frac{1}{2\pi i} \int_{y-i\infty}^{y+i\infty} e^{\lambda t} \hat{p}(\lambda, a)\, d\lambda. \tag{3.9}$$

ここで右辺の第 1 項は以下のように計算される：

$$\lim_{\lambda \to \lambda_0} (\lambda - \lambda_0) e^{\lambda t} \hat{p}(\lambda, a) = e^{\lambda_0 t} \frac{\langle v_0, p_0 \rangle}{\langle v_0, u_0 \rangle} u_0(a).$$

ただしここで，$\langle , \rangle$ は関数の内積 $\langle f, g \rangle := \int_0^\infty f(a) g(a) da$ であり，

$$\begin{aligned} u_0(a) &:= e^{-\lambda a} L(a) u_0(0), \\ v_0(a) &:= v_0(0) \int_a^\infty e^{-\lambda(s-a)} \Psi(s)\, ds L^{-1}(a) \end{aligned} \tag{3.10}$$

である．ベクトル $v_0(a)$ は**繁殖価ベクトル** (reproductive value vector) と呼ばれ，スカラーモデルにおける繁殖価の多次元的拡張である．(3.9) の積分項の絶対値は $t \to \infty$ において $e^{\lambda_0 t}$ に対して無限小であることが，スカラーの場合と同様に示される．すなわち $\varepsilon > 0$ が存在して，

$$p(t,a) = e^{\lambda_0 t} \frac{\langle v_0, p_0 \rangle}{\langle v_0, u_0 \rangle} u_0(a) + O(e^{(\lambda_0 - \varepsilon)t})$$

となるが，これは形式的には第 2 章で得られた結果とまったく同一である．$u_0(a)$ は多状態の安定人口分布に他ならない．とくに多状態システム (3.1) のゼロ解は純再生産行列 $\hat{\Psi}(0)$ のフロベニウス根 $F(0)$ が 1 より小であれば大域的に漸近安定となる．

ここで述べた多状態モデルにおいては，状態間遷移に関する**マルコフ性の仮定** (Markovian assumption) が本質的である．すなわち年齢別の推移強度 $q_{ij}(a)$ $(1 \le i \le n)$ は個体の過去の履歴に無関係に，個体の年齢と状態 j のみによって決まっている．しかしながら，たとえば人口移動のモデルとしてこれを見た場合，マルコフ性仮定は現実には必ずしも妥当しないことを注意せねばならない．実際，人口移動は個体の過去の移動歴に依存していることは明らかである．たとえば個体の出生地は生涯の移動にわたって何らかの影響を及ぼすであろう．また一定地域における滞在時間の長さは次の移動を決定する重要なファクターである．そうした観点を取り入れた非マルコフ的な多状態人口モデルの研究もおこなわれてきているが，関係するパラメータの観測は困難な場合が多い ([13],[209], [276], [314])．一方，マルコフ型の多状態モデルは利用可能なデータからのパラメータの推定手法も発達してきており，実用化が進展している ([349]–[351]).

3.2　移入のある安定人口モデル

安定人口モデルは封鎖人口を仮定していたが，外部から移入民 (immigration) がある場合を考えてみよう．ただし簡単のため移入民の出生率，死亡率は現住者と同じであると仮定する．このとき $f(t,\cdot) \in L^1_+(0,\omega;\mathbf{R}^n)$ を時刻 t における移民の（多状態）年齢密度関数とすれば，以下のようなマッケンドリック方程式の非同次問題を得る[3)]：

$$
\begin{aligned}
&\frac{\partial p(t,a)}{\partial t} + \frac{\partial p(t,a)}{\partial a} = Q(a)p(t,a) + f(t,a), \quad t > 0, \quad 0 < a < \omega, \\
&p(t,0) = \int_0^\omega M(a)p(t,a)\,da, \quad t > 0, \\
&p(0,a) = p_0(a).
\end{aligned}
\tag{3.11}
$$

このような非同次問題を扱うためには，付録 C で示すように関数解析的

3)　このモデルは外国人移民の効果を考えるために人口学者によって検討されてきている ([55],[129], [312], [313]).

なアプローチが非常に有効であるが，ここでは古典的な計算を示しておこう．簡単のため $f(t,a)$ は時間に依存しない関数 $f(a)$ であると仮定しておく．以下では前節で用いた記号を用いる．

(3.11) のマッケンドリック方程式を特性線に沿って積分すれば以下を得る：

$$p(t,a) = \begin{cases} L(a)B(t-a) + \int_0^a L(a)L^{-1}(\rho)f(\rho)\,d\rho, & t-a>0, \\ L(a)L^{-1}(a-t)p_0(a-t) \\ \qquad + \int_0^t L(a)L^{-1}(a-t+\rho)f(a-t+\rho)\,d\rho, & a-t>0. \end{cases} \tag{3.12}$$

ただし，$B(t) := p(t,0)$ である．この表現を境界条件に投入すれば以下の再生方程式を得る：

$$B(t) = F(t) + G(t) + H(t) + \int_0^t \Psi(a)B(t-a)\,da. \tag{3.13}$$

ここで，

$$\begin{aligned} \Psi(a) &:= M(a)L(a), \\ F(t) &:= \int_t^\infty M(a)L(a)L^{-1}(a-t)p_0(a-t)\,da, \\ G(t) &:= \int_0^t M(a)\int_0^a L(a)L^{-1}(\rho)f(\rho)\,d\rho da, \\ H(t) &:= \int_t^\infty M(a)\int_0^t L(a)L^{-1}(a-t+\rho)f(a-t+\rho)\,d\rho da \end{aligned}$$

である．このとき $t>\omega$ では $F(t)=H(t)=0$, $G(t)=G(\omega)$ である．そこで (3.13) を 2 つの再生方程式に分解しよう：

$$B_1(t) = F(t) + H(t) + \int_0^t \Psi(a)B_1(t-a)\,da, \tag{3.14}$$

$$B_2(t) = G(t) + \int_0^t \Psi(a)B_2(t-a)\,da. \tag{3.15}$$

明らかに (3.13) の解 $B(t)$ はこの 2 つの再生方程式の解の和として得られる．方程式 (3.14) の初期条件 $F(t)+H(t)$ は有界な台をもつから，その漸近挙動はシャープ–ロトカ–フェラーの定理によってわかっている．(3.15) に関しては補題 2.1 が $\sigma > 0$ に対して成り立つから，Ψ の特性根 λ_0 が正であるときは漸近挙動は定理 2.3 で与えられる．そこで $\lambda_0 \le 0$ の場合を考えよう．核 Ψ が微分可能であれば，B_2 も微分可能で，$B_2(0)=0$ であるから，

$$B_2'(t) = G'(t) + \int_0^t \Psi(a) B_2'(t-a)\, da$$

となる．このとき $G'(t)$ は非負で有界な台をもつから定理 B.14 が適用できる．よって $\lambda_0 < 0$ の場合は，$\hat{G}'(0) = G(\infty)$ であるから，

$$B_2(\infty) = \int_0^\infty B_2'(t)\, dt = (I - \hat{\Psi}(0))^{-1} G(\infty)$$

であり，$\lim_{t\to\infty} B_1(t) = 0$ であるから，

$$\lim_{t\to\infty} B(t) = \lim_{t\to\infty} B_2(t) = (I - \hat{\Psi}(0))^{-1} G(\infty)$$

を得る．$\lambda_0 = 0$ であれば，

$$\lim_{t\to\infty} \frac{1}{t} \int_0^t B_2'(t)\, dt = \lim_{t\to\infty} \frac{B_2(t)}{t} = \frac{\langle v_0(0), \hat{G}(\infty)\rangle_n}{\langle v_0(0), -\Psi_1 u_0(0)\rangle_n} u_0(0).$$

このとき $\lim_{t\to\infty} B_1(t)$ は有限値であるから，

$$\lim_{t\to\infty} \frac{B(t)}{t} = \frac{\langle v_0(0), \hat{G}(\infty)\rangle_n}{\langle v_0(0), -\Psi_1 u_0(0)\rangle_n} u_0(0).$$

ただし $v_0(0)$, $u_0(0)$ は $\hat{\Psi}(\lambda_0)$ の固有値 1 に属する左右の固有ベクトルであり，

$$\Psi_1 := -\int_0^\infty a\Psi(a)\, da$$

である．以上の考察と (3.12) から以下の定理を得る：

定理 3.3 ([204])　Ψ は微分可能で，$\hat{\Psi}(0)$ は分解不能であるとする．時間に独立な移民項 f をもつシステム (3.11) に対して以下が成り立つ：

(1) $\lambda_0 < 0$ であれば，

$$\lim_{t\to\infty} p(t,a) = L(a)(I-\hat{\Psi}(0))^{-1}G(\infty) + \int_0^a L(a)L^{-1}(\rho)f(\rho)\,d\rho.$$

ただしここで

$$G(\infty) = \int_0^\infty M(a)\int_0^a L(a)L^{-1}(\rho)f(\rho)\,d\rho da.$$

(2) $\lambda_0 = 0$ であれば，

$$\lim_{t\to\infty} \frac{p(t,a)}{t} = \frac{V_f(0)}{\langle v_0, u_0\rangle}u_0(a).$$

ただしここで $V_f(0) := \langle v_0, f\rangle$ は移民の総繁殖価であり，v_0，u_0 は (3.10) で与えられる人口作用素の固有値 λ_0 に属する左右の固有ベクトルである．

(3) $\lambda_0 > 0$ であれば，

$$\lim_{t\to\infty} e^{-\lambda_0 t}p(t,a) = \frac{V(0)+\lambda_0^{-1}V_f(0)}{\langle v_0, u_0\rangle}u_0(a).$$

ただしここで $V(0) := \langle v_0, p_0\rangle$ は初期人口の総繁殖価である．

この定理から $\lambda_0 > 0$ であれば，移入民があっても人口の漸近的マルサス径数は影響を受けず，漸近的な人口構造も安定人口分布であることがわかる．$\lambda_0 = 0$ であれば，漸近的に人口規模は時間に関して線形に増大するが，人口構造は定常人口 $L(a)u_0(0)$ と同じである．また $\lambda_0 < 0$ であれば，定常的な移入民によって人口は一定のサイズと年齢分布をもつ人口に収束する．したがって，単に人口規模だけであれば，人口置換水準以下の再生産力しかない人口を定常的な移民政策で望ましい規模に導くことは可能であることがわかる．関数解析的手法を用いれば定理 3.3 はもっと弱い条件のもとでも成り立つことがわかる（付録の定理 C.7 参照）．

3.3 初婚による人口再生産

人口学的観点からすれば，次世代の再生産に影響を及ぼすようなライフステージによって人口をカテゴライズすることは人口変動の要因分析において非常に重要である．とくに近代的な人口再生産においては，人口変動の要因としては出生力の変動が最も重要であるから，個体の成熟，結婚，家族形成（出産），離婚などのライフサイクルとマクロな人口動態の関連を明らかにするように，出産過程をより精緻にモデル化していく必要がある．以下では，そのような個体のライフサイクルを安定人口モデルに組み込んだ多状態人口モデルを考えよう．

人口レベルにおけるマクロな見方においても，女性の出生力を決定するパラメータとして年齢だけをとり上げることは，はなはだ不完全であることは古くから人口統計学において認識されていた ([317])．とくに人間社会においては，法的制度としての「結婚」が，次世代の再生産を保護すると同時に，婚姻外における出生を抑制する機能を果たしてきているという事情がある．女性が有配偶であるか否かはその後の再生産行動を決定する最も重要な要因であり，しかも有配偶女性の出産パターンを最もよく捉えるパラメータは，年齢よりもむしろ結婚持続時間であると考えられる．そこで本節では，配偶構造と持続時間を考慮して，女性人口の再生産過程をモデル化しよう．ただし両性のペア形成という非線形の相互作用については第 5 章でとりあげることとして，ここでは単性線形モデルのみを考える．

はじめに，各女性は初婚においてのみ出産をおこなうというモデルを考えよう．このような状況は限定的ではあるが，これまでの日本人口や伝統的な社会においてはよく当てはまる仮定である．女性人口を 3 つの状態「未婚」「初婚」「離婚・死別・再婚」に分類する．このとき「初婚」状態にある人口は初婚年齢と結婚持続期間によって特徴付けられているとする．このことは，先に述べたように，結婚出生力（有配偶出生力）においては年齢のみならず結婚持続期間が重要なパラメータであることを反映している．さらに有配偶女子の出生力を決定するものとしては，女子の出産歴（パリティ）を考える必要があるが，ここでは婚姻内においてのみパリティ拡大過程が発生すると考えて，パリティについて集計された結婚出生関数を用いる．パリティ拡大モデルについては3.5節で考える．

$p_0(t,a)$ を時刻 t における a 歳の未婚人口の年齢密度関数とする．同様に $p_1(t,\tau;\zeta)$ を ζ 歳で結婚した人口の時刻 t，結婚持続期間 τ における密度，$p_2(t,a)$ を離婚経験者または寡婦の密度とする．$\lambda(a)$ を年齢 a における**初婚力** (force of first marriage)，$\mu(a)$ を死力 (force of mortality)，$\delta(\tau;\zeta)$ を初婚年齢 ζ の女性が結婚持続期間 τ において配偶者と離別ないし死別する率，$m(\tau;\zeta)$ を初婚年齢 ζ，結婚持続期間 τ での有配偶出生率（結婚出生力関数），γ を新生児における女児割合とする．したがって図3.1に見るように各個体は未婚状態に出生し，年齢 ζ 歳において未婚状態から初婚状態へ一定の推移強度 $\lambda(\zeta)$ によって推移し，この状態に τ 時間滞在した後，推移強度 $\delta(\tau;\zeta)$ で離・死別状態へ移行する．この間一定の死力 $\mu(a)$ にさらされる．こうした仮定から我々の初婚による人口再生産のモデルは年齢密度関数に対するマッケンドリック型の偏微分方程式の初期値・境界値問題として定式化される[4)]：

$$
\begin{aligned}
&\left(\frac{\partial}{\partial t}+\frac{\partial}{\partial a}\right)p_0(t,a)=-(\mu(a)+\lambda(a))p_0(t,a),\\
&\left(\frac{\partial}{\partial t}+\frac{\partial}{\partial \tau}\right)p_1(t,\tau;\zeta)=-\mu(\tau+\zeta)p_1(t,\tau;\zeta)-\delta(\tau;\zeta)p_1(t,\tau;\zeta),\\
&\left(\frac{\partial}{\partial t}+\frac{\partial}{\partial a}\right)p_2(t,a)=-\mu(a)p_2(t,a)+\int_0^a\delta(\tau;a-\tau)p_1(t,\tau;a-\tau)\,d\tau,\\
&p_0(t,0)=\gamma\int_0^\infty\int_0^\infty m(\tau;\zeta)p_1(t,\tau;\zeta)\,d\tau d\zeta,\\
&p_1(t,0;\zeta)=\lambda(\zeta)p_0(t,\zeta),\\
&p_2(t,0)=0.
\end{aligned}
\tag{3.16}
$$

4）このモデルは稲葉の論文において初めて提起された（[211], [219]）．動学的定式化は欠いていたが同様のアイディアはすでに伊藤の研究に現れており（[232]），彼は公式 (3.21) を導いている．

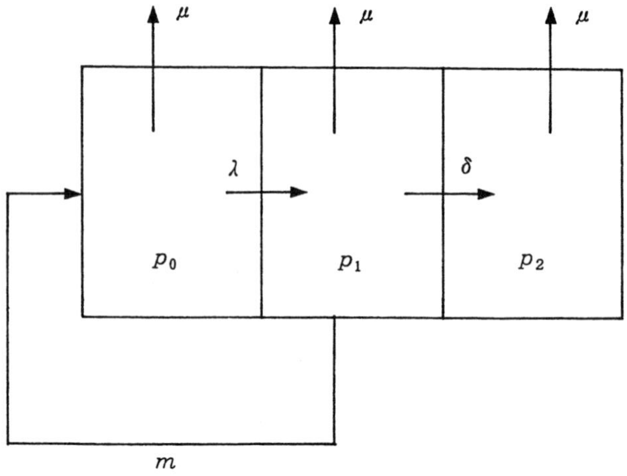

図 **3.1**

ここで初期データは以下のように与える：

$$p_0(0,a) = k_0(a),\ p_1(0,\tau;\zeta) = k_1(\tau;\zeta),\ p_2(0,a) = k_2(a).$$

$n(t,a)$ を全女性人口の年齢密度関数であるとすれば，

$$n(t,a) = p_0(t,a) + \int_0^a p_1(t,a-\zeta;\zeta)\,d\zeta + p_2(t,a).$$

このとき，$n(t,a)$ が次のマッケンドリック方程式を満たすことは容易にわかる：

$$\left(\frac{\partial}{\partial t} + \frac{\partial}{\partial a}\right) n(t,a) = -\mu(a)n(t,a),$$
$$n(t,0) = p_0(t,0),$$
$$n(0,a) = k_0(a) + \int_0^a k_1(a-\zeta;\zeta)\,d\zeta + k_2(a).$$

出生率を $B(t) := p_0(t,0)$ とおけば，システム (3.16) の偏微分方程式は特性線に沿って容易に積分できて，以下の解の表示を得る：

$$p_0(t,a)=\begin{cases}\Lambda(a)\ell(a)B(t-a), & t-a>0,\\ \dfrac{\Lambda(a)\ell(a)}{\Lambda(a-t)\ell(a-t)}k_0(a-t), & a-t>0,\end{cases} \tag{3.17}$$

$$p_1(t,\tau;\zeta)=\begin{cases}k_1(\tau-t;\zeta)\dfrac{\ell(\tau+\zeta)}{\ell(\tau+\zeta-t)}\exp\left(-\displaystyle\int_{\tau-t}^{\tau}\delta(s;\zeta)ds\right), t<\tau,\\ k_0(\tau+\zeta-t)\dfrac{\ell(\tau+\zeta)\phi(\zeta)}{\ell(\tau+\zeta-t)\Lambda(\tau+\zeta-t)}\exp\left(-\displaystyle\int_0^{\tau}\delta(s;\zeta)ds\right),\\ \qquad\qquad\qquad\qquad \tau<t<\tau+\zeta,\\ B(t-\tau-\zeta)\phi(\zeta)\ell(\tau+\zeta)\exp\left(-\displaystyle\int_0^{\tau}\delta(s;\zeta)ds\right), \tau+\zeta<t,\end{cases} \tag{3.18}$$

$$p_2(t,a)=n(t,a)-p_0(t,a)-\int_0^a p_1(t,a-\zeta;\zeta)\,d\zeta.$$

ここで $\ell(a)$ は生残率，$\Lambda(a)$ は年齢 a における未婚割合，$\phi(a)$ は初婚発生の確率密度関数である：

$$\ell(a):=e^{-\int_0^a\mu(\rho)d\rho},\ \Lambda(a):=e^{-\int_0^a\lambda(\sigma)d\sigma},\ \phi(a):=\lambda(a)\Lambda(a).$$

表現 (3.17),(3.18) を (3.16) の境界条件に代入して積分順序を交換すれば，$B(t)$ に関する再生方程式を得る:

$$B(t)=G(t)+\int_0^t\psi(a)B(t-a)\,da. \tag{3.19}$$

$$\begin{aligned}G(t)&:=\int_t^{\infty}d\tau\int_0^{\infty}m(\tau;\zeta)k_1(\tau-t;\zeta)\frac{\ell(\tau+\zeta)}{\ell(\tau+\zeta-t)}e^{-\int_{\tau-t}^{\tau}\delta(s;\zeta)ds}\,d\zeta\\ &\quad+\int_0^t d\tau\int_{t-\tau}^{\infty}m(\tau;\zeta)\frac{k_0(\tau+\zeta-t)\ell(\tau+\zeta)\phi(\zeta)}{\ell(\tau+\zeta-t)\Lambda(\tau+\zeta-t)}e^{-\int_0^{\tau}\delta(s;\zeta)ds}\,d\zeta,\\ \psi(a)&=\gamma\beta(a)\ell(a),\\ \beta(a)&=\int_0^a m(a-\zeta;\zeta)e^{-\int_0^{a-\zeta}\delta(s;\zeta)\,ds}\phi(\zeta)\,d\zeta.\end{aligned}$$

ここで $\beta(a)$ は年齢別出生率であり，$\psi(a)$ は結婚出生力関数 $m(\tau;\zeta)$ から得られる純再生産関数である．

ω を再生産年齢の上限とすれば，$\tau+\zeta>\omega$ では $m(\tau;\zeta)=0$ である．また $t>\omega$ では $\psi(a)=0$, $G(t)=0$ となる．したがって第 2 章で示された再生方程式に関する強エルゴード定理が成り立つ．すなわち自然成長率 λ_0 が存在して，

$$\lim_{t\to\infty} e^{-\lambda_0 t}B(t)=\frac{\int_0^\infty e^{-\lambda_0 s}G(s)\,ds}{\int_0^\infty ae^{-\lambda_0 a}\psi(a)\,da}$$

である．ここで λ_0 は特性方程式の唯一の実根として与えられる：

$$\int_0^\omega e^{-\lambda_0 a}\psi(a)\,da=1.$$

この場合，配偶関係別の安定人口分布は以下のように容易に計算される：

$$\begin{aligned}
\lim_{t\to\infty}\frac{p_0(t,a)}{\int_0^\infty n(t,a)\,da}&=C(a)\Lambda(a),\\
\lim_{t\to\infty}\frac{\int_0^a p_1(t,\tau;a-\tau)\,d\tau}{\int_0^\infty n(t,a)\,da}&=C(a)\Gamma(a),\\
\lim_{t\to\infty}\frac{p_2(t,a)}{\int_0^\infty n(t,a)\,da}&=C(a)(1-\Lambda(a)-\Gamma(a)).
\end{aligned}$$

ただしここで $C(a)$ は正規化された全人口の安定分布であり，

$$C(a):=\frac{e^{-\lambda_0 a}\ell(a)}{\int_0^\infty e^{-\lambda_0 a}\ell(a)\,da}.$$

また $\Gamma(a)$ は安定分布において a 歳の有配偶割合である：

$$\Gamma(a):=\int_0^a \phi(\zeta)e^{-\int_0^{a-\zeta}\delta(\sigma;\zeta)d\sigma}\,d\zeta.$$

再生方程式 (3.19) から，基本再生産数（純再生産率）R_0 および合計出

生率 (total fertility rate; TFR) [5]が以下のように計算される：

$$R_0 = \int_0^\infty \psi(a)\,da = \gamma \int_0^\infty \int_0^\infty m(\tau;\zeta)\ell(\tau+\zeta)e^{-\int_0^\tau \delta(s;\zeta)ds} d\tau \phi(\zeta)\,d\zeta,$$

$$\mathrm{TFR} = \int_0^\infty \beta(a)\,da = \int_0^\infty \int_0^\infty m(\tau;\zeta)e^{-\int_0^\tau \delta(s;\zeta)ds} d\tau \phi(\zeta)\,d\zeta.$$

一方，時間 t において観測される**期間合計出生率** (the period total fertility rate) は

$$\text{期間 TFR} = \int_0^\infty \frac{B(t,a)}{n(t,a)}\,da$$

であることに注意しよう．ここで $B(t,a)$ は a 歳の母親から時刻 t に生まれる単位時間あたりの子供数である．初婚再生産モデルにおいては，

$$B(t,a) = \int_0^a m(a-\zeta;\zeta)p_1(t,a-\zeta;\zeta)\,d\zeta$$

となる．すなわち期間的な年齢別出生率は人口の配偶構造の変化によって変化しうる．期間とコーホートの両者の年齢別出生率が一致するのは有配偶人口が与えられた結婚スケジュールとコンシステントな場合，すなわち，p_1 が以下のように表される場合だけである：

$$p_1(t,a-\zeta;\zeta) = n(t,a)\phi(\zeta)e^{-\int_0^{a-\zeta} \delta(\sigma;\zeta)d\sigma}.$$

この条件は十分時間が経過して，初期条件の影響が消失すれば実現される．

初婚年齢が ζ である女性が死亡による中断がない場合に生涯に産む子供数の期待値を $T(\zeta)$ とすれば，

$$T(\zeta) = \int_0^\infty m(\tau;\zeta)e^{-\int_0^\tau \delta(s;\zeta)ds}\,d\tau \tag{3.20}$$

であるが，この $T(\zeta)$ を用いれば TFR は以下のように表すことができる：

$$\mathrm{TFR} = \int_0^\infty T(\zeta)\phi(\zeta)\,d\zeta.$$

5) 合計出生率の意味については付録 A.1 を参照.

さらに初婚の正規化された確率密度関数を $\Phi(a)$ とすると，

$$\Phi(a) = \frac{\phi(a)}{\int_0^\infty \phi(z)\,dz} = \frac{\phi(a)}{1-\Lambda(\infty)}.$$

このとき TFR はさらに以下のように書き直すことができる：

$$\mathrm{TFR} = (1-\Lambda(\infty))\int_0^\infty T(\zeta)\Phi(\zeta)\,d\zeta. \tag{3.21}$$

公式 (3.21) において，$1-\Lambda(\infty)$ は（生涯の）結婚割合 (the proportion ever marrying; PEM) であり，TFR は PEM と初婚年齢分布についての平均期待出生児数の積で与えられることがわかる．さらに関数 $S(\zeta)$ を，

$$S(\zeta) = \int_0^\infty m(\tau;\zeta)\frac{\ell(\tau+\zeta)}{\ell(\zeta)}e^{-\int_0^\tau \delta(s;\zeta)ds}\,d\tau$$

と定義すれば，$S(\zeta)$ は離死別の効果を考慮した初婚年齢別の 1 結婚あたりの期待出生児数に他ならない．$S(\zeta)$ を用いれば基本再生産数は以下のように表現される：

$$R_0 = \gamma\int_0^\infty S(\zeta)\ell(\zeta)\phi(\zeta)\,d\zeta.$$

人為的な出生抑制のない自然出生力に関しては，アンリ (L. Henry) が結婚年齢別の完結自然出生力はほぼ 1 次関数であるという観察をおこなっている ([182])．実際，結婚状態における受胎がランダムにおきるのであれば，**完結出生力** (completed fertility)

$$U(\zeta) := \int_0^\infty m(\tau;\zeta)d\tau$$

は完全に 1 次関数となるであろう．また戦前のイングランドや日本のようなある程度制御された出生力においても，$U(\zeta)$ がほぼ線形である (図 3.2(a))．さらに驚くべきことには，1980 年代の日本人口のような非常に強い家族計画が機能していると思われる人口においても図 3.2(b) に見られるように，$T(\zeta)$ や $S(\zeta)$ はほぼ線形とみなしうるのである ([211], [219]).

これは完結出生力水準は強い制御のもとにあっても，タイミング調整は弱く，離婚率も小さかったせいであるかもしれないが，同様な傾向は日本と同様に再生産における初婚の役割が大きいイタリアなどの欧州の地中海沿岸諸国でも観察されている ([31]).

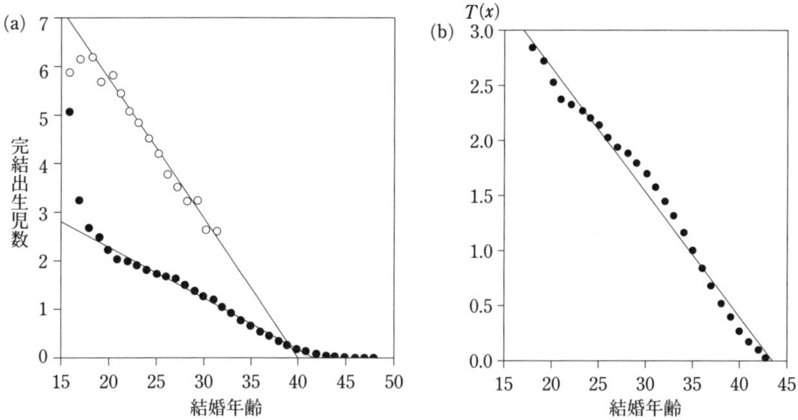

図 3.2 (a) 観測された結婚年齢別完結出生児数 ([219]). ○は 1949 年の日本の出生児数，●は 1939 年のイギリスの出生児数. (b) 伊藤・板東の結婚出生力表による 1985 年日本の $T(x)$ と回帰直線 ([233]).

上記の観察に基づいて，$T(\zeta)$ を以下のように書いてみよう：

$$T(\zeta) = u + v\zeta + w(\zeta).$$

このとき線形項 $u + v\zeta$ の係数は実際のデータの線形部分から回帰方程式によって決定される．そこで (3.21) から以下を得る：

$$\mathrm{TFR} = (1 - \Lambda(\infty))(u + va_0) + \int_0^\infty w(\zeta)\phi(\zeta)\, d\zeta. \qquad (3.22)$$

ここで a_0 は平均初婚年齢である：

$$a_0 = \int_0^\infty \zeta\Phi(\zeta)\, d\zeta.$$

再生産年齢の限界付近では線形のパターンからのずれが大きく，$w(\zeta)$ は必ずしも小さくはならないであろうが，そうした年齢階級では $\phi(\zeta)$ は小さいため，結果的に (3.22) の線形項は TFR の近似としては非常に有効である．(3.22) は生涯未婚率の変化と平均初婚年齢の変動が TFR に及ぼす影響を簡単に見積もることを可能にしている．

たとえば 1985 年の日本の人口動態統計から計算された伊藤・板東の結婚出生力表によれば ([233])，再婚の効果を無視すれば $T(\zeta)$ は以下のように評価される：

$$T(\zeta) \approx 4.927 - 0.1136\,\zeta, \quad 18 \le \zeta \le 43.$$

ここで決定係数は 0.986 であった．そこで (3.22) の積分項を無視すれば，

$$\mathrm{TFR} \approx (1 - \Lambda(\infty))(4.927 - 0.1136\,a_0)$$

という近似式を得るが，積分項を無視したことによる誤差は高々数パーセント程度である．日本の 1945 年から 1950 年生まれのベビーブームコーホートにおいては，$\Lambda(\infty)$ は 5% 未満であり，平均結婚年齢は 24 歳であった．したがってこの近似式を用いれば，戦後第一次ベビーブームコーホートの TFR は 2.09 であり，ほぼ臨界出生率に等しかったことがわかるが，この結果は標本調査の結果とよく一致している．

3.4 反復的結婚による再生産

前節で見たような初婚による人口再生産という仮定は，これまでの日本人口のように婚姻外出産が例外的であって，かつ離婚率が低く，再婚による出産が全出産に占める割合が非常に小さいのであれば，現実に対するよい近似である．一方，現代の西欧諸国のように，結婚というペア形成が不安定化し，再婚がありふれた事象になるにしたがって初婚再生産モデルは妥当しなくなる．そこで一生の間に各個体はくり返し結婚と離婚を反復する場合を考えよう．簡単のため，初めから人口レベルでのダイナミクスを

考えるかわりに，1つの女性コーホートにおける個体の状態間遷移をモデル化することを考えよう．ただし，問題を単純化するために，再婚と再再婚，離婚と再離婚などの区別は無視しておく．

$\ell_1(a)$ は年齢 a において未婚状態にある生残率，$\ell_2(a,s)$ は年齢 a，結婚持続時間 s という結婚状態に生残している割合，$\ell_3(a,s)$ を年齢 a，持続時間 s という離婚状態に残存している割合としよう．$\lambda(a)$ を初婚の推移強度，$\sigma(a,s)$ を年齢 a，結婚持続時間 s における離婚力，$\delta(a,s)$ を年齢 a，離婚持続時間 s における再婚力としよう．これらの生残率は自然死亡の効果を含まないとしておく．すなわち，状態ごとに異なる差別死力は考慮せず，状態間遷移と死亡発生はまったく独立の事象と考えておく．このとき以下が成り立つ：

$$\begin{cases} \dfrac{d\ell_1(a)}{da} = -\lambda(a)\ell_1(a), \\ \left(\dfrac{\partial}{\partial a} + \dfrac{\partial}{\partial s}\right)\ell_2(a,s) = -\sigma(a,s)\ell_2(a,s), \\ \left(\dfrac{\partial}{\partial a} + \dfrac{\partial}{\partial s}\right)\ell_3(a,s) = -\delta(a,s)\ell_3(a,s), \end{cases} \tag{3.23}$$

$$\begin{cases} \ell_1(0) = 1, \\ \ell_2(a,0) = \lambda(a)\ell_1(a) + \displaystyle\int_0^a \delta(a,s)\ell_3(a,s)\,ds, \\ \ell_3(a,0) = \displaystyle\int_0^a \sigma(a,s)\ell_2(a,s)\,ds. \end{cases} \tag{3.24}$$

ただし $a \le s$ では $\ell_2(a,s) = \ell_3(a,s) = 0$ であるとする．(3.23) を特性線に沿って積分すれば，以下のような表現を得る：

$$\begin{cases} \ell_1(a) = e^{-\int_0^a \lambda(z)dz}, \\ \ell_2(a,s) = \ell_2(a-s,0)e^{-\int_0^s \sigma(a-s+z,z)dz}, \quad a > s, \\ \ell_3(a,s) = \ell_3(a-s,0)e^{-\int_0^s \delta(a-s+z,z)dz}, \quad a > s. \end{cases} \tag{3.25}$$

ここで，境界値 $\ell_2(a,0)$, $\ell_3(a,0)$ はそれぞれ a 歳における結婚と離婚の発生率を与えている．そこで $\phi(a) := \ell_2(a,0)$, $\psi(a) := \ell_3(a,0)$ とおい

て，表現 (3.25) を境界条件 (3.24) に投入すれば，未知の境界値ベクトル $X(a) := (\phi(a), \psi(a))^{\mathrm{T}}$ に対するヴォルテラ型積分方程式を得る：

$$X(a) = G(a) + \int_0^a H(a,s)X(a-s)\,ds. \tag{3.26}$$

ただしここで，

$$G(a) := \begin{pmatrix} \lambda(a)\ell_1(a) \\ 0 \end{pmatrix},$$

$$H(a,s) := \begin{pmatrix} 0 & \delta(a,s)e^{-\int_0^s \delta(a-s+z,z)\,dz} \\ \sigma(a,s)e^{-\int_0^s \sigma(a-s+z,z)dz} & 0 \end{pmatrix}$$

である．$K(a,\rho) := H(a, a-\rho)$ とおけば (3.26) は，

$$X(a) = G(a) + \int_0^a K(a,\rho)X(\rho)\,d\rho \tag{3.27}$$

と書けるから，その**レゾルベント** (resolvent)$R(a,\rho)$ を，

$$R(a,\rho) = K(a,\rho) + \int_0^a K(a,\sigma)R(\sigma,\rho)\,d\sigma$$

の解として得れば，$X(a)$ は以下のように表現される：

$$X(a) = G(a) + \int_0^a R(a,\rho)G(\rho)\,d\rho.$$

したがって原理的には年齢別・持続期間別の生残率がすべて計算されたことになる．

一方，結婚状態にある個体の年齢別・持続期間別の出生率を $m(a,s)$ として，$p_2(t,a,s)$ を時刻 t における結婚状態にある人口の密度関数，γ を出生児における女児の割合，$B(t)$ を t 時刻における単位時間あたりの女児出生率とすれば，

$$B(t) = \gamma \int_0^\infty \int_0^a m(a,s)p_1(t,a,s)\,dsda.$$

ここで初期データとして $B(t)$ $(t<0)$ は与えられていると考えれば,

$$p_2(t,a,s)=\ell_2(a,s)\ell(a)B(t-a)$$

である．ただしここで $\ell(a)=\exp(-\int_0^a \mu(\sigma)d\sigma)$ は自然死亡による生残率であるとする．したがって,

$$B(t)=\gamma\int_0^\infty\int_0^a m(a,s)\ell_2(a,s)\,ds\,\ell(a)B(t-a)\,da \tag{3.28}$$

という再生方程式を得る．このとき基本再生産数と合計出生率は,

$$R_0=\gamma\int_0^\infty\int_0^a m(a,s)\ell_2(a,s)\,ds\,\ell(a)\,da=\int_0^\infty S(a)\phi(a)\ell(a)\,da$$
$$\mathrm{TFR}=\int_0^\infty\int_0^a m(a,s)\ell_2(a,s)\,dsda=\int_0^\infty T(a)\phi(a)\,da$$

である．ここで,

$$S(a):=\gamma\int_0^\infty m(a+s,s)\frac{\ell(a+s)}{\ell(a)}e^{-\int_0^s \sigma(a+z,z)\,dz}\,ds,$$
$$T(a)\;:=\;\int_0^\infty m(a+s,s)e^{-\int_0^s \sigma(a+z,z)\,dz}\,ds$$

であり，$S(a)$ は 1 回の結婚あたりの期待出生児数に他ならない．$T(a)$ はそこから死亡の効果を除いたものである．また (3.28) から $B(t)$ $(t>0)$ が定まれば，すべての年齢・持続期間別人口分布が決定される．

特殊な場合として，結婚力と離婚力が年齢に依存せず，持続時間だけに依存している場合を考えてみよう．このときは $K(a,\sigma)$ は $a-\sigma$ のみに依存するから，$K(a,\sigma)=K(a-\sigma)$ とおけば，(3.27) は畳み込み型の積分方程式になる．したがって両辺を積分すれば以下を得る：

$$\int_0^\infty X(a)\,da=\int_0^\infty G(a)\,da+\int_0^\infty K(a)\,da\int_0^\infty X(a)\,da.$$

これより,

$$\int_0^\infty X(a)\,da=\Big(I-\int_0^\infty K(a)\,da\Big)^{-1}\int_0^\infty G(a)\,da$$

となる．ただし I は2次の単位行列である．右辺の各行列を計算すれば以下を得るのは容易である：

$$\begin{pmatrix} \int_0^\infty \phi(a)\,da \\ \int_0^\infty \psi(a)\,da \end{pmatrix} = \begin{pmatrix} \dfrac{1-\Lambda(\infty)}{1-(1-\Delta(\infty))(1-\Sigma(\infty))} \\ \dfrac{(1-\Delta(\infty))(1-\Sigma(\infty))}{1-(1-\Delta(\infty))(1-\Sigma(\infty))} \end{pmatrix}. \tag{3.29}$$

ただしここで，

$$\Lambda(a) := e^{-\int_0^a \lambda(z)dz},\ \Sigma(a) := e^{-\int_0^a \sigma(z)dz},\ \Delta(a) := e^{-\int_0^a \delta(z)dz}$$

である．これらは持続時間についての生残率に他ならない．(3.29) の各要素は死亡による中断がない場合の一個体の生涯における結婚回数と離婚回数を与えていて，年齢分布とは独立な結婚頻度の指標となる．

実際の人間の結婚行動においては，初婚と再婚では結婚市場における行動パターンが異なるであろうし，出産に対する態度も変化するであろう．とくに出産経験の有無は以後の再生産行動に対して重大な影響を及ぼすと考えられる．そこで次節ではその点を考えたモデルを示そう．

3.5 パリティ拡大モデル

先に述べたように，既往出生児数（パリティ）によって女性人口を分類することは非常に意義がある．というのも，そもそも個体にとって出産は段階的に発生するし，次の出産に関する態度決定はパリティによって大きく異なるはずだからである．またたとえば，家族計画は総出生児数の目標だけではなく，出産間隔が重要な調整手段である．そこで女性をパリティ別に分け，さらに各パリティにおける滞在時間を考慮して安定人口モデルを拡張してみよう．

$p_i(t,a,s)$ $(i=1,2,\cdots,N)$ を時刻 t におけるパリティ i，年齢 a，パリティ i 状態における滞在時間 s の女性人口密度関数としよう．N は最大パリティであり，人間の自然出生力においては高々 N =10〜15 であろうと考えられる．$p_0(t,a)$ は時刻 t におけるパリティ0（出産経験なし），年齢 a の女性人口密度関数である．$\lambda_0(a)$ をパリティ0，年齢 a における初産の発生強度，$\lambda_i(a,s)$ をパリティ i，年齢 a，前回の出産からの経過時間 s における第 $i+1$ 番目の出産の強度とする．ただし再生産期間の上限年齢を β とすれば，すべての $a>\beta$ に対して，

$$\lambda_0(a)=\lambda_i(a,s)=0,\ 1\le i\le N$$

である．生物的意味から $\lambda_i(a,s)$ は $a\ge s$ だけで定義されているが，$a<s$ では $\lambda_i(a,s)=0$ として定義域を拡張しておく．$\lambda_i(a,s)$, $\lambda_0(a)$ は年齢と持続時間に依存したパリティ拡大の強度である．$\mu(a)$ は年齢 a における自然死亡力で，簡単のためパリティ状態に依存しないと考える．上記の仮定のもとで，以下のような状態間推移がパリティが増大する一方向に進行する特殊な多状態人口モデル（パリティ拡大モデル）を定式化できる[6)]：

$$\begin{aligned}
&\left(\frac{\partial}{\partial t}+\frac{\partial}{\partial a}\right)p_0(t,a)=-(\mu(a)+\lambda_0(a))p_0(t,a),\\
&p_0(t,0)=\gamma\sum_{i=1}^{N}\int_0^\infty p_i(t,a,0)\,da,\\
&\left(\frac{\partial}{\partial t}+\frac{\partial}{\partial a}+\frac{\partial}{\partial s}\right)p_i(t,a,s)=-(\mu(a)+\lambda_i(a,s))p_i(t,a,s),\quad i\ge 1,\\
&p_1(t,a,0)=\lambda_0(a)p_0(t,a),\\
&p_i(t,a,0)=\int_0^a \lambda_{i-1}(a,s)p_{i-1}(t,a,s)ds,\quad i\ge 2,\\
&p_0(0,a)=\phi_0(a),\ p_i(0,a,s)=\phi_i(a,s),\quad i\ge 1.
\end{aligned}\tag{3.30}$$

ただしここで $\phi_0(a)$, $\phi_i(a,s)$ は初期データであり，γ は出生児における女児割合である．またここでは簡単のため複産，死産を無視しているため，時刻 t における単位時間あたりの出生女児数 (live births) はパリティ拡大をおこした女性数に女児出生割合を乗じたものに等しい．

6)　以下のモデルは稲葉 ([209]) において提起されたものであるが，同種のモデルは幾人かの著者によってそれぞれ独立に研究されてきている ([58], [59], [81], [268]).

このモデルのマッケンドリック方程式の部分は，各状態としてパリティ状態でのかわりに，なんらかの一方向的に進むライフサイクル変数を導入しても一般的に適用できる．たとえばここでは結婚というステージを考えなかったが，$i = 0$ を未婚状態，$i = 1$ を既婚・パリティ0の状態，$i = 2$ を既婚・パリティ1の状態等々と想定して境界条件を変更すれば，3.3節で見た初婚再生産モデルを統合することができる．また形式的なモデルの観点からすれば，パリティというものは離散的な状態変数間の状態遷移の回数とみなせる．したがって離散的に発生する人口学的イベントの発生強度が年齢と滞在時間，過去の発生回数に応じて決まっていて，人口がイベントの経験回数で分類されているのであれば，適当な境界条件（再生産の条件）のもとで上記のようなモデリングがつねに可能であろう．たとえば初婚と再婚，再再婚などを区別して結婚パリティを考えるとか，生涯における居住地移動回数を移動パリティなどとして考えることも可能である．

以下ではモデル (3.30) の数学的性質をもっぱら考える．各状態における生残率関数を以下のように定義しておこう：

$$
\begin{aligned}
\Lambda_0(a) &:= \exp\left(-\int_0^a \lambda_0(\rho)\,d\rho\right),\\
\Lambda_i(h; a, s) &:= \exp\left(-\int_0^h \lambda_i(a+\rho, s+\rho)\,d\rho\right), \quad i \ge 1.
\end{aligned}
$$

また自然死亡率による生残率は前と同様に $\ell(a) := \exp(-\int_0^a \mu(\sigma)d\sigma)$ と定義しておく．以下では $\ell(\infty) = \Lambda_0(\infty) = \Lambda(\infty; a, s) = 0$ であると仮定する．年齢 a において第 i 番目の出産がおこる確率を $\zeta_i(a)$ としよう．このとき $\zeta_i(a)$ は以下の関係式から逐次決定される：

$$
\begin{aligned}
\zeta_1(a) &= \lambda_0(a)\Lambda_0(a),\\
\zeta_{i+1}(a) &= \int_0^a \lambda_i(a,s)\Lambda_i(s; a-s, 0)\zeta_i(a-s)\,ds, \quad i \ge 1.
\end{aligned}
$$

さらに $\Psi_i(a)$ $(0 \le i \le N)$ を，死力を考慮しない条件下で，年齢 a におい

てパリティ状態 i にある確率とすれば,

$$\Psi_0(a) = \Lambda_0(a),$$
$$\Psi_i(a) = \int_0^a \Lambda_i(s; a-s, 0)\zeta_i(a-s)\, ds, \quad i \geq 1.$$

このとき以下の性質が成り立つことは容易にわかる：

$$0 \leq \Psi_i(a) \leq 1,\ 0 \leq i \leq N,$$
$$\sum_{i=0}^{N} \Psi_i(a) = 1,$$
$$\Psi_0(a) = 1 - \int_0^a \zeta_1(\rho)\, d\rho,$$
$$\Psi_i(a) = \int_0^a [\zeta_i(\rho) - \zeta_{i+1}(\rho)]\, d\rho, \quad 1 \leq i \leq N.$$

以上の諸関数を用いれば，個体レベルにおける人口学的指標の表現式を得ることができる．たとえば $\zeta_i(a)\ell(a)$ は年齢 a において第 i 番目の出産がおこる確率であり,

$$A_i := \int_0^\infty \zeta_i(a)\ell(a)\, da$$

は少なくとも i 回の出産をおこなう確率である．人口学では

$$\alpha_i := \frac{A_{i+1}}{A_i}$$

を**パリティ拡大率** (parity progression rate) と呼んでいる．$A_0 = 1$ とすれば，α_i $(i \geq 0)$ は i 回出産を経験した人の中で次の $(i+1)$ 回目の出産をおこなう人の割合に他ならない．このとき基本再生産数は,

$$R_0 = \gamma \sum_{i \geq 1} \int_0^\infty \zeta_i(a)\ell(a)\, da = \gamma \sum_{i \geq 1} i(A_i - A_{i+1})$$

で与えられる．

パリティ状態 $i \geq 1$ に参入した年齢別の期待滞在時間 (expected sojourn time) を $T_i(a)$（a は参入年齢）とおけば，

$$
\begin{aligned}
T_i(a) &= \int_0^\infty s(\mu(a+s) + \lambda_i(a+s,s))\Lambda(s;a,0)\frac{\ell(a+s)}{\ell(a)}\,ds \\
&= \int_0^\infty \Lambda(s;a,0)\frac{\ell(a+s)}{\ell(a)}\,ds
\end{aligned}
$$

である．パリティ状態 i における期待滞在時間 T_i を

$$
T_i := \int_0^\infty T_i(a)\zeta_i(a)\ell(a)\,da
$$

と定義すれば，以下が成り立つことは容易にわかる：

$$
T_i = \int_0^\infty \Psi_i(a)\ell(a)\,da, \; i \geq 0.
$$

当然ながら，$\sum_{i\geq 0} T_i = \int_0^\infty \ell(a)\,da$ は寿命を与える．

生残率関数を用いれば各状態の年齢・持続期間分布はその境界値に還元できる：

$$
p_0(t,a) = \begin{cases} \Lambda_0(a)\ell(a)B(t-a), & t-a>0, \\ \dfrac{\Lambda_0(a)\ell(a)}{\Lambda_0(a-t)\ell(a-t)}\phi_0(a-t), & a-t>0, \end{cases}
$$

$$
p_i(t,a,s) = \begin{cases} \Lambda_i(s;a-s,0)\dfrac{\ell(a)}{\ell(a-s)}p_i(t-s,a-s,0), & t-s>0, \\ \Lambda_i(t;a-t,s-t)\dfrac{\ell(a)}{\ell(a-t)}\phi_i(a-t,s-t), & a \geq s \geq t. \end{cases}
$$

ただしここで $B(t) := p_0(t,0)$ である．さらに境界値 $p_i(t,a,0)$ は，$t-a>0$ であれば，

$$
p_i(t,a,0) = \zeta_i(a)\ell(a)B(t-a)
$$

となるが，$a-t>0$ の領域において $p_i(t,a,0)$ を計算するためには，初期状態においてパリティ i で生存していた女性で，時刻 t において $i+j$

$(j \geq 1)$ 番目の出産をおこなう女性の年齢密度分布 $g_i^j(t,a)$ を求める必要がある．$g_i^j(t,a)$ $(a-t>0)$ は以下のように逐次的に計算される：

$$
\begin{aligned}
g_0^j(t,a) &= \frac{\zeta_j(a)}{\Lambda_0(a-t)}\phi_0(a-t), \quad j \geq 1, \\
g_i^1(t,a) &= \int_t^a \lambda_i(a,s)\Lambda_i(t;a-t,s-t)\phi_i(a-t,s-t)\,ds, \\
g_i^{j+1}(t,a) &= \int_0^t \lambda_{i+j}(a,s)\Lambda_{i+j}(s;a-s,0)g_i^j(t-s,a-s)\,ds.
\end{aligned}
$$

すなわち帰納法によって以下を示すことができる：

補題 3.1　パリティ状態 $i \geq 1$ における境界値 $p_i(t,a,0)$ は以下のように与えられる：

$$
p_i(t,a,0) = \begin{cases} \zeta_i(a)\ell(a)B(t-a), & t-a>0, \\ \left(\displaystyle\sum_{j=0}^{i-1} g_j^{i-j}(t,a)\right)\dfrac{\ell(a)}{\ell(a-t)}, & a-t>0. \end{cases} \tag{3.31}
$$

(3.31) を

$$
B(t) = \gamma \sum_{i=1}^N \int_0^\infty p_i(t,a,0)\,da
$$

に適用すれば，パリティ拡大モデルに関する再生方程式を得る：

$$
B(t) = G(t) + \int_0^t \Phi(a)B(t-a)\,da. \tag{3.32}
$$

ここで，

$$
\begin{aligned}
\Phi(a) &:= \gamma \sum_{i \geq 1} \zeta_i(a)\ell(a), \\
G(t) &:= \gamma \sum_{i \geq 1}\sum_{j=0}^{i-1} \int_t^\infty g_j^{i-j}(t,a)\frac{\ell(a)}{\ell(a-t)}\,da.
\end{aligned}
$$

したがって，パリティ拡大モデルにおいても出生児数 $B(t)$ は安定人口モデルとまったく同様に決定されて，強エルゴード定理が成り立つ．これまでの結果から，以下の定理が得られる：

定理 3.4 ([209]) パリティ拡大モデル (3.30) の解は以下のように与えられる：

$$p_0(t,a) = \begin{cases} \Lambda_0(a)\ell(a)B(t-a), & t-a>0, \\ \dfrac{\Lambda_0(a)\ell(a)}{\Lambda_0(a-t)\ell(a-t)}\phi_0(a-t), & a-t>0, \end{cases}$$

$$p_i(t,a,s) = \begin{cases} \Lambda_i(s;a-s,0)\zeta_i(a-s)\ell(a)B(t-a), & t>a>s, \\ \Lambda_i(s;a-s,0)\Big[\displaystyle\sum_{j=0}^{i-1} g_j^{i-j}(t-s,a-s)\Big]\dfrac{\ell(a)}{\ell(a-t)}, & a \geq t \geq s, \\ \Lambda_i(t;a-t,s-t)\dfrac{\ell(a)}{\ell(a-t)}\phi_i(a-t,s-t), & a \geq s \geq t. \end{cases}$$

ただし $B(t)$ は再生方程式 (3.32) の解である．

定理 3.5 ([209]) λ_0 を純再生産関数 $\Phi(a)$ から決まる自然成長率であるとする．このとき任意の有限年齢区間上で以下が一様収束の意味で成り立つ：

$$\lim_{t\to\infty} e^{-\lambda_0 t}p_0(t,a) = b_0 e^{-\lambda_0 a}\ell(a)\Lambda_0(a),$$

$$\lim_{t\to\infty} e^{-\lambda_0 t}p_i(t,a,s) = b_0 e^{-\lambda_0 a}\ell(a)\Lambda_i(s;a-s,0)\zeta_i(a-s).$$

ただし b_0 は以下で与えられる定数である：

$$b_0 = \frac{\int_0^\infty e^{-\lambda_0 t}G(t)\,dt}{\int_0^\infty a e^{-\lambda_0 a}\Phi(a)\,da}.$$

上記のモデルのさらに特殊なケースとしてフィーニー (G. Feeney) のパリティ拡大モデルを考えてみよう ([132])．人口学において単にパリティ拡大モデルといえば，このフィーニーのモデルを指す場合が多い．

パリティ拡大率 $\lambda_i(a,s)$ は年齢に独立で，持続期間とパリティのみに依存していると仮定する．そこで $\lambda_i(a,s) = \lambda_i(s)$ と書こう．また死亡率も年齢依存性を断念して，一定値 μ であるとするか，または自然死亡率は無視する．そのように仮定しても，先進諸国の人口のように再生産期間までにおける死亡率が十分小さい場合には十分にモデルとして妥当性がある．以下では原モデルにしたがって死亡を無視しておこう．そこで各状態の生残率は，

$$\Lambda_i(s) = \exp\Big(-\int_0^a \lambda_i(\rho)\,d\rho\Big)$$

と書ける．また i 回目の出産からの経過時間 s における $i+1$ 回目の出産確率は，

$$f_i(s) := \lambda_i(s)\Lambda_i(s)$$

となる．また，

$$\begin{aligned}\zeta_1(a) &:= f_0(a),\\ \zeta_{i+1}(a) &:= \int_0^a f_i(s)\zeta_i(a-s)ds, \quad i \ge 1\end{aligned}$$

とすれば，$\zeta_i(a)$ は a 歳で i 回目の出産をおこなう確率であり，基本再生産数は，

$$R_0 = \gamma \sum_{i\ge 1} \int_0^\infty \zeta_i(a)\,da$$

で与えられる．一方，年齢別・持続時間別人口分布は以下のように得られる：

$$p_0(t,a) = \begin{cases} \Lambda_0(a)B(t-a), & t-a>0,\\ \dfrac{\Lambda_0(a)}{\Lambda_0(a-t)}\phi_0(a-t), & a-t>0,\end{cases}$$

$$p_i(t,a,s) = \begin{cases} \Lambda_i(s)p_i(t-s,a-s,0), & t > a > s, \\ \dfrac{\Lambda_i(a)}{\Lambda(a-t)}\phi_i(a-t,s-t), & a \ge s \ge t, \end{cases} \quad i \ge 1.$$

いま $B_i(t)$ を出生順位 i の単位時間あたりの出生率であるとしよう．このとき上記の表現と積分の順序変更によって，

$$\begin{aligned}
&B_i(t) = \gamma \int_0^\infty p_i(t,a,0)\,da \\
&= \gamma \int_0^t \int_0^a \lambda_{i-1}(s)p_{i-1}(t,a,s)\,dsda + \gamma \int_t^\infty \int_0^a \lambda_{i-1}(s)p_{i-1}(t,a,s)\,dsda \\
&= \gamma \int_0^t f_{i-1}(s) \int_s^\infty p_{i-1}(t-s,a-s,0)\,dads + G_{i-1}(t) \\
&= \int_0^t f_{i-1}(s)B_{i-1}(t-s)\,ds + G_{i-1}(t)
\end{aligned}$$

と書ける．ただし $B_0(t) := B(t)$ であり，

$$G_i(t) := \gamma \int_t^\infty \lambda_i(s) \int_s^\infty \phi_i(a-t,s-t)\,dads$$

とする．$G_i(t)$ は初期に生存していた人口による出生順位 i の出生率である．したがって以下のような再生方程式のシステムを得る：

$$\begin{aligned}
B(t) &= \sum_{i \ge 1} B_i(t), \\
B_i(t) &= \int_0^t f_{i-1}(s)B_{i-1}(t-s)ds + G_{i-1}(t), \quad i \ge 1
\end{aligned}$$

もし $t = 0$ において年齢別・持続期間別人口を初期データとして与えるかわりに，過去の出生順位別出生率の時系列 $B_i(t)$ $(t < 0)$ が与えられているとすれば，

$$G_{i-1}(t) = \int_t^\infty f_{i-1}(s)B_{i-1}(t-s)\,ds$$

とおけば，印象的に単純化された再生方程式のシステム

$$B_i(t) = \int_0^\infty f_{i-1}(s)B_{i-1}(t-s)\,ds, \quad i \geq 1$$

を得る．したがって，ふたたび $B_i(t)$ がすべての $t > 0$ において決定されるが，そこで必要なのは持続時間だけに依存するパリティ拡大率 $f_i(s)$ のみである．フィーニーのモデルはデータの制約がある現実的な場面では利用しやすく，出産の延期などが再生産率や自然成長率に与える効果を検討するために有効である．

3.6 連続的状態空間における人口拡散

前節までの多次元モデルでは，各個体の特性（状態）を表すパラメータは，離散的な有限個の自然数であった．そこでこれを連続的変数（ベクトル）ξ にかえて，パラメータ ξ は $\mathbf{R}^n$ における部分集合 Ω を定義域とするとしよう．たとえば個体の空間位置や遺伝的特性を考慮する場合には，こうした連続的状態空間を考えたほうが適切な場合がある．

そこで状態空間 Ω における人口分布の時間発展を考えよう．そのようなモデルを定式化するいくつかのアプローチがありうるが，ここでは微分方程式を用いて拡散・移動過程をモデル化することはせずに，ファン・デン・ボッシュ(F. Van den Bosch)，メッツ，ディークマン ([420]) にしたがって，直接ロトカの積分方程式から出発しよう．

いま $\ell(a, x, \xi)$ を，状態 $\xi \in \Omega$ において産まれた個体が，a 歳のとき状態 $x \in \Omega$ に生存している割合（生残率）であるとしよう．このとき $L^1(\Omega)$ 上の 1 パラメータの作用素 $U(a)$ を，

$$(U(a)f)(x) := \int_\Omega \ell(a, x, \xi) f(\xi)\,d\xi$$

と定義すれば，$U(a)$ はゼロ歳時点における人口の状態分布 f を a 歳のときの状態分布に変換する作用素になる．すなわち $U(a)$ $(a \geq 0)$ は 1 つの

コーホートの加齢と状態遷移を表現している．もし加齢と拡散がまったく独立であって，死亡率の状態間格差がなければ，$\ell_0(a)$ を死亡率のみによる生残率として，

$$U(a) = \ell_0(a)S(a)$$

という分解が可能であろう．このとき $S(a)$ は純粋な移動・拡散の効果を表す作用素で，たとえば何らかの境界条件のもとでのラプラシアン Δ によって生成される半群として与えられるであろう ([435])．

年齢 a，状態 $\xi \in \Omega$ の個体が状態 x の子供を産む出生率を $\beta(a,x,\xi)$ として，純再生産率関数を，

$$\psi(a,x,\xi) := \int_\Omega \beta(a,x,\eta)\ell(a,\eta,\xi)\,d\eta$$

としよう．1 パラメータ a をもつ $L^1(\Omega)$ 上の作用素 $\Psi(a)$ を

$$(\Psi(a)f)(x) := \int_\Omega \psi(a,x,\xi)f(\xi)\,d\xi$$

と定義すれば，$\Psi(a)$ はゼロ歳児の状態分布から a 年後におけるその子供世代の状態分布を生成する作用素である．そこで $B(t,x)$ を状態 x，時刻 t における出生密度とすれば，以下の再生方程式を得る：

$$B(t,x) = \int_0^\infty \int_\Omega \psi(a,x,\xi)B(t-a,\xi)\,d\xi da. \tag{3.33}$$

ただしここでは簡単のため，初期条件は $t<0$ において与えられているか，もしくはすでにその影響は消滅しているとする．また年齢 a，状態 x における人口の密度関数は，

$$p(t,a,x) = \int_0^\infty B(t-a,\xi)\ell(a,x,\xi)\,d\xi$$

で与えられる．$B(t,\cdot)$ を Ω 上の分布関数のなす関数空間 $L^1(\Omega)$ に値をとるベクトル値関数とみなせば，(3.33) は

$$B(t,x) = \int_0^\infty (\Psi(a)B(t-a,\cdot))(x)\,da \tag{3.34}$$

と書ける．すなわち (3.33) は $L^1(\Omega)$ における抽象的な再生積分方程式とみなせる．

そこでこれまでと同様に指数関数型の成長解を探してみよう．$B(t,x) = e^{\lambda t}u(x)$ とおけば，

$$u = \int_0^\infty \Psi(a)e^{-\lambda a}\,da \cdot u.$$

したがって，作用素 Ψ のラプラス変換 $\hat{\Psi}(\lambda)$ が固有値 1 をもつような $\lambda \in \mathbf{C}$ の集合，$\Lambda := \{\lambda \in \mathbf{C} \,|\, 1 \in \sigma(\hat{\Psi}(\lambda))\}$ が指数関数的成長解の成長率を与えている．以下では $\hat{\Psi}$ は Ψ のラプラス変換，$\sigma(A)$ は作用素 A のスペクトル集合，$r(A)$ は作用素 A のスペクトル半径を表すとする．

形式的に見れば，以下は前節でおこなった議論とまったく同様である（付録 B, D 参照）．現実的な条件のもとで $\hat{\Psi}(\lambda)$ は実軸上で単調減少な正値コンパクト作用素であり，そのスペクトル半径 $r(\hat{\Psi}(\lambda))$ もまた実軸上で単調減少になると仮定できる．したがって方程式 $r(\hat{\Psi}(\lambda)) = 1$ は唯一の実根 λ_0 をもち，$\lambda_0 \in \Lambda$ となる．しかも作用素 T を

$$T := \int_0^\infty \Psi(a)\,da$$

と定義すれば，$r(\hat{\Psi}(0)) = r(T) > 1$ であれば $\lambda_0 > 0$，$r(T) < 1$ であれば $\lambda_0 < 0$ となり，さらに λ_0 は Λ の任意の他の要素の実部よりも大きいことが示される．T はゼロ歳の人口分布をその子供世代のゼロ歳における分布へ変換する作用素であって，**次世代作用素** (next generation opeartor) と呼ばれる．

そこで u_0 を $\hat{\Psi}(\lambda_0)$ の固有値 1 に属する正値固有ベクトルであるとすれば，この場合も強エルゴード定理が成り立ち，$t \to \infty$ においては，何らかの定数 $C, \varepsilon > 0$ が存在して，

$$B(t,x) = Ce^{\lambda_0 t}u_0(x) + O(e^{(\lambda_0 - \varepsilon)t})$$

となると期待できる．とくに $R_0 = r(T)$ であること，すなわち「基本再生産数は次世代作用素のスペクトル半径で与えられる」という一般的な原理

がふたたび確認される．したがって無限次元の再生方程式 (3.33) においても漸近挙動は定性的に有限次元の場合と変わらない ([181]).

一方，漸近挙動から過渡現象に目を転ずるならば，システム (3.33) で出現すると考えられるより興味深い現象は，状態空間の一部に人口が侵入した場合に人口の拡散過程が進行波として記述される場合があるということである．簡単のために 1 次元の状態空間を考え，個体の状態空間における拡散過程と出生・死亡過程は独立であると仮定し，また状態空間は一様であって，状態 ξ から x への推移確率は $x-\xi$ のみに依存すると仮定する．すなわち純再生産関数は以下のように書けているとしよう：

$$\psi(a, x, \xi) = \phi(a)V(x-\xi).$$

ここで $V(x)$ は，

$$\int_\Omega V(x)\,dx = 1, \quad V(x) = V(-x)$$

であるとする．したがって，個体の基本再生産数は次式で与えられる：

$$R_0 = \int_0^\infty \phi(a)\,da.$$

再生方程式 (3.33) は以下のようになる：

$$B(t,x) = \int_0^\infty \phi(a) \int_\Omega V(x-\xi)B(t-a,\xi)\,d\xi da. \tag{3.35}$$

そこで $B(t,x) = w(x+ct)$ を (3.35) に代入すれば，

$$w(x) = \int_{-\infty}^\infty V_c(x-\xi)w(\xi)\,d\xi \tag{3.36}$$

を得る．ただしここで，

$$V_c(z) := \int_0^\infty \phi(a)V(z-ca)\,da$$

である．V の対称性から，$w(x)$ が (3.36) の解であれば，$w(-x)$ が (3.36) において V_c を V_{-c} におきかえた方程式を満たすことがわかる．そこで議

論はまったく対称的におこなえるから，以下では $c>0$（左側へ進行する波）のみを考える．(3.36) の特性方程式を

$$\hat{V}_c(\lambda) := \int_{-\infty}^{\infty} e^{-\lambda z} V_c(z)\, dz = 1 \tag{3.37}$$

とすれば $\hat{V}_c(0)=R_0$ である．もし特性方程式が実根 λ_0 をもてば，その重複度を $k \geq 1$ とすれば $z^n e^{\lambda_0 z}$ $(n=0,1,\cdots,k-1)$ が (3.36) の実の解になる．したがって特性方程式が実根をもつような c が存在すれば，進行波解が対応して存在する．

$\hat{V}_c(\lambda)$ は $\lambda=0$ の右近傍で定義されていて，$\hat{V}_c(0)=R_0>1$ であるとしよう．

$$\hat{V}_c(\lambda) = \int_0^{\infty} e^{-\lambda c a} \phi(a)\, da \int_{-\infty}^{\infty} e^{-\lambda z} V(z)\, dz$$

であるから，

$$\begin{aligned}
\frac{d\hat{V}_c(0+)}{d\lambda} &= -c \int_0^{\infty} a\phi(a)\, da < 0, \\
\frac{d^2\hat{V}_c(\lambda)}{d\lambda^2} &= \int_{-\infty}^{\infty} z^2 e^{-\lambda z} V_c(z)\, dz > 0
\end{aligned}$$

を得る．したがって，$\hat{V}_c(\lambda)$ のグラフは $\lambda>0$ において下に凸で，しかも $\hat{V}_c(\lambda)$ の値は $c>0$ について単調減少であるから，十分に大きな $c>0$ をとれば $\hat{V}_c(\lambda)<1$ となる $\lambda>0$ が存在するようになり，$\hat{V}(0)>1$ であるから特性方程式 (3.37) は正根をもつことになる．そこで集合

$$\{c>0 \mid \hat{V}_c(\lambda)<1 \text{ となる} \lambda>0 \text{ が存在する}\}$$

を考えると，これは半直線 (c_0,∞) をなす．すなわち $R_0>1$ であれば，$c>c_0$ においては対応する進行波解が存在することがわかる ([92]).

3.7 弱エルゴード定理

安定人口モデルは，時間に依存しない動態率を仮定していたが，当然のことながら，現実の人口においてはこうした仮定はせいぜい特定の期間において近似的に成り立つだけである．出生率や死亡率は周囲の環境の変化とそれに対する人口の応答という相互作用によって変化するであろうし，人間社会においては社会現象，意識的な介入や制限によってその動態率は絶えず変化している．

そこでまったく一般に，時間に依存する動態率が与えられたときに人口の年齢分布がどのような性質をもちうるのかを検討しよう．ただしここではパラメータ間の非線形相互作用は考慮せず，線形の人口モデルをもっぱらとり上げる．以下の結果はバーコフによっておもに発展させられた線形増殖過程の理論に依存しているが，それについては付録 D で述べる．また以下では簡単のためスカラーモデルだけを考えるが，多状態モデルにおけるおもな相違点はシステムの分解不能性を保証する条件が必要となる点だけである ([208], [362])．

動態率が時間に依存する人口は以下のような非自律的なマッケンドリック方程式によって記述される：

$$
\begin{aligned}
&\frac{\partial p(t,a)}{\partial t} + \frac{\partial p(t,a)}{\partial a} = -\mu(t,a)p(t,a), \ t \in \mathbf{R}, \ 0 < a < \omega, \\
&p(0,t) = \int_0^\omega \beta(t,a)p(t,a)\,da, \qquad\qquad t \in \mathbf{R}.
\end{aligned} \tag{3.38}
$$

ここでは時間軸全体 $-\infty < t < \infty$ で考えるために初期データを特定しないでおく．また ω は再生産期間の上限値で，これは時間的に不変であると仮定しておく．したがって任意の固定した $t \in \mathbf{R}$ に対しては，

$$
\mu(t,\cdot), \quad \beta(t,\cdot) \in L^\infty_+(0,\omega)
$$

と仮定できる．

自律系の場合と違って，非自律系 (3.38) の生残率関数はコーホートごと

に決まることに注意して，以下のように定義する．

$$\ell(h;t,a) := \exp\Bigl(-\int_0^h \mu(t+\sigma, a+\sigma)\,d\sigma\Bigr), \quad h \geq 0.$$

このとき $\ell(h;t,a)$ は t 時刻に a 歳であった個体が h 時間後も生き残っている割合である．そこで時刻 s において初期分布 $p(s,a) = \phi(a)$ が与えられたと考えて，非自律的マッケンドリック方程式 (3.38) を特性線に沿って積分すれば，$t > s$ に対して以下の表現を得る：

$$p(t,a) = \begin{cases} \ell(a;t-a,0)p(t-a,0), & t-s > a, \\ \ell(t-s;s,a-t+s)\phi(a-t+s), & a > t-s. \end{cases}$$

これを (3.38) の境界条件に代入すれば，

$$p(t,0) = \begin{cases} \displaystyle\int_0^{t-s} \beta(t,a)\ell(a;t-a,0)p(t-a,0)\,da \\ \displaystyle\qquad + \int_{t-s}^{\omega} \beta(t,a)\ell(t-s;s,a-t+s)\phi(a-t+s)\,da, \\ \qquad\qquad\qquad\qquad\qquad\qquad\qquad t-s < \omega, \\ \displaystyle\int_0^{\omega} \beta(t,a)\ell(a;t-a,0)p(t-a,0)\,da, \qquad t-s > \omega. \end{cases} \tag{3.39}$$

を得る．そこでいま $h = t-s > 0$ として以下の諸関数を定義しよう：

$$B(h;\phi,s) := p(s+h,0),$$

$$\Psi(s+h,a) := \begin{cases} \beta(s+h,a)\ell(a;s+h-a,0), & 0 < a < \omega, \\ 0, & a > \omega, \end{cases}$$

$$G(h;\phi,s) := \begin{cases} \displaystyle\int_h^{\omega} \beta(s+h,a)\ell(h;s,a-h)\phi(a-h)\,da, & 0 < h < \omega, \\ 0, & h > \omega. \end{cases}$$

このとき (3.39) から $B(h;\phi,s)$ は以下のヴォルテラ型積分方程式を満たすことがわかる：

$$B(h;\phi,s)=G(h;\phi,s)+\int_0^h \Psi(s+h,a)B(h-a;\phi,s)\,da,\ \ h>0. \quad (3.40)$$

そこで積分核 $\Psi(h+s,h-x)$ に対応するレゾルベント核を $R(h,x;s)$ としよう．すなわち $R(h,x;s)$ は以下のレゾルベント方程式の解である[7]：

$$R(h,x;s)=\Psi(h+s,h-x)+\int_x^h \Psi(h+s,h-z)R(z,x;s)\,dz. \quad (3.41)$$

このとき (3.40) は以下のように解ける：

$$B(h;\phi,s)=G(h;\phi,s)+\int_0^h R(h,\rho;s)G(\rho;\phi,s)\,d\rho. \quad (3.42)$$

そこでこの解 $B(h;\phi,s)$ を用いれば，初期分布 $p(s,a)=\phi(a)$ のもとでの $t>s$ における (3.38) の解は以下のように定まる：

$$p(t,a)=\begin{cases}\ell(a;t-a,0)B(t-s-a;\phi,s), & t-s>a,\\ \ell(t-s;s,a-t+s)\phi(a-t+s), & a>t-s.\end{cases} \quad (3.43)$$

非自律的な線形人口モデル (3.38) の時間発展を考えるために，安定人口モデルにおける人口半群と同様に，年齢密度関数を時間推進する線形作用素を以下のように定義しよう：

$$(U(t,s)\phi)(a):=\begin{cases}\ell(a;t-a,0)B(t-s-a;\phi,s), & t-s>a,\\ \ell(t-s;s,a-t+s)\phi(a-t+s), & a>t-s.\end{cases}$$

ただしここで $B(h,\phi,s)$ は (3.42) によって与えられる．この 2 パラメータの線形作用素の族 $\{U(t,s)\}_{s\le t}$ を**人口発展作用素** (population evolution operator) と呼ぶ．$U(t,s)$ は，人口がシステム (3.38) にしたがう場合に，時刻 s における年齢密度関数を，時刻 t における年齢密度関数に写す線形

7) ここでは伝統的なレゾルベント核の符号を変えたものをレゾルベント核として採用しておく．

作用素に他ならない．このとき以下の性質が成り立つことは，人口半群の場合と同様に容易に示される：

$$\begin{cases} U(s,s)=I, \\ U(t,r)U(r,s)=U(t,s),\ s\le r\le t, \\ U(t,s)(L^1_+)\subset L^1_+. \end{cases} \tag{3.44}$$

ここで I は恒等作用素である．(3.44) は非自律システム (3.38) の解の一意性と非負の初期条件に対する解の非負性の結果に他ならない．

年齢密度関数のなす集合（状態空間）に値をとる関数（状態関数）の時系列 $\{f(t)\}_{t\in\mathbf{R}}$ は，それが $\{U(t,s)\}_{s\le t}$ によって時間推進される場合，すなわち，

$$f(t)=U(t,s)f(s),\ \ -\infty<s\le t<\infty$$

となるとき，発展作用素 $\{U(t,s)\}_{s\le t}$ と**共立** (consistent) であるといわれる．

性質 (3.44) をもつ 2 パラメータの正値線形作用素の族 $\{U(t,s)\}_{s\le t}$ はバーコフによって**増殖過程** (multiplicative process) として一般的に研究された．ここではバーコフの理論を人口発展作用素に具体的に適用しよう．その際にキーとなるのは古典的なノートンの結果 ([321]) であるが，その前に動態率について以下のような追加的な仮定を設けておく：

仮定 3.1

(1) μ, β は上に一様に有界である：

$$\bar{\mu}:=\sup_{(t,a)\in\mathbf{R}\times[0,\omega]}\mu(t,a)<\infty,\ \bar{\beta}:=\sup_{(t,a)\in\mathbf{R}\times[0,\omega]}\beta(t,a)<\infty.$$

(2) 正数 $\varepsilon>0$, $0<\gamma_1<\gamma_2<\omega$ が存在して

$$\inf_{(t,a)\in\mathbf{R}\times[\gamma_1,\gamma_2]}\beta(t,a)>\varepsilon.$$

(3) ほとんどいたるところの $(s,x) \in \mathbf{R} \times [0,\omega]$ について，

$$\int_0^\omega \beta(s+z, x+z)\ell(z;s,x)\,dz > 0.$$

仮定 (1) は ω が最大到達年齢より小さくとってあれば自然に満たされる仮定であろう．仮定 (2) は時間的に不変なコアとなる再生産期間が存在することを意味しており，これも対象が十分に大きいサイズの人口であれば一般に不自然な仮定ではない．(3) は技術的な仮定であるが，任意の t について $a=\omega$ の左近傍で $\beta(t,a)$ が恒等的にはゼロでないような場合，すなわち再生産期間の上限が ω で，それが時間的に不変であれば満たされている．

補題 3.2 ([321])　仮定 3.1 の下で，$0 < \delta < (\gamma_2 - \gamma_1)/2$ となる任意の δ とゼロまたは任意の自然数 $n = 0, 1, 2, \cdots$ に対して以下が成り立つ：

$$R(h,x;s) \geq \alpha^{n+1}\delta^n,\ h-x \in [\gamma_1 + n(\gamma_1+\delta), \gamma_2 + n(\gamma_2 - \delta)]. \tag{3.45}$$

ここで $\alpha := \varepsilon\exp(-\bar{\mu}\gamma_2)$ である．

証明　レゾルベント方程式 (3.41) から，$h - x \in [\gamma_1, \gamma_2]$ であれば，

$$R(h,x;s) \geq \Psi(h+s, h-x) \geq \varepsilon e^{-\bar{\mu}\gamma_2} = \alpha$$

であることがわかるから，(3.45) は $n=0$ で成り立っている．そこである自然数 n_0 で成り立っているとしよう．すなわち，

$$R(h,x;s) \geq \alpha^{n_0+1}\delta^{n_0},\ h-x \in [\gamma_1 + n_0(\gamma_1+\delta), \gamma_2 + n_0(\gamma_2-\delta)].$$

初めに $x \leq h - \gamma_2$ と仮定する．このとき，

$$\begin{aligned} R(h,x;s) &\geq \int_x^h \Psi(h+s, h-z)R(z,x;s)\,dz \\ &\geq \int_{h-\gamma_2}^{h-\gamma_1} \Psi(h+s,h-z)R(z,x;s)\,dz \end{aligned} \tag{3.46}$$

である．そこで区間 J を

$$J := [h-\gamma_2, h-\gamma_1] \cap [x+\gamma_1+n_0(\gamma_1+\delta), x+\gamma_2+n_0(\gamma_2-\delta)]$$

としよう．このとき区間 $[h-\gamma_2, h-\gamma_1]$, $[x+\gamma_1+n_0(\gamma_1+\delta), x+\gamma_2+n_0(\gamma_2-\delta)]$ の長さは仮定から 2δ よりも大きい．そこで，

$$h-x \in [\gamma_1+(n_0+1)(\gamma_1+\delta), \gamma_2+(n_0+1)(\gamma_2-\delta)] \tag{3.47}$$

である場合には，

$$h-\gamma_1-(x+\gamma_1+n_0(\gamma_1+\delta)) \geq \delta,$$
$$(x+\gamma_2+n_0(\gamma_2-\delta))-(h-\gamma_2) \geq \delta$$

となるから，区間 J は空ではなくて，その長さは δ 以上である．したがって，(3.47) が成り立つ場合には，(3.46) と帰納法の仮定から，

$$\begin{aligned} R(h,x;s) &\geq \int_{h-\gamma_2}^{h-\gamma_1} \Psi(h+s, h-z) R(z,x;s) dz \\ &\geq \int_J \Psi(h+s, h-z) R(z,x;s) dz \geq \alpha\alpha^{n_0+1}\delta^{n_0}\delta = \alpha^{n_0+2}\delta^{n_0+1}. \end{aligned}$$

同様に $h-\gamma_2 < x$ であれば，

$$K := [x, h-\gamma_1] \cap [x+\gamma_1+n_0(\gamma_1+\delta), x+\gamma_2+n_0(\gamma_2-\delta)]$$

とおけば区間 K の長さは δ 以上で，

$$R(h,x;s) \geq \int_K \Psi(h+s, h-z) R(z,x;s)\, dz \geq \alpha^{n_0+2}\delta^{n_0+1}$$

を得る．したがって (3.45) は $n = n_0+1$ でも成り立つから，数学的帰納法によってすべての自然数に対して成り立っている．□

補題 3.3　仮定 3.1 のもとで，ある正数 $\zeta > 0$ が存在して，人口発展作用素 $U(t,s)$ は $t-s \geq \zeta$ でバーコフの意味で一様正値である．

証明　レゾルベント方程式 (3.41) から,

$$R(h,x;s) \le \bar{\beta} + \bar{\beta}\int_x^h R(z,x;s)\,dz$$

を得る．したがって,

$$R(h,x;s) \le \bar{\beta}e^{\bar{\beta}(h-x)}.$$

一方, (3.42) と (3.43) から $t-s>2\omega$ においては,

$$\begin{aligned}(U(t,s)\phi)(a) &= \ell(a;t-a,0)\int_0^\omega R(t-s-a,\rho;s)G(\rho;\phi,s)\,d\rho \\ &\le \ell(a;t-a,0)\bar{\beta}e^{\bar{\beta}(t-s)}\int_0^\omega G(\rho;\phi,s)\,d\rho \qquad (3.48)\end{aligned}$$

となる．また自然数 n を $n>(2\omega-\gamma_2+\gamma_1)/(\gamma_2-\gamma_1-2\delta)$ となるようにとれば, $2\omega+\gamma_1+n(\gamma_1+\delta)<\zeta<\gamma_2+n(\gamma_2-\delta)$ となる正数 ζ が存在する．このとき $t-s=\zeta$ とおけば, $a,\rho\in[0,\omega]$ のとき $\zeta-a-\rho\in[\gamma_1+n(\gamma_1+\delta),\gamma_2+n(\gamma_2-\delta)]$ となる．したがって補題 3.2 と (3.42), (3.43) から,

$$(U(s+\zeta,s)\phi)(a) \ge \ell(a;s+\zeta-a,0)\alpha^{n+1}\delta^n\int_0^\omega G(\rho;\phi,s)\,d\rho \qquad (3.49)$$

を得る．いま汎関数 $\lambda_s(\phi)$ $(\phi\in L^1(0,\omega))$ を

$$\lambda_s(\phi) := \int_0^\omega G(\rho;\phi,s)\,d\rho$$

と定義しておけば, 積分の順序変更によって,

$$\lambda_s(\phi) = \int_0^\omega S(s,x)\phi(x)\,dx$$

であることが容易にわかる．ただし,

$$S(s,x) := \int_0^\omega \beta(s+z,x+z)\ell(z;s,x)\,dz$$

であって，仮定 3.1 から λ_s が厳密に正な線形汎関数であること，すなわち $\phi \in L^1_+(0,\omega) \setminus \{0\}$ であれば $\lambda_s(\phi) > 0$ であることがしたがう．(3.48) と (3.49) から，

$$\ell(a; s+\zeta-a, 0)\alpha^{n+1}\delta^n\lambda_s(\phi) \le U(s+\zeta, s)\phi \le \ell(a; s+\zeta-a, 0)\bar{\beta}e^{\bar{\beta}\zeta}\lambda_s(\phi)$$

を得る．したがって，

$$D := \frac{\bar{\beta}e^{\bar{\beta}\zeta}}{\alpha^{n+1}\delta^n}$$

とおけば，$U(s+\zeta, s)$ の射影半径は $\Delta(U(s+\zeta, s)) \le 2\log D$ と評価される．すなわち $U(s+\zeta, s)$ は一様正値であるから，$t-s \ge \zeta$ のとき $U(t,s)$ は一様正値になる．□

上記の補題の証明過程から，人口発展作用素 $U(t,s)$ に対して付録の定理 D.9 が適用できて，以下が得られることがわかる：

定理 3.6 ([208])　仮定 3.1 のもとで人口発展作用素 $\{U(t,s)\}_{s\le t}$ はバーコフの意味で正および負の時間について一様に原始的な増殖過程であり，指数関数的に弱エルゴード的である．

系 3.1 (弱エルゴード定理)　$p_i(t,a)$ $(t>0,\ i=1,2)$ は初期条件 $p_i(0,a) = \phi_i(a) \in L^1_+ \setminus \{0\}$ に対応するシステム (3.38) の解であるとする．仮定 3.1 のもとで，以下が成り立つ：

$$\lim_{t\to\infty}\left\| \frac{p_1(t,\cdot)}{\|p_1(t,\cdot)\|} - \frac{p_2(t,\cdot)}{\|p_2(t,\cdot)\|} \right\| = 0. \tag{3.50}$$

ここで $\|\cdot\|$ は $L^1(0,\omega)$ のノルムである．

(3.50) は，同一の時間的に変化する動態率にしたがう任意の 2 つの人口の年齢分布は時間とともに比例するようになり，初期条件の影響は消失するという人口過程の**弱エルゴード性** (weak ergodicity) または**漸近的比例**

性 (asymptotic proportionality) を示している．換言すれば，一様原始的な線形人口過程を考える限り，たとえ動態率が時間的に変動しても，初期条件の違いは（正規化された）年齢分布に対して過渡的な影響を及ぼすだけであって，長期的には年齢分布の変動は動態率によって一意的に決まっているのである．

弱エルゴード的な人口過程においては，付録の定理 D.10 からわかるように，出生率，死亡率という動態率の無限の時系列データが半無限区間 $(-\infty, T]$ において与えられれば，それとコンシステントな年齢分布の時系列が一意的に定まることがわかる．しかも年齢分布の収束は指数関数的であるから，ある時点における年齢分布はそれより過去の，ある程度の長さの動態率の歴史的データによってほぼ完全に決定されている．したがってコーエン ([69]) が指摘するように，現在の年齢分布の原因を求めて無限の過去を探し回る必要はないのである．

もしも動態率が時間に依存しなければ，すなわち (3.38) のかわりに安定人口モデルを考えれば，発展作用素 $U(t,s)$ は時間間隔 $t-s$ のみに依存して決まり，$U(t,s) = T(t-s)$ とおけば，$T(t)$ は人口半群になる．その場合は指数関数的な成長軌道 $e^{\lambda_0(t-a)}\ell(a)$ が存在して，その年齢分布プロファイルは時間的に不変であるから，任意の正の初期条件 $p_0 \in L^1 \setminus \{0\}$ から出発した解 $p(t,a) = (T(t)p_0)(a)$ について，(3.50) から

$$\lim_{t\to\infty}\left\| \frac{p(t,\cdot)}{\|p(t,\cdot)\|} - w^* \right\| = 0$$

となることがわかる．ただし，

$$w^*(a) := \frac{e^{-\lambda_0 a}\ell(a)}{\int_0^\omega e^{-\lambda_0 a}\ell(a)\,da}$$

は正規化された安定人口分布である．これは第 2 章で解析的に導いた強エルゴード定理に他ならない．

またある人口が一様正値な人口半群によって $t \in (-\infty, T]$ において時間

推進されていたとしよう．すなわち，

$$p(t,a) = (T(h)p(t-h,\cdot))(a),\ t \in (-\infty, T],\ h \ge 0.$$

半無限ないし無限の時間区間においてマルサス的な指数関数的成長解 $e^{\lambda_0(t-a)}\ell(a)$ はつねに $T(t)$ とコンシステントであるから，上で述べたコンシステントな年齢分布時系列の一意性から，任意の $t \in (-\infty, T]$ に対して $p(t,a)$ は安定年齢分布でなければならない．したがってとくに，十分に長い過去の期間にわたって出生率と死亡率が安定していたことがわかっているならば，考えている現在の人口は実用的に十分な精度の範囲で安定年齢分布であるといえる．これはロトカが不十分な形ではあるが，すでに気が付いていたことである ([290], [363]).

3.8 漸近的自律系と周期系

人口動態率が時間に依存して変わる非自律システム (3.38) においては，そのままでは一般に何らかの時間に依存しない年齢構造に漸近するということはないが，例外的なケースとして，動態率が漸近的に時間に依存しなくなる場合（漸近的自律系）と動態率が周期的である場合がある．

初めに漸近的自律系を考察しよう．人口動態率が変化しつつも時間的に不変な値に収束する場合には，収束先の動態率から計算される安定人口構造に年齢分布が収束することが期待される．このことは行列人口モデルに関しては，ゴルビツキー (M. Golubitsky)，ケーラー (E. B. Keeler)，ロスチャイルド (M. Rothschild)([147]) およびアルツロウニ (M. Artzrouni)([16]) によって示された．アルツロウニはそうした漸近的に安定人口モデルとなるような系を**一般化安定人口** (generalized stable population) と称した．このことを連続時間モデルに関して定式化するために以下の定義を導入しておく：

定義 3.1 ([212])　$p(t,\cdot) \in L^1_+(0,\omega)$ を (3.38) にしたがう年齢分布とする．実数 $\lambda \in \mathbf{R}$ と正汎関数 $C(\phi)$ ($\phi \in L^1_+(0,\omega)$)，および年齢分布 $q \in L^1_+(0,\omega)$

が存在して，$\phi(a) = p(0,a)$ に対して，

$$\lim_{t\to\infty}\int_0^\omega |e^{-\lambda t}p(t,a) - C(\phi)q(a)|\,da = 0$$

となるとき，$p(t,a)$ は一般化安定人口または強エルゴード的と呼ばれる．

動態率が漸近的に時間に依存しなくなる場合，その収束の仕方が問題であるが，ここでは以下のような仮定を採用しよう：

仮定 3.2　出生率と死亡率に関しては仮定 3.1 が成り立ち，かつ以下が成り立つとする：

(1) 時間に依存しない生残率 $\ell(a)$ が存在して，

$$\lim_{t\to\infty}\int_0^\omega |\ell(a;t-a,0) - \ell(a)|\,da = 0.$$

(2) 時間に依存しない純再生産関数 $\Psi(a) \in L_+^\infty(0,\omega)$ が存在して，

$$\int_0^\infty\int_0^\omega |\Psi(t,a) - \Psi(a)|\,dadt < \infty.$$

ただしここで $\Psi(t,a) := \beta(t,a)\ell(a;t-a,0)$ である．

(3) $\Psi(t,a)$ は a について一様に，t に関してリプシッツ連続である．

仮定 (2) は純再生産関数が「急速に」時間的に不変な関数に収束することを要請している．このとき以下の拡張された強エルゴード定理が成り立つことが示される：

定理 3.7 ([212])　仮定 3.2 のもとで，システム (3.38) は定義 3.1 の意味で強エルゴード的である．すなわち初期条件に依存する定数 $C > 0$ が存在して，

$$\lim_{t\to\infty}\int_0^\omega |e^{-\lambda t}p(t,a) - Ce^{-\lambda a}\ell(a)|\,da = 0$$

となる．ここで $\lambda \in \mathbf{R}$ は特性方程式

$$\int_0^\omega e^{-\lambda a}\Psi(a)\,da = 1$$

を満たすただ 1 つの実根である．

この主張の証明には発展作用素に対する一般化された定数変化法の公式と増殖過程の理論が必要であるから，ここでは示さない．イアネリは時間依存の積分核が急速に収束するヴォルテラ積分方程式に対して，まったく古典的な計算によって再生定理を示している ([197])．

最後に動態率が周期 θ をもつときを考えよう．このときは，人口発展作用素 $U(t,s)$ に対して，

$$U(t+\theta, s+\theta) = U(t,s)$$

が成り立つことが容易に示される．実際，$p(t) = U(t+\theta, s+\theta)\phi$ とおけば，$p(t)$ は (3.38) の解であり，初期条件は $p(s) = \phi$ である．したがって，$p(t) = U(t,s)\phi$ と書けるはずであり，これが任意の初期条件 ϕ に対して成り立つから $U(t+\theta, s+\theta) = U(t,s)$ でなければならない．したがって付録 D.3 で見るように，$U(s+\theta, s)$ が一様に原始的な正作用素であれば，$U(s+\theta, s)$ が正固有値 $\lambda(s) > 0$ と対応する正固有ベクトル $q \in L^1_+(0,\omega)$ をもつ．このとき $p_0(t,a) := (U(t,s)q)(a)$ であるとすれば，

$$p_0(t+\theta, a) = \lambda(s) p_0(t,a)$$

であって，

$$r := \frac{\log \lambda(s)}{\theta}$$

とおけば，

$$g(t,a) := e^{-rt} p_0(t,a)$$

は時間 t に関して周期 θ をもつ．そこで $U(t,s)$ が弱エルゴード的な過程であれば，(3.50) から $U(t,s)$ とコンシステントな任意の年齢分布 $p(t,\cdot)$ に関して，

$$\lim_{t\to\infty}\left\|\frac{p(t,\cdot)}{\|p(t,\cdot)\|}-\frac{g(t,\cdot)}{\|g(t,\cdot)\|}\right\|=0.$$

すなわち年齢構造は周期 θ で変動する年齢構造へと収束することがわかる ([208], [362])．

こうした考察はまったく抽象的であるが，より具体的な結果としては，たとえば周期核をもつ再生方程式に関しては，ティーメによる再生定理がある ([396])．また周期的な動態率をもつ細胞分裂モデルに対して，ディークマンらは発展作用素を構成して同様な結果を示している ([108])．

第4章

非線形単性人口モデル

安定人口モデルはマルサスモデル (1.1) に年齢構造を導入したものに他ならないから，後者への批判は前者にも適用される．実際，自然成長率が正である場合，漸近的な指数関数的成長が長期的に可能であるわけではない．外的な環境の変動のみならず，人口成長それ自体が生活環境条件を修正する要因になることを考慮せねばならない．したがって一般に，出生率と死亡率は人口の規模や構造，環境変数に依存しているために，モデルは非線形になる．

一般の年齢構造化人口モデルに非線形効果を導入する仕方は，人口の自己調節作用だけでなく，異なる人口集団間の相互作用や環境変数との相互作用まで含めて考えれば非常にさまざまなものがありうる．しかしながらこの章では，単性人口集団における単一の人口サイズによる密度依存効果という代表的な自己調整機構のみを考察する．前半では期間的な制御モデルを考え，後半ではコーホート制御モデルをとり上げる．

4.1 期間的制御モデル

マルサスモデルの線形方程式は，人口の自己調整機構を考慮した場合には，非線形方程式

$$\frac{d}{dt}P(t) = \alpha(P(t))P(t) \tag{4.1}$$

に置き換えられる必要がある．ここで関数 $\alpha(x) : [0, +\infty) \to \mathbf{R}$ は人口規模の出生率と死亡率への影響を記述する．個体群生態学などにおける観察から，通常 $\alpha(x)$ は以下の仮定を満たすとされる：

$$\begin{array}{lll} (1) & \alpha'(x) > 0, & 0 < x < x_0, \\ (2) & \alpha'(x) < 0, & x > x_0, \\ (3) & \lim_{x \to \infty} \alpha(x) < 0. & \end{array}$$

ここで $x_0 \geq 0$ であるが，もし $x_0 = 0$ なら (2), (3) のみが有意味である．x_0 は密度効果が正から負へきりかわる臨界的人口規模に他ならない．(1) は**アリー効果** (Allee effect) と呼ばれるものであり，人口密度が低い場合は人口規模は繁殖成功度の上昇や集団的生活の進展による生存可能性の増大などによって人口成長に正の効果をもたらすであろうことを意味している．仮定 (2), (3) は逆に，人口密度が高くなりすぎると資源の枯渇，環境の劣化などを通じて人口規模は人口成長に負の効果を与えるという**ロジスティック効果** (Logistic effect) を表している．この効果のために人口は無限に増大することはない．

そこで年齢構造をもつ単一の封鎖人口を考え，年齢別の出生率と死亡率は 1 つの制御変数（人口の一般化されたサイズ $S(t)$）に依存すると仮定しよう：

$$S(t) := \int_0^\omega \gamma(a)p(t, a)\,da.$$

ここで $\gamma(a)$ は各年齢階級への重み付けを表す関数である．もし動態率が総人口に依存すると考えられるのであれば $\gamma(a) \equiv 1$ とおけばよい．一般

には多数の制御変数に依存する場合も考えることができるが，ここでは単一のサイズに依存する最も簡単な場合のみを考察する．$\beta(a)$ と $\mu(a)$ は $\beta(a, S(t))$, $\mu(a, S(t))$ と置き換えられ，安定人口モデルは以下のような非線形モデルに修正される：

$$
\begin{aligned}
&\frac{\partial p(t,a)}{\partial t} + \frac{\partial p(t,a)}{\partial a} = -\mu(a, S(t))p(t,a), \\
&p(t,0) = \int_0^\omega \beta(\sigma, S(t))p(t,\sigma)\,d\sigma, \\
&S(t) = \int_0^\omega \gamma(\sigma)p(t,\sigma)\,d\sigma, \\
&p(a,0) = p_0(a).
\end{aligned}
\tag{4.2}
$$

このシステムは非線形常微分方程式モデル (4.1) を年齢構造化したものであるが，$\gamma(a) \equiv 1$ の場合について，ガーティンとマッカミィによって初めてくわしい数学的解析がおこなわれた ([165])．この論文の影響はきわめて大きく，これ以降，非線形の構造化人口モデルに関する組織的な研究がおこなわれるようになった．(4.2) はある時刻 t における人口サイズ $S(t)$ が，同時刻の人口動態率を制御する変数になっているという意味で，**期間制御モデル** (period control model) とも呼ばれる．

初めに，安定人口モデルと同様に非線形システム (4.2) も積分方程式システムに変換できることに注意しておこう．実際，変数 $S(t)$ を与えられた既知の非負連続関数であると考え，(4.2) を非自律的な線形問題とみなして特性線に沿って積分すれば，

$$
p(t,a) = \begin{cases} p_0(a-t)\ell(t; 0, a-t; S), & a \ge t, \\ B(t-a; S)\ell(a; t-a, 0; S), & a < t \end{cases}
\tag{4.3}
$$

となる．ここで $S(t) \in C_+([0,T])$ であり，$T > 0$ は任意に固定した正数である．また S に依存した生残率を

$$
\ell(h; t, a; S) := \exp\left[-\int_0^h \mu(a+\sigma, S(t+\sigma))d\sigma \right], \quad h \ge 0
$$

と定義している．(4.3) を境界条件に代入すれば，$B(t) := p(t,0)$ に関する積分方程式を得る：

$$B(t) = G(t;S) + \int_0^t \beta(a, S(t))\ell(a; t-a, 0; S)B(t-a)\, da,$$

ただしここで，

$$G(t;S) := \int_t^\infty \beta(a, S(t))\ell(t; 0, a-t; S)p_0(a-t)\, da$$

であり，$a > \omega$ においては $\beta(a, S) = 0$, $a+h > \omega$ においては $\ell(h; t, a; S) = 0$ と定義しておく．一方，(4.3) を $S(t)$ の表現に代入すれば以下を得る：

$$S(t) = F(t;S) + \int_0^t \gamma(a)\ell(a; t-a, 0; S)B(t-a)\, da,$$
$$F(t;S) := \int_t^\infty \gamma(a)\ell(t; 0, a-t; S)p_0(a-t)\, da.$$

したがって $(B(t), S(t))$ に関するヴォルテラ型非線形積分方程式のシステムを得る．

以上から，連立積分方程式として (B, S) を決定し，またその挙動を調べることが可能であることがわかるが，そのアプローチを追及するかわりに，ここではイアネリによる L^1 フレームのもとでの非線形システム (4.2) の解の存在と一意性に関する定理を述べておこう ([197])．くわしい証明については原本を参照していただきたい．

β, μ, γ に関して以下のような仮定を導入する．

仮定 4.1　任意の $x \in \mathbf{R}_+$ について $\beta(\cdot, x) \in L^1(0,\omega)$, $\mu(\cdot, x) \in L^1_{loc}([0,\omega))$ であり，かつすべての $(a, x) \in [0,\omega] \times \mathbf{R}_+$ に対して，$0 \le \beta(a,x) \le \bar{\beta}$ となる $\bar{\beta} > 0$ が存在する．さらに任意の $(a, x) \in [0,\omega] \times \mathbf{R}_+$ について $\mu(a,x) \ge 0$ であり，

$$\int_0^\omega \mu(\sigma, x)\, d\sigma = +\infty$$

が成り立つ．また任意の正数 $M>0$ に対して，定数 $L(M)>0$ が存在して，もし $|x|\le M$，$|\bar{x}|\le M$ であれば，$|\beta(a,x)-\beta(a,\bar{x})|\le L(M)|x-\bar{x}|$，$|\mu(a,x)-\mu(a,\bar{x})|\le L(M)|x-\bar{x}|$．さらに $\gamma(\cdot)\in L^\infty_+(0,\omega)$ である．

この条件は変数 x を固定した場合，動態率 β,μ が安定人口モデルの場合と同様な条件を満たすことを意味している．またそれらは $a\in[0,\omega]$ に関して一様に，x について局所リプシッツ連続である．この条件のもとで，与えられた $S\in C_+([0,T])$ に対して，関数 $G(\cdot,S)$ は連続であり，$B(\cdot,S)$ も連続となる．さらに (4.3) で定義される関数 $t\to p(t,\cdot)$ は $C([0,T];L^1(0,\omega))$ に属する．ここで空間 $E=C([0,T];L^1(0,\omega))$ と集合

$$\mathcal{K}:=\{q\in E\mid q(t,a)\ge 0,\ \|q(t,\cdot)\|_{L^1}\le M\}$$

を考える．これは E における閉集合である．そこで $q\in\mathcal{K}$ について，

$$Q(t)=\int_0^\omega \gamma(a)q(t,a)\,da$$

とおき，写像 $\mathcal{F}:\mathcal{K}\subset E\to E$ を

$$(\mathcal{F}q)(t,a):=\begin{cases} p_0(a-t)\ell(t;0,a-t;Q), & a\ge t,\\ B(t-a;Q)\ell(a;t-a,0;Q), & a<t \end{cases} \tag{4.4}$$

によって定義する．ここで $p_0\in L^1(0,\omega)$ は固定されている．このときもしこの写像が不動点 $p\in\mathcal{K}$ をもてば，$p(t,a)$ はシステム (4.2) において微分作用素 $(\partial_t+\partial_a)$ を特性線方向の微分 D で置き換えたシステムの解になることは明らかであろう．このとき以下が示される：

定理 4.1 ([197])　$p_0\in L^1(0,\omega)$ とする．このとき唯一の $p\in\mathcal{K}$ が存在して，

$$p(t,a)=\begin{cases} p_0(a-t)\ell(t;0,a-t;S), & a\ge t,\\ B(t-a;S)\ell(a;t-a,0;S), & a<t, \end{cases}$$

$$S(t)=\int_0^\omega \gamma(a)p(t,a)\,da$$

となる．さらに，$p(t,a)$ は以下の性質を満たす：

$$Dp(t,a) = -\mu(a, S(t))p(t,a),\ (t,a) \in \mathbf{R}_+ \times [0,\omega], \tag{4.5}$$
$$\|p(t,\cdot)\|_{L^1} \le e^{\bar{\beta}t}\|p_0\|_{L^1}, \tag{4.6}$$
$$\|p(t,\cdot) - \bar{p}(t,\cdot)\| \le e^{C(M,T)t}\|p_0 - \bar{p}_0\|_{L^1}. \tag{4.7}$$

ここで $\bar{p}(t,\cdot)$ は初期値 $\bar{p}_0$ に対応する解であり，$C(M,T)$ は M,T に依存する正定数である．

証明　概略を示す．あらかじめ固定された $p_0 \in L^1(0,\omega)$ に対して，M を $e^{\bar{\beta}T}\|p_0\|_{L^1} < M$ となるようにとっておくと，(4.4) で定義される写像 $\mathcal{F}$ は $\mathcal{K}$ をそれ自身の中に写し，$q,\ \bar{q} \in \mathcal{K}, t \in [0,T]$ について，

$$\|(\mathcal{F}q)(t,\cdot) - (\mathcal{F}\bar{q})(t,\cdot)\|_{L^1} \le C(M,T)\int_0^t \|q(\sigma,\cdot) - \bar{q}(\sigma,\cdot)\|_{L^1}\, d\sigma \tag{4.8}$$

となることがいえる．ここで $C(M,T)$ は M,T に依存する定数である．その結果として任意の自然数 $N > 0$ に対して，

$$\|\mathcal{F}^N q - \mathcal{F}^N \bar{q}\|_E \le \frac{C(M,T)^N T^N}{N!}\|q - \bar{q}\|_E$$

が成り立つ．N が十分に大であれば $\mathcal{F}^N$ は縮小写像であり，唯一の不動点を $\mathcal{K}$ にもつ．それが求める $p \in \mathcal{K}$ に他ならない．(4.5) は明らかであろう．(4.6) は

$$B(t;S) \le \bar{\beta}e^{\bar{\beta}t}\|p_0\|_{L^1}$$

となることからしたがう．最後に (4.7) を示そう．$\mathcal{F}_{p_0}$ を初期値 p_0 に対応して，(4.4) で定義される写像とする．このとき，

$$p(t,\cdot) = (\mathcal{F}_{p_0}p)(t,\cdot),\ \ \bar{p}(t,\cdot) = (\mathcal{F}_{\bar{p}_0}\bar{p})(t,\cdot).$$

したがって (4.4), (4.8) から，

$$\|p(t,\cdot) - \bar{p}(t,\cdot)\|_{L^1}$$

$$
\begin{aligned}
&\le \|(\mathcal{F}_{p_0}p)(t,\cdot) - (\mathcal{F}_{\bar{p}_0}p)(t,\cdot)\|_{L^1} + \|(\mathcal{F}_{\bar{p}_0}p)(t,\cdot) - (\mathcal{F}_{\bar{p}_0}\bar{p})(t,\cdot)\|_{L^1} \\
&\le \int_t^\infty |p_0(a-t) - \bar{p}_0(a-t)|\, da + C(M,T) \int_0^t \|p(\sigma,\cdot) - \bar{p}(\sigma,\cdot)\|_{L^1}\, d\sigma
\end{aligned}
$$

それゆえグロンウォールの不等式から (4.7) がしたがう．□

上記の定理は (4.4) で与えられる年齢密度関数 $p(t,a)$ が必ずしも偏微分可能ではなくても，非線形人口問題 (4.2) において微分作用素 $(\partial_t + \partial_a)$ を特性線方向の微分 D で置き換えたシステムの解であること，すなわち人口モデルとしての原義を損なわない一般化された解であることを示している．さらに p_0 の正則性，動態率のサイズ変数に関する滑らかさなどを仮定すれば，この解が古典的な意味での解になることを示すことは困難ではない．

4.2　定常解とその安定性

システム (4.2) の時間的に定常な解を $p^*(a)$ とおけば，以下を得る：

$$
\begin{aligned}
&\frac{d}{da}p^*(a) + \mu(a,S^*)p^*(a) = 0, \\
&p^*(0) = \int_0^\omega \beta(a,S^*)p^*(a)\, da, \\
&S^* = \int_0^\omega \gamma(a)p^*(a)\, da.
\end{aligned}
\tag{4.9}
$$

これは少なくとも $p^*(a) \equiv 0$ という自明な解をもっているが，問題は非自明な解を求めることである．(4.9) から，

$$
p^*(a) = p^*(0)e^{-\int_0^a \mu(\sigma,S^*)d\sigma} = p^*(0)\ell(a;S^*) \tag{4.10}
$$

を得る．ここで

$$
\ell(a;S^*) := e^{-\int_0^a \mu(\sigma,S^*)d\sigma}
$$

と定義している．(4.10) を他の方程式に代入すれば，

$$p^*(0) = p^*(0) \int_0^\omega \beta(\sigma, S^*)\ell(\sigma; S^*)\, d\sigma,$$
$$S^* = p^*(0) \int_0^\omega \gamma(\sigma)\ell(\sigma; S^*)\, d\sigma.$$

したがって，

$$\int_0^\omega \beta(\sigma, S^*)\ell(\sigma; S^*)\, d\sigma = 1 \tag{4.11}$$

を満たす $S^* > 0$ があれば，

$$p^*(a) = p^*(0)\ell(a; S^*) = \frac{S^*\ell(a; S^*)}{\int_0^\omega \gamma(\sigma)\ell(\sigma; S^*)\, d\sigma} \tag{4.12}$$

が非自明な定常解を与える1)．

人口サイズ S に依存する基本再生産数 $R_0(S)$ を，

$$R_0(S) := \int_0^\omega \beta(\sigma, S)\ell(\sigma; S)\, d\sigma$$

と定義すれば，定常解の存在条件 (4.11) は $R_0(S) = 1$ が正根 S^* をもつことに他ならない．これは定常状態においては純再生産率は 1 に等しいことを意味しているが，直観的に当然期待される結果である．

人口サイズ S の関数としての基本再生産数 $R_0(S)$ の挙動は成長のメカニズムに依存している．ここでは初めに述べたようなアリー・ロジスティック型の成長特性を考えよう．すなわち以下のように仮定する：

$$\begin{aligned} &(1) \quad R_0'(S) > 0, \qquad 0 < S < S_0, \\ &(2) \quad R_0'(S) < 0, \qquad S > S_0, \\ &(3) \quad \lim_{S \to \infty} R_0(S) = 0. \end{aligned} \tag{4.13}$$

1) 人口が定常状態にあればそのサイズは一定であるが，逆は真ではない．たとえば [263] を参照．

ここで $S_0 \geq 0$ は人口サイズの再生産へのフィードバック効果が正から負へ切り替わる臨界的な人口サイズであり，もし $S_0 = 0$ であれば (2), (3) だけが意味があり，純粋なロジスティックモデルになる．こうした $R_0(S)$ の挙動は，たとえば $\beta(a, S)$ と $\mu(a, S)$ がそれぞれ $0 < S < S_0$ において増加と減少，$S > S_0$ において減少と増加を示すのであれば実現される．このとき方程式 $R_0(S) = 1$ の正値解を考えれば，以下の定理が成り立つことが容易にわかる．

定理 4.2 仮定 (4.13) のもとで，$S_0 > 0$ とすれば以下の 3 つのケースがある：

(1) $R_0(0) > 1$ ならば，ただ 1 つの非自明な定常解が存在する．

(2) $R_0(0) < 1$ かつ $R_0(S_0) > 1$ ならば，ちょうど 2 つの非自明な定常解が存在する．

(3) $R_0(0) < 1$ かつ $R_0(S_0) < 1$ ならば，非自明な定常解は存在しない．

もし $S_0 = 0$ であれば以下の 2 つのケースしかない：

(1) $R_0(0) > 1$ であれば，ただ 1 つの非自明な定常解が存在する．

(2) $R_0(0) \leq 1$ であれば，非自明な定常解は存在しない．

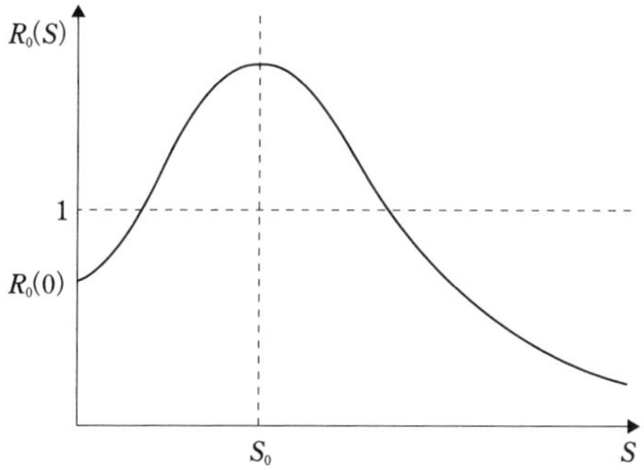

図 4.1 2 つの非自明な定常解が存在する場合．

以下では上で得られた定常解の安定性を考えよう．初めに安定性の定義を確認しておこう．

定義 4.1　定常解 $p^*(\cdot)$ は，もし任意の $\varepsilon > 0$ に対してある $\delta > 0$ が存在して $p_0(\cdot)$ が $\|p_0 - p^*\|_{L^1} \le \delta$ を満たすとき，対応する解 $p(t,\cdot)$ が，任意の $t \ge 0$ に対して，

$$\|p(t,\cdot) - p^*(\cdot)\|_{L^1} \le \varepsilon$$

となるとき，安定であるという．もし安定でありかつ δ が，

$$\lim_{t\to\infty} \|p(t,\cdot) - p^*(\cdot)\|_{L^1} = 0$$

となるようにとれる場合は，漸近的に安定であるという．安定でない場合は不安定であるという．

定常解の局所安定性解析をおこなうために平衡点 $p^*(a)$ の近傍における線形化方程式を考える．パラメータは各変数について必要なだけの滑らかさをもつと仮定しておく．定常解は (4.10) で与えられ，定常解のサイズ S^* は方程式 $R_0(x) = 1$ の非負の根である．年齢分布関数，サイズ関数の定常状態からの摂動を以下のように書こう：

$$\xi(t,a) := p(t,a) - p^*(a), \quad \eta(t) := S(t) - S^*.$$

これをシステム (4.2) に代入して $\xi(a,t)$, $\eta(t)$ について 2 次以上の微小量を無視することで以下の線形化方程式を得る：

$$\begin{aligned}
&\frac{\partial \xi(t,a)}{\partial t} + \frac{\partial \xi(t,a)}{\partial a} = -\mu(a,S^*)\xi(t,a) - \mu'_x(a,S^*)p^*(a)\eta(t),\\
&\xi(t,0) = \int_0^\omega \beta(\sigma,S^*)\xi(t,\sigma)\,d\sigma + \kappa\eta(t),\\
&\eta(t) = \int_0^\omega \gamma(\sigma)\xi(t,\sigma)\,d\sigma,\\
&\xi(0,a) = p_0(a) - p^*(a),\\
&\kappa = \int_0^\omega \beta'_x(\sigma,S^*)p^*(\sigma)\,d\sigma.
\end{aligned} \tag{4.14}$$

そこでこの線形化方程式の漸近挙動を考えるために，次のような指数関数型の特殊解を想定しよう：

$$\xi(t,a)=e^{\lambda t}u_\lambda(a).$$

ここで $u_\lambda(t)$ は以下を満たす：

$$\begin{aligned}
&u'_\lambda(a)+(\lambda+\mu(a,S^*))u_\lambda(a)+\mu'_x(a,S^*)p^*(a)\int_0^\omega \gamma(\sigma)u_\lambda(\sigma)\,d\sigma=0,\\
&u_\lambda(0)=\int_0^\omega [\beta(\sigma,S^*)+\kappa\gamma(\sigma)]u_\lambda(\sigma)\,d\sigma.
\end{aligned} \tag{4.15}$$

(4.15) を解けば，

$$\begin{aligned}
u_\lambda(a)&=u_\lambda(0)e^{-\lambda a}\ell(a,S^*)\\
&\quad -p^*(a)\int_0^a e^{-\lambda(a-z)}\mu'_x(z,S^*)\,dz\int_0^\omega \gamma(\sigma)u_\lambda(\sigma)\,d\sigma.
\end{aligned}$$

したがって，

$$\int_0^\omega \gamma(\sigma)u_\lambda(\sigma)\,d\sigma=\frac{u_\lambda(0)\int_0^\omega e^{-\lambda a}\gamma(a)\ell(a,S^*)\,da}{1+\int_0^\omega \gamma(a)p^*(a)\int_0^a e^{-\lambda(a-z)}\mu'_x(z,S^*)\,dzda}.$$

これを (4.15) の境界条件に代入して整理すれば以下を得る：

$$\begin{aligned}
1&=\int_0^\omega e^{-\lambda a}\beta(a,S^*)\ell(a,S^*)\,da\\
&\quad +H(\lambda,S^*)\frac{\int_0^\omega e^{-\lambda a}\gamma(a)p^*(a)\,da}{1+\int_0^\omega \gamma(a)p^*(a)\int_0^a e^{-\lambda(a-z)}\mu'_x(z,S^*)\,dzda}.
\end{aligned}$$

ここで，

$$\begin{aligned}
H(\lambda,S^*)&:=\int_0^\omega \beta'_x(a,S^*)\ell(a,S^*)\,da\\
&\qquad -\int_0^\omega \beta(a,S^*)\ell(a,S^*)\int_0^a \mu'_x(z,S^*)e^{-\lambda(a-z)}\,dzda\\
&=R'_0(S^*)+\int_0^\omega \beta(a,S^*)\ell(a,S^*)\int_0^a \mu'_x(z,S^*)(1-e^{-\lambda(a-z)})\,dzda.
\end{aligned}$$

さらに (4.12) を用いればこの方程式は，

$$
\begin{aligned}
F(\lambda) &:= \int_0^\omega e^{-\lambda a}\beta(a,S^*)\ell(a,S^*)\,da \\
&+ \frac{H(\lambda,S^*)S^*\int_0^\omega e^{-\lambda a}\gamma(a)\ell(a,S^*)\,da}{\int_0^\omega \gamma(a)\ell(a,S^*)da + S^*\int_0^\omega \gamma(a)\ell(a,S^*)\int_0^a e^{-\lambda(a-z)}\mu'_x(z,S^*)\,dzda} \\
&= 1
\end{aligned}
\tag{4.16}
$$

と書ける．これを特性方程式と呼び，その根を特性根という．特性根を 1 つ決めれば，それに応じて u_λ は定数倍を除いて決定される．特性根の集合を Λ とするとき，安定人口モデルの場合と同様に，α_λ を何らかの係数として漸近的に

$$
\xi(t,a) \approx \sum_{\lambda\in\Lambda} \alpha_\lambda e^{\lambda t} u_\lambda(a)
$$

と展開されるとすれば，特性根の実部がすべて負であれば，

$$
\lim_{t\to\infty} \zeta(t,a) = 0
$$

となることがわかる．このことの厳密な古典的証明は積分方程式への変換によって可能であるが，ここでは直観的な説明をおこなっておこう．

線形化方程式 (4.14) を抽象的な常微分方程式であるとみなそう：

$$
\frac{d\zeta(t)}{dt} = A\zeta(t), \quad \zeta(0) = \zeta_0 = p_0 - p^*. \tag{4.17}
$$

ただしここで，$\zeta(t)$ は状態空間 L^1 に値をとる関数であり，$\zeta(t) = \zeta(t,\cdot)$ である．また A は L^1 における微分作用素であって，境界条件

$$
f(0) = \int_0^\omega [\beta(\sigma,S^*) + \kappa\gamma(a)]f(\sigma)\,d\sigma
$$

を満たす微分可能な $f \in L^1(0,\omega)$ に対して，

$$
(Af)(a) := -f'(a) - \mu(a,S^*)f(a) - \mu'_x(a,S^*)p^*(a)\eta(t)
$$

と定義される．そこでいま時間に関するラプラス変換を

$$\hat{\zeta}(\lambda) := \int_0^\infty e^{-\lambda t}\zeta(t)\,dt$$

とする．(4.17) の両辺をラプラス変換すれば，十分大きな $\lambda > 0$ について以下を得る：

$$\int_0^\infty e^{-\lambda t}\frac{d\zeta(t)}{dt}\,dt = -\zeta_0 + \lambda\hat{\zeta}(\lambda) = A\hat{\zeta}(\lambda).$$

したがって逆変換 $(\lambda - A)^{-1}$ が存在すれば，

$$\hat{\zeta}(\lambda) = (\lambda - A)^{-1}\zeta_0$$

を得る．ここで有界線形な逆変換 $(\lambda - A)^{-1}$ が存在するような複素数 λ の集合をレゾルベント集合，またそのとき $(\lambda - A)^{-1}$ を A のレゾルベントという．ラプラス逆変換をおこなえば，ある大きな $\sigma > 0$ に対して，

$$\zeta(t) = \frac{1}{2\pi i}\int_{\sigma - i\infty}^{\sigma + i\infty} e^{\lambda t}(\lambda - A)^{-1}\zeta_0\,d\lambda$$

を得る．したがって有限次元のシャープ–ロトカ–フェラーの定理の場合と同様に，$\zeta(t)$ の漸近挙動は $(\lambda - A)^{-1}\zeta_0$ の特異点が複素平面上でどのように分布しているかによって決まると考えられる．方程式

$$(\lambda - A)\phi = \psi$$

を形式的に解くことによって以下の表示を得る：

$$\begin{aligned}\phi(a) &= (\lambda - A)^{-1}\psi(a)\\ &= \phi(0)e^{-\lambda a}\ell(a, S^*) - p^*(a)\int_0^a e^{-\lambda(a-z)}\mu_x'(z, S^*)\,dz\int_0^\omega \gamma(\sigma)\phi(\sigma)\,d\sigma\\ &\quad + \int_0^a \psi(\sigma)e^{-\lambda(a-\sigma)}\frac{\ell(a, S^*)}{\ell(\sigma, S^*)}\,d\sigma.\end{aligned}$$

ここで未知項 $\int_0^\omega \gamma(\sigma)\phi(\sigma)\,d\sigma$, $\phi(0)$ は以下のように計算される：

$$\int_0^\omega \gamma(\sigma)\phi(\sigma)\,d\sigma$$
$$= \frac{\phi(0)\displaystyle\int_0^\omega e^{-\lambda a}\gamma(a)\ell(a,S^*)\,da + \int_0^\omega \gamma(a)\,da\int_0^a \psi(\sigma)e^{-\lambda(a-\sigma)}\frac{\ell(a,S^*)}{\ell(\sigma,S^*)}\,d\sigma}{1+\displaystyle\int_0^\omega \gamma(a)p^*(a)\,da\int_0^a e^{-\lambda(a-z)}\mu_x'(z,S^*)\,dz}.$$

$$\begin{aligned}\phi(0) = (1-F(\lambda))^{-1}\Bigg[&\int_0^\omega [\beta(a,S^*)+\kappa\gamma(a)]\,da\int_0^a \psi(\sigma)e^{-\lambda(a-\sigma)}\frac{\ell(a,S^*)}{\ell(\sigma,S^*)}\,d\sigma \\ &+\frac{\displaystyle\int_0^\omega \gamma(a)\,da\int_0^a \psi(\sigma)e^{-\lambda(a-\sigma)}\frac{\ell(a,S^*)}{\ell(\sigma,S^*)}\,d\sigma}{1+\displaystyle\int_0^\omega \gamma(a)p^*(a)\,da\int_0^a e^{-\lambda(a-z)}\mu_x'(z,S^*)\,dz} \\ &\times\int_0^\omega [\beta(a,S^*)+\kappa\gamma(a)]p^*(a)\,da\int_0^a e^{-\lambda(a-z)}\mu_x'(z,S^*)\,dz\Bigg].\end{aligned}$$

したがってとくに $\omega<\infty$ で，各パラメータ関数が有界であれば，$(\lambda-A)^{-1}$ のレゾルベント集合は $F(\lambda)=1$ となる特性根（A の固有値）から成り立っていて，特性根がすべて左半平面 $\mathrm{Re}\,z<0$ に含まれていることが，線形化方程式の零解の漸近安定性の必要十分条件である．この条件が同時に，定常解の局所的安定性の十分条件となるということが，非線形人口モデル (4.2) の定常解に関する**線形化安定性の原理** (the principle of linearized stability) に他ならない．すなわち以下のように述べることができる：

定理 4.3　$p^*(a)=p^*(0)\ell(a;S^*)$ を (4.2) の定常解とする．このとき対応する特性方程式 (4.16) が負の実部をもつ根のみをもてば，$p^*(\cdot)$ は局所的に漸近安定である．一方，正の実部をもつ特性根があれば，$p^*(\cdot)$ は不安定である．

この線形化安定性の原理の厳密な証明に関しては [437] を参照されたい．一方，単独の非線形システム (4.2) の定常解の局所安定性の十分条件はガーティン–マッカミイ ([165]) において，ラプラス変換と積分方程式による古典的な解析的手段で示されているが，この古典的な扱いも長い計算と非線形積分方程式に関する結果が必要であるからここではくり返さない．しかし証明の本質的なポイントは 4.5 節で示すイースタリンモデルに関する結果と同一である．

4.3　安定性の交換

ここではアリー・ロジスティックモデルの仮定のもとで，定常解の安定性を具体的に考えよう．特性方程式 (4.16) において，$F(\lambda)$ は実の λ に対して一般には正とは限らないから，ロトカの特性方程式と同様に論ずるわけにはいかない．そこで死亡率が人口サイズに独立であるという簡単な場合を考えよう．このときは $\mu'_x = 0$ であるから，特性方程式は著しく単純化される：

$$F(\lambda) = \int_0^\omega e^{-\lambda a}\beta(a,S^*)\ell(a)\,da + R'_0(S^*)S^*\frac{\int_0^\omega e^{-\lambda a}\gamma(a)\ell(a)\,da}{\int_0^\omega \gamma(a)\ell(a)\,da} = 1.$$

ここで $\ell(a)$ は仮定により人口サイズから独立に決まる生残率である．いま関数 $\phi(a,x)$ を以下のように定義しよう：

$$\phi(a,x) := \beta(a,x)\ell(a) + xR'_0(x)\frac{\gamma(a)\ell(a)}{\int_0^\omega \gamma(a)\ell(a)\,da}.$$

このとき特性方程式は，

$$F(\lambda) = \int_0^\omega e^{-\lambda a}\phi(a,S^*)\,da = 1$$

と書け，$R'_0(S^*) \geq 0$ であれば，実軸上で ϕ は非負になるから，特性根の分布はロトカの特性方程式とまったく同様に議論できる．しかも，

$$\int_0^\omega \phi(a,S^*)\,da = \begin{cases} 1 + S^*R'_0(S^*), & S^* > 0 \\ R_0(0), & S^* = 0 \end{cases}$$

であることに注意すれば，以下の定理がただちに得られる：

定理 4.4　死亡率が人口サイズに独立である場合，アリー・ロジスティックモデルの仮定 (4.13) が満たされているならば，

(1) もし非自明な定常解が存在しなければ，自明な定常解は安定である．

(2) もし唯一の非自明な定常解が存在すれば，自明な定常解は不安定である．

(3) もし 2 つの非自明な定常解が存在すれば，そのうち 1 つは不安定であり，自明な定常解は安定である．

証明　非自明な定常解が存在しない場合は，$R_0(0) < R_0(S_0) < 1$ であるから，$F(0) = R_0(0) < 1$ となり，自明な定常解における特性方程式の根の実部はすべて負になっている．一方，もし唯一の非自明な定常解が存在すれば，$R_0(0) > 1$ であるから，自明な定常解における特性方程式は正の実根をもつ． もし 2 つの非自明な定常解が存在すれば $F(0) = R_0(0) < 1$ となり，自明な定常解における特性方程式の根の実部はすべて負になっているが，サイズが小さいほうの非自明な定常解においては，$R_0'(S^*) > 0$ であるから，$\phi(a, S^*) > 0$ でかつ $F(0) = 1 + S^* R_0'(S^*) > 1$ となるから，特性方程式は正の実根をもつ．□

$R_0'(S^*) < 0$ となる非自明な定常解の安定性は上記の定理では不明であるが，応用上はこの場合が最も興味深い．というのも，このような定常解はロジスティック効果によって出現するからである．この問題はイースタリンモデルにおいてふたたびとり上げるが，ここでは直観的な説明をおこなっておこう．

いま出生率関数が以下のように書けると仮定しよう：

$$\beta(a, x) = R_0(0)\psi(x)\beta_0(a).$$

ただしここで $\beta_0(a)$ は正規化された年齢別出生率で，

$$\int_0^\omega \beta_0(a)\ell(a)\,da = 1.$$

またロジスティック効果を反映させるために $\psi : [0, +\infty) \to (0, +\infty)$ は

$$\psi(0) = 1, \quad \psi'(x) < 0, \quad \lim_{x \to +\infty} \psi(x) = 0$$

を満たす関数であるとする．$R_0(0)\psi(x)$ は人口サイズ x での基本再生産数を与える．仮定から明らかに，$R_0(0) \leq 1$ であれば，非自明な定常解は存在しないが，$R_0(0) > 1$ ならば唯一の非自明な定常解が存在する．また定理 4.4 によって自明な定常解は $R_0(0) < 1$ ならば安定であり，$R_0(0) > 1$ ならば不安定である．このような場合，$R_0(0) > 1$ において自明な定常解から分岐した非自明な定常解を**スーパークリティカル** (supercritical) という．逆に，この場合は存在しないが，もし $R_0(0) < 1$ において分岐した非自明な定常解があれば，それを**サブクリティカル** (subcritical) という．

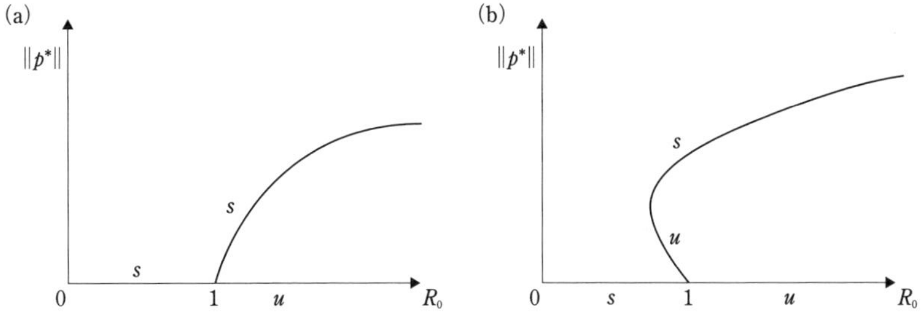

図 4.2　(a) スーパークリティカルな場合の分岐図．R_0 の値を横軸に，定常解 p^* の大きさ $\|p^*\|$ を縦軸に模式的に描いたとき，s は安定な定常解を示し，u は不安定な定常解を示す．(b) サブクリティカルな場合の分岐図．R_0 が 1 より小さいところでも非自明な定常解が複数存在する．

定常解の条件 (4.11) から，

$$R_0(0)\psi(S^*) = 1$$

であることに注意しよう．したがって，

$$S^* = \psi^{-1}(R_0(0)^{-1}),$$

$$\phi(a, S^*) = \beta_0(a)\ell(a) + R_0'(S^*)S^* \frac{\gamma(a)\ell(a)}{\int_0^\omega \gamma(a)\ell(a)\,da}$$

となる．そこでいま，

$$\varepsilon = S^* R_0'(S^*) = \psi^{-1}(R_0(0)^{-1})R_0'(\psi^{-1}(R_0(0)^{-1}))$$

を新たなパラメータと見れば，$\varepsilon \leq 0$ であり，$\varepsilon = 0$ は $R_0(0) = 1$ に対応している．特性方程式は

$$F(\lambda, \varepsilon) := \int_0^\omega e^{-\lambda a}\left[\beta_0(a)\ell(a) + \varepsilon \frac{\gamma(a)\ell(a)\,da}{\int_0^\omega \gamma(a)\ell(a)\,da}\right] da = 1.$$

いまこの特性方程式の実部が最大となる根を $\lambda(\varepsilon)$ とおく．そのような根が ε が小さい範囲では一意的に定まることは，$\varepsilon = 0$ のときに $\lambda(0) = 0$ が孤立した特性根で，他の特性根も孤立していて，かつその実部がすべて負であることからわかる．$\lambda(\varepsilon)$ が滑らかな関数であれば，陰関数定理から，

$$\left.\frac{d\lambda}{d\varepsilon}\right|_{\varepsilon=0} = \frac{\frac{\partial F}{\partial \varepsilon}(0,0)}{\int_0^\omega a\beta_0(a)\ell(a)\,da} > 0$$

を得る．よって複素平面上で $\lambda(0) = 0$ を出発点とした特性根の軌跡は，ε が 0 から増大すれば虚軸の右へ動き，ε が減少すれば左へ動くが，ε が十分小であれば，他の特性根は左半平面内にとどまるようにできる．したがってロジスティック効果による定常解に関しては，少なくとも $R_0(0)$ が 1 を越えてかつ $|R_0(0) - 1|$ が十分小さい範囲では，自明な定常解から分岐したスーパークリティカルな非自明な定常解 $S^* > 0$ に関しては，その特性根がすべて左半平面に入ることになるから，局所的に漸近安定であること

がわかる．これは一般に，パラメータの変化に伴って安定な定常解が不安定化する一方で，そこから分岐したスーパークリティカルな定常解が安定となるという**安定性の交換の原理** (the principle of exchange of stability) として知られる現象の一例となっている．

さらに $|\varepsilon|$ が大きくなった場合はどうなるであろうか．これを見るために $\beta_0(a) = \gamma(a)$ という特殊な場合を考えよう．このとき特性方程式は以下のように著しく簡単になる：

$$F(\lambda, \varepsilon) = (1+\varepsilon) \int_0^\omega e^{-\lambda a} \beta_0(a) \ell(a) \, da = 1.$$

この場合明らかに $-1 < \varepsilon < 0$ においては特性根はすべて負の実部をもち，非自明な定常解は安定である．ところが ε が -2 を越えて減少すると，複素平面上で共役特性根のペアが虚軸を横切って右半平面へ移動し，非自明な平衡解が不安定化するとともに周期解が分岐してくる場合があることがわかっている（ホップ分岐）．このことは人口学における有名なイースタリンサイクルの発生機構と同様であるが，これについては 4.6 節で再度くわしく取り扱う．

4.4 大域的挙動の例

前節における安定性解析は局所的なものであったが，非線形系 (4.2) の解の大域的な挙動については何が言えるであろうか．一般的に考察することは非常に難しいので，ここでは大域的な挙動が理解されるような典型的なケースを例示するにとどめる[2]．

2) 一般の非線形年齢構造化人口モデルの大域的安定性に関しては，[90],[269], [353], [355] などの結果がある．

常微分方程式への還元：周期解の存在

いま年齢区間を半無限区間 $[0,\infty)$ として，年齢別出生率と死亡率が以下のように与えられる場合を考えよう：

$$\beta(a,x)=\beta(x)e^{-\alpha a}>0,\quad \mu(a,x)=\mu(x)>0.$$

ここで $\alpha>0$ は定数である．すなわち出生率は年齢とともに減少するが，死亡率は年齢に独立である．さらにすべての動態率は全人口サイズに依存している（$\gamma\equiv 1$）．このとき，非線形人口モデル (4.2) は以下のようになる ([165], [197])：

$$\begin{aligned}
&\frac{\partial p(t,a)}{\partial t}+\frac{\partial p(t,a)}{\partial a}=-\mu(P(t))p(t,a),\\
&p(t,0)=\beta(P(t))\int_0^\infty e^{-\alpha\sigma}p(t,\sigma)\,d\sigma,\\
&p(0,a)=p_0(a),\\
&P(t)=\int_0^\infty p(t,\sigma)d\sigma.
\end{aligned}\tag{4.18}$$

ここで以下の変数を導入する．

$$Q(t):=\int_0^\infty e^{-\alpha\sigma}p(t,\sigma)\,d\sigma.$$

$\alpha\neq 0$ であれば $P(t)$ と $Q(t)$ は異なる変数である．このとき，

$$\begin{aligned}
\frac{dP(t)}{dt}&=\int_0^\infty p_t(t,a)\,da=-\int_0^\infty p_a(t,a)\,da-\mu(P(t))P(t)\\
&=\beta(P(t))Q(t)-\mu(P(t))P(t),\\
\frac{dQ(t)}{dt}&=\int_0^\infty e^{-\alpha a}p_t(t,a)\,da\\
&=-\int_0^\infty e^{-\alpha a}p_a(t,a)\,da-\mu(P(t))\int_0^\infty e^{-\alpha a}p(t,a)\,da\\
&=\beta(P(t))Q(t)-\alpha Q(t)-\mu(P(t))Q(t).
\end{aligned}$$

それゆえ (4.18) は以下のような常微分方程式システムに還元されることがわかる：

$$\begin{aligned} P'(t) &= \beta(P(t))Q(t) - \mu(P(t))P(t), \\ Q'(t) &= [\beta(P(t)) - \alpha - \mu(P(t))]Q(t). \end{aligned} \tag{4.19}$$

ここで初期条件は,

$$P(0) = P_0 := \int_0^\infty p_0(a)\,da, \quad Q(0) := Q_0 = \int_0^\infty e^{-\alpha a} p_0(a)\,da$$

である．$(P(t), Q(t))$ が (4.19) の解であれば,

$$B(t) = p(t, 0) = \beta(P(t))Q(t)$$

とおけば，$p(t, a)$ は以下のように得られるから，もとのシステム (4.18) は解かれたことになる．

$$p(t, a) = \begin{cases} p_0(a-t)e^{-\int_0^t \mu(P(\sigma))d\sigma}, & a \ge t, \\ B(t-a)e^{-\int_{t-a}^t \mu(P(\sigma))d\sigma}, & a < t. \end{cases}$$

そこで以下ではもっぱら (4.19) の挙動を考えよう．先に注意したように，モデルの人口学的意味から，我々は $P_0 \ge Q_0 \ge 0$ となる初期値 (P_0, Q_0) だけを考える．そこで $\mathbf{R}^2$ の領域 $\Omega := \{(P, Q) |\ 0 \le Q \le P\}$ を考えれば，以下を得る：

定理 4.5　Ω は (4.19) の定める流れに関して，正方向へ不変である．

証明　$(P(t), Q(t))$ は (4.19) の $P_0 \ge Q_0 \ge 0$ となる初期値 (P_0, Q_0) に対する解であるとする．このとき，任意の正数 $t > 0$ について,

$$P(t) \ge Q(t) \ge 0$$

であることを示せばよい．$Q_0 \ge 0$ であるから，(4.19) の 2 番目の式からすべての $t > 0$ について $Q(t) \ge 0$ であることがわかる．$W(t) = P(t) - Q(t)$

とおけば,

$$\frac{d}{dt}W(t) = -\mu(P(t))W(t) + \alpha Q(t), \quad W(0) > 0$$

を得る．定数変化法の公式から,

$$W(t) = W(0)e^{-\int_0^t \mu(P(\sigma))\,d\sigma} + \int_0^t e^{-\int_s^t \mu(P(\sigma))\,d\sigma} \alpha Q(s)\,ds.$$

これはすべての $t > 0$ について $W(t) \geq 0$ を意味している．□

(4.19) の定常解を (P^*, Q^*) とおけば,

$$\beta(P^*)Q^* - \mu(P^*)P^* = 0,$$
$$[\beta(P^*) - \alpha - \mu(P^*)]Q^* = 0.$$

自明な定常解 $(0,0)$ 以外に非自明な定常解があるとすれば，以下がある $P^* > 0$ によって満たされねばならない：

$$\beta(P^*) = \alpha + \mu(P^*). \tag{4.20}$$

この条件はもとのシステム (4.18) の純再生産率が $P(t) = P^*$ において 1 に等しくなる条件に他ならない．実際，人口規模が x であるときの純再生産率は,

$$R_0(x) = \int_0^\infty \beta(x)e^{-\alpha\sigma - \mu(x)\sigma}\,d\sigma = \frac{\beta(x)}{\alpha + \mu(x)}$$

となるからである．(4.20) から P^* が決まれば Q^* は

$$Q^* = \frac{\mu(P^*)P^*}{\beta(P^*)}$$

で与えられる．$\beta(P^*) > \mu(P^*)$ であるから，任意の非自明な定常解 (P^*, Q^*) は Ω に属することがわかる．

ロジスティック効果を取り入れるために以下の仮定を導入しよう：

$$\begin{cases} \beta'(x)(\alpha+\mu(x))-\beta(x)\mu'(x)<0, \quad x \ge 0, \\ \lim_{x\to+\infty} \beta(x)=0, \\ \lim_{x\to+\infty} \mu(x)>0. \end{cases} \tag{4.21}$$

この条件は基本再生産数 $R_0(x)$ が人口規模の減少関数であり，以下が成り立つことを保証している：

$$R_0'(x)<0, \qquad \lim_{x\to+\infty} R_0(x)=0.$$

また，これらの仮定は成長率 $[\beta(\cdot)-\mu(\cdot)]$ が究極的に負であることを意味している．したがって $P(t)$ が大であれば $P'(t)<0$ であるから，軌道は有界にとどまる．すなわち十分大きな $P^+>0$ をとれば，コンパクト集合

$$\Omega^+ := \{(P,Q)\,|\,0\le Q\le P\le P^+\}$$

は，(4.19) が定める流れに関して正方向へ不変な集合になる．さらにこのとき，もし

$$R_0(0)=\frac{\beta(0)}{\alpha+\mu(0)}>1$$

であれば $R_0(x)=1$ はただ 1 つの正根をもつから，システムはただ 1 つの非自明な定常解を領域 Ω^+ の内部にもつ．$R_0(0)\le 1$ であれば自明な定常解のみがある．これらの定常解の安定性を考えよう．初めに自明解 $(0,0)$ を考えると，以下が成り立つ：

定理 4.6　$R_0(0)<1$ であれば自明な定常解のみが存在して，それは大域的に安定である．$R_0(0)>1$ であれば非自明な定常解がただ 1 つ存在し，自明な定常解は不安定（鞍点）である．

証明　$Q(t)$ についての方程式は以下のように書き直せる：

$$Q'(t)=(\mu(P(t))+\alpha)(R_0(P(t))-1)Q(t)\le(\bar{\mu}+\alpha)(R_0(0)-1)Q(t).$$

ここで $\bar{\mu} := \max_{0 \le P \le P^+} \mu(P)$ である．したがって，

$$Q(t) \le e^{(\bar{\mu}+\alpha)(R_0(0)-1)t} \tag{4.22}$$

となるから，$R_0(0) < 1$ であれば $\lim_{t\to\infty} Q(t) = 0$ である．一方，$P(t)$ については，

$$P'(t) = \beta(P(t))Q(t) - \mu(P(t))P(t) \le \bar{\beta}Q(t) - \underline{\mu}P(t)$$

と書ける．ここで $\bar{\beta} := \max_{0 \le P \le P^+} \beta(P)$, $\underline{\mu} := \min_{0 \le P \le P^+} \mu(P) > 0$ である．したがって，

$$P(t) \le P(0)e^{-\underline{\mu}t} + \bar{\beta}\int_0^t e^{-\underline{\mu}(t-s)}Q(s)\,ds.$$

ここで (4.22) を用いれば，$R_0(0) < 1$ であれば $\lim_{t\to\infty} P(t) = 0$ であることは容易に示される．原点でのこのシステムのヤコビアンは

$$J(0,0) = \begin{pmatrix} -\mu(0) & \beta(0) \\ 0 & \beta(0) - \alpha - \mu(0) \end{pmatrix}$$

であるから，非自明な定常解がある場合は $\beta(0) - \alpha - \mu(0) > 0$ となり，自明な定常解は鞍点となる．□

非自明な定常解 (P^*, Q^*) については，その点でのヤコビアンは以下の固有値をもつ：

$$\lambda_\pm = \frac{1}{2}(A \pm \sqrt{A^2 + 4B}).$$

ここで，

$$\begin{aligned} A &= \beta'(P^*)Q^* - \mu'(P^*)P^* - \mu(P^*) \\ B &= \beta(P^*)[\beta'(P^*) - \mu'(P^*)]Q^* \end{aligned}$$

である．(4.20) と (4.21) によりつねに $B < 0$ であるから，(P^*, Q^*) の安定性は A の符号によって決まる．$A < 0$ であれば (P^*, Q^*) は沈点であり，

$A>0$ であれば湧点となる．コンパクト集合 Ω^+ 内の軌道はすべてその ω 極限集合 に近づいていくが，$A>0$ の場合は，平衡点以外から出発する軌道の ω 極限集合は，$Q(0)>0$ であれば平衡点を含まないから，周期軌道である（ポアンカレ–ベンディクソンの定理）．したがって以下の定理を得る．

定理 4.7 $R_0(0)>1$ のとき，$A<0$ であれば非自明な定常解 (P^*,Q^*) は局所安定である．$A>0$ であれば非自明な定常解は不安定であり，少なくとも 1 つの周期解が存在する．

システム (4.19) に周期解が存在することは，非自明な定常解がパラメータの値によっては不安定化してホップ分岐をおこすことからも示される ([387], [390])．基本再生産数が人口規模の単調減少関数であるという仮定 (4.21) は，純粋なロジスティック条件 $\beta'(x)<0, \quad \mu'(x)>0$ のもとで満たされるが，この場合は $A<0$ であり，非自明な定常解はつねに局所安定である．したがって平衡点の不安定化がおこるためには出生率ないし死亡率にアリー効果が働く必要がある．またガーティンとマッカミィが示したように ([167], [168])，$\beta(P)$ が定数であれば周期解は存在しないが，それは以下に述べるブーゼンバーグ (S. Busenberg) とイアネリ の結果 ([44]) の特殊な場合に他ならない．

分離可能モデル：大域安定性

以下では前の例とは逆に，周期解が存在せず，大域的に安定な平衡状態が存在するような非線形モデルを考えよう．これはブーゼンバーグとイアネリによって**分離可能モデル** (separable models) として詳細に分析された一般的モデルの簡単な場合である ([44])．

いま出生率は人口サイズに独立で，死亡率だけが人口サイズに依存すると仮定し，しかもその依存性は以下のよう表されるとしよう：

$$\beta(a,x)=\beta_0(a), \quad \mu(a,x)=\mu_0(a)+\eta(x).$$

ここで β_0 と μ_0 は安定人口モデルと同様な仮定を満たす基礎的な出生率と死亡率の水準を表す関数である．そこで以下の問題を得る：

$$\begin{aligned}
&p_t(t,a)+p_a(t,a)+\mu_0(a)p(t,a)+\eta(S(t))p(t,a)=0,\\
&p(t,0)=\int_0^\omega \beta_0(a)p(t,a)\,da,\\
&p(0,a)=p_0(a),\\
&S(t)=\int_0^\omega \gamma(a)p(t,a)\,da.
\end{aligned} \tag{4.23}$$

問題 (4.23) の特徴は，$P(t)=\int_0^\omega p(t,a)da$ とすれば，年齢構造 $w(t,a):=p(a,t)/P(t)$ が β_0 と μ_0 を基礎パラメータとする安定人口モデルの年齢構造が満たす方程式と同じ方程式にしたがう点にある．すなわち $w(t,a)$ は以下を満たす：

$$\begin{aligned}
&w_t(t,a)+w_a(t,a)+(\alpha(t)+\mu_0(a))w(t,a)=0,\\
&w(t,0)=\int_0^\omega \beta_0(a)w(t,a)\,da,\\
&w(0,a)=w_0(a),\\
&\int_0^\omega w(t,a)\,da=1,\\
&\alpha(t)=\int_0^\omega [\beta_0(a)-\mu_0(a)]w(t,a)\,da.
\end{aligned} \tag{4.24}$$

これは年齢構造の時間的発展が，年齢に無関係な付加的な死亡率 $\eta(S(t))$ によっては影響されないことを意味している．$w(t,a)$ の挙動はすでに 2.6 節で明らかにされているから，$P(t)$ の挙動を考えよう．

全人口 $P(t)$ が以下のような非自律的な常微分方程式を満たすことが容易に示される：

$$P'(t)=F(t,P(t)),\quad P(0)=P_0=\int_0^\omega p_0(a)\,da. \tag{4.25}$$

ここで，

$$F(t,x):=[\alpha(t)-\eta(\Gamma(t)x)]x,\quad \Gamma(t):=\int_0^\omega \gamma(a)w(t,a)\,da$$

である．$S(t) = \Gamma(t)P(t)$ と書けていることに注意しよう．$w^*(a)$ を (4.24) の定常解とすれば，

$$\lim_{t\to+\infty} \alpha(t) = \lambda_0 = \int_0^\omega [\beta_0(\sigma) - \mu_0(\sigma)]w^*(\sigma)\,d\sigma,$$
$$\lim_{t\to+\infty} \Gamma(t) = \Gamma^* = \int_0^\omega \gamma(\sigma)w^*(\sigma)\,d\sigma$$

である．ここで標準生残率を $\ell_0(a) := e^{-\int_0^a \mu_0(\sigma)d\sigma}$ とすれば，

$$w^*(a) = \frac{e^{-\lambda_0 a}\ell_0(a)}{\int_0^\omega e^{-\lambda_0\sigma}\ell_0(\sigma)\,d\sigma}$$

であり，λ_0 は，

$$1 = \int_0^\omega e^{-\lambda_0\sigma}\beta_0(\sigma)\ell_0(\sigma)\,d\sigma \tag{4.26}$$

を満たす自然成長率である．したがって (4.25) は以下のような極限方程式 (limit equation) をもつ：

$$\frac{d}{dt}Q(t) = F_\infty(Q(t)), \tag{4.27}$$
$$F_\infty(x) := [\lambda_0 - \eta(\Gamma^* x)]x = \lim_{t\to\infty} F(t,x).$$

このとき以下が示される：

定理 4.8　Q^* が極限方程式 (4.27) の非自明な定常解であることと $p^*(a) = Q^*w^*(a)$ が (4.23) の非自明な定常解であることは同値である．さらに $S^* = \Gamma^*Q^*$ を定常解のサイズとするとき，$\eta'(S^*) > 0$ であればこれらの定常解は局所的に安定であり，$\eta'(S^*) < 0$ であれば不安定になる．

証明　Q^* が極限方程式 (4.27) の非自明な定常解であれば，$\lambda_0 = \eta(\Gamma^*Q^*)$ である．このとき $S^* = \Gamma^*Q^*$ とおけば (4.26) から，

$$R_0(S^*) = \int_0^\omega \beta_0(a)\ell_0(a)e^{-a\eta(S^*)}\,da = 1 \tag{4.28}$$

となるから，4.2 節で見たように (4.23) は S^* をサイズとする定常解

$$p^*(a) = \frac{S^*\ell_0(a)e^{-\lambda_0 a}}{\int_0^\omega \gamma(a)\ell_0(a)e^{-\lambda_0 a}\,da}$$

をもつ．このとき，

$$w^*(a) = \frac{\ell_0(a)e^{-\lambda_0 a}}{\int_0^\omega \ell_0(a)e^{-\lambda_0 a}\,da}$$

であるから，

$$p^*(a) = \frac{S^* w^*(a)}{\int_0^\omega \gamma(a)w^*(a)\,da} = Q^* w^*(a)$$

を得る．逆に $p^*(a) = Q^* w^*(a)$ が (4.23) の定常解であれば，そのサイズ

$$S^* = \int_0^\omega \gamma(a)p^*(a)\,da = Q^*\Gamma^*$$

は再生産条件 (4.28) を満たさなければならないから，$\lambda_0 = \eta(Q^*\Gamma^*)$ を得る．すなわち Q^* は (4.27) の定常解になる．後半の主張は極限方程式 (4.27) の Q^* における線形化方程式が

$$z'(t) = -\eta'(S^*)Q^* z(t)$$

となることから，サイズ Q^* の安定性に関しては明らかである．一方，$p^*(a)$ については，$\lambda \neq 0$ であれば特性方程式 (4.16) は以下のように書き換えられる：

$$\left(1 - \int_0^\omega \beta_0(a)\ell_0(a)e^{-(\lambda+\lambda_0)a}\,da\right)(\lambda + S^*\eta'(S^*))G(\lambda) = 0. \tag{4.29}$$

ただしここで，

$$G(\lambda) := \int_0^\omega \gamma(a)\ell_0(a)e^{-\lambda_0 a}\,da\left[(\lambda + S^*\eta'(S^*))\int_0^\omega \gamma(a)\ell_0(a)e^{-\lambda_0 a}\,da \right.$$
$$\left. - S^*\eta'(S^*)\int_0^\omega \gamma(a)\ell_0(a)e^{-(\lambda+\lambda_0)a}da\right]^{-1}.$$

一方，$\eta'(S^*) > 0$ のとき $\lambda = 0$ が特性根ではないことは (4.16) から直接にわかり，かつ (4.29) からその他の特性根はすべて実部は負になっている．一方，$\eta'(S^*) < 0$ であれば (4.29) から正の特性根 $\lambda = -S^*\eta'(S^*)$ が存在することになる．よって後半の主張が示された．□

ここでは証明を省くが，分離可能モデル (4.23) の大域的挙動については以下が成り立つことが知られている：

定理 4.9 ([197])　極限方程式 (4.27) はちょうど $k+1$ 個の孤立した定常点 $0 = Q_0^* < Q_1^* < \cdots < Q_k^* < +\infty$ をもつと仮定する．さらに十分大きな x について $F_\infty(x) < 0$ とする．このときある j $(0 \le j \le k)$ について，

$$\lim_{t\to\infty} P(t) = Q_j^*$$

である．したがってこのとき $p_j^*(a) = Q_j^*\omega^*(a)$ とすれば，

$$\lim_{t\to\infty} \int_0^\omega |p(t,a) - p_j^*(a)|\, da = 0$$

となる．

上記の定理はとくに，我々が考察しているモデルにおいては周期解が存在しないことを示している．

分離可能モデルでは，$\alpha(t)$ と $\Gamma(t)$ は初期年齢分布 $p_0(a)$ に依存しているから，一般に全人口 P_0 のみを知っている場合には，$P(t)$ によってどの Q_j^* が到達されるかは決定できない．しかし場合によっては極限分布が明らかである場合もある．

(4.23) に以下のような変換をおこなってみよう：

$$u(t,a) = e^{\int_0^t \eta(S(\sigma))d\sigma} p(t,a).$$

このとき新しい分布 $u(t,a)$ は安定人口モデル

$$u_t(t,a)+u_a(t,a)+\mu_0(a)u(t,a)=0,$$
$$u(t,0)=\int_0^\omega \beta_0(a)u(t,a)\,da,$$
$$u(0,a)=p_0(a)$$

を満たすことがわかる．$u(t,a)$ の一般化サイズを $Q(t)$ とおけば，

$$Q(t)=\int_0^\omega \gamma(a)u(t,a)\,da=e^{\int_0^t \eta(S(\sigma))d\sigma}S(t).$$

そこでいま $\eta(S(t))=KS(t)$（K は正の定数）という単純な付加的死亡率を仮定すれば，

$$\int_0^t KQ(z)\,dz=\int_0^t e^{\int_0^z KS(\sigma)\,d\sigma}KS(z)dz=e^{K\int_0^t S(\sigma)\,d\sigma}-1.$$

以上から下記の表示を得る：

$$p(t,a)=\frac{u(t,a)}{1+K\int_0^t Q(z)\,dz}.$$

シャープ–ロトカ–フェラーの定理から，初期条件が自明でなければある $q_0>0$ が存在して，λ_0 を u の自然成長率とすれば，

$$\lim_{t\to\infty} e^{-\lambda_0 t}u(t,a)=q_0 e^{-\lambda_0 a}\ell_0(a)$$

となるから，$\lambda_0<0$ の場合に $\lim_{t\to\infty} p(t,a)=0$ となることは明らかである．一方，$\lambda_0>0$ の場合は，

$$\lim_{t\to\infty} p(t,a)=\lim_{t\to\infty}\frac{e^{-\lambda_0 t}u(t,a)}{e^{-\lambda_0 t}+Ke^{-\lambda_0 t}\int_0^t Q(z)\,dz}.$$

ここで，

$$e^{-\lambda_0 t}\int_0^t Q(z)\,dz=\int_0^t e^{-\lambda_0(t-s)}\phi(s)\,ds,$$
$$\phi(s):=e^{-\lambda_0 s}\int_0^\omega \gamma(a)u(s,a)\,da$$

と書ける．

$$\lim_{s\to\infty}\phi(s) = q_0\int_0^\omega \gamma(a)e^{-\lambda_0 a}\ell_0(a)\,da =: \phi(\infty),$$

$$\lim_{t\to\infty}\int_0^t e^{-\lambda_0(t-s)}\phi(s)\,ds = \frac{\phi(\infty)}{\lambda_0}$$

となることに注意すれば，$\lambda_0 > 0$ の場合には，

$$\lim_{t\to\infty} p(t,a) = \frac{\lambda_0}{K}\frac{e^{-\lambda_0 a}\ell_0(a)}{\int_0^\omega e^{-\lambda_0 a}\ell_0(a)\gamma(a)\,da} =: v(a)$$

となることがわかる．したがって定常解 $v(a)$ は大域的に安定となっている．この場合の定常的人口サイズは，自然成長率 λ_0 に比例し，付加的死亡率の一般化人口サイズに対する弾性値 K に反比例している．

ここで考察したような，死亡率にのみサイズによるフィードバックがかかるようなモデルでも，死亡率の摂動項 η が年齢依存性をもつ場合には，定常解がホップ分岐することによって，周期解が出現しうる ([346])．

4.5　コーホート制御モデル

以下では各年における各年齢の動態率が，それが属するコーホートのサイズにのみ依存している場合を考えよう．そのようなモデルは**コーホート制御モデル** (cohort control model) と呼ばれる．ある時刻における人口は多数のコーホートが重なり合って形成されているから，期間制御モデルは多数のコーホートサイズの重み付き平均値が制御変数であるとも解釈される．それに対して，各コーホートにおける人口動態率がその単一のコーホートによってもっぱら制御され，コーホート間の相互作用のない非線形人口モデルがコーホート制御モデルである．したがってコーホート制御モデルは非常に特殊な密度依存モデルであるといえることを注意しておこう．

コーホート制御モデルは経済人口学における**イースタリン仮説** (Easterlin hypothesis) を反映したものとも考えられるので，**イースタリンモデル**

(Easterlin model) とも呼ばれる．イースタリン仮説は人間の出生力の主要な決定因が世代間の相対的経済状態であるとする説であり，経済状態が親の世代よりも改善された世代が相対的に多くの子供をもとうとするが，そうでない世代の出生力は低くなると主張する．もしそうであれば大きなコーホートは親世代の良好な経済状態の反映であるが，そこに属する子供世代は世代内の資源をめぐる競争が激しく，その経済状態は親世代よりも相対的に不満足なものにとどまり，出生意欲が減退するであろう．すなわち負のフィードバックとしてコーホートサイズによる出生力制御が働くと考えられる[3)]．

コーホート制御モデルは微分方程式よりも再生方程式として定式化したほうがわかりやすいので，以下では再生方程式をもとにして議論しよう．1つの封鎖人口集団を考え，$B(t)$ を時刻 t における単位時間あたりの出生児数とする．さらに簡単のため，死亡率は時間的に不変であると仮定する．コーホートの出生時点におけるサイズが $x > 0$ であるとき，そのコーホートの年齢別出生率は $\beta(a)\psi(x)$ で与えられると仮定する．ここで $\beta(a)$ は，$\ell(a)$ を生残率とすると，$\int_0^\omega \beta(a)\ell(a) = 1$ となるように正規化された出生率のパターンである．したがって $\psi(x)$ はサイズが x であるコーホートの純再生産率（基本再生産数）を与える非負値関数である．このときイースタリンモデルは以下のような非線形ヴォルテラ型積分方程式として定式化される：

$$B(t) = G(t) + \int_0^t \phi(a)\psi(B(t-a))B(t-a)\,da, \quad t > 0. \tag{4.30}$$

ここで $\phi(a) := \beta(a)\ell(a)$ は正規化された純再生産関数であり，必要に応じ

3) イースタリンモデルと同様に，期間的な制御モデルも経済学的な意義をもっている．たとえば，(4.2) において $\gamma(a)$ を年齢別労働力率とした場合，期間的な労働力人口を制御変数とする期間制御モデルを得る．ここで労働力人口規模が賃金，福祉水準を通じて出生力と負の相関関係にあるという新古典派経済学的想定にたてば，ロジスティック的な期間制御モデルを得る．ただし，こうしたメカニズムが現実に働いているかどうかについてはさまざまな議論がある．こうした非線形人口モデルの経済人口学的意義については [78], [277] などを参照していただきたい．

て $\phi(a)=0\ (a>\omega)$ と定義域を延長しておく．$G(t)$ は初期時刻 $t=0$ において生存していた人口から生まれる新生児の出生率で，与えられた初期条件である．関数 $x\psi(x)$ がリプシッツ連続であれば非線形方程式 (4.30) が非負の初期条件に対して非負の解を有することは逐次代入の方法で容易に示される．

以下ではコーホートサイズの関数として純再生産率を与える関数 $\psi(x)$ として，次のようなアリー・ロジスティック効果を反映した微分可能な正の関数を仮定しよう：

$$
\begin{aligned}
&(1)\quad \psi'(x)>0, &&0<x<x_0,\\
&(2)\quad \psi'(x)<0, &&x>x_0,\\
&(3)\quad \lim_{x\to\infty}\psi(x)=0.
\end{aligned}
\tag{4.31}
$$

ここで $x_0\geq 0$ であり，もし $x_0=0$ であれば仮定 (1) は無視する．x_0 は最大の純再生産率が実現されるコーホートサイズである．$x_0=0$ の場合が純粋なイースタリンモデルのケースである．

はじめにモデル (4.30) に関するいくつかの大域的性質をブラウアー (F. Brauer) にしたがって見ておこう ([38])：

定理 4.10　仮定 (4.31) のもとで，(4.30) の非負解は $0\leq t<\infty$ で上に有界である．

証明　仮定 (3) から，十分大きな $K>0$ をとれば，$0<\rho<1$ と任意の $x\in[K,\infty)$ に対して，

$$\psi(x)<\rho$$

とできる．積分区間を 2 つに分割しよう：

$$I_1:=\{t\geq 0\,|\,B(t)>K\},\quad I_2:=\{t\geq 0\,|\,B(t)\leq K\}.$$

これから以下を得る：

$$
\begin{aligned}
B(t) = G(t) &+ \int_{I_1 \cap [0,t]} \phi(t-a)\psi(B(a))B(a)\,da \\
&+ \int_{I_2 \cap [0,t]} \phi(t-a)\psi(B(a))B(a)\,da \\
&\le \|G\|_{L^\infty} + \rho \int_{I_1 \cap [0,t]} \phi(t-a)B(a)\,da + K\psi(x_0) \\
&\le \|G\|_{L^\infty} + \rho \sup_{0 \le x \le t} B(x) + K\psi(x_0).
\end{aligned}
$$

これがすべての $t \ge 0$ について成り立つから，任意の $T > 0$ に対して

$$
\sup_{0 \le x \le T} B(x) \le \|G\|_{L^\infty} + \rho \sup_{0 \le x \le T} B(x) + K\psi(x_0).
$$

したがって，

$$
\sup_{0 \le x \le T} B(x) \le \frac{\|G\|_{L^\infty} + K\psi(x_0)}{1-\rho}
$$

であり，この右辺は $T > 0$ に無関係であるから，

$$
\sup_{0 \le x < \infty} B(x) \le \frac{\|G\|_{L^\infty} + K\psi(x_0)}{1-\rho}.
$$

これより $B(t)$ $(t \ge 0)$ は上に有界であることがわかる．□

上記の定理は人口成長がロジスティック効果によって抑制されることを示している．一方，人口密度が十分に小さいときに純再生産率が 1 以上であれば，(4.30) にしたがう人口は長期的に滅亡することはない：

定理 4.11 十分小さなすべての $x \ge 0$ に対して $\psi(x) \ge 1$ であると仮定する．このとき自明な初期条件に対応する解を除けば，$\lim_{t\to\infty} B(t) = 0$ となる解は存在しない．

証明 $f(x) := \psi(x)x - x$ とおけば，仮定から十分小さなすべての $x \ge 0$ について $f(x) \ge 0$ である．いま $B(t)$ は自明な初期条件に対応する解で

はなく，かつ $\lim_{t\to\infty} B(t) = 0$ となったと仮定する．このときは任意の $t \geq 0$ に対してつねに $B(t) > 0$ であることに注意しよう．しかも仮定から $\tau > 0$ を適当に選ぶと，任意の $t \leq \tau$ に対して $B(t) > 0$ であり，かつ $B(t)$ $(t \geq \tau)$ は十分小さいので，$f(B(t)) \geq 0$ $(t \geq \tau)$ となるようにできる．一方，$t \geq \tau$ においては以下が成り立つ：

$$\begin{aligned} B(t) &= G(t) + \int_{t-\tau}^{t} \phi(a)\psi(B(t-a))B(t-a)\,da \\ &\quad + \int_0^{t-\tau} \phi(a)\psi(B(t-a))B(t-a)\,da \\ &= G(t) + \int_{t-\tau}^{t} \phi(a)\psi(B(t-a))B(t-a)\,da \\ &\quad + \int_0^{t-\tau} \phi(a)f(B(t-a))\,da + \int_0^{t-\tau} \phi(a)B(t-a)\,da. \end{aligned}$$

したがって (4.30) は以下のように書き直せる：

$$B(t) = F(t) + \int_0^{t-\tau} \phi(a)B(t-a)\,da.$$

ただしここで，

$$\begin{aligned} F(t) := G(t) &+ \int_{t-\tau}^{t} \phi(a)\psi(B(t-a))B(t-a)\,da \\ &+ \int_0^{t-\tau} \phi(a)f(B(t-a))\,da \end{aligned}$$

と定義している．このとき仮定から，

$$F(t) \geq G(t) \geq 0, \qquad \lim_{t\to\infty} F(t) = 0$$

となっている．$C(t)$ を線形積分方程式

$$C(t) = G(t+\tau) + \int_0^t \phi(a)C(t-a)\,da$$

の解であるとすれば $B(t+\tau) \geq C(t)$ となることは容易にわかる．ところがシャープ–ロトカ–フェラーの定理から，$C(t)$ は時間とともに一定の正の値に収束する．これは $\lim_{t\to\infty} B(t) = 0$ という仮定に反する．□

4.6 イースタリンサイクル

モデル (4.30) は $t > \omega$ においては以下のような同次方程式になる：

$$B(t) = \int_0^\omega \phi(a)\psi(B(t-a))B(t-a)\,da. \tag{4.32}$$

積分方程式 (4.32) の正定常解を B^* とおけば，明らかに

$$\psi(B^*) = 1 \tag{4.33}$$

でなければならない．逆に (4.33) を満たす $B^* > 0$ があれば，それは正の定常解を与える．このとき仮定 (4.31) から定常解の存在についての以下の定理は明らかであろう：

定理 4.12 $x_0 > 0$ であれば，$\psi(0) > 1$ のときただ 1 つの非自明な解が存在する．$\psi(0) < 1 < \psi(x_0)$ であればちょうど 2 つの非自明な解が存在する．$\psi(x_0) < 1$ であれば非自明な解は存在しない．$x_0 = 0$ であれば，$\psi(0) > 1$ のときただ 1 つの非自明な解が存在する．$\psi(0) \le 1$ であれば，非自明な解は存在しない．

以下では定常解 $B^* > 0$ が存在すると仮定してその安定性を考える．B^* 近傍での線形化方程式を考えるために

$$\zeta(t) = B(t) - B^*$$

とおこう．(4.33) に注意してコーホート出生率関数 $x\psi(x)$ を B^* でテイラー展開すれば，

$$x\psi(x) = B^* + (1 + B^*\psi'(B^*))(x - B^*) + g(x - B^*).$$

ここで $g(x)$ は 2 次以上の項からなり，$g(0) = g'(0) = 0$ である．これを (4.32) に代入して整理すれば，摂動 $\zeta(t)$ に関する以下の非線形方程式を得る：

$$\zeta(t) = (1-\gamma)\int_0^\omega \phi(a)\zeta(t-a)\,da + \int_0^\omega \phi(a)g(\zeta(t-a))\,da. \tag{4.34}$$

ただし，$\gamma := -B^*\psi'(B^*)$ はフィードバックの強さを示すパラメータである．このとき摂動方程式 (4.34) の線形部分の特性方程式は

$$(1-\gamma)\int_0^\omega e^{-\lambda a}\phi(a)\,da = 1 \tag{4.35}$$

となる．$\gamma \neq 1$ であるとき，$\bar{\beta} := \sup\beta$ とすれば，特性根はすべて半平面 $\mathrm{Re}\,\lambda \le |1-\gamma|\bar{\beta}$ に含まれている．実際，λ が特性根でかつ $\mathrm{Re}\,\lambda > 0$ であれば，

$$1 = \left|(1-\gamma)\int_0^\omega e^{-\lambda a}\phi(a)\,da\right| \le |1-\gamma|\bar{\beta}\int_0^\omega e^{-\mathrm{Re}\,\lambda a}da \le |1-\gamma|\frac{\bar{\beta}}{\mathrm{Re}\,\lambda}.$$

したがって $\mathrm{Re}\,\lambda \le |1-\gamma|\bar{\beta}$ となるからである．とくに $\gamma > 1$ であれば実の特性根は存在しないことに注意しよう．

定理 4.13 特性方程式 (4.35) のすべての根が負の実部をもてば，定常解 B^* は局所的に安定である．

証明 任意の $\varepsilon > 0$ に対して，ある $\delta > 0$ が存在して，$\|\zeta_0\|_\infty = \sup_{-\omega<t\le 0}|B(t) - B^*| < \delta$ となるような初期データに対しては摂動方程式 (4.34) の解が $t > 0$ で一意的に存在して，任意の $t \ge 0$ に対して，

$$|\zeta(t)| = |B(t) - B^*| \le \varepsilon$$

となることを示せばよい．(4.34) は以下のように非線形摂動項をもつヴォルテラ積分方程式の形に書ける：

$$\zeta(t) = f(\zeta,\zeta_0)(t) + (1-\gamma)\int_0^t \phi(a)\zeta(t-a)\,da. \tag{4.36}$$

ここで

$$\begin{aligned} f(\zeta,\zeta_0)(t) := &\int_{\min(t,\omega)}^\omega [(1-\gamma)\zeta_0(t-a) + g(\zeta_0(t-a))]\phi(a)\,da \\ &+ \int_0^{\min(t,\omega)} \phi(a)g(\zeta(t-a))\,da \end{aligned}$$

である．$\zeta(t) = \zeta_0(t) \ \ (t \in [-\omega, 0])$ は与えられた初期データとする．いま積分核 $(1-\gamma)\phi(a)$ のレゾルベント核を $R(t)$ とすると，仮定からこれは可積分になる（ペーリー–ウィーナーの定理．定理 B.3 を参照）．このとき (4.36) は以下の問題に変換される：

$$\zeta(t) = f(\zeta, \zeta_0)(t) + \int_0^t R(t-s) f(\zeta, \zeta_0)(s)\, ds. \tag{4.37}$$

解 $\zeta(t)$ の属すべき空間として有界連続関数の空間 $X := C_0[0, \infty)$ を考え，そのノルムを $\|\zeta\|_\infty = \sup_{0 \le t < \infty} |\zeta(t)|$ とする．初期データの空間を区間 $Y := [-\omega, 0]$ 上の有界連続関数のなす集合 $C_0[-\omega, 0]$ とすれば，与えられた初期データのもとで，非線形作用素 f は X から X への作用素として局所リプシッツ連続性をもつ．すなわち非負関数 $L(r)$ $(r > 0)$ が存在して $\lim_{r \to 0} L(r) = 0$ であり，かつ $\|\zeta\|_\infty \le r$, $\|\xi\|_\infty \le r$ であれば，

$$\|f(\zeta, \zeta_0) - f(\xi, \zeta_0)\|_\infty \le L(r) \|\zeta - \xi\|_\infty.$$

また $\zeta_0 \in Y, \|\zeta_0\|_\infty \le r$ に対して以下の不等式が成り立つ：

$$\|f(0, \zeta_0)\|_\infty \le (1 + L(r)) \|\zeta_0\|_\infty.$$

任意の $\varepsilon > 0$ に対して，以下のように $\eta < \varepsilon$ をとることができる：

$$L(\eta) < \min\left\{1, \frac{1}{3(1 + \|R\|_{L^1})}\right\}.$$

このときさらに $\delta = L(\eta)\eta$ としておく．X の部分集合 X_0 を

$$X_0 := \{\zeta \in X \mid \|\zeta\|_\infty \le \eta\}$$

と定義する．$\|\zeta_0\| \le \delta$ となる任意の初期データ $\zeta_0 \in Y$ に対して写像 $\mathcal{F}$ を

$$(\mathcal{F}\zeta)(t) := f(\zeta, \zeta_0)(t) + \int_0^t R(t-s) f(\zeta, \zeta_0)(s)\, ds$$

と定義すれば，これは X_0 から X_0 の中への写像となる．実際，任意の $\zeta \in X_0$ に対して，

$$\begin{aligned}\|\mathcal{F}\zeta\|_\infty &\le (1+\|R\|_{L^1})(L(\eta)\|\zeta\|_\infty + (1+L(\eta))\|\zeta_0\|_\infty) \\ &\le (1+\|R\|_{L^1})(2+L(\eta))L(\eta)\eta < \eta\end{aligned}$$

だからである．さらに $\zeta, \xi \in X_0$ に対して，

$$\|\mathcal{F}\zeta - \mathcal{F}\xi\|_\infty \le (1+\|R\|_{L^1})L(\eta)\|\zeta-\xi\|_\infty < \frac{1}{3}\|\zeta-\xi\|_\infty$$

となる．すなわち $\mathcal{F}$ は縮小写像でありただ 1 つの不動点をもつ．これは摂動方程式 (4.36) が $\|\zeta_0\| \le \delta$ となる任意の初期データ $\zeta_0 \in Y$ に対して，区間 $0 \le t < \infty$ で $\|\zeta(t)\| \le \eta < \varepsilon$ となる一意的な解をもつことを示している．□

定理 4.14　特性方程式 (4.35) のすべての根が負の実部をもち，$\underline{\mu} = \inf_{a\in[0,\omega]} \mu(a) > 0$ であれば，定常解 B^* は局所的に漸近安定である．

証明　いま (4.34) において積分核 $(1-\gamma)\phi(a)$ のレゾルベント核を $R(t)$ とする．すなわち，

$$R(t) = (1-\gamma)\phi(t) + (1-\gamma)\int_0^t \phi(a)R(t-a)\,da.$$

このとき仮定のもとでは，ペーリー–ウィーナーの定理によってレゾルベント核 $R(t)$ は可積分で，そのラプラス変換は少なくとも $\mathrm{Re}\,\lambda \ge 0$ となる複素パラメータ λ に対して存在する．いま $J(t) := R(t) - \phi(t)$ とおけば，右半平面でラプラス変換が存在して，

$$\hat{J}(\lambda) = \frac{(1-\gamma)^2\hat{\phi}^2(\lambda)}{1-(1-\gamma)\hat{\phi}(\lambda)}.$$

このとき仮定からある $\varepsilon > 0$ が存在して $\hat{J}(\lambda)$ は $\mathrm{Re}\,\lambda \ge -\varepsilon$ で解析的であり，$x > -\varepsilon$ となる任意の x に対して，

$$\lim_{\mathrm{Re}\,\lambda \ge x, |\lambda|\to\infty} \hat{J}(\lambda) = 0.$$

さらにシャープ–ロトカ–フェラーの定理の証明とまったく同様の議論によって任意の $x > -\varepsilon$ に対して，

$$\int_{-\infty}^{\infty} |\hat{J}(x+iy)|\, dy < +\infty$$

となることが示される．したがって，以下の逆変換表示が成り立つ：

$$J(t) = \frac{1}{2\pi i}\int_{x-i\infty}^{x+i\infty} e^{\lambda t}\hat{J}(\lambda)\, d\lambda, \quad x > -\varepsilon.$$

そこで $0 < \varepsilon_0 < \varepsilon$ とすれば，ある $C_1 > 0$ が存在して，

$$|J(t)| \le C_1 e^{-\varepsilon_0 t}$$

を得る．ここで，

$$C_1 = \frac{1}{2\pi}\int_{-\infty}^{\infty} |\hat{J}(-\varepsilon_0 + iy)|\, dy$$

とすればよい．一方，$\phi(t) = 0 \ \ (t > \omega)$ であるから，ある $C_2 > 0$ が存在して，

$$|R(t)| \le C_2 e^{-\varepsilon_0 t} \tag{4.38}$$

となる．実際，$C_2 = \max\{e^{\varepsilon_0\omega}|1-\gamma|\bar{\beta}, C_1\}$ ととればよい．一方，定理 4.13 から任意の $\eta > 0$ に対してある $\delta > 0$ をとれば，$\|\zeta_0\|_\infty < \delta$ であれば摂動方程式の解は $\|\zeta\|_\infty \le \eta$ を満たす．また仮定から任意の $\alpha > 0$ に対して $\eta > 0$ を十分小さくとれば，$|x| \le \eta$ となる x について $|g(x)| \le \alpha|x|$ が成り立つ．そこで任意の $\alpha > 0$ に対して，ある $\delta > 0$ が存在して，$\|\zeta_0\|_\infty < \delta$ であるように初期データをとると $f(\zeta, \zeta_0)(t)$ の第 2 項について以下の評価が成り立つ：

$$\left|\int_0^t \phi(a) g(\zeta(t-a))\, da\right| \le C_3 e^{-\underline{\mu}t}.$$

ここで,

$$C_3 := \eta\alpha\int_0^\omega \beta(a)e^{\underline{\mu}a}\,da$$

とすればよい．$f(\zeta,\zeta_0)(t)$ の第 1 項は有限時間後にゼロとなるから，ある $C_4 > 0$ が存在して,

$$|f(\zeta,\zeta_0)(t)| \le C_4 e^{-\underline{\mu}t} \tag{4.39}$$

となる．(4.37) に (4.38), (4.39) を用いれば,

$$|\zeta(t)| \le C_4 e^{-\underline{\mu}t} + \int_0^t C_2 e^{-\varepsilon_0(t-a)} C_4 e^{-\underline{\mu}a}\,da.$$

ここであらかじめ $0 < \varepsilon_0 < \underline{\mu}$ ととっておけば,

$$|\zeta(t)| \le \left(C_4 + \frac{C_2C_4}{\underline{\mu}-\varepsilon_0}\right)e^{-\varepsilon_0 t}.$$

したがってある $C_5 > 0$ が存在して，$\|\zeta_0\|_\infty = \sup_{-\omega\le t\le 0}|B(t)-B^*| < \delta$ となるような初期データに対しては,

$$|\zeta(t)| = |B(t)-B^*| \le C_5 e^{-\varepsilon_0 t}.$$

すなわち定常解 B^* は局所的に漸近安定になる．□

上記の定理から，定常解が安定であるための十分条件が得られたが，ヴォルテラ方程式に対しても線形化安定性の原理が成り立つことが知られている．すなわち，もしも正の実部をもつ特性根が存在すれば，定常解は不安定である ([117])．4.3 節で見たように，弾性パラメータ γ によって特性根の配置が変わり，それによって安定性が変化する．その点を以下で調べてみよう．

定理 4.15　$\gamma < 0$ であれば平衡解は不安定である．一方，$0 < \gamma < 1$ または $1 < \gamma < 2$ であれば定常解は局所漸近安定である．

証明　$\gamma < 1$ であれば (4.35) はロトカの特性方程式に他ならず,

$$R_0 = (1-\gamma)\int_0^\omega \phi(a)\,da = 1-\gamma$$

であるから，もし $\gamma < 0$ であれば特性方程式は正の実根をもつから定常解は不安定であり，もし $0 < \gamma < 1$ であればすべての特性根の実部は負であるから定常解は局所漸近安定になる．$\gamma > 1$ の場合を考えよう．このときもし実部が非負の特性根 λ が存在すれば,

$$1 = \left|(1-\gamma)\int_0^\omega e^{-\lambda a}\phi(a)\,da\right| \le (\gamma-1)\int_0^\omega e^{-\mathrm{Re}\,\lambda a}\phi(a)\,da \le \gamma - 1.$$

すなわち $\gamma \ge 2$ でなければならない．よって $1 < \gamma < 2$ においては特性根の実部は負であり，定常解 B^* は局所的には漸近安定である．□

パラメータ γ が 2 を超えて大きくなった場合に定常解の不安定化がおきる可能性があるかどうかは重要な問題である．実際，そのような状況はホップ分岐によってもとの非線形系に周期解が出現する可能性を強く示唆するからである．しかしつねに不安定化がおこるわけではない．まず不安定化がおきない場合を考えよう．

定理 4.16　任意の実数 y について,

$$\int_0^\omega \phi(a)\cos(ya)\,da \ge 0 \tag{4.40}$$

であれば，$\gamma > 1$ のとき定常解はつねに局所漸近安定である．

証明　$\gamma^* := \sup\{\delta \,|\, \gamma \in (1,\delta]$ であれば特性根の実部はすべて負である $\}$ と定義すれば，$\gamma^* \ge 2$ である．そこでいま $\gamma^* < \infty$ であるとすれば，$\gamma = \gamma^*$ において特性方程式は純虚数の特性根をもつはずである．それを yi とすれば特性方程式の実部から,

$$(1-\gamma^*)\int_0^\omega \phi(a)\cos(ya)\,da = 1$$

となるが，$1-\gamma^* \le -1$ であるから仮定 (4.40) に矛盾する．したがって $\gamma^* = \infty$ であり，$\gamma > 1$ のとき特性根の実部はすべて負である．□

定理 4.17 ([357])　$\gamma > 1$ でかつ再生産期間が無限区間 $[0, \infty)$ であるとする．$\phi(a)$ $(a \ge 0)$ が単調減少であれば定常解はつねに局所漸近安定である．

証明　仮定から実の特性根は存在しない．そこで $\lambda = x + iy$ $(y \neq 0)$ が特性根であれば，

$$J := \int_0^\infty \phi(a) e^{-xa} \sin(ya)\, da = 0$$

でなければならない．$v(a) := \phi(a)e^{-xa}$ とおけば，J は以下のように計算される：

$$\begin{aligned}
J &= \sum_{n=0}^{\infty} \left\{ \int_{\frac{2n\pi}{y}}^{\frac{(2n+1)\pi}{y}} v(a)\sin(ya)\, da + \int_{\frac{(2n+1)\pi}{y}}^{\frac{(2n+2)\pi}{y}} v(a)\sin(ya)\, da \right\} \\
&= \sum_{n=0}^{\infty} \left\{ \int_0^\pi v\Big(\frac{2n\pi + a}{y}\Big)\frac{\sin a}{y}\, da + \int_0^\pi v\Big(\frac{(2n+1)\pi + a}{y}\Big)\frac{\sin(a+\pi)}{y}\, da \right\} \\
&= \sum_{n=0}^{\infty} \frac{1}{y}\int_0^\pi \left(v\Big(\frac{2n\pi + a}{y}\Big) - v\Big(\frac{(2n+1)\pi + a}{y}\Big)\right) \sin a\, da.
\end{aligned}$$

$x \ge 0$ であれば，$\phi(a)$ が単調減少なら $e^{-xa}\phi(a)$ も単調減少であり，上記の最後の式から $J > 0$ を得る．これは $x + iy$ が特性根であることに反する．すなわち仮定のもとでは特性根の実部はすべて負である．□

この定理に見られるように，人口モデルの分岐定常解がつねに安定であるような例は，しばしば出産可能となるまでの成熟期間がなく，無限の再生産期間をもつような場合に見られる．逆に人口のように成熟期間があって，再生産区間が有限であれば，弾力性パラメータ γ が 1 より大きくなっていった場合にイースタリンモデル (4.30) の定常解の安定性は失われるであろう．まったく一般的な解答は知られていないが，再生産年齢の下限

（成熟期間）がゼロでないことが不安定化がおきる重要な条件であると考えられる（[428]）．また再生産期間の長さが短くなると不安定化しやすくなると予想される．実際，極端な例として出産がある年齢 $a_0 > 0$ だけでおこると仮定すれば，(4.30) において $\phi(a) = \delta(a - a_0)$（$\delta$ はデルタ関数）とおくことによって

$$B(t) = F(B(t - a_0)) \tag{4.41}$$

を得る．ただし $F(x) := x\psi(x)$ は図 4.3 のような関数である．こうした関

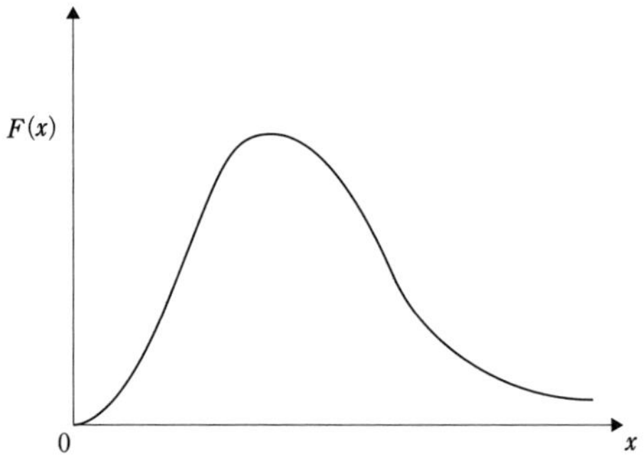

図 **4.3**

数型 F のもとで差分方程式 (4.41) は非常に複雑なカオス的な挙動をおこしうることが示されている（[161]）．したがって，純再生産関数が一点に集中したデルタ関数に近いものであればイースタリンモデルそのものが複雑な挙動を示しうると予想される（[164], [191], [309]）．ここでは不安定化のためのある程度現実的な条件として以下を示しておこう：

定理 4.18（[229]）　$[\beta_1, \beta_2]$ を再生産区間とする．$\beta_2 < 3\beta_1/2$ であれば，ある $\gamma^* > 2$ が存在して，$\gamma = \gamma^*$ のとき特性方程式 (4.35) は純虚数の根をもつ．さらに γ が γ^* を超えて大きくなれば，正の実部をもつ特性根が出現する．

証明 $\lambda = x + iy$ とおけば特性方程式 (4.35) は以下の 1 組の方程式と同値である：

$$\begin{cases} F(x,y,\gamma) := \displaystyle\int_{\beta_1}^{\beta_2} e^{-xa}\cos(ya)\phi(a)\,da + \frac{1}{\gamma - 1} = 0, \\ G(x,y) := \displaystyle\int_{\beta_1}^{\beta_2} e^{-xa}\sin(ya)\phi(a)\,da = 0. \end{cases} \tag{4.42}$$

区間 I を $I = [\pi/\beta_2, \alpha\pi/\beta_2]$ と定義する．ただし α は $\beta_2/\beta_1 < \alpha < 3/2$ を満たすような定数であるとする．このとき $a \in [\beta_1, \beta_2]$ においては，

$$\frac{\pi}{\beta_2}a \in \left[\frac{\beta_1}{\beta_2}\pi, \pi\right], \quad \frac{\alpha\pi}{\beta_2}a \in \left[\frac{\alpha\beta_1}{\beta_2}\pi, \alpha\pi\right] \subset \left(\pi, \frac{3}{2}\pi\right).$$

したがって任意に固定された x に対して，

$$G\left(x, \frac{\pi}{\beta_2}\right) > 0, \qquad G\left(x, \frac{\alpha\pi}{\beta_2}\right) < 0.$$

一方，$y \in I$ においては $a \in [\beta_1, \beta_2]$ であれば $ya \in (\pi/2, 3\pi/2)$ であるから，

$$\frac{\partial G}{\partial y} = \int_{\beta_1}^{\beta_2} ae^{-xa}\cos(ya)\phi(a)\,da < 0.$$

したがって $G(x,y)$ は $y \in I$ で単調減少で，端点で符号をかえているから $G(x,y) = 0$ はただ 1 つの解 $y = y(x) \in I$ をもつ．このとき，

$$y'(x) = -\frac{G_x}{G_y} = \frac{\int_{\beta_1}^{\beta_2} ae^{-xa}\sin(y(x)a)\phi(a)\,da}{\int_{\beta_1}^{\beta_2} ae^{-xa}\cos(y(x)a)\phi(a)\,da} \tag{4.43}$$

であることに注意しよう．$x = 0$ に対応する解 $y(0)$ を (4.42) に代入して γ について解いたものを γ^* とおけば，

$$\gamma^* = 1 - \frac{1}{\int_{\beta_1}^{\beta_2} \cos(y(0)a)\phi(a)\,da}$$

となる．すなわち $\gamma = \gamma^*$ において純虚数の特性根が存在している．さらに，方程式

$$F(x, y(x), \gamma) = 0$$

において (4.43) を利用すれば，

$$\frac{\partial F}{\partial x} = -\int_{\beta_1}^{\beta_2} ae^{-xa}\cos(y(x)a)\phi(a)\,da - \int_{\beta_1}^{\beta_2} ae^{-xa}\sin(y(x)a)y'(x)\phi(a)\,da$$

$$= -\frac{\left(\int_{\beta_1}^{\beta_2} ae^{-xa}\cos(y(x)a)\phi(a)\,da\right)^2 + \left(\int_{\beta_1}^{\beta_2} ae^{-xa}\sin(y(x)a)\phi(a)\,da\right)^2}{\int_{\beta_1}^{\beta_2} ae^{-xa}\cos(y(x)a)\phi(a)\,da}$$

$$> 0.$$

したがって，陰関数定理によって根 $x = x(\gamma)$ が存在して，

$$x'(\gamma) = -\frac{F_\gamma}{F_x} = \frac{1}{(\gamma-1)^2 F_x} > 0$$

となる．すなわち γ が大きくなれば特性根の実部は増加する．したがって，$\gamma = \gamma^*$ において存在した純虚数の特性根は γ が γ^* を超えて増加すれば，正の実部をもつようになる．□

$\gamma > 2$ においては特性根はすべて複素共役根のペアとして存在するから，上記の観察は，常微分方程式におけるホップ分岐と同様に，定常解における特性方程式の根のペアが，パラメータ γ の増加とともに複素平面上で左半平面から右半平面へ，虚軸に対して横断的に移動していくことを示している．このような場合，適当な条件のもとで漸近安定な周期解（リミットサイクル）が分岐することが非線形ボルテラ型積分方程式の分岐理論によって示される[4]．ここでは証明しないが，以下の結果をあげておこう：

定理 4.19 ([388])　特性方程式 (4.35) は $\gamma = \gamma^*$ において純虚数の特性根 y^*i をもち，かつ ny^*i $(n \neq \pm 1)$ は特性根ではないとする．さらに，

$$\int_0^\omega a\phi(a)\cos(y^*a)\,da \neq 0 \tag{4.44}$$

4)　非線形ヴォルテラ型積分方程式の分岐理論については [73]–[75], [117], [417] などを参照されたい．

であれば，(4.32) の定常解 B^* は $\gamma=\gamma^*$ において $2\pi/y^*$ に近い周期をもつ周期解へ分岐する．このとき周期はほぼ平均出産年齢の 2 倍に等しい．

ここで条件 (4.44) は定理 4.18 の証明と同様の議論によって，互いに共役な特性根のペアがパラメータ γ の変化とともに虚軸を横切るときの実軸方向の速度がゼロではないことを意味していることがわかる．定理の最後の部分をフラウェンタール (J. C. Frauenthal) にしたがって示しておこう ([137])．いま y^*i が特性方程式の純虚数根であれば，

$$\int_0^\omega e^{-iy^*a}\phi(a)\,da=\frac{1}{1-\gamma^*}. \tag{4.45}$$

ここで，

$$\mu:=\int_0^\omega a\phi(a)\,da$$

とおけば，μ は平均出産年齢となる．$\phi(a)$ は μ のまわりに比較的集中した分布であると仮定しよう．そのとき，(4.45) の両辺に $e^{iy^*\mu}$ を乗じて，$\exp(-iy^*(a-\mu))$ をテイラー展開して 2 次項までとれば，以下を得る．

$$\int_0^\omega\left[1-iy^*(a-\mu)-\frac{(y^*)^2}{2}(a-\mu)^2\right]\phi(a)\,da\approx\frac{e^{iy^*\mu}}{1-\gamma^*}.$$

ここで実部と虚部に分ければ，

$$-y^*\int_0^\omega(a-\mu)\phi(a)\,da\approx\frac{\sin y^*\mu}{1-\gamma^*}, \tag{4.46}$$

$$\int_0^\omega\left[1-\frac{(y^*)^2}{2}(a-\mu)^2\right]\phi(a)da\approx\frac{\cos y^*\mu}{1-\gamma^*}. \tag{4.47}$$

(4.46) から $y^*\mu=n\pi$ $(n=0,\pm1,\pm2,\cdots)$ を得る．これを (4.47) に代入して γ^* を求めると，

$$\gamma^*\approx1-(-1)^n\left(1-\frac{(y^*\sigma)^2}{2}\right)^{-1}. \tag{4.48}$$

ただし σ^2 は出産年齢の分散である：

$$\sigma^2 := \int_0^\omega (a-\mu)^2 \phi(a)\, da.$$

分散が小さく，$\gamma^* > 2$ が，そこにおいて純虚数の特性根が出現する最小のパラメータ値であることから，適切な評価値は $n=1$ のとき達せられ，このとき $y^* = \pi/\mu$ であり，周期 T は

$$T = \frac{2\pi}{y^*} \approx 2\mu \tag{4.49}$$

となり，γ^* は以下のように近似される：

$$\gamma^* \approx 1 + \left[1 - \frac{1}{2}\left(\frac{\pi\sigma}{\mu}\right)^2\right]^{-1}. \tag{4.50}$$

すなわち，分岐した周期解の周期は 2μ に近い．

フラウェンタールとスウィック (K. E. Swick) はアメリカ合衆国の過去の人口にイースタリンモデルを適用したうえで，弾性パラメータ γ が周期解を発生させる範囲にあったと結論しているが，ワクター (K. E. Wachter) はこれに疑義を呈している ([138], [427])．現実の人口は定常状態の近傍にはないから，検証にあたっては，トレンドを除去したデータに対してモデルを適用するなどの工夫が必要である．イースタリン効果の検証に関してはサイラス・チュー (C. Y. Cyrus Chu, [78]) などを参照されたい．

第5章

ペア形成モデル

これまで見たように，線形人口理論の範囲においても両性に共通する再生産指標を定義することや，結婚というファクターを導入することは可能であるが，こうしたモデルは異性の相手が存在しなければ再生産ができないという本質的に非線形なペア形成 (pair formation) の側面を反映していないという点で，いまだ不満足なものである．

現実世界におけるような男女のペアリングによる人口の持続的成長がなぜ可能なのかということは自明なことではない．それを可能とするような男女のペア形成法則はどのようなものなのか，マルサス的人口成長が可能ならば，その成長率はどのように決定されるのか，人口における男女比のアンバランスが大きいときにはどのような現象がおきるのか，などの疑問は線形理論の範囲では答えることができない．

非線形のペア形成モデルの研究は，とくに年齢構造がある場合は困難であって，いまだに十分満足のいく理論があるわけではない．ペア形成は一時的な関係と持続的な関係，一対一の関係と一対多ないし多対多の関係，異性間関係と同性間関係などに区別しうる．たとえば異性間ないし同性間の一時的で多対多の関係は性的感染症の流行において重要な役割を演ずるが，本章ではとくに人口の自己再生産を念頭において，異性間の一対一的で持続的なペア形成を想定したモデルについて考えよう[1)].

5.1 両性問題

現代の人口学においては，女性人口の再生産をベースとした安定人口モデル (female dominant model) を用いて人口再生産指標が計算されている（付録 A 参照）．これは子供を母親に帰属させることが容易かつ正確であり，出産という生物学的過程に対応していることから自然な前提ではある．しかしながら形式的にみると，出生児を男親に帰属させることで,「男子が男子を産む」というモデル (male dominant model) に基づく指標を導くことは可能であり，しかも両者の結果は一般に一致しない[2)].

ロトカとともに人口再生産論に貢献したクチンスキーは戦前に，1920 年から 1923 年におけるフランス人男子の純再生産率（男児を男親に帰属させたもの）が 1.194 であり，一方同時期のフランス人女子の純再生産率が 0.977 となり，安定人口論によれば女子人口は減退すると予測されるのに，男子人口の増加が予測されることを指摘していた ([340])．これは明らかに両立しない結論である．このように，一方の性のみを考慮した人口理論が互いに両立しがたい結論を導くことを，人口学では**両性問題** (two-sex problem) と称している．

誤解のないように言えば，上記の両性問題は安定人口モデルが矛盾を有するということではなくて（それは演繹的理論としては完全である！），男子と女子の再生産関数を別々に，時間に依存しない形態で仮定するということが互いにコンシステントでない，ということを意味しているだけなのであるが，問題は安定人口モデルの立場では男性支配モデルと女性支配モ

1) ここでは連続時間モデルだけを扱うが，離散時間両性モデルについては [54], [337], [338] などを参照されたい．

2) 実際，不思議なことにシャープとロトカは男子人口の男児出生率を与えて「男子が男子を産むプロセス」を議論している ([374])．そして女子人口についても同様な議論が成り立つとだけ指摘している．

デルのいずれを，より「良い」モデルとしてとるべきかは，形式理論的には決められないということである．

以上のような事情を考慮して，男女人口を同等に扱って，共通の成長率を与えるように安定人口モデルの修正を初めて提起したのはポラード (A. H. Pollard) である ([339])．$p_m(t,a)$ を男子の年齢密度関数，$p_f(t,a)$ を女子の年齢密度関数としよう．同様に動態率も男女別に与え，それぞれ下付添え字 m, f で区別することにする．このときポラードのモデルは以下のように表される：

$$\left(\frac{\partial}{\partial t}+\frac{\partial}{\partial a}\right)\begin{pmatrix} p_m(t,a) \\ p_f(t,a) \end{pmatrix} = \begin{pmatrix} -\mu_m(a) & 0 \\ 0 & -\mu_f(a) \end{pmatrix}\begin{pmatrix} p_m(t,a) \\ p_f(t,a) \end{pmatrix},$$
$$\begin{pmatrix} p_m(t,0) \\ p_f(t,0) \end{pmatrix} = \int_0^\omega \begin{pmatrix} 0 & \beta_{mf}(a) \\ \beta_{fm}(a) & 0 \end{pmatrix}\begin{pmatrix} p_m(t,a) \\ p_f(t,a) \end{pmatrix} da.$$

ここで $\beta_{mf}(a)$ は女子の男児出生率であり，$\beta_{fm}(a)$ は男子の女児出生率である．このような仮定のもとでは男女のマッケンドリック方程式は独立ではなくなり，境界条件を通じてカップリングしていることになる．

$B_m(t)$，$B_f(t)$ をそれぞれ男児および女児の単位時間あたりの出生数とすれば，ポラードモデルは以下のような積分方程式システムに還元される：

$$\begin{aligned} B_m(t) &= G_m(t) + \int_0^t \beta_{mf}(a)\ell_f(a)B_f(t-a)\,da, \\ B_f(t) &= G_f(t) + \int_0^t \beta_{fm}(a)\ell_m(a)B_m(t-a)\,da. \end{aligned} \tag{5.1}$$

ここで

$$G_m(t) := \int_t^\infty p_f(0,a-t)\frac{\ell_f(a)}{\ell_f(a-t)}\beta_{mf}(a)\,da,$$
$$G_f(t) := \int_t^\infty p_m(0,a-t)\frac{\ell_m(a)}{\ell_m(a-t)}\beta_{fm}(a)\,da$$

である．(5.1) から以下のような $B_f(t)$ に関する単独の再生方程式を得る．

$$B_f(t) = F(t) + \int_0^t \phi(a)B_f(t-a)\,da.$$

ただしここで，

$$F(t) := G_f(t) + \int_0^t \beta_{fm}(a)\ell_m(a)G_m(t-a)\,da$$
$$\phi(a) := \int_0^a \beta_{fm}(s)\ell_m(s)\beta_{mf}(a-s)\ell_f(a-s)\,ds$$

である．$B_m(t)$ に関しても同じ積分核をもつ再生方程式が成り立っていて，男女に共通の再生産関数 $\phi(a)$ が 2 つの関数 $\beta_{mf}(a)\ell_f(a)$ と $\beta_{fm}(a)\ell_m(a)$ の畳み込みとして得られる．したがって，男子または女子の純再生産率（**結合再生産率**: joint reproduction rate）は同一であって，

$$R_0 = \int_0^\omega \phi(a)\,da = \int_0^\omega \beta_{mf}(a)\ell_f(a)\,da \int_0^\omega \beta_{fm}(a)\ell_m(a)\,da \tag{5.2}$$

となり，共通の自然成長率 λ_0 は特性方程式

$$\int_0^\omega e^{-\lambda a}\phi(a)\,da = \int_0^\omega e^{-\lambda a}\beta_{fm}\ell_m(a)\,da \int_0^\omega e^{-\lambda a}\beta_{mf}(a)\ell_f(a)\,da = 1 \tag{5.3}$$

のただ 1 つの実根として得られることになる．これを**結合自然成長率** (joint rate of natural increase) と呼ぼう．

ポラードのモデルは一般人口の再生産モデルとしてはいささか人工的なものである．実際，子供の再生産には男女の関与が必要であることを表現するのであれば，線形モデルの範囲ではより一般な境界条件

$$\begin{pmatrix} p_m(t,0) \\ p_f(t,0) \end{pmatrix} = \int_0^\omega \begin{pmatrix} \beta_{11}(a) & \beta_{12}(a) \\ \beta_{21}(a) & \beta_{22}(a) \end{pmatrix} \begin{pmatrix} p_m(t,a) \\ p_f(t,a) \end{pmatrix} da \tag{5.4}$$

を考えるのが自然であろう ([21])．ただしここで，$\beta_{11}(a)$ ($\beta_{21}(a)$) は男児（女児）の出生に対する a 歳の男子人口の寄与度，$\beta_{12}(a)$ ($\beta_{22}(a)$) は男児（女児）の出生に対する a 歳の女子人口の寄与度を表す係数であり，一般にはもはや年齢別出生率とは言えないが，とくに，

$$\begin{pmatrix} \beta_{11}(a) & \beta_{12}(a) \\ \beta_{21}(a) & \beta_{22}(a) \end{pmatrix} = \frac{1}{2} \begin{pmatrix} \beta_{mm}(a) & \beta_{mf}(a) \\ \beta_{fm}(a) & \beta_{ff}(a) \end{pmatrix}$$

とおけば形式的に (5.4) は成り立つ．ここで，

$$\Phi(a) = \begin{pmatrix} \beta_{11}(a)\ell_m(a) & \beta_{12}(a)\ell_f(a) \\ \beta_{21}(a)\ell_m(a) & \beta_{22}(a)\ell_f(a) \end{pmatrix}$$

とおけば，3.1 節で見たように，一般にこのようなベクトル型モデルがマルサス的成長率をもつのは再生産行列

$$\int_0^\omega \Phi(a)\,da$$

が分解不能となることが十分であるが，ポラードモデルはそのような条件を満たす特殊な場合に他ならない．このとき，純再生産率は再生産行列のスペクトル半径によって与えられ，自然成長率は行列

$$\hat{\Phi}(\lambda) = \int_0^\omega e^{-\lambda a}\Phi(a)\,da$$

のスペクトル半径が 1 になるような実数 λ_0 として得られる．したがってベクトルモデルとして見ると，ポラードモデルの基本再生産数は (5.2) で与えられる結合再生産率 R_0 ではなくてその平方根となる．(5.2) で与えられる R_0 は男児－女児－男児，ないしは女児－男児－女児という連鎖が単位となる場合の基本再生産数であり，世代の基本単位がベクトルモデルの倍の長さがあるからである．しかしむろん，特性方程式は同一であって，結合自然成長率は (5.3) の実根として得られる．

上記のような両性を考慮した線形モデルの問題点は，ポラードのモデルが結局は単独の再生方程式に還元できることからわかるように，一方の性のみによって再生産が可能になっている点にある．これは基本的な線形モデルの限界であって，両性の出会いと交渉による再生産という非線形相互作用を考慮していないためである．

5.2　ケンドールのモデル

持続的なペア形成を考慮した非線形両性人口モデルを初めて提起したのは，おそらくケンドールであろう ([245])．ケンドールのモデルは長い間く

わしい解析がなされずにきたが，約 40 年後にハデラー (K. P. Hadeler) らによってその一般的性質が明らかにされた ([176], [429])．ここでその概略を示そう．

両性の年齢構造は無視して，$x(t)$, $y(t)$, $p(t)$ をそれぞれ時刻 t における独身女性，独身男性およびペアの数であるとする．μ_x, μ_y は女性および男性の死亡率，σ は男女のペアの解消率（離婚率）[3]，κ_x, κ_y は単位ペアあたり単位時間あたりの女性および男性の出生率であるとする．x, y の単身男女人口から単位時間あたりに形成されるペア数を $\psi(x,y)$ とする．このときケンドールのモデルは以下のような連立常微分方程式系として定式化される：

$$\begin{aligned}\dot{x} &= (\kappa_x + \mu_y + \sigma)p - \mu_x x - \psi(x,y),\\ \dot{y} &= (\kappa_y + \mu_x + \sigma)p - \mu_y y - \psi(x,y),\\ \dot{p} &= -(\mu_x + \mu_y + \sigma)p + \psi(x,y).\end{aligned} \tag{5.5}$$

ただし，ここで $\dot{x} = dx/dt$ などである．このモデルでは新生児はすべてペアリングを通じて再生産され，持続的ペア形成以外の一時的交渉による出産はないと想定されている．

ここでペア形成関数（結婚関数）ψ は以下のような条件を満たすと想定される：

$$\text{任意の } x, y \geq 0 \text{ に対して，} \quad \psi(x,y) \geq 0, \tag{5.6}$$

$$\text{任意の } x, y \geq 0 \text{ に対して，} \quad \psi(x,0) = \psi(0,y) = 0, \tag{5.7}$$

$$u \geq 0, v \geq 0 \Rightarrow \psi(x+u, y+v) \geq \psi(x,y), \tag{5.8}$$

$$\alpha \geq 0 \Rightarrow \psi(\alpha x, \alpha y) = \alpha \psi(x,y). \tag{5.9}$$

条件 (5.6)–(5.8) は結婚関数の意味から明らかに必要とされる条件である．一方，(5.9)（1 次同次性）は自明ではないが，大規模な人口集団において

3) ケンドールの原モデルでは離婚率は考慮されていない．

は結婚力がスケールに独立であろうという想定を反映している[4)]．実際，(5.9) のもとでは，

$$\psi(x,y)=\psi\Big(1,\frac{y}{x}\Big)x=\psi\Big(\frac{x}{y},1\Big)y$$

であるから，女性および男性単身人口の結婚力は独身男女の人口比にのみ依存している．すなわちこの場合，結婚のチャンスは異性の集約度に依存しているのであって，絶対数に依存するのではない．

1 次同次な結婚関数として代表的なものは，次の一般化平均値[5)]である：

$$\psi(x,y)=\rho(\beta x^{\alpha}+(1-\beta)y^{\alpha})^{\frac{1}{\alpha}}. \tag{5.10}$$

ただし $0<\beta<1$, $-\infty\le\alpha\le 0$, $\rho>0$ である．(5.10) において $\alpha=-1$ とおけば，調和平均型の結婚関数を得る：

$$\psi(x,y)=\frac{\rho xy}{\beta x+(1-\beta)y}.$$

また $\alpha\to 0$ とすれば，幾何平均（コブ・ダグラス型生産関数）を得る：

$$\psi(x,y)=\rho x^{\beta}y^{1-\beta}.$$

さらに $\alpha\to-\infty$ とすれば，最小値関数

$$\psi(x,y)=\rho\min(x,y)$$

を得る．

システム (5.5) を一般的に考察する前に，単純な場合を考えておこう．いまもし出生率，死亡率に男女差がなければ，$\kappa_x=\kappa_y=\kappa$, $\mu_x=\mu_y=\mu$ として，(5.5) のシングルに関する方程式から，

$$\dot{x}-\dot{y}=-\mu(x-y)$$

4)　経済学風にいえば「規模に関して収穫不変」ということである．

5)　経済学においては CES 生産関数と呼ばれるものに相当する．要素代替の弾力性が一定となる性質がある．

であるから，

$$x(t) - y(t) = e^{-\mu t}(x(0) - y(0)).$$

すなわち独身男女の人口数は時間とともに一致するようになる．そこではじめから男女人口数が一致していたとすれば，任意の $t \geq 0$ について $x(t) = y(t)$ であり，3 次元非線形システム (5.5) は，以下のように 2 次元の線形系になってしまう：

$$\begin{pmatrix} \dot{x} \\ \dot{p} \end{pmatrix} = \begin{pmatrix} -\mu - \rho & \kappa + \mu + \sigma \\ \rho & -2\mu - \sigma \end{pmatrix} \begin{pmatrix} x \\ p \end{pmatrix}.$$

ただし $\rho = \psi(1,1)$ である．すなわち人口動態率に男女差がなければ (5.5) は漸近的に線形なシステムであり，その係数行列を A とすれば，漸近挙動は A の固有値によって決まる．

$$\det(A - \lambda I) = \lambda^2 + (3\mu + \sigma + \rho)\lambda + (\mu + \rho)(2\mu + \sigma) - \rho(\kappa + \mu + \sigma)$$

であるから，固有値は，

$$\begin{aligned} \lambda &= \frac{1}{2}\left[-(3\mu + \sigma + \rho) \pm \sqrt{D}\right], \\ D &:= (3\mu + \sigma + \rho)^2 - 4H \\ H &:= (\mu + \rho)(2\mu + \sigma) - \rho(\kappa + \mu + \sigma) \end{aligned}$$

で与えられる．したがって，もし $H > 0$ であれば固有値は 2 つとも実部が負であり，人口は消滅に向かう．とくに $D < 0$ であれば，人口は減衰振動を示す．一方，$H < 0$ であれば 1 つの固有値は正で，人口は指数関数的に増加する．$H = 0$ であればゼロと負の固有値をもつので，人口は定常状態へ向かう．そこで人口増加に関する閾値条件は $H = 0$ となるが，これは以下のように書き直せる：

$$\frac{\rho\kappa}{\mu(2\mu + \sigma + \rho)} = 1. \tag{5.11}$$

この条件 (5.11) の人口学的な意味を明らかにしておこう．いま仮定されている動態率のもとで，単身状態と有配偶状態を遷移する個体を考えよう．年齢 a の個体が単身状態にいる確率を $\ell_1(a)$，有配偶状態にいる確率を $\ell_2(a)$ とすれば，以下が成り立つ：

$$\begin{pmatrix} \dot{\ell}_1 \\ \dot{\ell}_2 \end{pmatrix} = \begin{pmatrix} -\mu-\rho & \mu+\sigma \\ \rho & -2\mu-\sigma \end{pmatrix} \begin{pmatrix} \ell_1 \\ \ell_2 \end{pmatrix}. \tag{5.12}$$

ここで係数行列は A から出生率を除いたものであることに注意しよう．(5.12) は容易に積分できて，以下を得る：

$$\ell_1(a) = \frac{(\mu+\sigma)e^{-\mu t}}{\mu+\sigma+\rho} + \frac{\rho e^{-(2\mu+\rho+\sigma)t}}{\mu+\sigma+\rho},$$
$$\ell_2(a) = \frac{\rho}{\mu+\sigma+\rho}(e^{-\mu t} - e^{-(2\mu+\rho+\sigma)t}).$$

したがって，有配偶状態にある滞在時間は，

$$\int_0^\infty \ell_2(a)\,da = \frac{\rho}{\mu(2\mu+\sigma+\rho)}$$

となる．κ は単位時間あたりに有配偶人口が生産する子供数であるから，(5.11) の左辺は一個体が有配偶状態において産む（自分と同一の性の）子供数（基本再生産数）に他ならない．それが 1 であることが閾値条件になることは当然であろう．

以下では 1 次同次なケンドールモデル (5.5) において動態率に男女差がある一般の場合を考えよう．1 次同次なモデルにおいては通常の非線形系における定常解に相当するものは指数関数的成長解である．そこで，

$$x(t) = e^{\lambda t}x_0,\ y(t) = e^{\lambda t}y_0,\ p(t) = e^{\lambda t}p_0$$

として，(5.5) に代入すれば，

$$\begin{aligned} \lambda x_0 &= (\kappa_x+\mu_y+\sigma)p_0 - \mu_x x_0 - \psi(x_0,y_0), \\ \lambda y_0 &= (\kappa_y+\mu_x+\sigma)p_0 - \mu_y y_0 - \psi(x_0,y_0), \\ \lambda p_0 &= -(\mu_x+\mu_y+\sigma)p_0 + \psi(x_0,y_0). \end{aligned} \tag{5.13}$$

これは未知数 λ と未知ベクトル (x_0, y_0, p_0) に関する非線形固有値問題に他ならない．ただちにわかるように非線形固有値問題 (5.13) は以下のような自明な解をもつ：

$$(x_0, y_0, p_0, \lambda_0) = (1, 0, 0, -\mu_x),\ (0, 1, 0, -\mu_y). \tag{5.14}$$

ただし λ_0 は固有ベクトル (x_0, y_0, p_0) に対応する固有値であるとする．これらは異性の存在しない単性人口が死亡によって減衰していく過程に対応する解である．

(5.13) において辺々足し算すれば，

$$\begin{aligned}(\lambda + \mu_x)(x_0 + p_0) &= \kappa_x p_0, \\ (\lambda + \mu_y)(y_0 + p_0) &= \kappa_y p_0.\end{aligned} \tag{5.15}$$

したがって，

$$x_0 = p_0 \left(\frac{\kappa_x}{\lambda + \mu_x} - 1 \right), \quad y_0 = p_0 \left(\frac{\kappa_y}{\lambda + \mu_y} - 1 \right). \tag{5.16}$$

ただしここで正の固有ベクトルが存在するためには，少なくとも

$$\lambda > \underline{\lambda} := \max(-\mu_x, -\mu_y)$$

でなければならない．同様に (5.15) から，

$$\lambda = \frac{\kappa_x p_0}{x_0 + p_0} - \mu_x, \quad \lambda = \frac{\kappa_y p_0}{y_0 + p_0} - \mu_y.$$

したがって正の固有ベクトルに対応する固有値は，

$$\lambda < \bar{\lambda} := \min(\kappa_x - \mu_x, \kappa_y - \mu_y)$$

を満たさねばならない．このとき $\bar{\lambda} \leq \underline{\lambda}$ であれば，求める正の固有ベクトルは存在しない．

$p_0=0$ のときは自明な解しか存在しないから，$p_0 \neq 0$ として (5.16) を (5.13) の 3 番目の式に代入して，p_0 で両辺を割れば以下の特性方程式を得る：

$$F(\lambda) := \psi\left(\frac{\kappa_x}{\lambda+\mu_x}-1, \frac{\kappa_y}{\lambda+\mu_y}-1\right) = \mu_x+\mu_y+\sigma+\lambda.$$

$\bar{\lambda} > \underline{\lambda}$ であるとき，λ を $\underline{\lambda}$ から $\bar{\lambda}$ まで動かせば，$F(\lambda)$ は単調減少でゼロに近づく．右辺は直線であるから，

$$F(\underline{\lambda}) = \lim_{\lambda \downarrow \underline{\lambda}} F(\lambda) > \mu_x+\mu_y+\sigma+\underline{\lambda}$$

となることが，正の固有値がただ 1 つ存在するための必要十分条件である．

$x=1/h$ とおけば，$x \to \infty$ のとき，

$$\psi(x,y) = x\psi\left(1, \frac{y}{x}\right) = \frac{1}{h}\psi(1,yh) \to \psi_y(1,0)y \ \ (h \to 0).$$

$y \to \infty$ の場合も同様にして，$\psi(x,y) \to \psi_x(0,1)x$ $(1/y \to 0)$ である．ただし $\psi_y(1,0)=\psi_x(0,1)=\infty$ となる場合も含める．このことを用いれば，

$$F(\underline{\lambda}) = \begin{cases} \psi_y(1,0)\left(\dfrac{\kappa_y}{\mu_y-\mu_x}-1\right), & \mu_y > \mu_x, \\ \psi_x(0,1)\left(\dfrac{\kappa_x}{\mu_x-\mu_y}-1\right), & \mu_x > \mu_y \end{cases}$$

を得る．すなわち $\mu_y > \mu_x$ の場合は，

$$\psi_y(1,0)\left(\frac{\kappa_y}{\mu_y-\mu_x}-1\right) > \mu_y+\sigma.$$

$\mu_y < \mu_x$ の場合は，

$$\psi_x(0,1)\left(\frac{\kappa_x}{\mu_x-\mu_y}-1\right) > \mu_x+\sigma$$

であるか，または $\mu_y=\mu_x$ であれば正の固有ベクトルがただ 1 つ存在する．この条件は (μ_x,μ_y) 平面に図示すればただちにわかるように (図 5.1)，

$$\mu_y + \frac{\kappa_x\psi_x(0,1)}{\mu_x+\sigma+\psi_x(0,1)} > \mu_x > \mu_y - \frac{\kappa_y\psi_y(1,0)}{\mu_y+\sigma+\psi_y(1,0)} \tag{5.17}$$

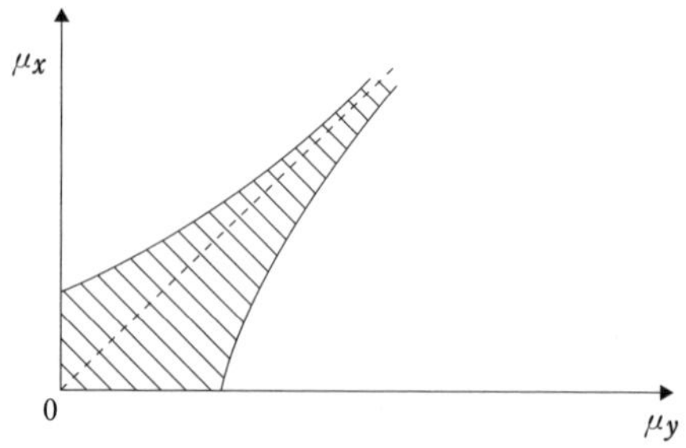

図 5.1　(5.17) が成立する領域.

という条件と同値である．以上から以下の定理が得られる：

定理 5.1 ([176])　非線形固有値問題 (5.13) はつねに自明な解 (5.14) をもつ．また $\bar{\lambda} > \underline{\lambda}$ であるとき，正の固有ベクトルがただ 1 つ存在するためには，(5.17) が成り立つことが必要十分である．その場合，正の固有ベクトルに対応する固有値 λ_0 に関して，$\bar{\lambda} > 0$ であれば，

$$F(0) > \mu_x + \mu_y + \sigma \Rightarrow \lambda_0 > 0,$$
$$F(0) = \mu_x + \mu_y + \sigma \Rightarrow \lambda_0 = 0,$$
$$F(0) < \mu_x + \mu_y + \sigma \Rightarrow \lambda_0 < 0$$

となる．ここで，

$$F(0) = \psi\left(\frac{\kappa_x}{\mu_x} - 1, \frac{\kappa_y}{\mu_y} - 1\right)$$

である．$\bar{\lambda} \leq 0$ ならば固有値（成長率）は存在すればつねに負である．

5.3　1 次同次系の安定性

前節でケンドールのモデルが一定の条件のもとで非自明な指数関数的成長解をもつことがわかったが，ここではその軌道の安定性について考える．そのために 1 次同次な力学系の線形化安定性の原理を述べておこう[6)]．

6)　以下の理論は最近，無限次元の場合へ拡張された ([200])．また [440] を参照.

関数 $f : \mathbf{R}^n \to \mathbf{R}^n$ は局所リプシッツ連続，原点以外では連続的微分可能で 1 次同次であるとする．すなわち，

$$任意の \alpha \in \mathbf{R} に対して\ f(\alpha x) = \alpha f(x).$$

そこで微分方程式のシステム

$$\dot{x} = f(x) \tag{5.18}$$

を考えよう．このとき原点はつねに定常点で，原点以外から出発した解はゼロにはならない．とくに応用上は正値錐 $\mathbf{R}_+^n$ が不変となる場合が重要である．そこで，

$$x \geq 0,\ x_i = 0 \Longrightarrow f_i(x) \geq 0, \quad 1 \leq i \leq n$$

と仮定する[7)]．このとき解 $x = x(t)$ は初期値が $\mathbf{R}_+^n$ 内にあれば，すべての軌道が $\mathbf{R}_+^n$ 内にとどまっている．

$e = (1, 1, \ldots, 1)^{\mathrm{T}}$ として，新しいベクトル z を

$$z = \frac{x}{\langle e, x \rangle}, \quad x \in \mathbf{R}_+^n \setminus \{0\}$$

と定義しよう．ここで $\langle , \rangle$ はベクトルの内積を表す．x が (5.18) を満たせば，シンプレックス $S := \{z \geq 0 \,|\, \langle e, z \rangle = 1\}$ 上の力学系

$$\dot{z} = f(z) - \langle e, f(z) \rangle z \tag{5.19}$$

を得る．逆に z が (5.19) の解であれば，

$$x(t) = z(t) \exp\left(\int_0^t \langle e, f(z(s)) \rangle ds \right) \langle e, x(0) \rangle$$

として (5.18) の解が得られる．

7) x_i, f_i はベクトル x, f の第 i 成分を表す．

$z^* \in S$ が (5.19) の定常点であるとすれば，z^* は以下のような非線形固有値問題の解である：

$$f(z^*) = \lambda^* z^*, \quad \lambda^* = \langle e, f(z^*) \rangle \tag{5.20}$$

このとき対応する (5.18) の解は指数関数解になる：

$$x(t) = z^* e^{\lambda^* t} \langle e, x(0) \rangle.$$

したがって，1 次同次系 (5.18) の指数関数的成長軌道の安定性は，シンプレックス S 上での方程式 (5.19) の定常解の安定性と同値である．

z システムの定常点の安定性を見るためにヤコビ行列を計算しよう：

$$J(z) = f'(z) - z e^{\mathrm{T}} f'(z) - \langle e, f(z) \rangle I.$$

$f(x) = (f_1(x), \cdots, f_n(x))^{\mathrm{T}}$ とすれば，1 次同次式に関するオイラーの定理から，

$$\langle \mathrm{grad} f(z), z \rangle = f_j(z), \quad j = 1, 2, \cdots, n. \tag{5.21}$$

(5.20), (5.21) より，定常点においては

$$f'(z^*) z^* = \lambda^* z^*$$

となるから，

$$J(z^*) = f'(z^*) - z^* e^{\mathrm{T}} f'(z^*) - \lambda^* I$$

であることを用いれば，

$$J(z^*) z^* = \lambda^* z^* - \lambda^* z^* - \lambda^* z^* = -\lambda^* z^*,$$
$$e^{\mathrm{T}} J(z^*) = e^{\mathrm{T}} f'(z^*) - e^{\mathrm{T}} f'(z^*) - \lambda^* e^{\mathrm{T}} = -\lambda^* e^{\mathrm{T}}$$

を得る．すなわち e^{T} と z^* は固有値 $-\lambda^*$ に属するヤコビ行列 $J(z^*)$ の左右の固有ベクトルになっている．したがって，z^* 以外の $J(z^*)$ の任意の右

固有ベクトル w についいは，$\langle e, w\rangle = 0$ となるから，w は S 上のベクトルとみなせる．

λ を $f'(z^*)$ の固有値，対応する左右の固有ベクトルを v, u とする．すなわち $v^{\mathrm{T}} f'(z^*) = \lambda v^{\mathrm{T}}$, $f'(z^*)u = \lambda u$ であり，$\lambda \neq \lambda^*$ であれば $\langle v, z^*\rangle = 0$ であることに注意しよう．このとき，

$$
\begin{aligned}
&v^{\mathrm{T}} J(z^*) = v^{\mathrm{T}} f'(z^*) - \langle v, z^*\rangle e^{\mathrm{T}} f'(z^*) - \lambda^* v^{\mathrm{T}} = (\lambda - \lambda^*) v^{\mathrm{T}}, \\
&J(z^*)(u - \langle e, u\rangle z^*) = (\lambda - \lambda^*)(u - \langle e, u\rangle z^*)
\end{aligned}
$$

を得る．すなわち，$J(z^*)$ の $-\lambda^*$ 以外の固有値は $\lambda - \lambda^*$ であり，その固有ベクトル $u - \langle e, u\rangle z^*$ は e に直交しているから，シンプレックス S 上のベクトルとみなせる．すなわち，z^* の近傍での S 上の流れを決めているのは $\lambda - \lambda^*$ とその固有ベクトルである．したがって以下の定理を得る：

定理 5.2 ([176])　関数 $f : \mathbf{R}^n \to \mathbf{R}^n$ は局所リプシッツ連続，原点以外では連続的微分可能で 1 次同次であるとする．$z^* e^{\lambda^* t}$ $(z^* \in S)$ が 1 次同次システム (5.18) の指数関数解であるとき，λ^* は $f'(z^*)$ の固有値である．$f'(z^*)$ の λ^* 以外の任意の固有値 λ に対して，$\mathrm{Re}\,(\lambda - \lambda^*) < 0$ であれば，z^* は S 上で局所漸近安定である．

上記の結果をケンドールのモデル (5.5) に適用してみよう．初めに，自明な指数関数解の安定性を考える．(5.5) の右辺のヤコビ行列は，

$$
J = \begin{pmatrix} -\mu_x - \psi_x & -\psi_y & \kappa_x + \mu_y + \sigma \\ -\psi_x & -\mu_y - \psi_y & \kappa_y + \mu_x + \sigma \\ \psi_x & \psi_y & -(\mu_x + \mu_y + \sigma) \end{pmatrix}
$$

であり，$z^* = (1, 0, 0)$ におけるその値は

$$
J = \begin{pmatrix} -\mu_x & -\psi_y(1,0) & \kappa_x + \mu_y + \sigma \\ 0 & -\mu_y - \psi_y(1,0) & \kappa_y + \mu_x + \sigma \\ 0 & \psi_y(1,0) & -(\mu_x + \mu_y + \sigma) \end{pmatrix}
$$

となる．この行列は固有値として $\lambda_1 = -\mu_x$ と

$$\lambda_{2,3} = \frac{-B \pm \sqrt{D}}{2},$$
$$B := \mu_x + 2\mu_y + \sigma + \psi_y(1,0),$$
$$D := (\mu_x + \sigma + \psi_y(1,0))^2 + 4\kappa_y \psi_y(1,0)$$

をもつ．ここで λ_1 は指数関数解の成長率 λ^* に他ならない．$\lambda_{2,3} - \lambda_1 < 0$ となるためには，

$$\sqrt{D} < -\mu_x + 2\mu_y + \sigma + \psi_y(1,0)$$

となることが必要十分であるが，この条件は，

$$0 < -\mu_x + 2\mu_y + \sigma + \psi_y(1,0) \tag{5.22}$$

かつ

$$D < [2(\mu_y - \mu_x) + (\mu_x + \sigma + \psi_y(1,0))]^2$$

と同値であるが，後者を変形すれば以下を得る：

$$\kappa_y \psi_y(1,0) < (\mu_y - \mu_x)(\mu_y + \sigma + \psi_y(1,0)). \tag{5.23}$$

$\psi_y(1,0) \geq 0$ であるから (5.23) は，

$$\mu_x < \mu_y - \frac{\kappa_y \psi_y(1,0)}{\mu_y + \sigma + \psi_y(1,0)} \tag{5.24}$$

という条件に他ならず，このときは $\mu_x < \mu_y$ であるから，(5.22) は自動的に満たされている．すなわち (5.24) が成り立つことが自明な指数関数的成長軌道 $(1,0,0)e^{-\mu_x t}$ が局所安定である必要十分条件である．このときは (μ_x, μ_y) は (5.17) が成り立たない領域にあるから，非自明な指数関数解は存在しない．同様に考えると，

$$\mu_y + \frac{\kappa_x \psi_x(0,1)}{\mu_x + \sigma + \psi_x(0,1)} < \mu_x \tag{5.25}$$

という条件は，自明な指数関数的成長軌道 $(0,1,0)e^{-\mu_y t}$ が局所安定である必要十分条件である．したがってまた (5.24) または (5.25) の領域では 2 次元の S 上でその境界上に 2 つの自明な定常点だけが存在していて，周期解はないから，安定な定常点は S 内部のすべての軌道を引き寄せる．

(5.17) が成り立つ領域で存在する非自明な指数関数的成長軌道は局所安定であることを示すために，さらに新しい変数 (ξ,η) を

$$\xi = \frac{x}{p}, \qquad \eta = \frac{y}{p}$$

として導入する．このとき S の内部は $\mathbf{R}_+^2$ の内部に一対一に写され，(5.5) は以下の 2 次元システムに還元される：

$$\begin{aligned} \dot{\xi} &= \kappa_x + (\mu_y+\sigma)(1+\xi) - (1+\xi)\psi(\xi,\eta), \\ \dot{\eta} &= \kappa_y + (\mu_x+\sigma)(1+\eta) - (1+\eta)\psi(\xi,\eta). \end{aligned} \tag{5.26}$$

ここで右辺のヤコビ行列 $J(\xi,\eta)$ を計算すると，

$$J(\xi,\eta) = \begin{pmatrix} \mu_x+\sigma-\psi-(1+\xi)\psi_x & -(1+\xi)\psi_y \\ -(1+\eta)\psi_x & \mu_y+\sigma-\psi-(1+\eta)\psi_y \end{pmatrix}.$$

したがって定常点 (ξ^*,η^*) においては，

$$J(\xi^*,\eta^*) = \begin{pmatrix} -\dfrac{\kappa_x}{1+\xi^*}-(1+\xi)\psi_x(\xi^*,\eta^*) & -(1+\xi^*)\psi_y(\xi^*,\eta^*) \\ -(1+\eta^*)\psi_x(\xi^*,\eta^*) & -\dfrac{\kappa_y}{1+\eta^*}-(1+\eta^*)\psi_y(\xi^*,\eta^*) \end{pmatrix}$$

であり，$\mathrm{tr}J(\xi^*,\eta^*) < 0$, $\det J(\xi^*,\eta^*) > 0$ より，固有値はすべて負であるから，定常点は局所的に漸近安定である．さらに $J(\xi,\eta)$ の非対角要素がすべて負であるから，このシステムはハーシュ(M. W. Hirsch) の意味 ([185]) で**競争的** (competitive) なシステムで，すべての有界な軌道は定常点に収束することが示される．このとき S 上の軌道に戻って考えると，S の境界 $x=0$ または $y=0$ の上にある自明な解軌道は不安定であり，それ以外の軌道はすべて S 内にとどまる．それらは (5.26) において有界な軌

道を形成するから，定常点 $(\xi^*, \eta^*) > 0$ に収束する．すなわち (5.17) の領域では S 上の正の定常点は境界上にないすべての軌道を引き寄せる．したがって以上から次の定理が得られる：

定理 5.3 ([176])　(5.24) が成り立てば，S 上で $(1,0,0)$ は安定，$(0,1,0)$ は不安定である．(5.17) が成り立てば正の定常点がただ 1 つ存在して安定，$(1,0,0)$, $(0,1,0)$ は不安定である．(5.25) が成り立てば，$(1,0,0)$ は不安定，$(0,1,0)$ は安定である．

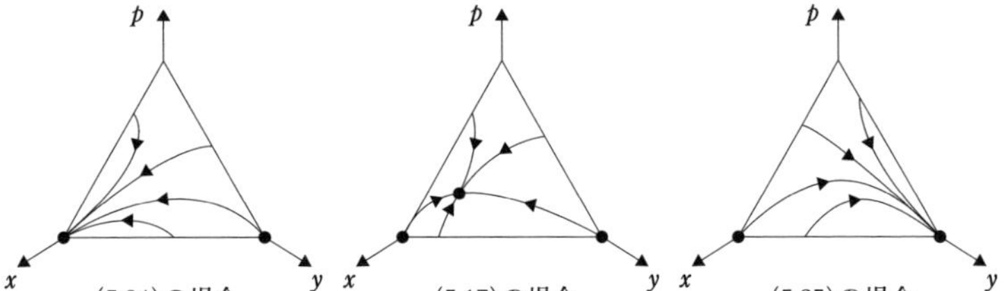

図 5.2　ペア形成モデルの相図.

大雑把に言えば，死亡率の男女差がある範囲にとどまっていれば，斉一成長軌道が安定に存在するが，たとえば男性の死亡率が過大になると，正の定常点は自明な定常点 (1,0,0) に接近して，やがて S の外にでてしまう．このとき安定性の交換がおこり，女性だけの人口が消滅していく解軌道が安定になって，他の軌道はそこへ引き寄せられていく．

ケンドールモデルは一夫一婦的な持続的ペア形成による再生産によってマルサス的な成長が実現されることを示すと同時に，死亡率の男女格差が大きいと，ペアの出生率がいくら高くとも人口の減少を導くという両性モデルに特有の現象を明らかにしている点で興味深い．しかし一方で，年齢構造を無視しているために，生まれてただちにペア形成と再生産が可能であるというような人口のモデルとしては非現実的な側面をもっている．この時間遅れ（成熟期間: maturation period）の存在をとり入れてケンドールモデルを修正したものにハデラーの研究がある ([174])．その場合，やはり指数関数解の存在とその線形化安定性の条件が同様に得られるが，成熟期間の存在によって，指数関数解が存在するための死亡率の男女非対称性に関する条件はより厳しくなる．ケンドールの両性モデルは成長の限界がないが，これに出生率，離婚率にロジステック効果をとり入れたモデルも検討されている ([53]).

5.4　年齢構造をもつペア形成モデル

ケンドールのモデルから約 20 年後に同モデルに年齢構造を導入した一夫一婦的で持続的なペア形成モデルが，フレデリクソン (A. G. Fredrickson) によって初めて定式化された ([139]).

前節の記号にあわせて，$x(t,a)$ は時刻 t における a 歳の独身女性人口の年齢密度関数，$y(t,a)$ は時刻 t における a 歳の独身男性の密度関数，$p(t,a,b)$ は時刻 t における a 歳の女性と b 歳の男性のペアの密度関数としよう．さらに $\mu_x(a)$, $\mu_y(a)$ は a 歳の女性および男性の死力，$\sigma(a,b)$ は a 歳の女性と b 歳男性の夫婦の離婚率，$\beta(a,b)$ は a 歳の女性と b 歳男性の夫婦の出生率，γ は新生児における女児の割合，$\rho(t,a,b)$ は単位時間あたり新たに生成される女性 a 歳，男性 b 歳のペアの密度であるとしよう．このときフレデリクソンのモデルは以下のように書ける：

$$
\begin{aligned}
x_t(t,a)+x_a(t,a) &= -\mu_x(a)x(t,a)-\int_0^\infty \rho(t,a,z)\,dz \\
&\qquad\qquad +\int_0^\infty p(t,a,z)[\sigma(a,z)+\mu_y(z)]\,dz, \\
y_t(t,a)+y_a(t,a) &= -\mu_y(a)y(t,a)-\int_0^\infty \rho(t,z,a)\,dz \\
&\qquad\qquad +\int_0^\infty p(t,z,a)[\sigma(z,a)+\mu_x(z)]\,dz, \\
p_t(t,a,b)&+p_a(t,a,b)+p_b(t,a,b) \\
&= \rho(t,a,b)-(\sigma(a,b)+\mu_x(a)+\mu_y(b))p(t,a,b),
\end{aligned}
$$

$$
\begin{aligned}
&x(t,0) = \gamma \int_0^\infty \int_0^\infty \beta(a,b)p(t,a,b)\,dadb,\\
&y(t,0) = (1-\gamma) \int_0^\infty \int_0^\infty \beta(a,b)p(t,a,b)\,dadb,\\
&p(t,0,b) = p(t,a,0) = 0.
\end{aligned}
\tag{5.27}
$$

ここで，$\rho(a,b)$ はペア形成関数（結婚関数）$\Psi(u,v)(a,b)$ によって以下のように与えられる：

$$
\rho(t,a,b) = \Psi(x(t,\cdot),y(t,\cdot))(a,b).
$$

その後，スタロブロフ (O. V. Staroverov, [383])，ハデラー ([170]) は離婚率や出生率が夫婦の年齢のみならず結婚持続時間に依存すると考えて，ペアの密度関数にペアの持続時間をとり入れたモデルを提案した．その場合，ペアの持続時間を c として，ペア密度関数を $p(t,a,b,c)$ と書けば，(5.27) は以下のように拡張される：

$$
\begin{aligned}
x_t(t,a) + x_a(t,a) &= -\mu_x(a)x(t,a) - \int_0^\infty \rho(t,a,z)\,dz\\
&\quad + \int_0^\infty \int_0^\infty p(t,a,\zeta,\eta)[\sigma(a,\zeta,\eta) + \mu_y(\zeta)]\,d\zeta\,d\eta,\\
y_t(t,a) + y_a(t,a) &= -\mu_y(a)y(t,a) - \int_0^\infty \rho(t,z,a)\,dz\\
&\quad + \int_0^\infty \int_0^\infty p(t,\zeta,a,\eta)[\sigma(\zeta,a,\eta) + \mu_x(\zeta)]\,d\zeta d\eta,\\
p_t(t,a,b,c) &+ p_a(t,a,b,c) + p_b(t,a,b,c) + p_c(t,a,b,c)\\
&= -(\sigma(a,b,c) + \mu_x(a) + \mu_y(b))p(t,a,b,c),\\
x(t,0) &= \gamma \int_0^\infty \int_0^\infty \int_0^\infty \beta(a,b,c)p(t,a,b,c)\,dadbdc,\\
y(t,0) &= (1-\gamma) \int_0^\infty \int_0^\infty \int_0^\infty \beta(a,b,c)p(t,a,b,c)\,dadbdc,\\
p(t,a,b,0) &= \rho(t,a,b).
\end{aligned}
\tag{5.28}
$$

ただしここで，$c \geq \min(a,b)$ では $p(t,a,b,c) = 0$ であるとする．すでに見たように，人間の結婚においては結婚持続時間は離婚や婚姻内出産を記述するためには年齢と同程度に重要な時間パラメータであるから，こうした拡張には十分意味がある．

稲葉は，上記のスタロブロフ–ハデラーのモデルと同様に結婚持続時間を導入するが，ペアの密度関数において年齢と持続時間を同等に扱わず，結婚年齢別の持続期間別密度関数を用いる定式化を示した ([214], [225])．すなわち，$p(t,c;a,b)$ はペア形成期時点における女性の年齢が a，男性の年齢が b であったペアの時刻 t，持続時間 c における密度であるとする．これをタイプ (a,b) のペア密度関数と呼ぼう．タイプ (a,b) のペアの解消率は $\sigma(c;a,b)$，出生率は $\beta(c;a,b)$ で与えられる．このときペア形成モデルは以下のように定式化できる：

$$
\begin{aligned}
x_t(t,a)+x_a(t,a) &= -\mu_x(a)x(t,a)-\int_0^\infty \rho(t,a,\eta)\,d\eta \\
&\quad +\int_0^a\int_0^\infty [\mu_y(\tau+\eta)+\delta(\tau;a-\tau,\eta)]p(t,\tau;a-\tau,\eta)\,d\eta d\tau, \\
y_t(t,a)+y_a(t,a) &= -\mu_y(a)y(t,a)-\int_0^\infty \rho(t,\zeta,a)\,d\zeta \\
&\quad +\int_0^a\int_0^\infty [\mu_x(\tau+\zeta)+\delta(\tau;\zeta,a-\tau)]p(t,\tau;\zeta,a-\tau)\,d\zeta d\tau, \\
p_t(t,c;a,b)+p_c(t,c;a,b) &= -[\mu_x(a+c)+\mu_y(b+c)+\delta(c;a,b)]p(t,c;a,b), \\
x(t,0) &= \gamma\int_0^\infty\int_0^\infty\int_0^\infty \beta(c;a,b)p(t,c;a,b)\,dadbdc, \\
y(t,0) &= (1-\gamma)\int_0^\infty\int_0^\infty\int_0^\infty \beta(c;a,b)p(t,c;a,b)\,dadbdc, \\
p(t,0;a,b) &= \rho(t,a,b)=\Psi(x(t,\cdot),y(t,\cdot))(a,b).
\end{aligned}
\tag{5.29}
$$

上記の定式化の利点は，ペアに関する微分方程式がただちに積分できて，ペア密度の関与しない独身人口集団のみの方程式系に還元できることである．ただし代償として独身者に関する方程式に時間遅れの項が入る．

結婚関数 $\Psi(u,v)(a,b)$ は独身女性人口 $u(a)$，独身男性人口 $v(b)$ から単位時間に発生する女性 a 歳，男性 b 歳のペア密度を与える非線形関数であり，(5.6)–(5.9) に対応する以下のような条件（結婚関数の公理）を満たすものと考えられる：

(1) $(u,v) \geq 0$ であれば，$\Psi(u,v) \geq 0$, (5.30)

(2) すべての $(u,v) \geq 0$ について，$\Psi(u,0) = \Psi(0,v) = 0$, (5.31)

(3) $(u,v) \leq (u',v')$ であれば，

$$\int_0^\infty \int_0^\infty \Psi(u,v)(a,b)\,dadb \leq \int_0^\infty \int_0^\infty \Psi(u',v')(a,b)\,dadb, \tag{5.32}$$

(4) $\alpha \geq 0$ であれば，$\Psi(\alpha u, \alpha v) = \alpha \Psi(u,v)$, (5.33)

(5) $a \neq c,\ b \neq c$ であれば，

$$\frac{\partial \Psi(u,v)(a,b)}{\partial u(c)} \leq 0,\ \frac{\partial \Psi(u,v)(a,b)}{\partial v(c)} \leq 0. \tag{5.34}$$

年齢構造のある場合に特有な条件は (5.34)（年齢間の競合）であるが，これはある年齢における結婚のチャンスは他の年齢層の人口が増大すれば，競合する相手が増加するので，減少するか少なくとも増加することはないという考えを反映した条件である．

前節で与えた結婚関数の例と同様に，年齢構造がある場合の結婚関数としては以下のような例が考えられる：

$$\Psi(u,v)(a,b) = 2\rho(a,b)\frac{\xi(a)u(a)\eta(b)v(b)}{\int_0^\infty \xi(a)u(a)\,da + \int_0^\infty \eta(b)v(b)\,db}, \tag{5.35}$$

$$\Psi(u,v)(a,b) = \left[\beta(h(a,b)u(a))^\alpha + (1-\beta)(g(a,b)v(b))^\alpha\right]^{\frac{1}{\alpha}}. \tag{5.36}$$

(5.35) は**比例混合仮説** (proportionate mixing assumption) と呼ばれるものであり，(5.36) は一般化平均値関数である．ここで $0 \leq \beta \leq 1, -\infty \leq \alpha \leq 0$ であるが，前節で見たように $\alpha = -1$ であれば，重み付きの調和平均

$$\frac{h(a,b)g(a,b)u(a)v(b)}{\beta h(a,b)u(b) + (1-\beta)g(a,b)v(a)}$$

となり，$\alpha \to 0$ であれば重み付きの幾何平均

$$[h(a,b)u(a)]^{\beta}[g(a,b)v(b)]^{1-\beta}$$

となる．また $\alpha \to \infty$ とすれば，最小値関数

$$\min\{h(a,b)u(a), g(a,b)v(b)\}$$

を得る．これらはいずれも 1 次同次であるが，年齢間競合の公理を満たしているのは比例混合仮説のみである．

現実のデータに対してどのような結婚関数が適合的であるかについての研究は多くはない．キーフィッツ (N. Keyfitz) は 1960 年代の米国の結婚データに関してはやや女性にウェイトのある幾何平均の適合度が比較的よいと報告している ([253])．マルチェバ (M. Martcheva) とミルナー (F. A. Milner) は，1970 年の合衆国センサスから推定される結婚関数はもっぱら男性人口にウェイトのある線形関数に近いものであったとしているが ([301])，結婚関数にもとづいた有配偶人口の推計の適合度は，年齢別に見る限り低いようである．現実の人口は男女性比がほぼバランスがとれているから，非線形性を検証することは実際には困難であり，上にあげた比例混合モデルのような，先験的条件を満たす理論的に好ましい関数の適合性が高いとは必ずしもいえないようである．いずれにせよ，結婚は男女の複雑な相互作用の結果であり，その市場的構造それ自体を十分検討する必要があろう．性比の広いレンジにわたって結婚関数が上記のような簡単な数学的関数で表現できたならば，そのほうがずっと驚くべきことである．

フレデリクソンモデルあるいはスタロブロフとハデラーのモデル，稲葉のモデルが数学的に適切であること，すなわち適当な条件のもとで解が一意的に存在して，初期データに関して連続的に依存していることや解の正値性は，積分方程式へ還元する古典的な方法 ([300], [429]) や半群的方法 ([199], [225], [348]) によって示すことができる．

5.5 ペア形成によるマルサス的成長

ある期間に限定すれば，局地的な人口に安定人口モデルが妥当する場合があることはよく知られているが，その場合も現実には何らかの婚姻規則のもとで人口再生産がおこなわれているはずである．したがって，非線形の結婚関数をもつモデルが，そうした安定人口成長を特殊な解として含んでいると考えるのは自然であろう．

1 次同次の結婚関数をもつ年齢構造化ペア形成モデルにおける指数関数的成長解の存在問題については，稲葉 ([214], [225])，プリュス (J. Prüss) とシャパッヒャー (W. Schappacher [347])，マルチェバ ([299])，ザッヒャー (R. Zacher, [452]) らによって研究されてきているが，その安定性や一意性などの問題はいまだまったく解明されていない．

一般論は非常に複雑であるから，以下では指数関数的（マルサス的）成長解の存在がすぐにわかるような特殊なケースを例として考えてみよう．はじめにフレデリクソンモデル (5.27) をとりあげる．モデルが容易に解かれるような特殊な場合としては，結婚が同じ年齢の男女のみで発生するケース，換言すれば，同一コーホート内でのみ結婚がおこるケース（**コーホート内結婚モデル**: intra-cohort marriage model）が考えられる．さらに簡単のため死亡率の男女差はなく，出生性比は 1 であるとする．そのような場合はペアに関するパラメータとしては 1 つの年齢と時間だけでよいから，それを $p(t,a)$, $\sigma(a)$, $\rho(t,a)$, $\beta(a)$ などとおく．死亡率の男女差を無視して，出生性比を 1 とすれば，フレデリクソンのモデル (5.27) は以下のようになる：

$$
\begin{aligned}
&x_t(t,a) + x_a(t,a) = -\mu(a)x(t,a) + p(t,a)[\sigma(a) + \mu(a)] - \rho(t,a),\\
&y_t(t,a) + y_a(t,a) = -\mu(a)y(t,a) + p(t,a)[\sigma(a) + \mu(a)] - \rho(t,a),\\
&p_t(t,a) + p_a(t,a) = -(\sigma(a) + 2\mu(a))p(t,a) + \rho(t,a),\\
&x(t,0) = y(t,0) = \frac{1}{2}\int_0^\infty \beta(a)p(t,a)\,da,\\
&p(t,0) = 0.
\end{aligned}
\tag{5.37}
$$

このとき $v(t,a) := x(t,a) - y(t,a)$ とすれば，v は境界条件がゼロであるマッケンドリック方程式を満たしているから，

$$v(t,a) = \begin{cases} 0, & t > a, \\ v(0, a-t)\dfrac{\ell(a)}{\ell(a-t)}, & a > t \end{cases}$$

である．ここで $\ell(a) := \exp(-\int_0^a \mu(z)\,dz)$ は生残率である．したがって $t \to \infty$ で $v(t,a) \to 0$ となるから，初めから $x(0,a) = y(0,a)$ と仮定すれば，すべての $t \geq 0$ で $x(t,a) = y(t,a)$ となる．このとき，

$$\rho(t,a) = \Psi(x(t,\cdot), x(t,\cdot))(a)$$

であり，年齢間の競合がないから，一般化平均値型の結婚関数を想定すれば，

$$\rho(t,a) = \Psi(1,1)(a)x(t,a)$$

と書けていることになる．そのときは (5.37) は以下のような多状態安定人口モデルに還元される：

$$\begin{aligned} &x_t(t,a) + x_a(t,a) = -(\mu(a) + \theta(a))x(t,a) + (\sigma(a) + \mu(a))p(t,a), \\ &p_t(t,a) + p_a(t,a) = \theta(a)x(t,a) - (\sigma(a) + 2\mu(a))p(t,a), \\ &x(t,0) = \frac{1}{2}\int_0^\infty \beta(a)p(t,a)\,da, \\ &p(t,0) = 0. \end{aligned} \tag{5.38}$$

ここで $\theta(a) := \Psi(1,1)(a)$ である．この場合，$p(t,a)$ は有配偶女子人口の密度と解釈されるから，上記の多状態モデルは独身と有配偶状態を遷移しつつ再生産する単性の安定人口モデルと同等である．前節での考察と同様に，年齢 a の女性が単身状態にいる確率を $\ell_1(a)$，有配偶状態にいる確率を $\ell_2(a)$ とすれば，以下が成り立つ：

$$\begin{pmatrix} \dot{\ell}_1 \\ \dot{\ell}_2 \end{pmatrix} = \begin{pmatrix} -\mu(a) - \theta(a) & \mu(a) + \sigma(a) \\ \theta(a) & -2\mu(a) - \sigma(a) \end{pmatrix} \begin{pmatrix} \ell_1 \\ \ell_2 \end{pmatrix}.$$

これは容易に積分できて，

$$\ell_1(a) = \ell(a) - \ell_2(a),$$
$$\ell_2(a) = \int_0^a e^{-\int_s^a (2\mu(z)+\sigma(z)+\theta(z))\,dz} \theta(s)\ell(s)\,ds$$

を得る．明らかに $t-a>0$ においては，

$$p(t,a) = x(t-a,0)\ell_2(a)$$

であるから，マルサス径数 λ を決定する特性方程式は，

$$\frac{1}{2}\int_0^\infty e^{-\lambda a}\beta(a)\ell_2(a)\,da = 1$$

であり，基本再生産数は，

$$R_0 = \frac{1}{2}\int_0^\infty \beta(a)\int_0^a e^{-\int_s^a (2\mu(z)+\sigma(z)+\theta(z))dz}\theta(s)\ell(s)\,ds\,da$$

で与えられる．すなわち動態率に男女差がなく，同世代内でのみ婚姻がおこるのであれば，ペア形成モデルの漸近的挙動は安定人口モデルと同じである．

次に結婚持続時間に依存するモデル (5.29) を考察しよう．いま $\Gamma(c;a,b)$ を結婚年齢が (a,b) である夫婦のペアとしての生残率とすれば，

$$\Gamma(c;a,b) = \frac{\ell_x(a+c)}{\ell_x(a)}\frac{\ell_y(b+c)}{\ell_y(b)}\exp\Big(-\int_0^c \delta(\tau;a,b)\,d\tau\Big).$$

ここで $\ell_x(a)$ と $\ell_y(a)$ はそれぞれ女性と男性の生残率であり，

$$\ell_x(a) = \exp\Big(-\int_0^a \mu_x(\zeta)\,d\zeta\Big),\quad \ell_y(a) = \exp\Big(-\int_0^a \mu_y(\eta)\,d\eta\Big)$$

で与えられる．これらを用いればペアに関する方程式は以下のように積分される：

$$p(t,c;a,b) = \begin{cases} \Gamma(c;a,b)\Psi(x(t-c,\cdot),y(t-c,\cdot))(a,b), & t-c>0, \\ p(0,c-t;a,b)\dfrac{\Gamma(c;a,b)}{\Gamma(c-t;a,b)}, & c-t>0. \end{cases}$$

これを独身者に関する方程式に代入すれば，独身者のみに関する方程式系を得る：

$$
\begin{aligned}
&x_t(t,a)+x_a(t,a)=-\mu_x(a)x(t,a)-\int_0^\infty \Psi(x(t,\cdot),y(t,\cdot))(a,\eta)\,d\eta \\
&+\int_0^a\int_0^\infty[\mu_y(\tau+\eta)+\delta(\tau;a-\tau,\eta)]\Gamma(\tau;a-\tau,\eta)\rho(t-\tau,a-\tau,\eta)\,d\eta d\tau, \\
&y_t(t,a)+y_a(t,a)=-\mu_y(a)y(t,a)-\int_0^\infty \Psi(x(t,\cdot),y(t,\cdot))(\eta,a)\,d\eta \\
&+\int_0^a\int_0^\infty[\mu_x(\tau+\eta)+\delta(\tau;\eta,a-\tau)]\Gamma(\tau;\eta,a-\tau)\rho(t-\tau,\eta,a-\tau)\,d\eta d\tau, \\
&x(t,0)=\gamma\int_0^\infty\int_0^\infty\int_0^\infty \beta(\tau;\zeta,\eta)\Gamma(\tau;\zeta,\eta)\rho(t-\tau,\zeta,\eta)\,d\zeta d\eta d\tau, \\
&y(t,0)=(1-\gamma)\int_0^\infty\int_0^\infty\int_0^\infty \beta(\tau;\zeta,\eta)\Gamma(\tau;\zeta,\eta)\rho(t-\tau,\zeta,\eta)\,d\zeta d\eta d\tau.
\end{aligned}
\tag{5.39}
$$

ただしここで $\rho(t,a,b)$ は $t<0$ では既知であると考える．

男女の人口動態率に差がないという対称的なケースで，ふたたびコーホート内結婚モデルを考えてみよう．この場合男女人口の年齢分布は同じと考えてよいから，女子だけに関する以下のように単純化されたモデルを得る：

$$
\begin{aligned}
x_t(t,a)+x_a(t,a)&=-\mu(a)x(t,a)-\rho(a)x(t,a) \\
&+\int_0^a[\mu(a)+\delta(\tau;a-\tau)]\Gamma(\tau;a-\tau)\rho(a-\tau)x(t-\tau,a-\tau)\,d\tau, \\
x(t,0)&=\frac{1}{2}\int_0^\infty\int_0^\infty \beta(\tau;\zeta)\Gamma(\tau;\zeta)\rho(\zeta)x(t-\tau,\zeta)\,d\zeta d\tau.
\end{aligned}
$$

ここで，

$$
\begin{aligned}
&\Psi(x(t,\cdot),x(t,\cdot))(a,a)=\rho(a)x(t,a), \\
&\Gamma(\tau;\zeta):=\exp\Big(-\int_0^\tau[2\mu(\zeta+\sigma)+\delta(\sigma;\zeta)]\,d\sigma\Big)
\end{aligned}
$$

であり，$\beta(\tau;\zeta)$, $\delta(\tau;\zeta)$, $\Gamma(\tau;\zeta)$ は結婚持続時間 τ と男女に共通の結婚年齢 ζ に依存している出生率，離婚率，ペア生存率である．

このシステムは (5.38) と同様に独身状態と有配偶状態を遷移する多状態の安定人口モデルとみなすことができる．いま $\ell_1(a)$ を a 歳でシングル状態に生残している確率，$\ell_2(\tau;\zeta)$ を ζ 歳で結婚した女性が τ 時間後に結婚状態にとどまっている確率とすれば，上記の仮定のもとで，

$$\begin{aligned}\dot{\ell}_1(a) &= -(\mu(a)+\rho(a))\ell_1(a) + \int_0^a (\mu(a)+\delta(\tau;a-\tau))\ell_2(\tau;a-\tau)\,d\tau,\\ \dot{\ell}_2(\tau;\zeta) &= -(2\mu(\tau+\zeta)+\delta(\tau;\zeta))\ell_2(\tau;\zeta),\\ \ell_2(0;\zeta) &= \rho(\zeta)\ell_1(\zeta)\end{aligned} \tag{5.40}$$

を得る．これより $\ell_1(a)$ に関する以下の微分積分方程式を得る：

$$\begin{aligned}\dot{\ell}_1(a) &= -(\mu(a)+\rho(a))\ell_1(a)\\ &\quad + \int_0^a (\mu(a)+\delta(\tau;a-\tau))\Gamma(\tau;a-\tau)\rho(a-\tau)\ell_1(a-\tau)\,d\tau.\end{aligned} \tag{5.41}$$

定数変化法の公式と積分の順序交換によって，(5.41) は以下の積分方程式に還元できる：

$$\ell_1(a) = g(a) + \int_0^a R(a,x)\ell_1(x)\,dx. \tag{5.42}$$

ただしここで，

$$\begin{aligned}g(a) &:= \exp\Big(-\int_0^a [\mu(\sigma)+\rho(\sigma)]\,d\sigma\Big),\\ R(a,x) &:= \int_x^a (\mu(z)+\delta(z-x;x))\Gamma(z-x;x)\frac{g(a)}{g(z)}\,dz\end{aligned}$$

である．(5.42) はヴォルテラ方程式であるから，一意的な非負解をもっている．そこで得られた $\ell_1(a)$ を用いれば，$x(t,0) =: B(t)$ とおくとき，$x(t,a) = B(t-a)\ell_1(a)$ であるから，(5.39) の境界条件から以下のような再生方程式を得る：

$$
\begin{aligned}
B(t) &= \frac{1}{2}\int_0^\infty\int_0^\infty \beta(\tau;\zeta)\Gamma(\tau;\zeta)\rho(\zeta)\ell_1(\zeta)B(t-\tau-\zeta)\,d\zeta d\tau \\
&= \frac{1}{2}\int_0^\infty\int_0^a \beta(\tau;a-\tau)\Gamma(\tau;a-\tau)\rho(a-\tau)\ell_1(a-\tau)\,d\tau B(t-a)\,da.
\end{aligned}
$$

したがって，出生率 $B(t)$ は以下で与えられる純再生産関数 $\Psi(a)$ をもつロトカの再生方程式によって決定される：

$$
\Psi(a) = \frac{1}{2}\int_0^a \beta(\tau;a-\tau)\Gamma(\tau;a-\tau)\rho(a-\tau)\ell_1(a-\tau)\,d\tau.
$$

とくに基本再生産数は

$$
R_0 = \frac{1}{2}\int_0^\infty\int_0^\infty \beta(\tau;\xi)\Gamma(\tau;\xi)\rho(\xi)\ell_1(\xi)\,d\xi d\tau
$$

である．それゆえロトカの標準理論がふたたびこのコーホート内結婚モデルに適用できる．こうした構成が可能となるのは非線形相互作用が同一コーホート内に限定されているために，1 次同次性によって結婚関数が線形化されるからであり，一般の結婚モデルにおけるように結婚が異なるコーホート間で発生する場合は，状態別生残率そのものが各コーホートのサイズや分布状況から独立していないために，生残過程と出生過程を分離して議論することはできない．

最後にモデル (5.39) に対する一般的なアプローチをスケッチしておこう．指数関数的成長解をさがすために $(x,y)=(e^{\lambda t}u(a), e^{\lambda t}v(a))$ をシステム (5.39) に代入すれば以下を得る：

$$
\begin{aligned}
u'(a) &= -(\mu_m(a)+\lambda)u(a) - \int_0^\infty \Psi(u,v)(a,\eta)\,d\eta \\
&\quad + \int_0^a \int_0^\infty [\mu_f(\tau+\eta) + \delta(\tau; a-\tau, \eta)] e^{-\lambda\tau} \\
&\quad \times \Gamma(\tau; a-\tau, \eta)\Psi(u,v)(a-\tau,\eta)\,d\eta d\tau, \\
v'(a) &= -(\mu_f(a)+\lambda)v(a) - \int_0^\infty \Psi(u,v)(a,\eta)\,d\eta \\
&\quad + \int_0^a \int_0^\infty [\mu_m(\tau+\eta) + \delta(\tau; \eta, a-\tau)] e^{-\lambda\tau} \\
&\quad \times \Gamma(\tau; \eta, a-\tau)\Psi(u,v)(\eta, a-\tau)\,d\eta d\tau, \\
u(0) &= (1-\gamma)\int_0^\infty \int_0^\infty \int_0^\infty e^{-\lambda\tau}\beta(\tau;\zeta,\eta)\Gamma(\tau;\zeta,\eta)\Psi(u,v)(\zeta,\eta)\,d\zeta d\eta d\tau, \\
v(0) &= \gamma \int_0^\infty \int_0^\infty \int_0^\infty e^{-\lambda\tau}\beta(\tau;\zeta,\eta)\Gamma(\tau;\zeta,\eta)\Psi(u,v)(\zeta,\eta)\,d\zeta d\eta d\tau.
\end{aligned}
\tag{5.43}
$$

ここで上記の関係式を満たす (u, v, λ) が存在すれば，それが指数関数解であることは明らかであるが，そうした解をさがすために，まず λ を固定して，定常的な出生率

$$
u(0) = 1-\gamma, \quad v(0) = \gamma
$$

のもとで (5.43) を満たす解があれば，（一意的であるとは限らないが）それを (u_λ, v_λ) としよう．ある λ に対して，

$$
\int_0^\infty \int_0^\infty \int_0^\infty e^{-\lambda\tau}\beta(\tau;\zeta,\eta)\Gamma(\tau;\zeta,\eta)\Psi(u_\lambda, v_\lambda)(\zeta,\eta)\,d\zeta d\eta d\tau = 1
$$

が成り立てば，$(e^{\lambda t}u_\lambda(a), e^{\lambda t}v_\lambda(a))$ が求める指数関数解となるが，このような解は少なくとも 1 つは存在することが示される ([225])．

そこでいま $\lambda = 0$ の場合を考えると，対応する (5.43) の解 (u_0, v_0) が存在することは不動点定理によって示されるが，そのとき (u_0, v_0) は単位の

ペア $(1-\gamma,\gamma)$ の出生に対する独身状態での生残率を与えている．実際，

$$\begin{aligned}u_0(a) &= (1-\gamma) - \int_0^a \mu_m(\sigma)u_0(\sigma)\,d\sigma \\ &\quad - \int_0^\infty d\eta \int_0^a \Gamma(a-\zeta;\zeta,\eta)\Psi(u_0,v_0)(\zeta,\eta)\,d\zeta \\ &\quad - \int_0^\infty d\eta \int_0^a \int_\zeta^a \mu_m(\xi)\Gamma(\xi-\zeta;\zeta,\eta)\,d\xi\Psi(u_0,v_0)(\zeta,\eta)\,d\zeta\end{aligned}$$

となるから，$u_0(a)$ は $1-\gamma$ の出生から a 歳までに独身で死亡したもの，結婚しているもの，結婚してから死亡したものを差し引いたものに他ならない．このとき条件

$$\int_0^\infty \int_0^\infty \int_0^\infty \beta(\tau;\zeta,\eta)\Gamma(\tau;\zeta,\eta)\Psi(u_0,v_0)(\zeta,\eta)\,d\zeta d\eta d\tau = 1$$

が成り立てば，(u_0,v_0) は $\lambda=0$ となる持続解，すなわち定常解に他ならないことになる．したがってこの場合，システムの基本再生産数を

$$R_0 = \int_0^\infty \int_0^\infty T(\zeta,\eta)\Psi(u_0,v_0)(\zeta,\eta)\,d\zeta d\eta$$

と定義するのが妥当であるように思われる．そうであればこのシステムに定常解が存在する条件は $R_0=1$ となるからである．ただしここで，

$$T(\zeta,\eta) := \int_0^\infty \beta(\tau;\zeta,\eta)\Gamma(\tau;\zeta,\eta)\,d\tau$$

であり，$T(\zeta,\eta)$ はタイプ (ζ,η) のペアの期待出生児数である．このとき $R_0>1$ であれば $\lambda>0$ となる成長率をもつ指数関数的解が存在し，$R_0<1$ であればそのような解は存在しないと予測されるが，この点はザッヒャーがモデル (5.28) によって示した ([452]).

上記のようにペア形成モデルではマルサス的成長は可能であるが，その軌道は一意的であるかどうかはわかっていない．一般には複数の指数関数解がありうるだろうが，それらの軌道が現実的に意義があるのは，安定である場合，すなわち少なくとも当該の指数関数的解軌道の近傍にある解軌

道が指数関数的解軌道に引き寄せられる場合である．この軌道安定性の問題も未解決であるが，ウェブは 1 次同次な非線形系が指数関数的成長軌道をもつとき，その軌道の近傍において線形化された方程式が漸近同期的指数関数的成長 (ascynchronous exponential growth; A.E.G., 付録の定義 C.1 参照) をするのであれば，考えている非線形システムの指数関数的成長軌道も局所的に安定になるということを示した ([440])．しかしながら両性年齢依存人口成長モデルについては，たとえ線形であってもそれが A.E.G である条件は知られていない．

年齢構造のあるペア形成モデルは提案されてからすでに半世紀を経たが，その数学的性質は不明な点が多い．今日の先進諸国において顕著なように，法律的な意味における結婚の地位は低下しつつあるとしても，実体的な意味において，いまのところ人類がその再生産のためになんらかの一定程度安定的な両性のペア形成を必要としている事実には変わりがない．その意味ではペア形成モデルは人口再生産論の中心的課題の 1 つであり続けるであろう．本章ではペア形成モデルのキーとなる結婚関数についてはたんに形式的な公理的扱いをしただけであったが，より現実的なモデリングやシミュレーションのためには人間のペア形成の法則性に関する実体人口学的な研究が不可欠であるとはいうまでもない．

第6章

伝染病の流行モデル

以下の諸章では人口レベルにおける伝染病流行に関する決定論的で連続時間の数理モデルをとり扱う．初めに本章では，現在の伝染病流行モデルの原型となったケルマックとマッケンドリックによるコンパートメント型の数理モデル（SIR モデル）をとりあげて，基礎的な概念と問題関心について考察する．伝染病伝播は人口レベルにおける典型的な非線形相互作用の 1 つである[1)]．

6.1 基礎的概念とモデル

ケルマックとマッケンドリックの最も有名な第一論文 ([247]) において提起された伝染病流行モデルは，局地的な封鎖人口における伝染病の急速かつ短期的な流行に関するモデリングであった．この論文の含意は長い間必ずしも十分理解されなかったが，ケンドール ([246])，レディンギウス (J. Reddingius, [352])，メッツ ([308])，ディークマン ([91])，グリッペンベルグ (G. Gripenberg, [159]) らによってくわしく再検討され，1980 年前後に至ってようやくその全貌が明らかとなった．

---

1) この分野の代表的テキストとして [454] がある．

病気の流行期間が短いためホスト人口の出生，死亡などの人口動態は無視できると考えよう．これは人口学的な変動を無視できるようなタイムスケールを想定していることに他ならない．$S(t)$, $I(t)$, $R(t)$ をそれぞれ感受性人口 (susceptibles：感染する可能性のある人口)，感染人口 (infected/infectious：感染していてかつ感染させる能力のある人口)，隔離された人口 (recovered/removed：病気からの回復による免疫保持者ないし隔離者・死亡者）とする．このときケルマック–マッケンドリックの提起したモデルは，その最も単純なケースにおいては，以下のような常微分方程式システムによって表される：

$$
\begin{aligned}
\dot{S}(t) &= -\beta S(t)I(t), \\
\dot{I}(t) &= \beta S(t)I(t) - \gamma I(t), \\
\dot{R}(t) &= \gamma I(t).
\end{aligned}
\tag{6.1}
$$

ここで $\dot{S} = dS/dt$ などであり，β は感染率，γ は隔離率である．$\beta I(t)$ は**感染力** (force of infection) であり，感受性人口の瞬間的感染率（推移強度）を表す．一般にこのように人口を病気の状態にしたがって 3 つのコンパートメントにわけた伝染病モデルを **SIR モデル**という．感染しても感染性のない状態 (latent period/exposed) や感染後症状の発症しない状態 (潜伏期間：incubation period) などを考慮する場合には，I 状態はさらに exposed と infectious の 2 つに分割されて，4 つの部分人口からなるモデル (SEIR モデル）を得る．免疫性の獲得が恒久的なものでなければ $R \to S$ という状態変化が可能となり，そうした場合は SIRS モデルなどと呼ばれる．

伝染病流行モデルの解析の最初のステップは，ホストの人口に感染者が少数発生した場合に，流行（感染人口の増大）が発生する条件（侵入条件）を明らかにすることである．モデル (6.1) においては総人口 $S(t)+I(t)+R(t)$ は一定であるから，この不変の総人口サイズを N としよう．定常解としては，

$$(S(t), I(t), R(t)) = (N, 0, 0),\ (S, 0, R),\ (0, 0, N)$$

がある．ただしここで S, R は定数で $S+R=N$ である．ホスト人口が $(N,0,0)$ という定常状態，すなわちホスト人口のすべてが感受性人口である場合，その集団にごく少数の感染者が発生した状況を考えると，感染者数のダイナミクスは以下のような，感染者のいない平衡点 $(N,0,0)$ において (6.1) を線形化した方程式で記述されると考えられる：

$$\dot{I}(t) = (\beta N - \gamma)I(t).$$

したがって流行初期においては，感染者人口は $I(t) \approx I(0)e^{(\beta N-\gamma)t}$ というマルサス法則にしたがう．すなわち病気が集団に侵入可能となる条件は，このマルサス径数が正になる条件 $\beta N - \gamma > 0$ に他ならず，これは

$$R_0 = \frac{\beta N}{\gamma} > 1$$

と書き直せる．換言すれば，臨界的な人口密度 $N_{\mathrm{cr}} := \gamma/\beta$ が存在して，これ以下の人口密度 $(N \le N_{\mathrm{cr}})$ では流行は発生しない．

この R_0 は人口学と同様に**基本再生産数（比）**[2)] と呼ばれる．βN はサイズ N の感受性人口集団において一人の感染者が単位時間あたりに生産する 2 次感染者数であり，$1/\gamma$ は感染者の感染状態にある平均滞在時間であるから，R_0 は感受性人口集団に侵入した感染者が一人あたり生産する 2 次感染者の総数に他ならない ([105])．したがって直観的に言えば，$R_0 > 1$ であれば病気の流行が発生して感染者人口は初期には指数関数的に増大するが，$R_0 < 1$ であれば流行はおこらず感染者人口は自然に減衰すると考えられる．このようにパラメータの値によって，解の定性的挙動が質的に変化する現象を**閾値現象** (threshold phenomena) と呼ぶ．

モデルが複雑になれば R_0 を決定することは一般に必ずしも容易ではない．しかし伝染病モデルの研究動機の 1 つは，流行を防ぐ方策の有効性を検討することであり，流行を防止するということは R_0 を 1 以下に押さえるようにパラメータを制御するということに他ならない．したがって基本再生産数 R_0 の計算方法を見いだすこと，およびそれに対する他のパラメータ

2) 初版刊行以降，基本再生産数理論の発展は著しい．最近の文献として [463] を挙げておく．

変化の影響を調べることは伝染病流行モデルの解析において最も重要なことである．この閾値条件はしばしば伝染病流行が一時的な**突発** (outbreak) で終わらずに，長期的に人口に定着して風土病化する条件でもある．そうした長期的な伝染病の**定着状態** (endemic state) は，出生，移民によって，あるいは罹患経験のある人口の免疫力が加齢による自然減衰やウィルスの突然変異などによって失われたりすることによって，ホスト人口に新たな感受性人口が補充される場合に出現するが，これについては 6.5 節以下で検討しよう．

伝染病の感染力 λ は感受性人口が単位時間あたりに感染する率であり，一般には次のように与えられると考えられる：

$$\lambda(t) = c(P(t)) \left[\frac{I(t)}{P(t)} \right] \phi.$$

ここで $c(P)$ は単位時間あたりの個体間の接触数であり，接触過程に関与する人口の総数 P に依存している．I/P は接触した相手が感染している確率であり，ϕ は 1 回の接触あたりの伝達確率である．一般に P と総人口 $N = S + I + R$ とは異なることに注意しよう．隔離人口が免疫性をもつ人口で，感受性人口と活動性において異ならない，すなわち集団 N の中で十分に混合されているのであれば，$P = N$ であろうが，R 人口が病気の進行，慢性化，治療行為などによって実際に感受性人口や感染者から隔離されているならば，$P = S + I < N$ である．

また $c(P)$ がどのように与えられるかは伝染の様式によって異なる．空気感染や単純な接触感染，昆虫など中間媒介者 (vector) による伝染においては，$c(P) = kP$（k は比例定数）であろうと信じられている．一方，性交渉などによる感染においては $c(P)$ =const. であると仮定されるか，少なくとも上限があると考えられる．しかし P の広いレンジを考えれば，より複雑な関数を想定するのが妥当であるかもしれない．たとえば，子供の伝染病などに見られる単純な接触感染においても，接触に必要な時間を考慮すれば，$P \to \infty$ において $c(P)$ は上に有界であると考えられる．また性的接触においても新たな人口との接触を考慮すれば，$c(P)$ が P とともにに増大するとも考えられる ([6]).

$c(P)=kP$ であるか P が一定であれば単位時間あたりの新感染者数は**質量作用の法則** (the law of mass action)

$$\lambda(t)S(t)=\beta I(t)S(t)$$

で与えられる．ただし，

$$\beta=\frac{c(P)\phi}{P}=\text{const.}$$

である．

感染に関与する総人口 P が一定ではない場合は，より注意深くモデリングをおこなわなければならない．ケルマック–マッケンドリックモデルでは $P=S+I$ は一定ではないが，$c(P)=kP$ と仮定されているためか，あるいは $P=N$ と仮定されていて N が定数であるために，質量作用型の相互作用が出現している．この場合は以下で見るように，感染者の絶滅によって流行は終息し，一定の感受性人口が未感染のまま残ることがわかるが，これは感受性人口の減少がそのまま感染力の減衰をもたらすためであると考えられる．もし $P=S+I$ で，$c(P)=\text{const.}$ と仮定したらどうであろうか．その場合，

$$\lambda(t)=\frac{c\phi I(t)}{S(t)+I(t)}$$

となり，感染力は人口のスケールに独立になる．すなわち (6.1) のかわりに以下のモデルを考えることになる：

$$\begin{aligned}
\dot{S}(t)&=-\beta S(t)\frac{I(t)}{S(t)+I(t)},\\
\dot{I}(t)&=\beta S(t)\frac{I(t)}{S(t)+I(t)}-\gamma I(t),\\
\dot{R}(t)&=\gamma I(t).
\end{aligned}$$

こうした定式は性的接触による感染症 (sexually transmitted diseases; STD) のように，人口規模のスケール変動がかならずしも感染力の変

化をもたらさない場合には妥当であると考えられている．この場合には $R_0 = \beta/\gamma > 1$ であれば感受性人口と感染人口の双方の消滅によって流行が終わることを示すのは困難ではない ([145]).

6.2　閾値定理の原型

以下ではケルマック–マッケンドリックモデル (6.1) の閾値現象を調べてみよう．先に述べたように，(6.1) においては全人口は保存されていて，そのダイナミクスは (S, I) によって完全に決定されるから，2 次元のシステム

$$\begin{aligned} \dot{S}(t) &= -\beta S(t)I(t), \\ \dot{I}(t) &= \beta S(t)I(t) - \gamma I(t) \end{aligned} \tag{6.2}$$

の相平面 (S, I) 上での解の様子を考えよう．

相平面 (S, I) の第 1 象限 $\Omega = \{(S, I) \mid S \geq 0,\ I \geq 0\}$ 内の点を初期条件とする (6.2) の解軌道は $-\infty < t < \infty$ で存在して，Ω 内にとどまる (図 6.1)．横軸（S 軸）上の点はすべて平衡点である．$S(t)$ は単調減少で非負

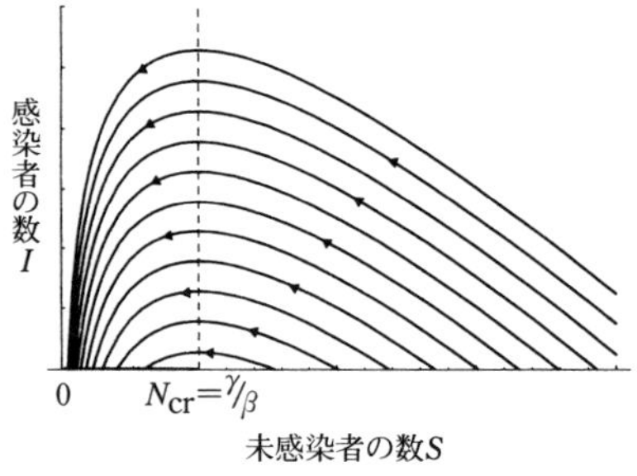

図 6.1　相平面上の解軌道の様子.

であるから，非負の極限 $\lim_{t\to\infty} S(t) = S(+\infty)$ が存在する．一方，$I(t)$ も $S < N_{\rm cr}$ となるにしたがって単調減少となって，非負の極限が存在す

るが，そのような極限は平衡点でなければならないから，$\lim_{t\to\infty} I(t) = 0$ である．一方，時間を反転させて考えれば，$t \to -\infty$ においてやはり解は平衡点 (S 軸) に近づいていく．すなわち $-\infty < t < \infty$ での解軌道は横軸上の 2 つの平衡点を結ぶような軌道になっている．

(6.2) から，

$$\frac{dI}{dS} = -1 + \frac{N_{\mathrm{cr}}}{S}$$

を得る．したがって (6.2) は以下のような積分をもつ：

$$I(t) = I(0) + S(0) - S(t) + N_{\mathrm{cr}} \log \frac{S(t)}{S(0)}. \tag{6.3}$$

S の関数として I は $S = N_{\mathrm{cr}} = \gamma/\beta$ において最大値

$$I_{\max} = S(0) + I(0) - N_{\mathrm{cr}} + N_{\mathrm{cr}} \log \frac{N_{\mathrm{cr}}}{S(0)}$$

をもつが，$S(t) + I(t)$ は単調減少であるから，$t \geq 0$ における軌道は領域 $\Omega_+ = \{(S, I) \mid S \geq 0,\ I \geq 0, S(t) + I(t) \leq S(0) + I(0)\}$ に含まれている．$(N_{\mathrm{cr}}, I_{\max}) \in \Omega_+$ となるのは，$N_{\mathrm{cr}} < S(0)$ となる場合であり，このときは感染者は初期の規模 $I(0)$ より増大して，1 回のピークをもつ流行がおこるが，$N_{\mathrm{cr}} \geq S(0)$ であれば感染人口は初期の規模から単調減少するだけであり，流行はおこらない．したがって解の大域的な挙動は，図 6.1 のようになることがわかる．ここで閾値条件 $N_{\mathrm{cr}} < S(0)$ は以下のように書ける：

$$R_0 = \frac{\beta S(0)}{\gamma} > 1.$$

(6.3) から，$t \to \pm\infty$ において，

$$S(\pm\infty) = S(0) + I(0) + N_{\mathrm{cr}} \log \frac{S(\pm\infty)}{S(0)}.$$

したがって，

$$S(\pm\infty) = S(0) \exp\left(-\frac{S(0) + I(0) - S(\pm\infty)}{N_{\mathrm{cr}}}\right) \tag{6.4}$$

を得る．この方程式の小さいほうの正根として与えられる $S(\infty)$ は初期条件 $(S(0), I(0))$ で始まった流行における感受性人口の最終的規模を表しており，$S(\infty) > 0$ であることは，ここで考えている伝染病の流行は感染者人口の消滅によって終息するのであって感受性人口の消滅によってではないことを示している．

ここでさらに，

$$p(t) := \frac{S(0) - S(t)}{S(0)} = 1 - \frac{S(t)}{S(0)}$$

とおけば，指数 $p(\infty) = \lim_{t\to\infty} p(t)$ はこの流行において初期の感受性人口 $S(0)$ から感染によって除去される人口の割合（**流行の強度**）を示す．これを用いれば，(6.4) は以下のように書き直せる：

$$1 - p(\infty) = e^{-R_0 p(\infty) - \zeta}. \tag{6.5}$$

ここで $R_0 = \beta S(0)/\gamma$ は初期時刻における基本再生産数であり，$\zeta := \beta I(0)/\gamma$ は初期の感染人口から発生する 2 次感染者の総数であり，**総感染力** (total infectivity) と呼ばれる．(6.5) はただ 1 つの正根をもち，それが初期条件に依存する流行強度である．

上記の解析では有限の大きさの感染人口から流行が開始される初期値問題を想定しているが，以下ではこの初期の感染人口を無限小に移行させた極限的な流行軌道を考えてみよう．(6.1) から，

$$\frac{dS(t)}{dt} = -\frac{\beta}{\gamma} S(t) \frac{dR(t)}{dt}$$

を得るから，

$$\frac{d}{dt} \log S(t) = -\frac{\beta}{\gamma} \frac{dR(t)}{dt}.$$

これを 0 から t まで積分すれば，

$$\log \frac{S(t)}{S(0)} = -\frac{\beta}{\gamma}(R(t) - R(0)).$$

初期時刻における隔離者はゼロであると仮定すると，

$$S(t) = S(0)e^{-\frac{\beta}{\gamma}R(t)}. \tag{6.6}$$

したがって (6.1) と全人口の保存性から $R(t)$ に関する以下の初期値問題を得る：

$$\frac{dR(t)}{dt} = \gamma(N - S(0)e^{-\frac{\beta}{\gamma}R(t)} - R(t)),\ R(0) = 0. \tag{6.7}$$

dR/dt は単位時間あたりの隔離者の発生数であり，曲線 $(t, dR(t)/dt)$ は**流行曲線**と呼ばれる．

これまでの考察から明らかなように，$R(t)$ は単調増大で上に有界であって，$R(\infty) = \lim_{t\to\infty} R(t)$ が存在する．すなわち，$t \in [0,\infty)$ で $0 \le R(t) < R(\infty)$ である．いま総人口 N は固定しないで，かわりに $S(0) = S_0$ を固定して，$I(0) = \varepsilon > 0$ は十分小さい数であるとしよう．(6.7) は，

$$\frac{dR(t)}{dt} = \gamma(S_0 + \varepsilon - S_0 e^{-\frac{\beta}{\gamma}R(t)} - R(t)),\ R(0) = 0$$

となる．ある特定の隔離者のレベル $\zeta \in (0, R(\infty))$ をとって固定して，そこに到達する時刻（これは当然初期データ ε に依存する）を $t_\zeta(\varepsilon)$ とおく．すなわち $R(t_\zeta(\varepsilon)) = \zeta$ である．あるいは，

$$t_\zeta(\varepsilon) = \frac{1}{\gamma}\int_0^\zeta \frac{dR}{S_0 + \varepsilon - R - S_0 e^{-\frac{\beta}{\gamma}R}}.$$

このとき $t_\zeta(\varepsilon)$ は $\varepsilon \to 0$ のとき単調に増大して，$\varepsilon = 0$ で $+\infty$ に発散する．

いま時間の原点をシフトさせて新しい時間 h を $t = t_\zeta(\varepsilon) + h$ となるように定めて，$\hat{R}(h)$ を $h \in (-\infty, +\infty)$ において以下のように定義する：

$$\hat{R}(h) = \begin{cases} R(t_\zeta(\varepsilon) + h), & h \ge -t_\zeta(\varepsilon), \\ 0, & h < -t_\zeta(\varepsilon), \end{cases}$$

このとき $\varepsilon \to 0$ とすれば $\hat{R}(h)$ は以下のような性質を満たす有界連続関数 $z(h) \in C(\mathbf{R})$ に一様収束すると予測される：

(1) $z(0) = \zeta$,

(2) $z(h)$ は単調増大で $z(-\infty) = 0 \le z(h) < z(\infty) = R(\infty)$,

(3) $z(t)$ は以下の極限方程式を満たす：

$$\frac{dz(h)}{dh} = \gamma(S_0 - z - S_0 e^{-\frac{\beta}{\gamma} z}). \tag{6.8}$$

一方，$\hat{S}(h) := S(t_\zeta(\varepsilon) + h)$ とおけば (6.6) から,

$$\hat{S}(h) = \hat{S}(-t_\zeta(\varepsilon)) e^{-\frac{\beta}{\gamma}\hat{R}(h)} = S_0 e^{-\frac{\beta}{\gamma}\hat{R}(h)}$$

を得る．そこで $\varepsilon \to 0$ としたときの $\hat{S}$ の極限の軌道を $x(h)$ とすれば,

$$x(h) = S_0 e^{-\frac{\beta}{\gamma} z(h)}. \tag{6.9}$$

x, z に対応する感染者の極限軌道を $y(h)$ とおけば，$y(h) = S_0 - x(h) - z(h)$ であって (x, y, z) は (6.1) を満たす．すなわち (x, y, z) は平衡点 $(S_0, 0, 0)$ と $(x(\infty), 0, z(\infty))$ を結ぶ軌道になっていて，それは $(S_0, \varepsilon, 0)$ から出発する正方向の軌道に時間シフトを施して，$\varepsilon \to 0$ とした極限として得られる．

$S_0 - x(\infty) = z(\infty)$ はこの極限的な流行過程において除去された人口数（病気にかかった人の数）である．そこで,

$$p_\infty := 1 - \frac{x(\infty)}{S_0} = \frac{z(\infty)}{S_0}$$

をこの極限軌道における流行の強度とすれば，(6.9) から以下を得る：

$$1 - p_\infty = e^{-p_\infty R_0}. \tag{6.10}$$

ただしここで,

$$R_0 = \frac{\beta S_0}{\gamma}$$

である．(6.10) を**最終規模方程式** (final size equation) と呼ぶ．この極限流行過程における伝染病の流行の強さ p_∞ は，基本再生産数だけによって決まっていて，以下が成り立つ：

定理 6.1 (**ケルマック–マッケンドリックの閾値定理**)　$R_0 \le 1$ であれば $p_\infty = 0$ であり，$R_0 > 1$ であれば $p_\infty > 0$ である．

流行の強度 p_0 の基本再生産数 R_0 に対する応答を考察してみよう．$R_0 \le 1$ であれば，p_0 は総感染力 ζ が減少すれば小さくなるが，$R_0 > 1$ であれば ζ がどんなに小さくても p_0 は必ずしも小ではなく，R_0 が十分に大になれば ζ の影響はほとんどなくなってくる．さらに $\zeta \to 0$ とした極限の軌道においては，R_0 が 1 より大きいかどうかで p_∞ の大きさはゼロから正値へシャープに変化する．

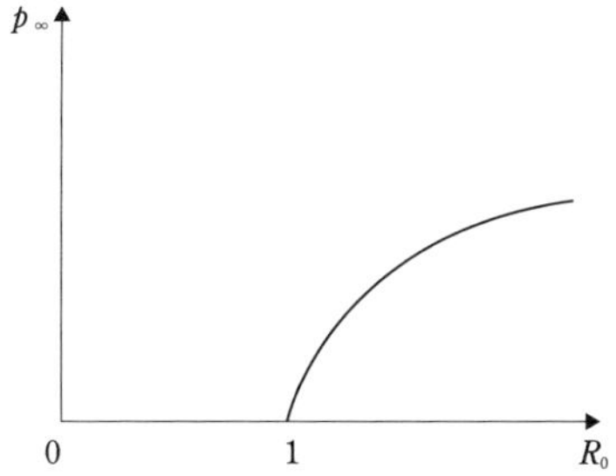

図 6.2　R_0 に対する p_∞ 応答．

決定論的モデルが有効であるような大規模な人口集団における実際の流行においては，その発生の時点における感染者数は感受性人口に比べて非常に小さいと考えられる．したがって，そうした場合は感染者の初期値が不明でも，上記の極限的流行過程で考えた結果が十分に妥当すると考えられる．そのとき初期時点での感受性人口から計算した基本再生産数が閾値条件 $R_0 = \beta S_0/\gamma > 1$ を満たしているのであれば，最終規模方程式の正根 p_∞ を計算すれば流行の強度が予測される．与えられた基本再生産数 R_0 と流行強度 p_∞ の関係式 (6.10) はこのような意味で，初期データに依存しない，考えている伝染病の流行特性を本質的に反映したものであるといえる．

極限的な流行曲線の方程式 (6.8) は解析的に解くことはできないが，流行の強度が低く，$z(h)/N_{\rm cr}$ が十分に小さい場合には近似解を容易に解析的

に得ることができる．実際，

$$e^{-\frac{z(h)}{N_{\rm cr}}} \approx 1 - \frac{z(h)}{N_{\rm cr}} + \frac{1}{2}\left(\frac{z(h)}{N_{\rm cr}}\right)^2 \tag{6.11}$$

として，(6.8) を書き換えれば，

$$\begin{aligned}\frac{dz(h)}{dh} &= \gamma\left[\left(\frac{S_0}{N_{\rm cr}} - 1\right)z(h) - \frac{S_0 z(h)^2}{2N_{\rm cr}^2}\right] \\ &= \alpha z(h)(1 - \beta z(h)).\end{aligned}$$

ただしここで，

$$\alpha := \gamma\left(\frac{S_0}{N_{\rm cr}} - 1\right), \quad \beta := \frac{S_0}{2N_{\rm cr}(S_0 - N_{\rm cr})}$$

である．この近似方程式はロジスティック方程式に他ならないから，解析解が以下のように得られる：

$$z(h) = \frac{\zeta e^{\alpha h}}{1 + \beta\zeta(e^{\alpha h} - 1)}.$$

$\alpha > 0$，すなわち閾値条件 $S_0 > N_{\rm cr}$ が成り立つ場合は総除去者数は，

$$z(\infty) = \beta^{-1} = 2(S_0 - N_{\rm cr})\frac{N_{\rm cr}}{S_0}$$

となる．いま $S_0 = N_{\rm cr} + \rho$ として，ρ は S_0 に比べて十分小さいと想定すれば，

$$z(\infty) \approx 2\rho$$

を得る．すなわち初期の感受性人口 $N_{\rm cr} + \rho$ から 2ρ の人口が除去され，$N_{\rm cr} - \rho$ の感受性人口が残ることになる．一方，$S_0 \leq N_{\rm cr}$ であれば $z(\infty) = 0$ であって除去者はゼロになる．そこで以下の近似的な閾値定理を得る．：

定理 6.2　$S_0 > N_{\rm cr}$ であり $\rho = S_0 - N_{\rm cr}$ が S_0 に比べて十分小さい場合，除去者数は 2ρ で与えられる．$S_0 \leq N_{\rm cr}$ であれば除去者はゼロである．

もし初期値問題 (6.7) において近似式 (6.11) を用いれば以下を得る：

$$\frac{dR(t)}{dt} = \gamma \left[N - S(0) + \left(\frac{S(0)}{N_{\mathrm{cr}}} - 1 \right) R(t) - \frac{S(0)R(t)^2}{2N_{\mathrm{cr}}^2} \right].$$

この場合も解析解が求まり，さらに $I(0) \to 0$ という近似を考えることで，ふたたび上記の閾値定理が得られる．こちらが本来のケルマック–マッケンドリックの解析方法である ([365]).

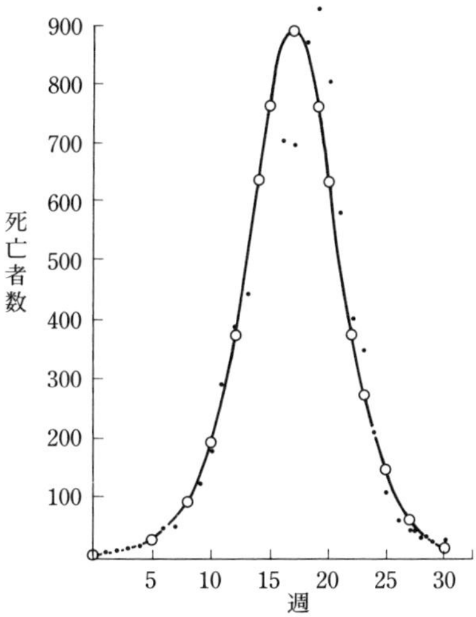

図 **6.3**　1905 年 12 月から 1906 年 7 月にわたってボンベイで流行したペストによる週あたりの死亡数（黒点）．実線は理論的に得られた流行曲線 dR/dt である ([247])．感染者の 80-90% が死亡したため，単位時間あたりの隔離者数と死亡数は近似している．

6.3　感染持続時間依存モデル

ケルマック–マッケンドリックモデルとしては一般に (6.1) のような単純化された常微分方程式システムだけが言及されることが多いが，彼らは初めから感染者の感染持続時間（感染してからの経過時間）を考慮した構造化モデリングをおこなっていた．いま $i(t,\tau)$ を時刻 t において感染持続時間（感染からの経過時間：disease-age）τ である感染人口の密度，$\beta(\tau)$ を感染持続時間 τ における感染率，$\gamma(\tau)$ を隔離率とすると，モデル (6.1) は以下のような偏微分方程式モデルに置き換わる．

$$\begin{aligned}
&\dot{S}(t) = -\lambda(t)S(t), \\
&i_t(t,\tau) + i_\tau(t,\tau) = -\gamma(\tau)i(t,\tau), \\
&i(t,0) = \lambda(t)S(t), \\
&\dot{R}(t) = \int_0^\infty \gamma(\tau)i(t,\tau)\,d\tau.
\end{aligned} \tag{6.12}$$

ただしここで，感染力 $\lambda(t)$ は以下のように与えられている：

$$\lambda(t) = \int_0^\infty \beta(\tau)i(t,\tau)\,d\tau.$$

ここでもホスト人口の動態（出生や死亡）は考慮されていないため，全人口

$$N(t) = S(t) + \int_0^\infty i(t,\tau)\,d\tau + R(t)$$

は保存されている．このシステムに非負の初期条件

$$S(0) > 0, \quad i(0,\tau) = i_0(\tau) \in L^1_+(0,\infty), \quad R(0) \geq 0$$

を与えれば，初期値・境界値問題が設定される[3]．

(6.12) のマッケンドリック方程式は第 1 章で見たように容易に積分できて，

$$i(t,\tau) = \begin{cases} \ell(\tau)B(t-\tau), & t-\tau > 0, \\ \dfrac{\ell(\tau)}{\ell(\tau-t)} i_0(\tau-t), & \tau - t > 0 \end{cases} \tag{6.13}$$

となる．ただしここで $B(t) := i(t,0)$ であり，$\ell(\tau)$ は感染状態における残存率である．すなわち，

$$\ell(\tau) := e^{-\int_0^\tau \gamma(\sigma)\,d\sigma}.$$

3)　この問題の非負解の存在と一意性に関しては [197], [309] などを参照．

そこで (6.13) を (6.12) の境界条件に代入して，

$$S(t) = S(0) - \int_0^t B(\sigma)\,d\sigma \tag{6.14}$$

であることに注意すれば，以下の単独の非線形積分方程式を得る：

$$B(t) = \left[S(0) - \int_0^t B(\sigma)\,d\sigma\right]\left[G(t) + \int_0^t \Psi(\tau)B(t-\tau)\,d\tau\right]. \tag{6.15}$$

ここで，

$$\Psi(\tau) := \beta(\tau)\ell(\tau), \quad G(t) := \int_0^\infty \beta(a+t)\frac{\ell(a+t)}{\ell(a)}i_0(a)\,da$$

である．以下では Ψ, $G \in L^1_+(0,\infty)$ であり，かつ $\beta(\tau)$, $\gamma(\tau)$ は有界可積分であると仮定しよう．

サイズ $S(0)$ の感受性人口集団にごく少数の感染者が発生した初期侵入の状況は (6.15) において 2 次項を無視した線形化方程式

$$B(t) = S(0)\int_0^t \Psi(\tau)B(t-\tau)\,d\tau + S(0)G(t)$$

によって記述される．これはロトカの積分方程式と同型であるから，基本再生産数は

$$R_0 = S(0)\int_0^\infty \Psi(\tau)\,d\tau$$

によって与えられ，$R_0 > 1$ であれば流行は拡大するが，$R_0 < 1$ であれば流行は縮小していく．これは $i \equiv 0$ となるシステムの平衡状態が，$R_0 \le 1$ であれば局所的に安定であり，$R_0 > 1$ であれば不安定であることを意味している．このとき以下が示される：

定理 6.3　ある正数 $S(\infty) > 0$ が存在して，

$$\lim_{t\to\infty} S(t) = S(\infty)$$

が成り立つ．この $S(\infty)$ は，$S(\infty)=(1-p(\infty))S(0)$ で与えられ，$p(\infty)$ は以下の方程式の正根として得られる：

$$1-p(\infty)=e^{-p(\infty)R_0-\zeta}. \tag{6.16}$$

ただしここで R_0, ζ は以下のように定義される：

$$R_0 := S(0)\int_0^\infty \Psi(\tau)\,d\tau,\ \ \zeta := \int_0^\infty G(\sigma)\,d\sigma.$$

証明　はじめに (6.14) と $B \geq 0$ から，$S(t)$ は非負単調減少であり，極限 $\lim_{t\to\infty} S(t) = S(\infty) \geq 0$ が存在することがわかる．一方，関係 $\dot{S}=-B$, $B(t) = S(t)\lambda(t)$ から S に関する以下のような非線形微分積分方程式を得る：

$$\frac{\dot{S}(t)}{S(t)} = \int_0^t \Psi(\tau)\dot{S}(t-\tau)\,d\tau - G(t). \tag{6.17}$$

この両辺を t について $[0,\infty)$ で積分すれば，

$$\log\frac{S(\infty)}{S(0)} = \int_0^\infty d\sigma \int_0^\sigma \Psi(\tau)\dot{S}(\sigma-\tau)\,d\tau - \zeta$$

を得るが，

$$\int_0^\infty d\sigma \int_0^\sigma \Psi(\tau)\dot{S}(\sigma-\tau)\,d\tau = \int_0^\infty \Psi(\tau)\,d\tau \int_\tau^\infty \dot{S}(\sigma-\tau)\,d\sigma$$
$$= \int_0^\infty \Psi(\tau)\,d\tau(S(\infty)-S(0)) = -R_0\left(1-\frac{S(\infty)}{S(0)}\right)$$

であるから，$S(\infty)=(1-p(\infty))S(0)$ とおけば $p(\infty)$ は (6.16) を満たし，$S(\infty)>0$ であることがわかる．□

もしも感染者の最大の感染持続時間が有限であれば[4)]，ある $\tau_0>0$ が存在して，$\tau>\tau_0$ で $\Psi(\tau)=0$, $\ell(\tau)=0$ であると想定できる．このときはさらに，

$$\lim_{t\to\infty} B(t) = \lim_{t\to\infty} I(t) = 0$$

4)　この仮定は必要ではない．より一般的証明については [462], 5.3.2 項を参照．

となることが示される．ただし $I(t) := \int_0^\infty i(t,\tau)\,d\tau$ である．実際，

$$S(\infty) = S(0) - \int_0^\infty B(\sigma)\,d\sigma \geq 0$$

であるから，$B \in L^1_+(0,\infty)$ である．このとき仮定から，

$$\int_0^t \Psi(t-\tau)B(\tau)\,d\tau = \int_{t-\tau_0}^t \Psi(t-\tau)B(\tau)\,d\tau \leq \|\beta\|_\infty \int_{t-\tau_0}^t B(\tau)\,d\tau.$$

ここで $B(\tau)$ の可積分性から，$t \to \infty$ で右辺はゼロに収束することがわかる．また $t > \tau_0$ であれば $G(t) = 0$ であるから，(6.15) において $t \to \infty$ とすれば，$\lim_{t\to\infty} B(t) = 0$ を得る．さらに，

$$I(t) = \int_0^t \ell(t-\tau)B(\tau)\,d\tau + \int_0^\infty \frac{\ell(\tau+t)}{\ell(\tau)} i_0(\tau)\,d\tau.$$

ここで $t \to \infty$ とすれば，同様にして $\lim_{t\to\infty} I(t) = 0$ を得る．したがって，有限の感染持続時間の場合を考える限りは，構造化モデル (6.12) の定性的挙動は前節で見た常微分方程式モデルの挙動と同一であることが予想されるが，実際に $R_0 > 1$ の場合に $I(t)$ が $I(0)$ から初めは増加して，1 回のピークを迎えた後に減少するという挙動を示すことが示される ([197], [270])．

感染持続時間を考慮したモデル (6.12) においても，初期の感染者人口を無限小にすることで，極限的な流行軌道を考えることができる．ただしこの場合は $S(t)$, $R(t)$ に関する方程式 (6.6) は成り立たないから，同様な役割を果たす関数として，

$$\Lambda(t) := \int_0^t \lambda(\sigma)\,d\sigma = -\log \frac{S(t)}{S(0)} \tag{6.18}$$

を導入しよう．以下では $S(0) = S_0$ を固定して考える．$\Lambda(t)$ は累積感染

力である．(6.17) を t について $[0,t]$ で積分すれば，

$$
\begin{aligned}
-\Lambda(t) = \log \frac{S(t)}{S_0} &= \int_0^t d\sigma \int_0^\sigma \Psi(\tau)\dot{S}(\sigma-\tau)\,d\tau - \int_0^t G(\sigma)\,d\sigma \\
&= \int_0^t \Psi(\tau)S_0(e^{-\Lambda(t-\tau)}-1)\,d\tau - \int_0^t G(\sigma)\,d\sigma
\end{aligned}
$$

を得る．したがってケルマック–マッケンドリックモデル (6.12) は本質的に以下のような $\Lambda(t)$ に関する非線形再生積分方程式に還元される：

$$
\Lambda(t) = g(t) + \int_0^t \phi(\tau)f(\Lambda(t-\tau))\,d\tau, \tag{6.19}
$$

$$
g(t) := \int_0^t G(\sigma)\,d\sigma, \quad \phi(\tau) := \frac{\Psi(\tau)}{\int_0^\infty \Psi(\tau)\,d\tau}, \quad f(x) := R_0(1-e^{-x}).
$$

ただしここで，$R_0 = S_0\int_0^\infty \Psi(\tau)\,d\tau$ である．

初期感受性人口からの除去者割合 $p(t) := 1 - S(t)/S(0)$ を用いれば，(6.19) は，

$$
-\log(1-p(t)) = g(t) + R_0\int_0^t \phi(\tau)p(t-\tau)\,d\tau
$$

という形の積分方程式に書き換えられる．ここで $t \to \infty$ とすれば，$p(\infty)$ が最終規模方程式 (6.5) を満たすことがわかる．

以下では，初期の感染人口分布 $i_0(a)$ のサイズを ε，その正規化された感染年齢プロファイルを $u_0(a)$ として，

$$
i_0(a) = \varepsilon u_0(a), \quad \int_0^\infty u_0(a)\,da = 1
$$

と書けているとしよう．このとき

$$
g_0(t) := \int_0^t d\sigma \int_0^\infty \beta(a+\sigma)\frac{\ell(a+\sigma)}{\ell(a)}u_0(a)\,da
$$

とおけば $g(t) = \varepsilon g_0(t)$ である．以下では $g_0(\infty) < \infty$ であると仮定しよう．これはたとえば $\inf_{a\ge 0}\gamma(a) > 0$ であれば満たされている．

常微分方程式モデルにおけるのと同様に $\Lambda(t)$ は単調増大で上に有界であるから，ある水準 $\zeta \in (0, \Lambda(\infty))$ を固定して，$\Lambda(t) = \zeta$ となる時刻を $t_\zeta(\varepsilon)$ とする：

$$t_\zeta(\varepsilon) := \inf\{t > 0 \,|\, \Lambda(t) = \zeta\}.$$

この時間は ε が小さくなるにしたがって増大する．ふたたび時間の原点をシフトさせて新しい時間 h を $t = t_\zeta(\varepsilon) + h$ となるように定めて，$\hat{\Lambda}(h)$ を $h \in (-\infty, +\infty)$ において以下のように定義する：

$$\hat{\Lambda}(h) = \begin{cases} \Lambda(t_\zeta(\varepsilon) + h), & h \geq -t_\zeta(\varepsilon), \\ 0, & h < -t_\zeta(\varepsilon). \end{cases}$$

このとき (6.19) は,

$$\begin{aligned} \hat{\Lambda}(h) &= \varepsilon \hat{g}_0(h) + \int_{-t_\zeta(\varepsilon)}^{h} \phi(h-\tau) f(\hat{\Lambda}(\tau))\, d\tau, \\ \hat{g}_0(h) &:= \int_0^{t_\zeta(\varepsilon)+h} d\sigma \int_0^\infty \beta(a+\sigma) \frac{\ell(a+\sigma)}{\ell(a)} u_0(a)\, da \end{aligned}$$

と書けるから，$\varepsilon \to 0$ とすれば $v := \lim_{\varepsilon \to 0} \hat{\Lambda}$ が満たすであろう以下のような極限方程式を得る：

$$v(h) = \int_{-\infty}^{h} \phi(h-\tau) f(v(\tau))\, d\tau. \tag{6.20}$$

すなわちこの場合も $\varepsilon \to 0$ とすれば $\hat{\Lambda}(h)$ は以下のような性質を満たす有界連続関数 $v(h) \in C(\mathbf{R})$ に一様収束すると予測される：

(1) $v(0) = \zeta$,

(2) $v(h)$ は単調増大で $v(-\infty) = 0 \leq v(h) < v(\infty)$,

(3) $v(h)$ は極限方程式 (6.20) を満たす.

この結果はメッツによって予測され ([308])，ディークマンによって初めて証明された ([91], [92])．常微分方程式の場合の結果は，この一般的な結果の特殊な場合（パラメータ β, γ が定数である場合）として理解される．

(6.18) から $S(t) = S_0 e^{-\Lambda(t)}$ であるから，$\hat{S}(h) := S(t_\zeta(\varepsilon) + h)$ とするとき，$\hat{S}(h) = S_0 e^{-\hat{\Lambda}(h)}$ を得る．ここで $\varepsilon \to 0$ とすれば $\hat{S}(h)$ は極限軌道 $x(h) = S_0 e^{-v(h)}$ に近づいてゆく．$v(h) = -\log(1 - p(h))$ とおけば，$p(h) = 1 - x(h)/S_0$ は極限軌道における除去者割合（流行強度）であって，(6.20) から以下を得る：

$$-\log(1 - p(t)) = R_0 \int_0^\infty \phi(\tau) p(t - \tau)\, d\tau,\ t \in \mathbf{R}. \tag{6.21}$$

そこで $p_\infty := 1 - x(\infty)/S_0$ はふたたび最終規模方程式 (6.10) を満たすことがわかる．すなわち閾値定理 6.1 がふたたび成り立っている．また (6.21) の両辺を時間微分することによって $x(t)$ は以下を満たしていることがわかる：

$$\frac{\dot{x}(t)}{x(t)} = \int_0^\infty \Psi(\tau) \dot{x}(t - \tau)\, d\tau.$$

$x(\infty) = S_0 e^{-v(\infty)}$ であるから，$1 - p_\infty = e^{-v(\infty)}$ となり，p_∞ が最終規模方程式 (6.10) の解であることから，

$$v(\infty) = R_0 p_\infty$$

を得る．これは極限的な軌道における最終的な累積感染力と流行強度の関係を与えている．

グリッペンベルグは $\zeta \in (0, p_\infty R_0)$ に対する $t_\zeta(\varepsilon)$ の漸近評価式を与えている ([159])．すなわち $R_0 > 1$ であれば，

$$t_\zeta(\varepsilon) = k(\zeta) - \frac{1}{\sigma} \log\left(\int_0^\infty e^{-\sigma s} g(s)\, ds \right) + O(1), \quad \varepsilon \to 0.$$

ここで $k(\zeta)$ は ζ に依存するある定数であり，σ は以下の特性方程式のた

だ 1 つの実根である：

$$R_0 \int_0^\infty e^{-\sigma\tau}\phi(\tau)\,d\tau = 1.$$

さらにこのとき (6.20) は $v(0) = \zeta$ となる非減少なただ 1 つの非負解をもち，

$$\lim_{h\to-\infty} v(h)e^{-\sigma h} = \frac{e^{\sigma k(\zeta)}}{\int_0^\infty e^{-\sigma\tau}\tau\phi(\tau)\,d\tau}$$

となる．すなわち十分に遠い過去においては流行は指数関数的に拡大している．これらの現象は**非線形再生定理** (nonlinear renewal theorem) と呼ばれている ([309], [397])．非線形再生方程式 (6.19) はディークマンとケーパー (H. G. Kaper) ([109]), ディークマンとファン・ギルス (S. A. van Gils) ら ([117]) によって詳細な検討がおこなわれている．ロウウェリア (H. A. Lauwerier, [274]), グラスマン (J. Grasman) とマトコフスキー (B. J. Matkowsky) ([148]) はケルマック–マッケンドリックモデルを摂動論的な方法で扱って同様な結果を得ている．

6.4　汎流行閾値定理と進行波解

モデル (6.12) において，さらに人口の異質性（個体差: heterogeneity）を導入しよう．個体の特性を表す連続パラメータ（ベクトルまたはスカラー）を ξ，その定義域を $\Omega \subset \mathbf{R}^n$ する．ξ としては，たとえば個体の空間的位置や遺伝的・生理的特性，年齢などが想定できるが，ここでは ξ は年齢や空間配置（人口移動・拡散がある場合）などのように時間とともに変化するものではなく各個体を特徴付ける不変の特性量である場合をとりあげる．年齢構造については次章で扱う．

時間 t における感受性人口の分布を $S(t,\xi)$ などと表せば，モデル (6.12)

は以下のように拡張できる：

$$
\begin{aligned}
&\frac{\partial S(t,\xi)}{\partial t} = -\lambda(t,\xi)S(t,\xi),\\
&i_t(t,\tau,\xi) + i_\tau(t,\tau,\xi) = -\gamma(\tau,\xi)i(t,\tau,\xi),\\
&i(t,0,\xi) = \lambda(t,\xi)S(t,\xi),\\
&\frac{\partial R(t,\xi)}{\partial t} = \int_0^\infty \gamma(\tau,\xi)i(t,\tau,\xi)\,d\tau.
\end{aligned}
\tag{6.22}
$$

ここで感染力 $\lambda(t,\xi)$ は以下のように与えられている：

$$
\lambda(t,\xi) = \int_0^\infty \int_\Omega \beta(\tau,\xi,\eta)i(t,\tau,\eta)\,d\eta\,d\tau.
$$

ここで $\beta(\tau,\xi,\eta)$ は感染持続時間 τ，特性 η の感染個体と特性 ξ の感受性個体との間の感染率である．

モデル (6.22) についての基本的結果を述べよう．初期データを $S(0,\xi) = S_0(\xi)$, $i(0,\tau,\xi) = i_0(\tau,\eta)$ として，

$$
B(t,\xi) := i(t,0,\xi) = \lambda(t,\xi)S(t,\xi) = -\dot{S}(t,\xi)
$$

を新規感染者の分布とする． (6.22) のマッケンドリック方程式から，

$$
i(t,\tau,\xi) = \begin{cases} B(t-\tau,\xi)\ell(\tau,\xi), & t-\tau>0,\\ \dfrac{\ell(\tau,\xi)}{\ell(\tau-t,\xi)}i_0(\tau-t,\xi), & \tau-t>0 \end{cases}
$$

を得る．ただしここで，

$$
\ell(\tau,\xi) := \exp\Bigl(-\int_0^\tau \gamma(x,\xi)\,dx\Bigr)
$$

は特性 ξ の個体の感染状態における残存率である．前節と同様に累積感染力を

$$
\Lambda(t,\xi) := \int_0^t \lambda(x,\xi)\,dx = -\log\frac{S(t,\xi)}{S_0(\xi)}
$$

と定義すれば，

$$-\frac{\dot{S}(t,\xi)}{S(t,\xi)}=\lambda(t,\xi)=\int_0^t\int_\Omega \Psi(\tau,\xi,\eta)B(t-\tau,\eta)\,d\eta d\tau+G(t,\xi) \quad (6.23)$$

を得る．ただしここで，

$$\Psi(\tau,\xi,\eta)=\beta(\tau,\xi,\eta)\ell(\tau,\eta),$$
$$G(t,\xi):=\int_t^\infty\int_\Omega \beta(\tau,\xi,\eta)\frac{\ell(\tau,\eta)}{\ell(\tau-t,\eta)}i_0(\tau-t,\eta)\,d\eta d\tau$$

である．(6.23) の右辺において，$B(t,\xi)=-\dot{S}(t,\xi)$ を用いて，t について 0 から t まで積分すれば以下を得る：

$$\Lambda(t,\xi) = g(t,\xi)+\int_0^t\int_\Omega \Psi(\tau,\xi,\eta)S_0(\eta)f(\Lambda(t-\tau,\eta))\,d\eta d\tau, \quad (6.24)$$
$$g(t,\xi):=\int_0^t G(\sigma,\xi)\,d\sigma, \quad f(x):=1-e^{-x}.$$

各時点 t における値 $\Lambda(t,\cdot)$ が属する関数空間を $X=BC(\Omega)$（有界連続関数の空間）とすれば，(6.24) は X 上の抽象的な非線形再生方程式と考えられる．

モデル (6.24) はディークマン ([92], [93]) とティーメ ([394], [395]) によってそれぞれ独立にくわしく検討された．詳細はそれらの文献に譲るとして，ここでは [92] にしたがって，いくつかの初歩的観察を紹介するにとどめよう．

適当な条件のもとで，$\Lambda(\infty,\xi)=\lim_{t\to\infty}\Lambda(t,\xi)$ が $BC(\Omega)$ において広義一様収束の意味で存在して，以下の極限方程式の解であることが示される：

$$\Lambda(\infty,\xi)=g(\infty,\xi)+\int_\Omega\int_0^\infty \Psi(\tau,\xi,\eta)\,d\tau S_0(\eta)f(\Lambda(\infty,\eta))\,d\eta. \quad (6.25)$$

このとき，

$$\underline{\Lambda}:=\inf_{\xi\in\Omega}\Lambda(\infty,\xi), \quad \underline{R}_0:=\inf_{\xi\in\Omega}\int_\Omega\int_0^\infty \Psi(\tau,\xi,\eta)\,d\tau S_0(\eta)\,d\eta$$

とすれば，(6.25) と f の単調性から，

$$\underline{\Lambda} \geq \underline{R}_0 f(\underline{\Lambda}) \tag{6.26}$$

を得る．

いま方程式 $y = \underline{R}_0 f(y) = \underline{R}_0(1 - e^{-y})$ の非負根の大きいほうを p とすれば，$\underline{R}_0 \leq 1$ であれば $p = 0$ であり，$\underline{R}_0 > 1$ であれば $p > 0$ である．このとき $p > 0$ であれば，$0 < y < p$ においては $y < \underline{R}_0 f(y)$ である．したがって (6.26) から，$\underline{\Lambda} = 0$ であるか $\underline{\Lambda} \geq p$ である．Ω がコンパクトであるとき，$\underline{\Lambda} = 0$ であれば，ある $\xi_0 \in \Omega$ において $\Lambda(\infty, \xi_0) = 0$ となる．このことは，もし任意の $\xi \in \Omega$ において $g(\infty, \xi) > 0$ であれば (6.25) と矛盾する．したがってたとえば，$\underline{\beta} := \inf_{\tau \geq 0, \xi, \eta \in \Omega} \beta(\tau, \xi, \eta) > 0$ であって，初期データ $i_0(\tau, \eta)$ がほとんどいたるところゼロとなる自明な場合を除けば，$\underline{\Lambda} \geq p$ である．すなわち以下が示される：

定理 6.4　$\underline{R}_0 > 1$ であれば，領域 Ω がコンパクトのとき，どのように初期の感染人口が小で領域的に限定されていても，究極的には領域 Ω のいたるところで流行が発生する (hair-trigger effect).

この結果は，β が以下で述べるような変数分離型である場合は非コンパクトな領域にまで拡張される．この現象は最初に指摘したケンドールにちなんで，**ケンドールの汎流行閾値定理** (Kendall's Pandemic Threshold Theorem) と呼ばれる (Discussion in [20], [246]).

次に，とくに回復率 γ に個体差がなく，感染率が個体間距離の効果と感染持続時間の効果に分解できる場合，すなわち，

$$\beta(\tau, \xi, \eta) = h(\tau) v(\xi - \eta)$$

となる場合を考えよう．ただし $v(x) = v(-x)$ とする．簡単のために $\Omega = \mathbf{R}$ としよう．もし $S_0(\xi) = S_0 = \text{const.}$ であれば，前節と同様な考察で，極

限的な流行軌道に対応する同次問題を考えることができる：

$$\Lambda(t,\xi) = R_0 \int_0^\infty H(\tau) \int_{-\infty}^\infty V(\xi-\eta) f(\Lambda(t-\tau,\eta))\, d\eta d\tau, \quad (6.27)$$

$$H(\tau) := \frac{h(\tau)\ell(\tau)}{\int_0^\infty h(\tau)\ell(\tau)\, d\tau}, \quad V(x) := \frac{v(x)}{\int_{-\infty}^\infty v(x)\, dx},$$

$$R_0 := S_0 \int_0^\infty h(\tau)\ell(\tau)\, d\tau \int_{-\infty}^\infty v(x)\, dx.$$

ここで，

$$\Lambda(t,\xi) = -\log \frac{S(t,\xi)}{S_0}$$

である．(6.27) における興味の中心は，それが $\Lambda(t,\xi) = w(\xi + ct)$ という形の**進行波解** (travelling wave solution) をもつかどうかということ，そして進行波解が存在する場合にその速度 c がどのように評価されるかということである．まったく対称的に議論できるので，以下では $c > 0$ の場合のみを考える．(6.27) に $\Lambda(t,\xi) = w(\xi + ct)$ を代入すれば以下を得る：

$$w(x) = R_0 \int_{-\infty}^\infty V_c(x-\zeta) f(w(\zeta))\, d\zeta. \quad (6.28)$$

ここで，

$$V_c(z) := \int_0^\infty H(\tau) V(z - c\tau)\, d\tau$$

である．この方程式の定数解は $y = R_0 f(y)$ の根として与えられ，$R_0 > 1$ であれば，ゼロ解以外に $y = p > 0$ という正根が存在する．ここで $c = 0$ であれば，$w = 0, w = p$ だけが非負の有解な解であるが，(6.28) を $w = 0$ のまわりで線形化した方程式

$$v(x) = R_0 \int_{-\infty}^\infty V_c(x-\zeta) v(\zeta)\, d\zeta$$

に対しては，3.6 節で見たように，$R_0 > 1$ のとき適当な条件のもとである $c_0 > 0$ が存在して，$c > c_0$ となるすべての c について正の解が存在する．

そのような場合，もとの非線形方程式 (6.28) に対して，以下のような解をつくることができる：

$$0 < w(x) < p, \quad \lim_{x \to -\infty} w(x) = 0, \quad \lim_{x \to +\infty} w(x) = p.$$

したがって次の定理を得る：

定理 6.5 ([92])　(6.27) において，$R_0 > 1$ であれば，ある $c_0 > 0$ が存在して，$c > c_0$ となるすべての c について進行波解が存在する．ここで進行波の速度の下限 c_0 は

$$c_0 = \inf\{c \mid L_c(\lambda) < 1 \text{ となる} \lambda > 0 \text{ が存在する}\},$$
$$L_c(\lambda) := R_0 \int_{-\infty}^{\infty} e^{-\lambda z} V_c(z)\, dz$$

として与えられる．

この進行波の速度の下限 c_0 は，さらに摂動の伝播の漸近的な速度 (asymptotic speed of propagation) である．すなわち $0 < c_1 < c_0 < c_2$ である任意の c_1, c_2 について，t を十分大きくとるとき，領域 $|x| \geq c_2 t$ では解はゼロに一様収束し，領域 $|x| \leq c_1 t$ では一様にゼロより大となる ([93], [106])．

モデル (6.22) は，特性量 ξ が空間位置を示す場合に伝染病の空間的伝播を表すモデルであると解釈されている．しかしその場合は，個体間の感染の成立は一種の遠隔作用（ホスト人口の変動に比べて非常に短時間におけるウィルスの散布，空気感染や，ホストの通勤，通学などのような循環的移動による）によるものとして考えられているのであって，個体の現実空間内における移動・拡散とローカルな接触による感染伝播のモデルではない．ホスト人口の拡散移動によって流行が伝播するとみなされる場合には，以下のようなモデル（反応拡散系）が考えられる：

$$\begin{cases} \dfrac{\partial S(t,x)}{\partial t} = d_s \Delta S(t,x) - \beta(x) S(t,x) I(t,x), \\ \dfrac{\partial I(t,x)}{\partial t} = d_i \Delta I(t,x) + \beta(x) S(t,x) I(t,x) - \gamma(x) I(t,x), \\ \dfrac{\partial R(t,x)}{\partial t} = d_r \Delta R(t,x) + \gamma(x) I(t,x). \end{cases}$$

ここで $S(t,x)$ などは空間位置 $x \in \Omega$ における感受性人口の密度，d_s などは拡散係数，Δ は空間座標に関するラプラシアンである．Ω の境界においてはノイマン型ないしディリクレ型の境界条件が想定される．こうしたモデルはさらにホスト個体群の動態を考慮することによって，盛んに彷徨・移動，繁殖をおこなうような野生生物における伝染病流行のモデルとしてより適切なものになるであろう．上記のような反応拡散型のモデルについては本書では扱わないが，そうしたモデルに関しては，[136], [375], [376], [432]–[435] などを参照していただきたい．

6.5 伝染病の定着と再帰性

上記で紹介した初期のケルマック–マッケンドリックモデルは 1 回の流行の発生と消滅を記述していて，感染人口がゼロではないような定常解 (endemic steady state) は存在しない．これは感受性人口の再生産ないし補充がないためであるが，この点を考慮したモデルにおいては，閾値条件はしばしば持続的な流行（ウィルスとホスト人口の共存状態）の存在条件でもある．人口学的な要因をとり入れたモデルは次章で扱うこととして，ここでは人口学的要因を考慮しないで，そうした現象が出現するもっとも単純なモデルを考えよう[5]．

感染症からの回復者が免疫性を獲得せず，隔離もされずにふたたび感受性となるモデルは，SIS (susecptible-infective-susceptible) モデルと呼ばれる．(6.1) において感染からの回復が免疫性を誘導せず，ただちに感受性となると仮定すれば，

$$\begin{aligned} \dot{S}(t) &= -\beta S(t)I(t) + \gamma I(t), \\ \dot{I}(t) &= \beta S(t)I(t) - \gamma I(t) \end{aligned} \tag{6.29}$$

5) 流行の再帰性に着目した初期の研究にソーパー (H. E. Soper) の研究がある ([382])．ソーパーモデルは (6.1) において感受性人口への外部からの移民ないし出生を加味したもので，エンデミックな定常解が存在する．

という単純なモデルを得る．総人口 $N = S(t) + I(t)$ は定数であるから，このモデルは $I(t)$ に関する以下のようなロジスティックモデルに帰着される：

$$\dot{I}(t) = (\gamma(R_0 - 1) - \beta I(t))I(t).$$

ここで $R_0 = \beta N/\gamma$ である．したがって，$R_0 > 1$ であれば流行が発生して，しかもエンデミックな状態 $I^* = \gamma(R_0 - 1)/\beta$ に漸近していくが，$R_0 \leq 1$ では感染人口は自然に消滅する．

上記のように人口の内的構造を考えない SIS モデルの挙動は非常に単純であるが，感染持続時間に依存する場合はエンデミックな定常解以外にも周期解（再帰的流行）が出現しうる．感染持続時間に依存する SIS モデルは，以下のように定式化される：

$$\begin{aligned}
&\dot{S}(t) = -S(t)\int_0^\omega \beta(\tau)i(t,\tau)\,d\tau + \int_0^\omega \gamma(\tau)i(t,\tau)\,d\tau, \quad t > 0,\\
&i_t(t,\tau) + i_\tau(t,\tau) = -\gamma(\tau)i(t,\tau), \quad t > 0, 0 < \tau < \omega,\\
&i(t,0) = S(t)\int_0^\omega \beta(\tau)i(t,\tau)\,d\tau, \quad t > 0.
\end{aligned} \tag{6.30}$$

ただし，以下では最大の感染持続時間 ω が有限であると仮定しよう．このとき $\gamma(\tau)$ は $[0,\omega)$ で局所可積分であるが，$\int_0^\omega \gamma(\sigma)\,d\sigma = +\infty$ という特異性をもつか，あるいはまた $\gamma(\tau) = \delta(\tau - \omega)$ であると仮定される．このモデルは (6.29) より真に幅広いモデリングの可能性を含んでいることに注意しておこう．もしもある区間 $[\omega_1,\omega_2] \subset [0,\omega]$ が存在して，$\beta(\tau) = 0$ $(\tau \notin [\omega_1,\omega_2])$ であれば，感染経験のある人口 $i(t,\tau)$ は感染年齢区間 $[0,\omega_1]$ では潜伏期間にあり，$[\omega_2,\omega]$ においては一種の免疫（隔離）状態にあると解釈できる．そのような場合は SEIRS (susceptible-exposed-infectious-removed/immune-susceptible) モデルとなる．

(6.30) においてもホスト人口の動態（出生，死亡，人口移動）は考慮されていないため，全人口は保存されているから，

$$N = S(t) + \int_0^\omega i(t,\tau)\,d\tau$$

は定数である．したがって，感染者の密度関数 $i(t,\tau)$ に関する次の単独の境界値問題を得る：

$$
\begin{aligned}
&i_t(t,\tau)+i_\tau(t,\tau)=-\gamma(\tau)i(t,\tau),\\
&i(t,0)=\left(N-\int_0^\omega i(t,\tau)d\tau\right)\int_0^\omega \beta(\tau)i(t,\tau)\,d\tau.
\end{aligned}
\tag{6.31}
$$

$i(t,\tau)=N\ell(\tau)v(t,\tau)$ として新しい分布 $v(t,\tau)$ を導入すれば，(6.31) は以下のように v に関する $L^1(0,\omega)$ 上の初期値・境界値問題に書き直せる：

$$
\begin{aligned}
&v_t(t,\tau)+v_\tau(t,\tau)=0,\\
&v(t,0)=R_0\left(1-\int_0^\omega \ell(\tau)v(t,\tau)\,d\tau\right)\int_0^\omega \phi(\tau)v(t,\tau)\,d\tau.
\end{aligned}
\tag{6.32}
$$

ここで，

$$
R_0=N\int_0^\omega \beta(\tau)\ell(\tau)\,d\tau,\quad \phi(\tau):=\frac{\beta(\tau)\ell(\tau)}{\int_0^\omega \beta(\tau)\ell(\tau)\,d\tau}
$$

である．

(6.32) の定常解は定数関数であるから，それを $v^*(\tau)=v^*$ とすれば，境界条件から以下を得る：

$$
1=R_0\left(1-v^*\int_0^\omega \ell(\tau)\,d\tau\right).
$$

よって，

$$
v^*=\frac{1}{\int_0^\omega \ell(\tau)\,d\tau}\left(1-\frac{1}{R_0}\right)
\tag{6.33}
$$

を得る．すなわち，$R_0\le 1$ であれば非負定常解としては自明な定常解 $v^*=0$ のみが存在する．$R_0>1$ であれば自明な定常解以外に感染者と感受性人口が共存するエンデミックな定常状態 (6.33) がただ 1 つ存在する．

$v^*=0$ における (6.32) の線形化方程式は，

$$
\begin{aligned}
u_t(t,\tau)+u_\tau(t,\tau)&=0,\\
v(t,0)&=R_0\int_0^\omega \phi(\tau)u(t,\tau)\,d\tau
\end{aligned}
$$

となるから，その局所漸近安定性は特性方程式

$$R_0 \int_0^\omega e^{-\lambda\tau} \phi(\tau)\, d\tau = 1$$

の特性根の分布によって決まるが，$R_0 < 1$ であれば特性根の実部はすべて負であるから，自明な定常解は局所漸近安定であり，$R_0 > 1$ であれば不安定である．

(6.32) の境界条件から，$v(0,\tau) = v_0(\tau)$ を初期データとすれば，$v(t,0) = B(t)$ とするとき，

$$B(t) \le R_0 \int_0^t \phi(\tau) B(t-\tau)\, d\tau + g(t),$$
$$g(t) := \begin{cases} R_0 \displaystyle\int_t^\omega \phi(\tau) v_0(\tau - t)\, d\tau, & t < \omega, \\ 0, & t > \omega \end{cases}$$

を得る．ただし，$\tau > \omega$ では $\phi(\tau) = 0$ とする．ここで $C(t)$ を再生方程式

$$C(t) = R_0 \int_0^t \phi(\tau) C(t-\tau)\, d\tau + g(t)$$

の解とすれば，$B(t) \le C(t)$ であるが，一方，再生定理からある定数 $C_0 > 0$ が存在して，十分時間がたてば $C(t) \le C_0 e^{\lambda_0 t}$ と書ける．ここで λ_0 は特性方程式 $R_0 \int_0^\omega e^{-\lambda_0 \tau} \phi(\tau)\, d\tau = 1$ のただ 1 つの実根である．$R_0 < 1$ のとき $\lambda_0 < 0$ であり，t が十分大であれば $v(t,\tau) = v(t-\tau, 0) \le C_0 e^{\lambda_0 (t-\tau)} \to 0$ $(t \to \infty)$ であるから，自明な定常解は実は大域的に漸近安定である．

次に $R_0 > 1$ の場合，エンデミックな定常解の安定性を考えよう．$v(t,\tau) = v^* + u(t,\tau)$ として定常解からの摂動 $u(t,\tau)$ の線形化方程式を導けば，

$$u_t(t,\tau) + u_\tau(t,\tau) = 0,$$
$$u(t,0) = \int_0^\omega \phi(\tau) u(t,\tau)\, d\tau - \frac{R_0 - 1}{\int_0^\omega \ell(\tau)\, d\tau} \int_0^\omega \ell(\tau) u(t,\tau)\, d\tau.$$

したがって以下のような特性方程式を得る：

$$\int_0^\omega \phi(\tau)e^{-\lambda\tau}d\tau - \frac{R_0 - 1}{\int_0^\omega \ell(\tau)\,d\tau}\int_0^\omega \ell(\tau)e^{-\lambda\tau}\,d\tau = 1. \tag{6.34}$$

$R_0 = 1 + \varepsilon$ として，(6.34) の実部が最大の特性根を $\lambda(\varepsilon)$ とする．このとき $\lambda(0) = 0$ であり，(6.34) から

$$\left.\frac{d\lambda(\varepsilon)}{d\varepsilon}\right|_{\varepsilon=0} = -\frac{1}{\int_0^\omega \tau\phi(\tau)\,d\tau} < 0$$

であるから，十分に小さな $\varepsilon > 0$ に対しては，特性根はすべて実部が負になる．したがってそのような場合はエンデミックな定常状態は局所安定である．以上から SIS モデル (6.31) の定常解に関して以下の定理を得る：

定理 6.6　$R_0 \le 1$ であれば，自明な定常解だけが存在して大域的に安定である．$R_0 > 1$ であれば，自明な定常解は不安定であり，非自明な定常解がただ 1 つ存在する．このとき $|R_0 - 1|$ が十分小であれば，非自明な定常解は局所漸近安定である．

さらに，R_0 が 1 を超えて大きくなっていった場合には，エンデミックな定常解は不安定化して，特性方程式の複数の共役複素根が正のスピードで虚軸を横切って右半平面に入っていき，周期解の分岐がおこることがわかっている．このような不安定化は感染人口における非感染性期間が長く存在する大規模な人口においておきやすい ([115], [157])．すなわち感染持続時間依存性を考慮することによって，SIS 型伝染病モデルは再帰的な流行という現象を説明することができる．

第7章

年齢構造と伝染病流行

子供に典型的にみられる水平感染[1]する流行病（麻疹 (measles)，水疱瘡 (chicken pox)，おたふく風邪 (mumps) など）は，多くの場合重症なものではなく，一度罹って回復すれば生涯にわたる免疫を得るものが多い．逆に生涯免疫を誘導するような感染症は患者の平均年齢を下げるために「子供の病気」とみなされやすいともいえる．こうした伝染病は一時的な流行として終わるのではなく，つねに一定の感染者が存在して，長期的にホスト人口のなかに定着している病気といえるが，SIS モデルとは異なり，この場合の感染症の定着や再帰性は感受性人口が人口学的に補充されることに起因する．そこで本章では，人口動態や年齢構造を考慮したモデルを考察する．

1) 個体間の接触感染や空気感染を**水平感染** (horizontal transmission) と呼ぶ．それに対して母から新生児への出産を通じての感染を**垂直感染** (vertical transmission) と呼ぶ．

7.1　基本的な SIR モデル

初めにホスト人口の動態率を考慮して，ケルマック–マッケンドリックモデル (6.1) を修正してみよう．いまホスト人口の出生率 b，自然死亡率 μ を導入すれば，モデル (6.1) は以下のように書き直せる：

$$\begin{aligned}\dot{S}(t) &= b - \mu S(t) - \beta S(t)I(t),\\ \dot{I}(t) &= \beta S(t)I(t) - (\mu+\gamma)I(t),\\ \dot{R}(t) &= -\mu R(t) + \gamma I(t).\end{aligned} \tag{7.1}$$

ただしここで $R(t)$ は免疫保持者であり，一度得た免疫は生涯持続すると想定する．母親から新生児への感染はなく，病気による死亡率の増加も無視できると仮定する．このとき総人口 $N(t) = S(t) + I(t) + R(t)$ は b/μ を安定な平衡値としているから，一般性を失うことなく初めから全人口は一定値 $N := b/\mu$ であると仮定してもよい．そこで以下では 2 次元力学系

$$\begin{aligned}\dot{S}(t) &= \mu N - \mu S(t) - \beta S(t)I(t)\\ \dot{I}(t) &= \beta S(t)I(t) - (\mu+\gamma)I(t)\end{aligned} \tag{7.2}$$

を考えよう．

2 次元の力学系 (7.2) の定める流れ (flow) に関しては，有界閉集合 $\Omega := \{(S,I)\,|\,S \geq 0, I \geq 0, S+I \leq N\}$ は正方向に不変となることが容易にわかる．すなわち，Ω 内の点を初期データとする解軌道はコンパクト集合 Ω の中に閉じこめられている．初期侵入の状況においては $S \approx N$ であり，線形化方程式は

$$\dot{I}(t) = (\gamma+\mu)\left[\frac{\beta N}{\gamma+\mu} - 1\right]I(t) \tag{7.3}$$

となるから，

$$R_0 = \frac{\beta N}{\gamma+\mu}$$

となることはすぐにわかる．さらに $\dot{S}=0,\ \dot{I}=0$ を満たす点をさがせば，

$$E_1 := \left(\frac{b}{\mu}, 0\right), \quad E_2 := \left(\frac{N}{R_0}, \frac{\mu}{\beta}(R_0-1)\right)$$

という 2 つの定常解が存在しうることがわかるが，E_1 はつねに存在する自明な定常解であり，感染者のいない定常状態 (disease-free steady state; DFSS) である．E_2 は閾値条件 $R_0>1$ が満たされる場合にのみ正となって生物学的に意味のある定常解であり，伝染病が人口に定着して共存するエンデミックな定常状態 (endemic steady state; ESS) である．エンデミックな定常状態を (S^*, I^*) とおけば，

$$\frac{S^*}{N} = \frac{1}{R_0}, \quad \frac{I^*}{N} = \frac{\mu}{\beta N}(R_0-1)$$

である．すなわちエンデミックな状態においては感受性人口比率と基本再生産数は反比例し，有病率は R_0-1 に比例する．

このとき，以下のような定常解の安定性に関する閾値定理が示される：

定理 7.1 ([183]) $R_0 \le 1$ であれば，自明な定常状態は大域的に漸近安定である．$R_0>1$ であれば，自明な定常解は不安定化して非自明な定常解が大域的に漸近安定になる．

証明 Ω 内の軌道 $S(t), I(t)$ について以下が成り立つ：

$$\begin{aligned}\dot{I}(t) &\le \beta(N-I(t))I(t)-(\mu+\gamma)I(t)\\ &= (\mu+\gamma)(R_0-1)I(t)-\beta I^2(t).\end{aligned}$$

したがって，$R_0 \le 1$ であれば $\lim_{t\to\infty} I(t)=0$ となることは明らかである．すなわち，Ω 内の点を初期条件とするすべての軌道は E_1 に引き寄せられていく．次に $R_0>1$ と仮定しよう．このとき E_1 が不安定であることは，(7.3) が E_1 における線形化方程式であることから明らかである．一方，E_2 における線形化方程式の係数行列（ヤコビアン）は

$$\begin{pmatrix} -\mu R_0 & -(\mu+\gamma) \\ \mu(R_0-1) & 0 \end{pmatrix}$$

で与えられ，固有値は

$$\frac{1}{2}\left[-\mu R_0 \pm \sqrt{(\mu R_0)^2 - 4\mu(\mu+\gamma)(R_0-1)}\right]$$

となる．したがって $R_0 > 1$ であれば固有値の実部はつねに負であるから，E_2 は局所漸近安定である．さらに Ω の内部に含まれる軌道上で以下の関数を考えよう：

$$V(S,I) := S^*\left[\frac{S}{S^*} - 1 - \log\frac{S}{S^*}\right] + I^*\left[\frac{I}{I^*} - 1 - \log\frac{I}{I^*}\right].$$

ここで $(S^*, I^*) = E_2$ である．このとき $V(S,I)$ は Ω で正定値で，E_2 で最小値ゼロをとる．軌道に沿って微分すれば，

$$\frac{dV}{dt} = \frac{\partial V}{\partial S}\frac{dS}{dt} + \frac{\partial V}{\partial I}\frac{dI}{dt} = -\frac{\mu R_0}{S}(S - S^*)^2$$

を得る．すなわち V はリアプノフ関数であって，$\dot{V} = 0$ となる最大の不変集合は $\{(S^*, I^*)\}$ である．したがってラサールの不変性原理 (La Salle Invariance Principle, [3, Proposition (18.3)]) によって，Ω 内の点を初期条件とするすべての軌道は E_2 に引き寄せられていくことがわかる．ただしこのとき Ω の境界上の $I = 0$ となる点は E_1 に引き寄せられる．□

この結果は基本再生産数 R_0 が，侵入初期の局所的挙動のみならず伝染病流行の大域的挙動をも決定している典型的な例を与えている．

伝染病流行が定着するという側面は常微分方程式の自律系モデル (7.1) によってうまく表現されているが，実際の麻疹などの流行においては数年の周期（再帰的流行）をもつことがわかっている ([151], [153], [239], 図 7.1)．上記の定理からモデル (7.1) においては持続的な周期解が存在しないことがわかるから，再帰的流行という側面は，この SIR モデルでは定常解の周囲での減衰振動という形でしか表現されていない．持続的な周期解を導くためには他の要因を考える必要があろう．たとえば感染率の季節変動が周期解を導くことはよく知られているが，自律系であっても，(7.1) において感受性人口のみが出産すると仮定して，$b = \lambda S(t)$ (λ は感受性人

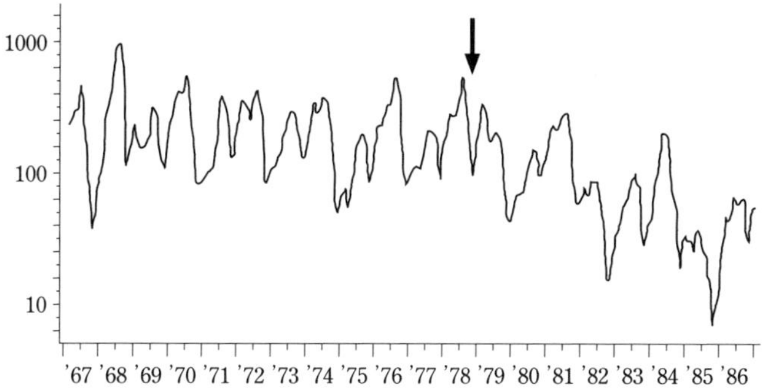

図 7.1 日本の人口 10 万人あたりの麻疹の月別発生数 (1967-1986 年). 矢印はワクチンプログラムの導入時期を示す ([239]).

口の出生率), $\lambda - \mu > 0$ と仮定すれば, (S, I) システムはロトカ–ヴォルテラ方程式になるから, 周期解が出現することになる. ただしロトカ–ヴォルテラ系は構造安定性を欠いているという難点がある. また他にも潜伏期間の存在や感染相互作用項の強い非線形性によっても周期性が現れることが知られている.

さらに現実の流行過程においてはホスト人口の構造, とくに年齢によって感染率は大きく異なると考えられ, 年齢構造の導入はより現実性のあるモデルを考えていくうえでつねに重要であるし, また周期解などのより豊かな解の構造を導くと期待される. 次節では SIR 型伝染病モデルに年齢構造を導入して拡張したうえで, その性質を検討する.

ただし, より基本的な問題としては決定論的なモデルが妥当であるかどうか, という問題があることに注意しよう. 実際, SIR モデルによって記述される流行においても, 流行の減衰局面で感染人口が非常に少数となった場合などには人口学的, 疫学的パラメータの確率性によって流行は消滅してしまう可能性がある ([149]). そうした状況ではもはや決定論的モデルは有効ではなく, 確率論的なモデルが必要となるが, 確率的モデルは再帰的な流行を導くことが知られている ([19]).

7.2 年齢構造化モデル

先に述べたように，現実の伝染病流行過程においてはホスト人口の構造，とくに年齢によって感染率は大きく異なると考えられるから，年齢構造の導入はより現実性のあるモデリングを考えていくうえでつねに重要である．またワクチン接種をどの年齢層におこなうべきかなどの予防疫学的問題を考えるうえでも年齢構造の考察は不可欠である．そこで以下では前節で見たSIR型のエンデミックな伝染病モデルに年齢構造を導入して拡張したうえで，その基本的な性質を検討してみよう．

封鎖状態にある人口において生涯免疫を誘導するような感染症が流行するという状況を考えよう．感染による出生率，死亡率の変化は無視できると仮定する．$S(t,a)$ を感受性人口，$I(t,a)$ を感染人口，$R(t,a)$ を回復して免疫を得た人口の年齢密度関数とする．このときモデルは以下のような偏微分方程式の初期値・境界値問題によって表される：

$$
\begin{aligned}
&S_t(t,a)+S_a(t,a)=-(\mu(a)+\theta(a)+\lambda(t,a))S(t,a),\\
&I_t(t,a)+I_a(t,a)=\lambda(t,a)S(t,a)-(\mu(a)+\gamma(a))I(t,a),\\
&R_t(t,a)+R_a(t,a)=\theta(a)S(t,a)+\gamma(a)I(t,a)-\mu(a)R(t,a),\\
&S(t,0)=\int_0^\omega m(a)(S(t,a)+(1-q)I(t,a)+R(t,a))\,da,\\
&I(t,0)=q\int_0^\omega m(a)I(t,a)\,da,\\
&R(t,0)=0,\\
&S(0,a)=S_0(a),\ I(0,a)=I_0(a),\ R(0,a)=R_0(a).
\end{aligned}
\tag{7.4}
$$

ここで S_t などは変数 t に関する偏微分を表す．$m(a)$ は年齢別出生率，$\mu(a)$ は自然死亡率，$\gamma(a)$ は回復率，q は感染人口から産まれた新生児が垂直感染している確率，$\theta(a)$ はワクチン接種による免疫化率である．$\lambda(t,a)$ は a 歳の感受性人口に作用する感染力であり，以下のように与えられる．

$$\lambda(t,a) = \frac{1}{N(t)} \int_0^\omega \beta(a,\sigma) I(t,\sigma)\, d\sigma.$$

ただし $P(t,a) := S(t,a) + I(t,a) + R(t,a)$ とするとき，

$$N(t) := \int_0^\omega P(t,a)\, da$$

であって，$N(t)$ は総人口である．すなわち感染力が人口スケールに独立となる 1 次同次性を仮定する．$\beta(a,\sigma)$ は a 歳の感受性個体と σ 歳の感染個体の間における感染率であり，また年齢区間は有限で，$\omega \in (0,\infty)$ を最大年齢とする．(S_0, I_0, R_0) は初期データである．

(7.4) において全人口の年齢分布 $P(t,a)$ は安定人口モデルにしたがうことがただちにわかる：

$$\begin{aligned} &P_t(t,a) + P_a(t,a) = -\mu(a) P(t,a), \\ &P(t,0) = \int_0^\omega m(a) P(t,a)\, da, \\ &P(0,a) = P_0(a). \end{aligned} \tag{7.5}$$

ここで $P_0(a) := S_0(a) + I_0(a) + R_0(a)$ である．したがって，全人口のサイズと年齢分布の時間発展は感染症流行とは無関係に決定されている．そこで新変数 (s,i,r) を

$$\begin{aligned} S(t,a) &= P(t,a) s(t,a), \\ I(t,a) &= P(t,a) i(t,a), \\ R(t,a) &= P(t,a) r(t,a) \end{aligned}$$

として導入すれば，(s,i,r) に関する以下のようなシステムを得る：

$$
\begin{aligned}
&s_t(t,a)+s_a(t,a)=-(\theta(a)+\lambda(t,a))s(t,a),\\
&i_t(t,a)+i_a(t,a)=\lambda(t,a)s(t,a)-\gamma(a)i(t,a),\\
&r_t(t,a)+r_a(t,a)=\theta(a)s(t,a)+\gamma(a)i(t,a),\\
&s(t,0)=1-q\int_0^\omega \phi(t,a)i(t,a)\,da,\\
&i(t,0)=q\int_0^\omega \phi(t,a)i(t,a)\,da,\\
&r(t,0)=0,\\
&\lambda(t,a)=\int_0^\omega \beta(a,\sigma)\psi(t,\sigma)i(t,\sigma)\,d\sigma.
\end{aligned}
\tag{7.6}
$$

ここで，

$$
\phi(t,a):=\frac{m(a)P(t,a)}{\int_0^\omega m(a)P(t,a)\,da},\quad \psi(t,a):=\frac{P(t,a)}{\int_0^\omega P(t,a)\,da}
$$

である．(7.6) は非自律的であるが，$P(t,a)$ の挙動は (s,i,r) とは無関係に安定人口モデル (7.5) によって決定されていて，ϕ, ψ は既知とみなせる．さらに $s(t,a)+i(t,a)+r(t,a)=1$ であるから，本質的に (s,i) または (i,r) だけで系は決定されている．

安定人口理論より，ϕ, ψ は時間的に不変な，規格化された年齢分布へ一様収束する：

$$
\begin{aligned}
&\lim_{t\to\infty}\phi(t,a)=c_1(a):=e^{-\lambda_0 a}m(a)\ell(a),\\
&\lim_{t\to\infty}\psi(t,a)=c_2(a):=\frac{e^{-\lambda_0 a}\ell(a)}{\int_0^\omega e^{-\lambda_0 a}\ell(a)\,da}.
\end{aligned}
$$

ここで λ_0 は全人口の自然成長率，$\ell(a)$ は生残率 $\ell(a):=\exp(-\int_0^a \mu(\sigma)\,d\sigma)$，$c_1(a)$ は安定人口下における出産年齢分布，$c_2(a)$ は安定年齢分布である．そこで以下では，ホスト人口は初めから安定年齢分布に達していたと考えよう．その場合は問題 (7.6) は本質的に以下のような自律的システムに還元される：

$$
\begin{aligned}
&s_t(t,a)+s_a(t,a)=-(\theta(a)+\lambda(t,a))s(t,a),\\
&i_t(t,a)+i_a(t,a)=\lambda(t,a)s(t,a)-\gamma(a)i(t,a),\\
&r_t(t,a)+r_a(t,a)=\theta(a)s(t,a)+\gamma(a)i(t,a),\\
&s(t,0)=1-q\int_0^{\omega}c_1(a)i(t,a)\,da,\\
&i(t,0)=q\int_0^{\omega}c_1(a)i(t,a)\,da,\\
&r(t,0)=0,\\
&\lambda(t,a)=\int_0^{\omega}\beta(a,\sigma)c_2(\sigma)i(t,\sigma)\,d\sigma.
\end{aligned}
\tag{7.7}
$$

ただし状態空間は，

$$
\Omega=\{(s,i,r)\in L^1_+(0,\omega)\times L^1_+(0,\omega)\times L^1_+(0,\omega)\,|\,s+i+r=1\}
$$

である．以下ではもっぱらこのシステムによって，安定人口成長下における伝染病流行を考える．

7.3 非負解の存在定理

本節では伝染病システム (7.7) の適切性，すなわち非負解の存在と一意性を示しておこう．この問題を扱うためには古典的な積分方程式への還元よりも，半群によるアプローチが最も有効である．そこで以下では関数解析的アプローチ（付録 C）を前提として，(7.7) の半群解を導こう[2)]．

2) この部分は以下の節では参照しないから，関数解析的な議論に不慣れな読者は飛ばして読んで差し支えない．

システム (7.7) は以下のような (i, r) システムとして考えることができる：

$$
\begin{aligned}
&i_t(t,a) + i_a(t,a) = \lambda(t,a)(1 - i(t,a) - r(t,a)) - \gamma(a)i(t,a),\\
&r_t(t,a) + r_a(t,a) = \theta(a)(1 - i(t,a) - r(t,a)) + \gamma(a)i(t,a),\\
&i(t,0) = q\int_0^\omega c_1(a)i(t,a)\,da,\\
&r(t,0) = 0,\\
&\lambda(t,a) = \int_0^\omega \beta(a,\sigma)c_2(\sigma)i(t,\sigma)\,d\sigma.
\end{aligned}
$$

ただし (i, r) の状態空間は,

$$
\Omega := \{(i,r) \in L^1_+(0,\omega) \times L^1_+(0,\omega) \,|\, 0 \le i + r \le 1\}
$$

である．むろん (i, r) が決まれば, $s(t,a) = 1 - i(t,a) - r(t,a)$ として s は決定される．(s, i) のかわりに (i, r) を用いたのは境界条件を線形同次にするためである．ここで $E := L^1(0,\omega) \times L^1(0,\omega)$ 上の作用素 A と F を以下のように定める：

$$
\begin{aligned}
&(A\phi)(a) = \begin{pmatrix} -d/da & 0 \\ 0 & -d/da \end{pmatrix}\begin{pmatrix} \phi_1(a) \\ \phi_2(a) \end{pmatrix},\\
&\mathcal{D}(A) = \{\phi = (\phi_1, \phi_2) \in E \,|\ \phi_j \text{は } [0,\omega] \text{ で絶対連続かつ}\\
&\qquad\qquad \phi_1(0) = q\int_0^\omega c_1(a)\phi_1(a)\,da, \phi_2(0) = 0\},\\
&F(\phi)(a) = \begin{pmatrix} \lambda[a \mid \phi_1](1 - \phi_1(a) - \phi_2(a)) - \gamma\phi_1 \\ \theta(a)(1 - \phi_1(a) - \phi_2(a)) + \gamma\phi_1 \end{pmatrix}.
\end{aligned}
$$

ただし

$$
\lambda[a|\phi] := \int_0^\omega \beta(a,\sigma)c_2(\sigma)\phi(\sigma)\,d\sigma
$$

と定義しておく．このとき (i, r) システムは $u = (i, r)^{\mathrm{T}}$ とすると，E 上の半線形のコーシー問題として定式化される：

$$
\frac{du(t)}{dt} = Au(t) + F(u(t)), \quad u(0) = u_0. \tag{7.8}
$$

作用素 A が C_0 半群 e^{tA} を生成することは容易に確かめられる．実際，e^{tA} は以下のような半群である：

$$e^{tA}\begin{pmatrix}\phi_1(a)\\ \phi_2(a)\end{pmatrix}=\begin{pmatrix}(e^{tA_1}\phi_1)(a)\\ (e^{tA_2}\phi_2)(a)\end{pmatrix}.$$

ここで，e^{tA_1}, e^{tA_2} は $L^1(0,\omega)$ 上の半群で，$\phi\in L^1(0,\omega)$ に対して以下のように定義される：

$$(e^{tA_1}\phi)(a)=\begin{cases}B(t-a), & t-a>0,\\ \phi(a-t), & a-t>0,\end{cases}$$

$$(e^{tA_2}\phi)(a)=\begin{cases}0, & t-a>0,\\ \phi(a-t), & a-t>0.\end{cases}$$

ただしここで $B(t)$ は以下の再生方程式の解である：

$$B(t)=G(t)+q\int_0^t c_1(a)B(t-a)\,da,$$
$$G(t):=\begin{cases}q\displaystyle\int_t^\omega c_1(a)\phi(a-t)\,da, & t<\omega,\\ 0, & t>\omega.\end{cases}$$

このとき状態空間 Ω は流れ e^{tA} に関して正方向に不変となることは容易にわかる：

$$e^{tA}(\Omega)\subset\Omega.$$

以下では β, θ, γ は上に有界な正の可測関数であると仮定する．このとき以下が成り立つ：

補題 7.1　写像 $F:\Omega\to E$ はリプシッツ連続であり，十分小さい $\alpha\in(0,1)$ に対して，

$$(I+\alpha F)(\Omega)\subset\Omega. \tag{7.9}$$

証明　リプシッツ連続性は明らかであるから，(7.9) を示そう．

$$(I+\alpha F)(u_1,u_2)^{\mathrm{T}}=(v_1,v_2)^{\mathrm{T}}$$

とおけば，

$$v_1(a)+v_2(a)=\alpha(\lambda[a|u_1]+\theta(a))(1-u_1(a)-u_2(a))+(u_1(a)+u_2(a)).$$

$u=(u_1,u_2)^{\mathrm{T}}\in\Omega$ に対して $\sup\lambda\le\sup\beta$ であることに注意して，$\lambda^+:=\sup\lambda$, $\theta^+:=\sup\theta$ とおく．このとき，$\alpha\le(\lambda^++\theta^+)^{-1}$ とすれば，$v_1(a)+v_2(a)\le 1$ となることがわかる．また $\gamma^+:=\sup\gamma$ とするとき，$\alpha\gamma^+\le 1$ であれば $v_1\ge 0$ である．したがって，

$$0<\alpha<\min\Big(\frac{1}{\lambda^++\theta^+},\frac{1}{\gamma^+}\Big) \tag{7.10}$$

であれば (7.9) が成り立つことがわかる．□

コーシー問題 (7.8) を以下のように書き換えよう：

$$\frac{du(t)}{dt}=\Big(A-\frac{1}{\alpha}\Big)u(t)+\frac{1}{\alpha}(I+\alpha F)u(t),\quad u(0)=u_0.$$

ここで α は (7.10) を満たすようにとる．この方程式の**弱い解** (mild solution) は以下の積分方程式の解として得られる（**定数変化法の公式**: variation of constants formula, [334, Chapter 6]）：

$$u(t)=e^{-\frac{1}{\alpha}t}e^{tA}u_0+\frac{1}{\alpha}\int_0^t e^{-\frac{1}{\alpha}(t-s)}e^{(t-s)A}[u(s)+\alpha F(u(s))]\,ds.$$

この弱解が定義する流れ (semiflow) を $S(t)u_0$ $(t>0)$ と書こう．このとき以下のような逐次近似列

$$u^0(t)=u_0,$$
$$u^{n+1}(t)=e^{-\frac{1}{\alpha}t}e^{tA}u_0+\frac{1}{\alpha}\int_0^t e^{-\frac{1}{\alpha}(t-s)}e^{(t-s)A}[u^n(s)+\alpha F(u^n(s))]\,ds$$

をつくれば，$u^n \in \Omega$ であれば，$e^{tA}u_0, e^{(t-s)A}[u^n(s) + \alpha F(u^n(s))] \in \Omega$ であり，この 2 項の凸結合として $u^{n+1} \in \Omega$ となる．F のリプシッツ連続性から u^n は弱解 $S(t)u_0 \in \Omega$ に一様収束する．すなわち，

定理 7.2　コーシー問題 (7.8) は一意的な弱解 $S(t)u_0$ をもち，Ω は流れ $S(t)$ に関して正方向に不変である．

初期条件が $\mathcal{D}(A)$ に属していれば，得られた弱解は古典的な微分可能な解である[3)]．

7.4　定常人口下における流行

初めに全体人口が定常状態にある場合を考えよう．また簡単のため，垂直感染がなく，ワクチン接種もないと仮定する．したがって $q = 0, \theta(a) \equiv 0$ であり，

$$\int_0^\omega m(a)\ell(a)\,da = 1 \tag{7.11}$$

が成り立っていると仮定する．また全人口は，初めから定常状態であると仮定すれば，任意の $t > 0$ について，

$$P(t,a) = P_0(a) := B\ell(a).$$

ここで B は単位時間あたりの出生数を与える正数である．このとき $c_2(a) = b\ell(a)$ である．ただし $b := 1/\int_0^\omega \ell(a)\,da$ は規格化された定常人口分布の粗出生率である．r は $1-s-i$ として得られるから，以下ではもっぱら (s,i)

3)　ここで示した方法はブーゼンバーグ–イアネリ–ティーメの論文によった ([45])．

システムを考えよう：

$$
\begin{aligned}
&s_t(t,a) + s_a(t,a) = -\lambda(t,a)s(t,a),\\
&i_t(t,a) + i_a(t,a) = \lambda(t,a)s(t,a) - \gamma(a)i(t,a),\\
&\lambda(t,a) = \int_0^\omega \beta(a,\sigma)c_2(\sigma)i(t,\sigma)\,d\sigma,\\
&s(t,0) = 1,\\
&i(t,0) = 0.
\end{aligned}
\tag{7.12}
$$

ここでシステムの状態空間，すなわち $(s(t,\cdot), i(t,\cdot))$ がとる値は $L^1_+(0,\omega) \times L^1_+(0,\omega)$ であり，$\gamma \in L^\infty_+(0,\omega)$, $\beta \in L^\infty_+((0,\omega)\times(0,\omega))$ であると仮定しておく．

初めに (7.12) の定常解を求めよう．$s^*(a)$, $i^*(a)$ を定常解，$\lambda^*(a)$ を対応する感染力とすれば，

$$
\begin{aligned}
&\frac{d}{da}s^*(a) = -\lambda^*(a)s^*(a),\\
&\frac{d}{da}i^*(a) = -\gamma(a)i^*(a) + \lambda^*(a)s^*(a),\\
&\lambda^*(a) = \int_0^\omega \beta(a,\sigma)c_2(\sigma)i^*(\sigma)\,d\sigma,\\
&s^*(0) = 1, \quad i^*(0) = 0.
\end{aligned}
\tag{7.13}
$$

したがって以下のような表現を得る：

$$
\begin{aligned}
s^*(a) &= \exp\left(-\int_0^a \lambda^*(\sigma)d\sigma\right),\\
i^*(a) &= \int_0^a \frac{\Gamma(a)}{\Gamma(\zeta)}\lambda^*(\zeta)e^{-\int_0^\zeta \lambda^*(z)\,dz}\,d\zeta.
\end{aligned}
\tag{7.14}
$$

ただし，$\Gamma(a) := \exp(-\int_0^a \gamma(\sigma)\,d\sigma)$ である．

(7.14) を (7.13) の λ^* の表現に代入して積分順序を変更すれば，未知関数 $\lambda^*(a)$ に関する非線形積分方程式を得る：

$$
\lambda^*(a) = \int_0^\omega \phi(a,\zeta)\lambda^*(\zeta)e^{-\int_0^\zeta \lambda^*(z)dz}d\zeta. \tag{7.15}
$$

ただしここで，

$$\phi(a,\zeta) := \int_\zeta^\omega \beta(a,\sigma)c_2(\sigma)\frac{\Gamma(\sigma)}{\Gamma(\zeta)}\,d\sigma$$

である．非線形方程式 (7.15) が正の解をもてば，それに対応してエンデミックな定常解が (7.14) によって得られる．明らかに $\lambda^*(a) \equiv 0$ は自明な解であって，これに対応して感染者のいない定常状態 (1,0) が存在する．この他に正の解が存在するかどうかについて考えてみよう．

簡単のため，年齢間の感染率の関数 $\beta(a,\zeta)$ がある関数 $\beta_1(a)$, $\beta_2(\zeta)$ を用いて，

$$\beta(a,\zeta) = \beta_1(a)\beta_2(\zeta) \tag{7.16}$$

と表される場合をとりあげる．(7.16) は**分離混合仮説** (separable mixing assumption) と呼ばれる ([121])．これは感染者と被感染者の年齢に相関関係がないと仮定することに他ならない．そのとき非線形方程式 (7.15) は，

$$\lambda^*(a) \;=\; \beta_1(a)\int_0^\omega \pi(\zeta)\lambda^*(\zeta)e^{-\int_0^\zeta \lambda^*(z)dz}d\zeta, \tag{7.17}$$

$$\pi(\zeta) := \int_\zeta^\omega \beta_2(\sigma)c_2(\sigma)\frac{\Gamma(\sigma)}{\Gamma(\zeta)}\,d\sigma$$

となるから，1 次元の方程式に還元され，解は $\lambda^*(a) = c\beta_1(a)$ (c は定数) という形になることがわかる．これを (7.17) に代入すれば，以下の未知係数 c に関する特性方程式を得る：

$$1 = \int_0^\omega \phi(\zeta,\zeta)e^{-c\int_0^\zeta \beta_1(z)dz}d\zeta.$$

この方程式の右辺は c の単調減少関数であって，$c \to \infty$ ではゼロとなることから，条件

$$\int_0^\omega \phi(\zeta,\zeta)\,d\zeta = \int_0^\omega \beta_1(\zeta)\pi(\zeta)\,d\zeta > 1 \tag{7.18}$$

が成り立つ場合には，ただ1つの正根を有することがわかる．すなわち比例混合仮説が成り立つ場合は，条件 (7.18) が成り立てば，エンデミックな定常解がただ1つ存在する．一方，(7.18) が成り立たなければ自明な定常解だけが存在する．

次に上記の定常解の安定性を問題を考えよう．さらに議論を簡単にするために感染率 $\beta(a,\zeta)$ と回復率 $\gamma(a)$ は，それぞれ定数 β, γ であると仮定する．したがって以下の単純化されたシステムを考える：

$$\begin{aligned}
&s_t(t,a) + s_a(t,a) = -\lambda(t)s(t,a),\\
&i_t(t,a) + i_a(t,a) = -\gamma i(t,a) + \lambda(t)s(t,a),\\
&\lambda(t) = \beta\int_0^{\omega} c_2(\sigma)i(t,\sigma)\,d\sigma,\\
&s(t,0) = 1,\\
&i(t,0) = 0.
\end{aligned} \tag{7.19}$$

定常状態を $(s^*(a), i^*(a))$ としてそこからの摂動を $(u(t,a), v(t,a))$ としよう：

$$\begin{aligned}
s(t,a) &= s^*(a) + u(t,a),\\
i(t,a) &= i^*(a) + v(t,a).
\end{aligned} \tag{7.20}$$

ここで，

$$\begin{aligned}
s^*(a) &= e^{-\lambda^* a},\\
i^*(a) &= \lambda^*\int_0^a e^{-\lambda^*\sigma-\gamma(a-\sigma)}\,d\sigma
\end{aligned}$$

である．(7.20) を (7.19) に代入して (u,v) の 2 次以上の項を無視し，$(s^*(a), i^*(a))$ が定常解であることを利用すれば，以下の線形化方程式を得る：

$$u_t(t,a) + u_a(t,a) = -\lambda^* u(t,a) - s^*(a)\beta \int_0^\omega c_2(\sigma) v(t,\sigma)\, d\sigma,$$
$$v_t(t,a) + v_a(t,a) = -\gamma v(t,a) + \lambda^* u(t,a) + s^*(a)\beta \int_0^\omega c_2(\sigma) v(t,\sigma)\, d\sigma,$$
$$\lambda^* = \beta \int_0^\omega c_2(\sigma) i^*(\sigma)\, d\sigma,$$
$$u(t,0) = v(t,0) = 0.$$

さらに変数分離型の解を仮定して,

$$u(t,a) = e^{\alpha t} g(a), \quad v(t,a) = e^{\alpha t} h(a)$$

とおけば,

$$\dot{g}(a) = -(\alpha + \lambda^*) g(a) - s^*(a)\beta \int_0^\omega c_2(\sigma) h(\sigma)\, d\sigma,$$
$$\dot{h}(a) = -(\alpha + \gamma) h(a) + \lambda^* g(a) + s^*(a)\beta \int_0^\omega c_2(\sigma) h(\sigma)\, d\sigma,$$
$$g(0) = h(0) = 0.$$

ここで g に関する常微分方程式を解いて以下を得る：

$$g(a) = -\beta \int_0^a e^{-(\alpha+\lambda^*)(a-z)-\lambda^* z}\, dz \int_0^\omega c_2(\sigma) h(\sigma)\, d\sigma.$$

これを $h(a)$ に関する方程式に代入すれば以下を得る：

$$\dot{h}(a) = -(\alpha + \gamma) h(a) + \beta e^{-\lambda^* a} \left[1 - \lambda^* \int_0^a e^{-\alpha(a-z)}\, dz \right] \int_0^\omega c_2(\sigma) h(\sigma)\, d\sigma.$$

したがって,

$$h(a) = \int_0^a e^{-(\gamma+\alpha)(a-\zeta)} \beta e^{-\lambda^* \zeta} \left[1 - \lambda^* \int_0^\zeta e^{-\alpha(\zeta - z)}\, dz \right] d\zeta \int_0^\omega c_2(\sigma) h(\sigma)\, d\sigma.$$

この両辺に $c_2(a)$ をかけて 0 から ω まで積分して，共通因子 $\int_0^\omega c_2(\sigma)h(\sigma)\,d\sigma$ を除すれば，

$$1=\int_0^\omega c_2(a)\int_0^a e^{-(\gamma+\alpha)(a-\zeta)}\beta e^{-\lambda^*\zeta}\left[1-\lambda^*\int_0^\zeta e^{-\alpha(\zeta-z)}dz\right]d\zeta da.$$

これが摂動項の成長率 α を決定する特性方程式になる．これは変数変換と積分順序の変更によって以下のようなラプラス変換の形に変形できる：

$$\hat{J}(\alpha,\lambda^*)=\int_0^\omega e^{-\alpha x}J(x,\lambda^*)\,dx=1.$$

ここで，

$$J(x,\lambda^*):=G(x,\lambda^*)-\lambda^*H(x,\lambda^*),$$
$$G(x,\lambda^*):=\beta e^{-\gamma x}\int_x^\omega c_2(a)e^{-\lambda^*(a-x)}\,da,$$
$$H(x,\lambda^*):=\beta\int_x^\omega c_2(a)\int_{a-x}^a e^{-\gamma(a-\zeta)-\lambda^*\zeta}d\zeta\,da.$$

このとき λ^* が定常解の感染力であるためには (7.15) を満たしていなければならないが，いまの場合 (7.15) は，

$$\hat{G}(0,\lambda^*)=1 \tag{7.21}$$

という条件に他ならない．したがって，もし $\alpha\geq 0,\ \lambda^*\neq 0$ であれば，$\hat{J}(x,\lambda^*)<\hat{G}(x,\lambda^*)$ より，

$$\hat{J}(\alpha,\lambda^*)<\hat{G}(\alpha,\lambda^*)\leq\hat{G}(0,\lambda^*)=1$$

となるから，α は特性根にはなりえない．すなわち，エンデミックな定常状態においては非負な特性根は存在しない．しかしながら一般に実部が正の複素数の特性根が存在する可能性はある．そこで $J(x,\lambda^*)$ を

$$J(x,\lambda^*)\ =\ \beta\int_x^\omega c_2(a)m(a,x,\lambda^*)\,da,$$
$$m(a,x,\lambda^*):=e^{-\gamma x-\lambda^*(a-x)}-\lambda^*\int_0^x e^{-\gamma\sigma-\lambda^*(a-\sigma)}\,d\sigma$$

と書き直せることに注意しよう．$m(a,x,\lambda^*)$ は $0 \le x \le a \le \omega$ で定義されている．

$$\frac{\partial m}{\partial x} = -\gamma e^{-\gamma x - \lambda^*(a-x)} < 0$$

であるから，

$$m(a,x,\lambda^*) \ge m(a,a,\lambda^*) = e^{-\gamma a} - \lambda^* \int_0^a e^{-\gamma\sigma-\lambda^*(a-\sigma)}\, d\sigma.$$

さらに部分積分によって，

$$m(a,a,\lambda^*) = e^{-\lambda^* a}\left(1 - \gamma \int_0^a e^{(\lambda^*-\gamma)\sigma}\, d\sigma\right)$$

を得る．したがって λ^* が

$$1 > \gamma \int_0^\omega e^{(\lambda^*-\gamma)\sigma}\, d\sigma \tag{7.22}$$

を満たせば，$m(a,a,\lambda) > 0$ であり，したがって $J(x,\lambda^*) > 0$ となることがわかる．条件 (7.22) は λ^* が十分小であれば満たされる．したがってそのような場合には，特性方程式 $\hat{J}(\alpha,\lambda^*) = 1$ の根の分布はロトカの特性方程式と同様であって，$\hat{J}(0,\lambda^*) < 1$ よりすべての根は負の実部をもつことになる．すなわち λ^* が十分小である場合は，エンデミックな定常状態は局所漸近安定である．定常状態を決める方程式 (7.21) から，λ^* が小さい正根であるのは，

$$\hat{G}(0,0) = \frac{\beta}{\gamma}\int_0^\omega c_2(a)(1-e^{-\gamma a})\, da$$

が 1 より大きくかつ 1 に十分近い場合である．この式の右辺はシステム (7.19) の基本再生産数に他ならない．実際，$\lambda^* = 0$ であれば特性方程式は，

$$\hat{G}(\alpha,0) = \int_0^\omega e^{-\alpha x} G(x,0)\, dx = 1$$

となり，$G(x,0) > 0$ であるから，$\hat{G}(0,0) = \int_0^\omega G(x,0)\, dx < 1$ であれば特性根の実部はすべて負であり，$\hat{G}(0,0) > 1$ であれば正の根が存在する．す

なわち，$R_0 = \hat{G}(0,0)$ である．したがって感染者のいない定常解は $R_0 < 1$ であれば局所漸近安定，$R_0 > 1$ であれば不安定となる．以上から次の定理が示された：

定理 7.3　パラメータ $\beta(a,\zeta)$，$\gamma(a)$ は定数であると仮定する．このとき自明な定常解は $R_0 < 1$ であれば局所漸近安定であり，$R_0 > 1$ であれば不安定である．エンデミックな定常解は $R_0 > 1$ ならばただ 1 つ存在して，かつ $|R_0 - 1|$ が十分小であれば局所漸近安定である．

実際には，$R_0 < 1$ であれば感染者のいない自明な定常解は大域的に安定であることが示される ([210]).

7.5　安定人口成長下での流行

本節では垂直感染と免疫化の要因を考慮するとともに，人口の定常性という仮定をはずしてモデル (7.7) を再考しよう[4)]．ただし問題の解析を容易にするために，以下ではパラメータ β, γ, θ はすべて定数と仮定する．

初めに定常解と基本再生産数を計算しよう．定常解には $*$ をつけて表すこととして，(s^*, i^*) システムを考えれば，

$$
\begin{aligned}
s_a^*(a) &= -(\theta + \lambda^*)s^*(a), \\
i_a^*(a) &= \lambda^* s^*(a) - \gamma i^*(a), \\
s^*(0) &= 1 - q\int_0^\omega c_1(a) i^*(a)\, da, \\
i^*(0) &= q\int_0^\omega c_1(a) i^*(a)\, da, \\
\lambda^* &= \beta\int_0^\omega c_2(\sigma) i^*(\sigma)\, d\sigma.
\end{aligned}
$$

この常微分方程式を解いて，以下の表現を得る：

---

4)　より一般的結果については [458] を参照.

$$
\begin{aligned}
s^*(a) &= s^*(0)e^{-(\theta+\lambda^*)a}, \\
i^*(a) &= i^*(0)e^{-\gamma a} + s^*(0)\lambda^* \int_0^a e^{-\gamma(a-s)-(\theta+\lambda^*)s}\, ds.
\end{aligned}
\tag{7.23}
$$

これを境界条件の式に代入して $s^*(0)+i^*(0)=1$ に注意すれば,

$$
\begin{aligned}
& i^*(0) = qAi^*(0) + (1-i^*(0))q\lambda^* B(\lambda^*), \\
& A := \int_0^\omega c_1(a)e^{-\gamma a}da, \\
& B(\lambda^*) := \int_0^\omega c_1(a)\int_0^a e^{-\gamma(a-s)-(\theta+\lambda^*)s}dsda.
\end{aligned}
$$

したがって,

$$
i^*(0) = \frac{q\lambda^* B(\lambda^*)}{1-qA+q\lambda^* B(\lambda^*)}. \tag{7.24}
$$

これらを λ^* の表現に代入すれば，以下の等式を得る：

$$
\lambda^* = \beta\lambda^* D(\lambda^*) + \frac{q\lambda^* B(\lambda^*)(\beta C - \beta\lambda^* D(\lambda^*))}{1-qA+q\lambda^* B(\lambda^*)}. \tag{7.25}
$$

ここで,

$$
\begin{aligned}
C &:= \int_0^\omega c_2(a)e^{-\gamma a}\, da, \\
D(\lambda^*) &:= \int_0^\omega c_2(a)\int_0^a e^{-\gamma(a-s)-(\theta+\lambda^*)s}\, dsda.
\end{aligned}
$$

(7.25) の非負解 λ^* が存在すれば，それに対応して (7.23), (7.24) によって定常解が定まる．明らかに $\lambda^* = 0$ は自明な解であって，定常解 $(s^*,i^*) = (e^{-\theta a},0)$ を与える．$\lambda^* > 0$ となる解の存在条件を求めるために，以下の特性関係を考えよう：

$$
\begin{aligned}
& F(\lambda^*) = 1, \\
& F(x) := \beta D(x) + \frac{q\beta B(x)(C - xD(x))}{1-qA+qxB(x)}.
\end{aligned}
$$

すなわち (7.25) の正値解は $F(x)=1$ の正根として与えられる．このとき $\lim_{x\to\infty} F(x)=0$ となることは容易にわかるから，

$$F(0)=\beta D(0)+\frac{q\beta CB(0)}{1-qA}>1 \tag{7.26}$$

であれば，少なくとも 1 つの正根が存在することがわかる．とくに垂直感染がない場合 $(q=0)$ は，$F(x)$ は正の単調減少関数であり，条件 (7.26) のもとで非自明な定常解はただ 1 つ存在する．この定常解は，もとのシステム (7.7) においては各カテゴリーの人口が一定比率を保ちながら，自然成長率で指数関数的に増大する人口に他ならない．

$F(0)$ の疫学的な意味を考えておこう．$F(0)$ は以下のように分解される：

$$F(0)=U+\frac{1}{1-qA}\cdot V\cdot W. \tag{7.27}$$

ここで，

$$U:=\beta D(0)=\beta\int_0^\omega c_2(a)\int_0^a e^{-\gamma(a-s)-\theta s}\,dsda,$$
$$V:=\beta C=\beta\int_0^\omega c_2(a)e^{-\gamma a}\,da,$$
$$W:=q\int_0^\omega c_1(a)\int_0^a e^{-\gamma(a-s)-\theta s}\,dsda$$

である．U は水平感染による基本再生産数に他ならない．第 2 項は垂直感染による基本再生産数であって，$1/(1-qA)$ は一人の感染新生児あたりの感染した子孫の総数，V は一人の感染新生児が生涯に生みだす水平感染者数，W は一人の感染者が垂直感染によって生みだす感染新生児数である．したがって $F(0)$ は垂直感染がある場合の基本再生産数 R_0 に他ならない．

次に定常解の安定性を考えよう．まず感染者のいない定常状態での線形化方程式は，

$$i_t(t,a)+i_a(t,a)=\beta e^{-\theta a}\int_0^\omega c_2(\sigma)i(t,\sigma)\,d\sigma-\gamma i(t,a),$$
$$i(t,0)=q\int_0^\omega c_1(a)i(t,a)\,da.$$

そこで $i(t,a)=e^{rt}y(a)$ とおけば，

$$\dot{y}(a)=-(r+\gamma)y(a)+\beta e^{-\theta a}\int_0^\omega c_2(\sigma)y(\sigma)\,d\sigma,$$
$$y(0)=q\int_0^\omega c_1(a)y(a)\,da.$$

これを解いて，以下を得る：

$$y(a)=qe^{-(r+\gamma)a}\langle c_1,y\rangle+\beta\int_0^a e^{-(r+\gamma)(a-s)-\theta s}\,ds\langle c_2,y\rangle. \tag{7.28}$$

ただしここで $\langle c_1,y\rangle:=\int_0^\omega c_1(a)y(a)\,da$ などである．(7.28) の両辺に $c_1(a)$ あるいは $c_2(a)$ をかけて 0 から ω まで積分すれば，

$$\begin{aligned}\langle c_1,y\rangle&=qJ(r)\langle c_1,y\rangle+\beta K(r)\langle c_2,y\rangle,\\ \langle c_2,y\rangle&=qL(r)\langle c_1,y\rangle+\beta M(r)\langle c_2,y\rangle.\end{aligned} \tag{7.29}$$

を得る．ここで，

$$J(r):=\int_0^\omega c_1(a)e^{-(r+\gamma)a}\,da,$$
$$K(r):=\int_0^\omega c_1(a)\int_0^a e^{-(r+\gamma)(a-s)-\theta s}\,dsda,$$
$$L(r):=\int_0^\omega c_2(a)e^{-(r+\gamma)a}\,da,$$
$$M(r):=\int_0^\omega c_2(a)\int_0^a e^{-(r+\gamma)(a-s)-\theta s}\,dsda.$$

(7.29) が $\langle c_1,y\rangle$, $\langle c_2,y\rangle$ についての連立方程式として非自明な解をもつ条件は，

$$(1-qJ(r))(1-\beta M(r))-q\beta K(r)L(r)=0$$

であるが，これが感染人口の成長率 r を決定する特性方程式に他ならない．これは $r\geq 0$ においては，

$$1=G(r):=\beta M(r)+\frac{q\beta K(r)L(r)}{1-qJ(r)}$$

と書き直せる．$G(+\infty)=0$ であるから，$G(0)>1$ であれば正根が存在することがわかる．ところが $G(0)=F(0)=R_0$ であるから，$R_0>1$ であれば自明な定常解は不安定となる．またとくに $q=0$ であれば，特性方程式は $\beta M(r)=1$ となり，条件 $R_0=F(0)=\beta D(0)=\beta M(0)<1$ のもとでは特性根の実部はすべて負になる．すなわち自明な定常解は局所安定である．以上から次の定理が示された[5)]：

定理 7.4　パラメータ β,γ,θ が定数の場合，$R_0=F(0)>1$ であれば，非自明な定常解が少なくとも 1 つ存在して，自明な定常解は不安定となる．とくに $q=0$ の場合は，$R_0<1$ であれば自明な定常解のみが存在して局所漸近安定であるが，$R_0>1$ であればただ 1 つの非自明な定常解が存在して，自明な定常解は不安定化する．

基本再生産数と人口成長率の関係を考えてみよう．まず水平感染の部分の基本再生産数を成長率 λ の関数として $R_0^1(\lambda)$ と書けば，

$$R_0^1(\lambda):=\beta\int_0^\omega c_2(a,\lambda)\int_0^a e^{-\gamma(a-s)-\theta s}\,dsda=\beta\int_0^\omega c_2(a,\lambda)f(a)\,da.$$

ここで，

$$f(a):=\int_0^a e^{-\gamma(a-s)-\theta s}\,ds=\frac{e^{-\theta a}-e^{-\gamma a}}{\gamma-\theta}$$

であり，$c_2(a,\lambda)$ は λ の関数としての安定年齢分布である：

$$c_2(a,\lambda):=\frac{e^{-\lambda a}\ell(a)}{\int_0^\omega e^{-\lambda a}\ell(a)da}.$$

このとき，簡単な計算で以下を得る：

$$\frac{\partial R_0^1(\lambda)}{\partial\lambda}=\beta\int_0^\omega f(a)c_2(a,\lambda)(\bar{a}_2-a)\,da.$$

ただしここで，

$$\bar{a}_2:=\int_0^\omega ac_2(a,\lambda)\,da$$

5)　より一般的結果については [457] を参照．

は安定年齢分布の平均年齢である．いま免疫化のない場合 ($\theta = 0$) を考えると，$f(a)$ は単調増大関数となる．その場合は，

$$
\begin{aligned}
&\int_0^{\omega} f(a)c_2(a,\lambda)(\bar{a}_2 - a)\,da \\
&= \int_0^{\bar{a}_2} f(a)c_2(a,\lambda)(\bar{a}_2 - a)\,da + \int_{\bar{a}_2}^{\omega} f(a)c_2(a,\lambda)(\bar{a}_2 - a)\,da \\
&\le f(\bar{a}_2)\int_0^{\bar{a}_2} c_2(a,\lambda)(\bar{a}_2 - a)\,da + f(\bar{a}_2)\int_{\bar{a}_2}^{\omega} c_2(a,\lambda)(\bar{a}_2 - a)\,da = 0.
\end{aligned}
$$

したがって，$R_0^1(\lambda)$ は単調減少関数となる．付録 A.1 で見るように，人口構造 $c_2(a,\lambda)$ の平均年齢は λ の単調減少関数であるから，人口が高齢化すれば，R_0^1 はより大きくなる．一方，発展途上諸国のように，成長率 λ が大きく，若年層に偏ったピラミッド状の人口構造であれば，水平感染の基本再生産数はより小となる．これは一見すると我々の先入観に反する結果であるが，発展途上諸国における感染症の多発は人口構造のせいではなく，保健衛生上の問題なのであろう．一方，免疫化がおこなわれると，$f(a)$ は中間年齢でピークをもつ単峰型の分布になるから，必ずしも高齢化は基本再生産数の増加をもたらさないであろう ([307])．

次に垂直感染の部分の基本再生産数を $R_0^2(\lambda)$ とすると，(7.27) の分解を用いれば以下のように書ける：

$$
R_0^2(\lambda) = \frac{V(\lambda)W(\lambda)}{1 - qA(\lambda)}.
$$

ここで，

$$
\begin{aligned}
A(\lambda) &:= \int_0^{\omega} c_1(a)e^{-\gamma a}\,da, \\
V(\lambda) &:= \beta\int_0^{\omega} c_2(a)e^{-\gamma a}\,da, \\
W(\lambda) &:= q\int_0^{\omega} c_1(a)\int_0^{a} e^{-\gamma(a-s)-\theta s}\,dsda
\end{aligned}
$$

である．水平感染の場合と同様な議論によって，$\theta = 0$ であれば以下を得る：

$$\frac{\partial A(\lambda)}{\partial \lambda} > 0, \ \frac{\partial V(\lambda)}{\partial \lambda} > 0, \ \frac{\partial W(\lambda)}{\partial \lambda} < 0.$$

したがってこの場合は $\partial R_0^2(\lambda)/\partial \lambda$ は定符号ではなく，成長率の変化に対する R_0^2 の応答は複雑である．

7.6　次世代作用素と閾値条件

これまでは議論を容易にするために，パラメータが定数であったり，感染率が比例混合仮説を満たす場合を考えてきたが，ここでは (7.4) に戻って，そうした制限を課さない一般的なケースを考えてみよう．この場合は無限次元の問題を扱わねばならない．厳密な取り扱いには関数解析的な準備が必要であるから，ここでは直観的な説明にとどめる．必要な関数解析的な概念については付録 C, D を参照していただきたい．

簡単のため (7.11) を仮定して，全人口は定常人口 $P_0(a) = B\ell(a)$ であると仮定しておく[6)]．はじめに全人口が感受性である定常状態に少数の感染者が発生した場合（初期侵入相: initial invasion phase）を考えよう．このときは感染者のダイナミクスは以下のような線形化方程式で表される：

$$\begin{aligned} &I_t(t,a) + I_a(t,a) = c_2(a) \int_0^\omega \beta(a,\sigma) I(t,\sigma)\, d\sigma - (\mu(a) + \gamma(a)) I(t,a), \\ &I(t,0) = q \int_0^\omega m(a) I(t,a)\, da. \end{aligned} \tag{7.30}$$

この線形方程式をラプラス変換を用いて形式的に解いてみよう．

$$\hat{I}(a,\alpha) := \int_0^\infty e^{-\alpha t} I(t,a)\, dt$$

6)　このとき $c_2(a) = \ell(a)/\int_0^\omega \ell(\sigma)\, d\sigma$ であることに注意．

として，(7.30) の両辺の時間に関するラプラス変換をとれば以下を得る：

$$\frac{d\hat{I}(a,\alpha)}{da} = I_0(a) + c_2(a)\int_0^\omega \beta(a,\sigma)\hat{I}(\sigma,\alpha)\,d\sigma - (\alpha+\mu(a)+\gamma(a))\hat{I}(a,\alpha).$$

これより以下を得る：

$$\begin{aligned}\hat{I}(a,\alpha) &= q\langle m,\hat{I}(\cdot,\alpha)\rangle e^{-\alpha a}\ell(a)\Gamma(a)\\ &+\int_0^a e^{-\alpha(a-\sigma)}\frac{\ell(a)\Gamma(a)}{\ell(\sigma)\Gamma(\sigma)}[I_0(\sigma)+c_2(\sigma)\langle\beta(\sigma,\cdot)\hat{I}(\cdot,\alpha)\rangle]\,d\sigma.\end{aligned} \tag{7.31}$$

(7.31) の両辺に $m(a)$ を乗じて，0 から ω まで積分すれば，

$$\begin{aligned}&\langle m,\hat{I}(\cdot,\alpha)\rangle\\ &= q\langle m,\hat{I}(\cdot,\alpha)\rangle\int_0^\omega e^{-\alpha a}m(a)\ell(a)\Gamma(a)\,da + \langle m, G(\cdot,\alpha)\rangle\\ &+\int_0^\omega m(x)\int_0^x e^{-\alpha(x-\sigma)}\frac{\ell(x)\Gamma(x)}{\ell(\sigma)\Gamma(\sigma)}c_2(\sigma)\langle\beta(\sigma,\cdot),\hat{I}(\cdot,\alpha)\rangle\,d\sigma dx.\end{aligned}$$

ただし，

$$G(a,\alpha) := \int_0^a e^{-\alpha(a-\sigma)}\frac{\ell(a)\Gamma(a)}{\ell(\sigma)\Gamma(\sigma)}I_0(\sigma)\,d\sigma$$

である．そこで以下の表現を得る：

$$\begin{aligned}\langle m,\hat{I}(\cdot,\alpha)\rangle &= \left(1-q\int_0^\omega e^{-\alpha a}m(a)\ell(a)\Gamma(a)da\right)^{-1}\Bigg[\langle m, G(\cdot,\alpha)\rangle\\ &+\int_0^\omega m(x)\int_0^x e^{-\alpha(x-\sigma)}\frac{\ell(x)\Gamma(x)}{\ell(\sigma)\Gamma(\sigma)}c_2(\sigma)\langle\beta(\sigma,\cdot),\hat{I}(\cdot,\alpha)\rangle d\sigma dx\Bigg].\end{aligned} \tag{7.32}$$

次に (7.31) の両辺に $\beta(a,\sigma)$ を乗じて，0 から ω まで積分すれば，

$$\begin{aligned}\langle\beta(a,\cdot),\hat{I}(\cdot,\alpha)\rangle &= q\langle m,\hat{I}(\cdot,\alpha)\rangle\int_0^\omega \beta(a,\sigma)e^{-\alpha\sigma}\ell(\sigma)\Gamma(\sigma)\,d\sigma\\ &+\int_0^\omega \beta(a,x)\int_0^x e^{-\alpha(x-\sigma)}\frac{\ell(x)\Gamma(x)}{\ell(\sigma)\Gamma(\sigma)}c_2(\sigma)\langle\beta(\sigma,\cdot),\hat{I}(\cdot,\alpha)\rangle\,d\sigma dx\\ &+\langle\beta(a,\cdot),G(\cdot,\alpha)\rangle.\end{aligned} \tag{7.33}$$

(7.32), (7.33) から $\langle \beta(a,\cdot), \hat{I}(\cdot,\alpha)\rangle$ のみを未知関数として含む方程式を得る．そこでいま複素パラメータ α に依存する L^1 上の作用素 $T(\alpha)$ を

$$
\begin{aligned}
(T(\alpha)f)(a) := &\frac{q\int_0^\omega \beta(a,\sigma)e^{-\alpha\sigma}\ell(\sigma)\Gamma(\sigma)\,d\sigma}{1-q\int_0^\omega e^{-\alpha a}m(a)\ell(a)\Gamma(a)\,da}\\
&\times \int_0^\omega m(x)\int_0^x e^{-\alpha(x-\sigma)}\frac{\ell(x)\Gamma(x)}{\ell(\sigma)\Gamma(\sigma)}c_2(\sigma)f(\sigma)\,d\sigma dx\\
&+\int_0^\omega \beta(a,x)\int_0^x e^{-\alpha(x-\sigma)}\frac{\ell(x)\Gamma(x)}{\ell(\sigma)\Gamma(\sigma)}c_2(\sigma)f(\sigma)\,d\sigma dx
\end{aligned}
$$

と定義すれば，(7.32), (7.33) から $\langle \beta(a,\cdot), \hat{I}(\cdot,\alpha)\rangle$ は以下のように計算される：

$$
\langle \beta(a,\cdot), \hat{I}(\cdot,\alpha)\rangle = (I-T(\alpha))^{-1}f(\cdot,\alpha)(a), \tag{7.34}
$$

$$
\begin{aligned}
f(a,\alpha) := &\frac{q\langle m, G(\cdot,\alpha)\rangle}{1-q\int_0^\omega e^{-\alpha a}m(a)\ell(a)\Gamma(a)da}\int_0^\omega \beta(a,\sigma)e^{-\alpha\sigma}\ell(\sigma)\Gamma(\sigma)\,d\sigma\\
&+\langle \beta(a,\cdot), G(\cdot,\alpha)\rangle.
\end{aligned}
$$

(7.34) を (7.31), (7.32) に代入すれば，$\hat{I}(a,\alpha)$ が既知の関数によって表されたことになる．そこで十分大きな $\sigma > 0$ をとれば，ラプラス逆変換から，

$$
I(t,a) = \frac{1}{2\pi i}\int_{\sigma-i\infty}^{\sigma+i\infty} e^{\alpha t}\hat{I}(a,\alpha)\,d\alpha
$$

となる．したがって，第 2 章におけるシャープ–ロトカ–フェラーの定理と同様に，$\hat{I}(a,\alpha)$ の特異点，すなわち複素パラメータの作用素 $(I-T(\alpha))$ が有界な逆をもたないような点の集合 $\Lambda := \{\alpha \in \mathbf{C} \,|\, 1 \in \sigma(T(\alpha))\}$ によって $I(t,a)$ の漸近挙動が決定されるであろう[7]．

$\alpha \geq 0$ であれば，

$$
1-q\int_0^\omega e^{-\alpha a}m(a)\ell(a)\Gamma(a)\,da > 0
$$

7) ここで $\sigma(A)$ は作用素 A のスペクトル集合を示す．

であるから，$T(\alpha)$ $(\alpha \geq 0)$ は正値作用素であるが，さらにノンサポーティングなコンパクト作用素[8)]であると仮定しよう．このとき，そのスペクトル半径を $r(T(\alpha))$ とおけば，$r(T(\alpha))$ は正固有値で，かつ $\alpha \geq 0$ に関して単調減少でかつ $\lim_{\alpha\to\infty} r(T(\alpha)) = 0$ である．したがって，もし $r(T(0)) > 1$ であれば，$r(T(\alpha)) = 1$ はただ 1 つの正根をもち，それは Λ の要素になる．その場合には感受性人口のみからなる定常状態は不安定であって，少数の感染の発生が大流行になりうる．$r(T(0)) \leq 1$ の場合は，Λ は正数を含まないが，なお実部が非負の複素根を含みうるから，自明な定常解が安定であるかどうかは，これだけでは不明である．

しかしもし垂直感染がなければ，$T(\alpha)$ はすべての $\alpha \in \mathbf{R}$ で正作用素であって，$r(T(\alpha))$ は α が $-\infty$ から $+\infty$ まで動くとき，$+\infty$ から 0 まで単調に減少する．したがって，方程式 $r(T(\alpha)) = 1$ はただ 1 つの実根 λ_0 をもち，$\lambda_0 \in \Lambda$ となる．しかも $r(T(0)) > 1$ であれば $\lambda_0 > 0$，$r(T(0)) < 1$ であれば $\lambda_0 < 0$ となり，さらに λ_0 は Λ の任意の他の要素の実部よりも大きいという意味で**支配的** (dominant) であることが示される．すなわち $q = 0$ の場合は，流行の拡大（侵入）がおこるためには，$r(T(0)) > 1$ となることが必要十分であることを示すことができる[9)]([179], [210])．

いま L^1 の作用素 T を，

$$(Tf)(a) := c_2(a) \int_0^\omega \beta(a,x) \int_0^x \frac{\ell(x)\Gamma(x)}{\ell(\sigma)\Gamma(\sigma)} f(\sigma)\, d\sigma dx$$

と定義すると，Tf はちょうど感染したばかりの感染者の年齢分布 f から水平感染によって生産された新 2 次感染者の年齢分布に他ならない．その意味で，T は次世代作用素と呼ばれる ([105])．次世代作用素のスペクトル半径 $r(T)$ は，

$$r(T) = \lim_{n\to\infty} \sqrt[n]{\|T^n\|}$$

であり，漸近的には連続する世代の感染人口のサイズの比に他ならないか

8)　付録 D 参照．
9)　垂直感染がある場合の同様な結果については [457] を参照．

ら，考えている伝染病システムの基本再生産数 R_0 と考えられる．このとき，作用素 L を $Lf = c_2 f$ という掛け算作用素と定義すると，$T = L^{-1}T(0)L$ であるから，$r(T) = r(T(0))$ を得る．上記の議論を総合すると，水平感染の場合には以下の原則が成り立つと考えられる：

定理 7.5 (**閾値原理**)　水平感染において $R_0 = r(T)$ とするとき，$R_0 > 1$ ならば伝染病は侵入するが，$R_0 < 1$ であれば侵入できない．

次に定常人口下での (7.4) の定常解の存在の問題を考えよう．(S^*, I^*) を定常解として，$\lambda^*(a)$ を対応する感染力とすれば，

$$
\begin{aligned}
S_a^*(a) &= -(\mu(a) + \theta(a) + \lambda^*(a))S^*(a), \\
I_a^*(a) &= \lambda^*(a)S^*(a) - (\mu(a) + \gamma(a))I^*(a), \\
S^*(0) &= B - I^*(0), \\
I^*(0) &= q\int_0^\omega m(a)I^*(a)\,da, \\
\lambda^*(a) &= \Big(B\int_0^\omega \ell(a)\,da\Big)^{-1}\int_0^\omega \beta(a,\sigma)I^*(\sigma)\,d\sigma.
\end{aligned}
$$

これを解いて以下の表現を得る：

$$
\begin{aligned}
S^*(a) &= S^*(0)\ell(a)\Theta(a)e^{-\int_0^a \lambda^*(\sigma)\,d\sigma}, \\
I^*(a) &= I^*(0)\ell(a)\Gamma(a) + \int_0^a \frac{\Gamma(a)\ell(a)}{\Gamma(\sigma)\ell(\sigma)}\lambda^*(\sigma)S^*(\sigma)\,d\sigma.
\end{aligned}
\tag{7.35}
$$

ただしここで，

$$
\Theta(a) := \exp\Big(-\int_0^a \theta(\sigma)\,d\sigma\Big)
$$

である．λ^* の非線形汎関数 $F(\lambda^*)$ を，

$$
\begin{aligned}
F(\lambda^*) := &\frac{qb^{-1}}{1 - q\int_0^\omega m(a)\ell(a)\Gamma(a)\,da} \\
&\times \int_0^\omega m(a)\int_0^a \frac{\ell(a)\Gamma(a)}{\ell(\sigma)\Gamma(\sigma)}\Theta(\sigma)c_2(\sigma)\lambda^*(\sigma)e^{-\int_0^\sigma \lambda^*(z)dz}\,d\sigma da
\end{aligned}
$$

と定義すれば，$I^*(0)$ は以下のように計算される：

$$I^*(0) = \frac{BF(\lambda^*)}{1+F(\lambda^*)}. \tag{7.36}$$

また S^*, I^* の表現を λ^* の式に代入して，(7.36) を用いれば，以下の関係を得る：

$$\lambda^*(a) = \frac{bF(\lambda^*)}{1+F(\lambda^*)}\int_0^\omega \beta(a,\sigma)\ell(\sigma)\Gamma(\sigma)\,d\sigma$$
$$+\frac{1}{1+F(\lambda^*)}\int_0^\omega \beta(a,\sigma)\int_0^\sigma \frac{\ell(\sigma)\Gamma(\sigma)}{\ell(z)\Gamma(z)}c_2(z)\Theta(z)\lambda^*(z)e^{-\int_0^z \lambda^*(s)\,ds}\,dzd\sigma.$$

この非線形方程式の右辺を $\Phi(\lambda^*)$ と書こう．非線形作用素 Φ が正の不動点をもてば，それが非自明な定常解に対応する感染力で，(7.35) によってエンデミックな定常解が計算される．Φ は必ずしも単調ではなく，$\Phi(0)=0$ であるから，その正の不動点がいくつあるかは容易にはわからない．しかしワクチンによる免疫化がない場合，侵入条件が満たされれば，エンデミックな定常解が存在することが以下のようにわかる．

$\Phi(x)$ の $x=0$ におけるフレシェ微分を $\Phi'[0]$ とすれば，$f \in L^1$ に対して，

$$(\Phi'[0]f)(a) = \int_0^\omega \beta(a,\sigma)\int_0^\sigma \frac{\ell(\sigma)\Gamma(\sigma)}{\ell(z)\Gamma(z)}c_2(z)\Theta(z)f(z)\,dzd\sigma$$
$$+\frac{q\int_0^\omega \beta(a,\sigma)\ell(\sigma)\Gamma(\sigma)\,d\sigma}{1-q\int_0^\omega m(a)\ell(a)\Gamma(a)\,da}\int_0^\omega m(a)\int_0^a \frac{\ell(a)\Gamma(a)}{\ell(\sigma)\Gamma(\sigma)}c_2(\sigma)\Theta(\sigma)f(\sigma)\,d\sigma da.$$

正値錐 L^1_+ の Φ による像は正有界であるから，クラスノセルスキーの定理 (付録の定理 D.18 参照) によって，$\Phi'[0]$ がコンパクト，ノンサポーティングな作用素であって，$r(\Phi'[0]) > 1$ であれば，Φ は少なくとも 1 つの正の不動点をもつことがわかる．とくに $\theta \equiv 0$ であれば，$\Phi'[0] = T(0)$ であるから，$T(0)$ がコンパクト，ノンサポーティングな作用素であって，侵入条件 $r(T) = r(T(0)) > 1$ が満たされる場合は，少なくとも 1 つのエンデミックな定常解が存在する．

このときさらに，垂直感染がなければ，$q = F = 0$ として，$\Phi(x) \le \Phi'[0]$ となるから，$r(T) \le 1$ であれば付録の定理 D.19 によって自明な定常解しか存在しないことがわかるが，この自明な定常解は大域安定となる．実際，$S(t,a)$ が与えられていると考えれば，$I(t,a)$ は非自律的線形問題

$$
\begin{aligned}
I_t(t,a) + I_a(t,a) &= \frac{S(t,a)}{B\int_0^\omega \ell(a)da} \int_0^\omega \beta(a,\sigma)I(t,\sigma)\,d\sigma \\
&\quad -(\mu(a)+\gamma(a))I(t,a), \\
I(t,0) &= q\int_0^\omega m(a)I(t,a)\,da
\end{aligned}
$$

の正値解になっている．ここで，

$$
S(t,a) = \begin{cases} B\ell(a)\exp\Bigl(-\displaystyle\int_0^t \lambda(t-a+\sigma,\sigma)\,d\sigma\Bigr), & t-a>0, \\ S_0(a-t)\dfrac{\ell(a)}{\ell(a-t)}\exp\Bigl(-\displaystyle\int_0^a \lambda(\sigma,a-t+\sigma)\,d\sigma\Bigr), & a-t>0 \end{cases}
$$

であるから，

$$
\frac{S(t,a)}{B\int_0^\omega \ell(a)\,da} \le \frac{\ell(a)}{\int_0^\omega \ell(a)\,da} = c_2(a)
$$

となる．したがって，$J(t,a)$ を初期条件 $J(0,a) = I_0(a)$ のもとでの線形化問題 (7.30) の解であるとすれば，$I(t,a) \le J(t,a)$ である．先にみたように，$q = 0$ の場合，$r(T) < 1$ のときは $\lim_{t\to\infty} J(t,a) = 0$ であるから，$I = 0$ は大域的に漸近安定になっていることがわかる．したがって次の定理を得る：

定理 7.6　$q = \theta = 0$ と仮定する．また次世代作用素 T はコンパクトでノンサポーティングであると仮定する．$r(T) < 1$ であれば，定常解としては自明なものだけが存在して，大域的に漸近安定である．$r(T) > 1$ であれば，自明な定常解は不安定であり，少なくとも 1 つのエンデミックな定常解が存在する．

上記の主張ではまだ流行が維持されるエンデミックな定常解の一意性や安定性については不明であるが，作用素 Φ に単調性と凸性があれば，その正不動点は高々ひとつしかないことがわかる（定理 D.17）．したがってその場合はエンデミックな定常解は存在すれば一意的である．また感染人口規模が小さいエンデミックな定常解は局所漸近安定であることが示される([210])．

基本再生産数 R_0 が 1 より小さいところから次第に増大して 1 を超えれば，それまで安定であった自明な定常解から非自明な定常解が分岐して，安定性の交換がおこるが，R_0 がさらに大きくなった場合に何がおこるかは，たとえ定数パラメータのもとでもよくわかっていない．しかし，侵入条件 $R_0 > 1$ が満たされた場合，たとえ比例混合仮説のもとでもエンデミックな定常解が不安定化する可能性があることが示されている ([57], [401])．すなわち年齢構造がある場合は，7.1 節で扱った常微分方程式の場合と異なり，スーパークリティカルな分岐解でもつねに安定というわけではない．しかし何ら周期的なパラメータをもたない年齢構造化 SIR モデルが周期解をもちうるか否か，という初めの問題はいまだ解明されていない．

感染からの回復が免疫性の獲得に至らない場合は，前章で見たように，SIR モデルにかわって，SIS モデルを扱うことになる．潜伏期間や隔離期間のない単純な年齢構造化 SIS モデルにおいては，たとえ垂直感染を考慮しても，$R_0 > 1$ であればエンデミックな定常解はただ 1 つ存在して大域的に安定となること，したがって周期解は存在しないことが証明されている ([45], [46])．これを 6.5 節の結果と比較すると，年齢構造と持続時間依存性では異なった結果をもたらしうることがわかる．

第8章

エイズ流行の数理モデル

1980 年代に確認されて以来，いまや世界的流行 (Pandemic) となったエイズ (HIV/AIDS) は，今日の世界の保健衛生上の最大の課題の 1 つであることは論をまたないが，それが伝染病流行の数理疫学的研究の発達に与えた影響も大きかった．伝染病流行の数理モデルの研究はマラリアやインフルエンザ，麻疹などのように，すでに人口集団の中に長期的に定着した感染症を対象にして発達してきたが，その組織的な研究が拡大した 1970 年代以降，初めて遭遇した新ウィルスによる世界的なアウトブレイクがエイズ流行であったからである．しかも以下に述べるように，エイズはその特性が従来の感染症とは非常に異なったものであり，古典的伝染病モデルはそのままでは適用できない．それが近代的科学研究組織をもつ先進諸国の中枢で発生したこともあって，多数の数理科学者が流行の予測や予防効果，治療効果などの検討のためのモデル構築とその解析をおこない，結果的に伝染病数理モデルの急速な発展を促したのである．本章では，初めにエイズの疫学的特性と流行初期における感染規模の推定問題をとりあげる．ついで人口レベルにおけるエイズ流行モデルの基本となる感染力変動モデル，年齢構造化モデル，ペア形成による感染のモデルを順次考察する．

8.1 エイズの疫学

エイズ（後天性免疫不全症候群: acquired immunodeficiency syndrome; AIDS）はヒト免疫不全ウィルス (human immunodeficiency virus; HIV）の感染によっておこる症候群である．HIV は一度感染すると生涯感染しており，有効な治療がなされなければ非常に高い確率で AIDS 発症に至り，その後の死亡率も非常に高い．

HIV 感染から AIDS 発病に至るまでには平均的には 10 年近い時間がかかると考えられているが，その過程は急性期感染，無症候性 HIV 感染，症候性 HIV，AIDS の 4 段階に大別できる (図 8.1)．感染初期には抗体陽性

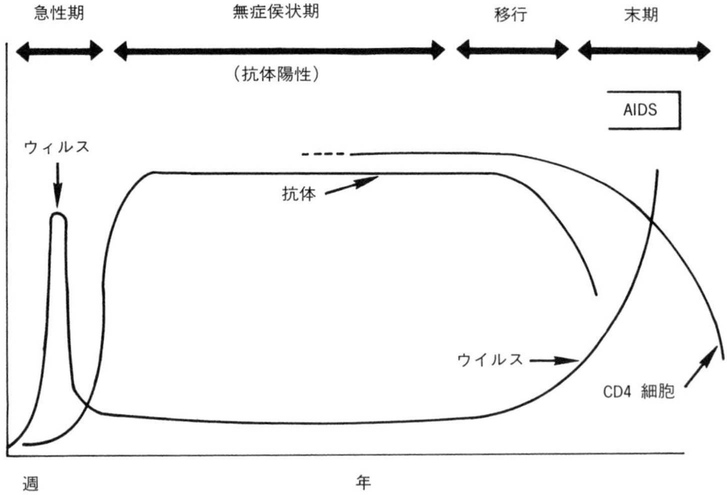

図 **8.1** HIV 感染から AIDS への道 ([230]).

化に伴う急性一過性の若干の自覚症状がある場合もあるが，その長大な無症候期においては，ほとんど自覚症状はない．この症候の有無は HIV の血中濃度に相関しており，したがって，感染ホストの体液の感染力も各段階で異なっていると考えられている．HIV の感染経路は体液交換を伴うような行為，すなわち性的交渉，汚染された注射針・注射筒の共用，感染血

液・血液製剤による暴露，感染臓器・組織の移植，経胎盤および出産時の母子感染などに限られている．

以上のような HIV 感染の特性から，エイズ流行のモデル化に共通する最も重要なポイントは，流行のタイムスケールがホストの人口学的タイムスケールと同じ程度に長いということであろう．しかも潜伏期間において感染力が大きく変化するため，感染持続時間をパラメータとする必要がある．また死亡率が高いためにホスト人口の変動との長期的相互作用が無視できない．さらに感染経路に応じた感染力の形態を考える必要がある．たとえば異性間の性的接触による流行と薬物濫用者の集団における流行とでは，その様相は異なるであろう．

上記のように HIV 感染においては自覚症状のない無症候期間が長大であるから，図 8.2 に見るように，エイズ発症が観測される頃には，感染流行はピークを過ぎ，すでに集団の多くの個体が感染してしまっている．

無症候期間に感染者が自発的な抗体検査を受ける可能性は小さいから，

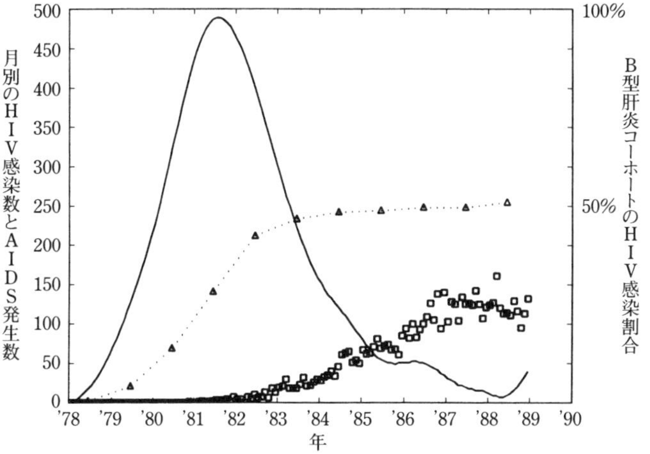

図 8.2 サンフランシスコの同性愛男性人口集団における月別の HIV 感染数（実線）およびエイズ発生数（□）．△ のプロットは，サンフランシスコにおける B 型肝炎ワクチントライアルに参加した同性愛ないし両性愛の男性人口集団における HIV 感染割合 (%) ([41])．

感受性人口集団全成員を母集団とする抗体検査ないし統計的に有効なサンプル検査のようなシステムがない限り，実際の感染者数をカウントすることは困難である．しかも実際にはこうした無作為のサンプルサーベイはほとんどの場合実行不可能である．ただし，先進諸国においては，ひとたび感染者が AIDS へ進展して，診断行為が開始された場合には，ほぼ確実にエイズ患者として認定報告される体制が整ってきている．そこで，AIDS 患者数のデータから潜在的な HIV 感染者数を推定するという問題を最初に考えてみよう．

以下では未発症の感染者をたんに感染者，発症した感染者をエイズ患者（発症者）として区別する．$i(t,\tau)$ を時刻 t，感染からの持続時間（感染年齢）τ の HIV 感染人口の密度関数とする．ホストの年齢構造と自然死亡率は無視しておく．したがって t 時刻における HIV 感染者数は，

$$I(t) = \int_0^\infty i(t,\tau)\,d\tau.$$

$\gamma(\tau)$ を感染年齢 τ において AIDS へ進展する発症率として，生存率 $\ell(\tau)$ を

$$\ell(\tau) := \exp\left(-\int_0^\tau \gamma(\sigma)\,d\sigma\right)$$

とする．$\ell(\infty) = 0$ と仮定しておく．境界値 $i(t,0) =: B(t)$ は時刻 t における新規の HIV 感染者の単位時間あたりの発生数である．免疫系の個体差は大きく，HIV に感染しながら長期にわたって生存している例（長期生存者: long term survivor）が発見されてきている．そこで HIV 感染者は必ずしもすべてがエイズに至るとは限らないと考え，α を HIV 感染者のなかで最終的にエイズを発症する者の割合であるとすれば，以下が成り立つ：

$$i(t,\tau) = (\alpha\ell(\tau) + (1-\alpha))B(t-\tau) = \ell^*(\tau)B(t-\tau).$$

ここで $\ell^*(\tau) := \alpha\ell(\tau) + (1-\alpha)$ は修正された生存率である．α は 90% 前後と考えられているが，必ずしも定数ではないであろう．このとき，

$$F(\tau) := \alpha(1-\ell(\tau)) = 1 - \ell^*(\tau)$$

は全感染者に対する潜伏期間分布を与える．

いま時刻 $t=0$ から時刻 $t>0$ に至る累積エイズ症例数を $A(t)$ と定義とすれば，

$$A(t)=\int_0^t ds\int_0^\infty \gamma(\tau)\ell(\tau)\alpha B(s-\tau)\,d\tau.$$

このとき $B(t)=0$ $(t<0)$ と仮定して，部分積分すれば，以下が成り立つことが容易に示される：

$$A(t)=\int_0^t F(t-\tau)B(\tau)\,d\tau. \tag{8.1}$$

先に述べたように，$A(t)$ は比較的信頼できるデータが存在する．また特定の感染者集団のコーホート観察などによって，生存率 $\ell(\tau)$ を推定することもおこなわれてきている．そこで (8.1) によって $A(t)$, $F(t)$ から $B(t)$ を求めること (deconvolution) ができれば，感染者の分布 $i(t,\tau)$ ないし感染規模 $I(t)$ が決定される．このような推定法を**逆計算法** (Back-calculation method) という．

もし数学的関数として $A(t)$, $F(t)$ が与えられていれば，(8.1) を形式的に解くことは困難ではない．実際，$\hat{f}(\lambda)$ を関数 $f(t)$ のラプラス変換とすれば，合成積のラプラス変換に関する定理から，

$$\hat{A}(\lambda)=\hat{F}(\lambda)\hat{B}(\lambda)$$

を得る．ただしここで，

$$\hat{A}(\lambda)=\int_0^\infty e^{-\lambda t}A(t)\,dt$$

などである．したがって逆変換定理から，

$$B(t)=\frac{1}{2\pi i}\int_\Gamma e^{\lambda t}\frac{\hat{A}(\lambda)}{\hat{F}(\lambda)}\,d\lambda \tag{8.2}$$

を得る．ここで積分路 Γ は被積分関数の収束半平面内を通る虚軸に平行なラインである．ただし (8.2) が既知の関数で表されるためには，$A(t)$, $F(t)$

が「都合のいい」関数でなければならないが，そうした関数のデータフィットがいいとは限らない ([140]).

逆計算法は第一種ヴォルテラ積分方程式の逆問題に他ならないが，こうした問題は一般に解の存在，一意性，安定性などに関して非適切 (ill-posed) であることが知られている．実際，逆計算の結果は潜伏期間分布 $F(\tau)$ の選定に強く左右され，不安定である．$F(0)=0$ でありかつ $\tau=0$ の近傍では $F(\tau)$ はきわめて小さい値をとるから，与えられたデータが $A(t)$ $(t \in [0, t_0])$ という形の時系列であれば，$t=t_0$ 近傍での新感染者の発生率 $B(t)$ はほとんど $A(t)$ に影響を与えない．したがって，与えられた $A(t)$ のデータの信頼性がそれほど高くない場合，精度の範囲で $B(t)$ をユニークに推定することは困難ということになる．このため，$B(t)$ にあらかじめ何らかの関数を想定するか，関数の滑らかさなどの拘束条件を課したうえで，統計的手法によって感染率 $B(t)$ の推定がなされるのが通常である ([41]).

8.2 初期侵入相と安定人口モデル

全体が感受性の人口集団に少数の HIV 感染者が発生した初期侵入相を考えよう．新たな感染者はすでに感染している人口と感受性人口のランダムな接触によって発生すると考える．このとき感受性人口サイズは流行の進行に伴って変動するが，流行初期においては感染人口規模が相対的に十分小さいので，感受性人口サイズは一定であるという近似が有効である．

ホストの免疫系には個体差があり，感染者の生存率と感染力にはいくつかのヴァリエーションがあると想定しよう ([280])．$j=0,1,2,\cdots$ を生存率と感染力のプロファイルの番号とし，$i_j(t,\tau)$ を j 番目のプロファイルをもつ感染人口とする．このプロファイルは遺伝性のものではなく，新たな感染において j 番目のプロファイルが選ばれる確率は一定値 $\zeta_j > 0$, $\sum_j \zeta_j = 1$ であるとする．ここで，前節での考察によれば，生存率 $\ell_j(\tau)$ のハザード関数と感染力 $\beta_j(\tau)$ の間には正の相関関係があると考えられることに注意しておこう．

いま感受性人口のサイズを S_0, $\Lambda(S_0)$ を感染者が単位時間に接触する感受性人口数，$\beta_j(\tau)$, $\ell_j(\tau)$ を j 番目のプロファイルの感染率と生存率として，$B(t)$ を時刻 t に単位時間に発生する新感染者数とすれば，

$$B(t) = \Lambda(S_0)\int_0^\infty \Big[\sum_j \beta_j(\tau)\ell_j(\tau)\zeta_j\Big] B(t-\tau)\,d\tau. \tag{8.3}$$

感染者が少数であるうちは S_0 は定数とみなされから，(8.3) は，

$$\Lambda(S_0)\Big[\sum_j \beta_j(\tau)\ell_j(\tau)\zeta_j\Big]$$

を純再生産関数とするロトカの再生方程式とみなされる．すなわち，初期侵入の状況においては感染者数の増加については安定人口モデルが適用できる．したがって，流行が拡大するかどうかは基本再生産数 R_0 が 1 より大であるかどうかで決まる：

$$R_0 = \int_0^\infty \Lambda(S_0)\Big[\sum_j \beta_j(\tau)\ell_j(\tau)\zeta_j\Big]\,d\tau.$$

また指数関数的な侵入モードにおける成長率 λ_0 は，特性方程式の根として与えられる：

$$\int_0^\infty e^{-\lambda_0\tau}\Lambda(S_0)\Big[\sum_j \beta_j(\tau)\ell_j(\tau)\zeta_j\Big]\,d\tau = 1.$$

ただし実際の流行においては，再生産関数 $\Lambda(S_0)[\sum_j \beta_j(\tau)\ell_j(\tau)\zeta_j]$ は未知であって，基本再生産数を計算することはできないし，λ_0 は症例数の観測データから決定される他はない．

しかし，感染人口が安定人口成長（マルサス成長）していると考えられる場合には，その仮定のもとで，いくつかの有用なパラメータを計算することができる．ただし簡単のため，以下では前節での扱いに準じて，

$$\ell(\tau) := \frac{1}{1-\zeta_0}\sum_{j\geq 1}\ell_j(\tau)\zeta_j, \quad \ell_0(\tau)\equiv 1, \quad \zeta_0 = 1-\alpha$$

として，番号ゼロのプロファイルがエイズを発症しない長期生存者に対応すると考え，それ以外の感染者には平均生存率 $\ell(\tau)$ が適用されると考える．

$$B(t) = B_0 e^{\lambda_0 t} \tag{8.4}$$

と仮定する．すなわち，すでに最初期の過渡状態を過ぎて安定人口成長が始まっていると仮定しよう．初期データは不明であるから，簡単のため (8.4) は $t < 0$ でも適用されると考えておく．したがって累積患者数は，

$$A(t) = \int_0^\infty F(\tau) B(t-\tau)\, d\tau = e^{\lambda_0 t} \int_0^\infty e^{-\lambda_0 \tau} F(\tau) d\tau$$

で与えられると想定される．このとき感染者の分布は，

$$i(t,\tau) = (1 - F(\tau)) B(t-\tau) = B_0 e^{\lambda_0 (t-\tau)} (1 - F(\tau))$$

となる．したがって感染年齢分布は時間的に不変で，

$$\frac{i(t,\tau)}{I(t)} = b e^{-\lambda_0 \tau} (1 - F(\tau))$$

で与えられる．ここで，

$$b := \frac{i(t,0)}{I(t)} = \frac{1}{\int_0^\infty e^{-\lambda_0 \tau} (1 - F(\tau))\, d\tau}$$

は単位時間あたり，一感染者あたりの新規感染者の発生数であり，感染者集団が 2 次感染者を再生産すると考えた場合の粗出生率に他ならない．同様に，

$$d := \frac{1}{I(t)} \frac{dA(t)}{dt} = \frac{\int_0^\infty e^{-\lambda_0 \tau} \ell(\tau) \gamma(\tau)\, d\tau}{\int_0^\infty e^{-\lambda_0 \tau} (1 - F(\tau))\, d\tau}$$

とおけば，感染者集団における粗エイズ発症率を得る．ここで最終的にエイズ発症に至る感染コーホートの粗発症率を κ とおくと，

$$\kappa := \frac{\int_0^\infty e^{-\lambda_0 \tau} \ell(\tau) \gamma(\tau)\, d\tau}{\int_0^\infty e^{-\lambda_0 \tau} \ell(\tau)\, d\tau}$$

である．この分子を部分積分すれば以下を得る：

$$\kappa = \frac{1}{\int_0^\infty e^{-\lambda_0 \tau} \ell(\tau)\, d\tau} - \lambda_0.$$

以上の定義から以下の表現を得るのは容易である：

$$b = \frac{\lambda_0(\lambda_0 + \kappa)}{\lambda_0 + (1-\alpha)\kappa}, \quad d = \frac{\alpha \lambda_0 \kappa}{\lambda_0 + (1-\alpha)\kappa}, \quad \lambda_0 = b - d.$$

さらに感染人口規模と累積患者数との比をとれば，

$$\frac{I(t)}{A(t)} = \frac{\int_0^\infty e^{-\lambda_0 \tau}(1 - F(\tau))\, d\tau}{\int_0^\infty e^{-\lambda_0 \tau} F(\tau)\, d\tau} = \frac{1}{\lambda_0 \int_0^\infty e^{-\lambda_0 \tau} F(\tau)\, d\tau} - 1.$$

これは以下のように計算される：

$$\frac{I(t)}{A(t)} = \left[\frac{1}{\alpha} \left(\frac{\lambda_0}{\kappa} + 1 \right) - 1 \right].$$

実際に観測可能なのは $A(t)$ のデータであるから，もし累積患者数がマルサス的に成長しているのであれば，安定人口モデルが成り立っていると想定して，その成長率 λ_0 と生存率曲線から計算される κ によって感染人口サイズと累積感染者数の比 $I(t)/A(t)$ が決定される．

上記の考察を実例に適用してみよう．HIV の侵入初期であったと考えられる 1989 年から 5 年間の日本の累積症例数は，ほぼ指数関数的に増加しており，$\lambda_0 = 0.359$ と推定された (図 8.3)．HIV の潜伏期間分布はいまだ不明の点も多く，治療の進歩とともに発症は遅延されるであろうが，ここでは例として生残率曲線として標準的に用いられるワイブル分布とログロジスティック分布を採用しよう (表 8.1, 図 8.4, [41])． このとき $\alpha = 0.9$ とすれば表 8.2 を得る．

表 8.2 において，$e_0 := \int_0^\infty \ell(\tau)\, d\tau$ は最終的にエイズを発症する HIV 感染者の発症に至る平均待機時間である．WHO は 1 つの感染コーホートにおける累積エイズ発症率は 10 年間で 50% としているが，これはほぼモデル III（標準ワイブル分布）のケースに相当すると考えられる．そこでた

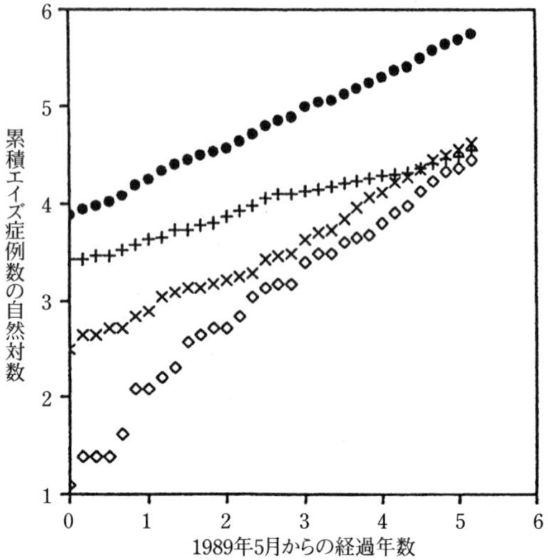

図 **8.3** 日本のエイズ累積症例数の推移 ([217]). ●：総数，×：異性交渉による感染，+：同性交渉による感染，◇：感染経路不明.

表 8.1 仮定された生存率関数

モデル	生存率関数
I	$\ell(\tau) = \exp(-0.004\tau^{2.438})$
II	$\ell(\tau) = \exp(-0.0021\tau^{2.65})$
III	$\ell(\tau) = \exp(-0.0021\tau^{2.516})$
IV	$\ell(\tau) = \frac{1}{1+(0.1\tau)^{3.08}}$

表 8.2 $\lambda_0 = 0.359$, $\alpha = 0.9$ と仮定した場合の安定人口パラメータ

モデル	e_0	κ	d	b	A/I
I	8.5	0.03895	0.03468	0.39368	0.09660
II	9	0.03151	0.02811	0.38711	0.07831
III	10	0.02592	0.02316	0.38216	0.06453
IV	11	0.02423	0.02166	0.38066	0.06033

とえば，エイズ症例はもれなく報告されていると考え，エイズを発症しない感染者の割合を 10% と見込んで，$\alpha = 0.9$ と仮定して安定人口モデルを適用すれば，日本の 1990 年代前半における未知の HIV 感染者数は，生残率の仮定に対応して各時点における累積エイズ症例数の 10 倍から 17 倍で

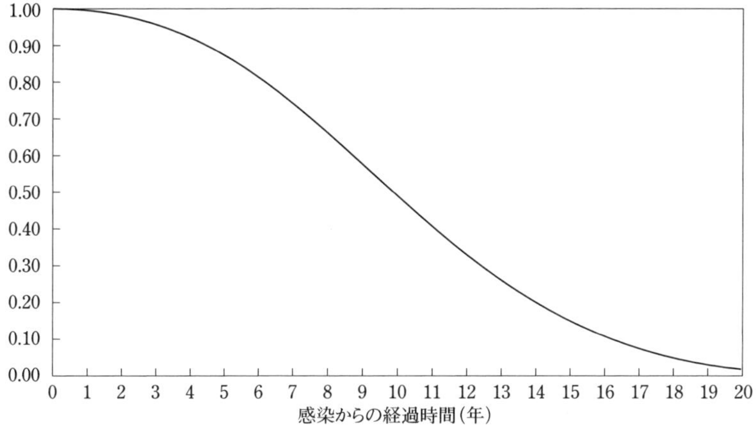

図 8.4　エイズ発症残存率の例（モデル III）．生存率曲線 $\ell(\tau)$.

あったと推定される．この比 I/A は感染者の平均待機時間（潜伏期間）が長いほど大きく，HIV 感染者が必ずしもエイズ発症に至らないと仮定できる場合，α が小さいほど大となる．また成長率 λ_0 が増加するにつれ比 I/A は急速に増大し，サンフランシスコの同性愛集団の例のように，$\lambda_0 = 0.9$ ほどになると 100 倍以上になることがわかる (図 8.5).

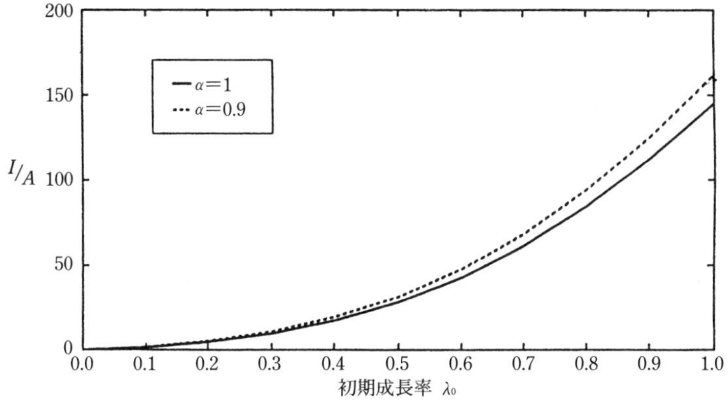

図 8.5　I/A とマルサス径数 λ_0 の関係 ([217])．生存率としてはモデル III を使用．

8.3 同性人口集団における HIV 流行モデル

ウィルスの侵入期を過ぎれば，ホスト人口の非線形相互作用が流行の行方を決定する．そこで長期的動態を考えるための単純な非線形モデルとして，同性愛集団や薬物濫用者のような単性または同質的な集団におけるランダムな接触による HIV 流行のモデルをとりあげよう．ホスト人口の年齢構造は，いうまでもなく HIV の流行にとって重要な役割を果たしているから，はじめから年齢構造化モデルを考える．実際，個体間の接触，とりわけ性的接触はパートナーの年齢や成熟度に依存している．もし性的接触による流行において接触の相手が同じ年齢のみに限定されていれば，すなわち 1 つのコーホート内でのみ接触がおこるのであれば，水平感染による流行はコーホートの死滅とともに自然に消滅してしまうであろう．したがって，流行の強さ（基本再生産数の大きさ）は接触する個体間の年齢差の分散に依存するであろうと考えるのは自然である ([260]).

封鎖状態にある同性人口集団を考えよう．$S(t,a)$ を時刻 t における感受性人口の年齢分布，$I(t,\tau;a)$ は a 歳において感染した人口の感染時間 τ における密度，$A(t,\tau;a)$ は a 歳でエイズを発症した患者の持続時間 τ における密度としよう．発症した患者は感染源にならないと仮定する．また簡単のため持続的なペア形成や垂直感染はなく，出生率は一定値 B であるとする．このとき以下のようなモデルを考えることができる：

$$
\begin{aligned}
&S_t(t,a)+S_a(t,a)=-(\mu(a)+\lambda(t,a))S(t,a),\\
&I_t(t,\tau;a)+I_\tau(t,\tau;a)=-(\mu(a+\tau)+\gamma(\tau;a))I(t,\tau;a),\\
&R_t(t,\tau;a)+R_\tau(t,\tau;a)=-(\mu(a+\tau)+\delta(\tau;a))R(t,\tau;a),\\
&S(t,0)=B,\\
&I(t,0;a)=\lambda(t,a)S(t,a),\\
&R(t,0;a)=\int_0^a\gamma(\tau;a-\tau)I(t,\tau;a-\tau)\,d\tau.
\end{aligned}
\tag{8.5}
$$

ただしここで，年齢区間は $[0,\omega]$ $(\omega<\infty)$ であり，感染力 $\lambda(t,a)$ は以下のように与えられると想定する：

$$\lambda(t,a)=\int_0^{\omega}\int_0^{b}\beta(a,b,\tau)\xi(a,b,N(t,\cdot))\frac{I(t,\tau;b-\tau)}{N(t,b)}\,d\tau db.$$

ここで $N(t,a)$ は性的に活動的な人口 (sexually active population) の t 時刻 a 歳の密度関数である：

$$N(t,a)=S(t,a)+\int_0^{a}I(t,\tau;a-\tau)\,d\tau.$$

また $\beta(a,b,\tau)$ は 1 回の接触によって年齢 a の感受性人口と年齢 b, 感染持続時間 τ の感染者の間で感染が成立する確率である．ペア形成の関数 $\xi(a,b,N(t,\cdot))$ は年齢 a の個体が時刻 t において単位時間あたりに交渉をもつ年齢 b の個体の平均数を表し，それは全体人口のサイズ $N(t,\cdot)$ に依存している．その意味からペア形成関数は以下の条件を満たさねばならない：

$$N(t,a)\xi(a,b,N(t,\cdot))=N(t,b)\xi(b,a,N(t,\cdot)).$$

そこでこの条件を満たすように，ペア形成関数は以下のように与えられるものと仮定しよう：

$$\xi(a,b,N(t,\cdot))=C(P(t))\frac{N(t,b)}{P(t)}.$$

ここで $P(t)$ は全活動人口サイズである：

$$P(t)=\int_0^{\omega}N(t,\sigma)\,d\sigma.$$

また $C(P)$ は，全活動人口サイズが P であるときに一個体が単位時間あたりにもつ接触相手の平均値を与える非負増加関数である．一般に，接触数はリスク人口の増加に伴って飽和するので，$C(x)/x$ が非増加であると仮定される．したがって感染力は，

$$\lambda(t,a) = \frac{C(P(t))}{P(t)} \int_0^\infty \int_0^b \beta(a,b,\tau) I(t,\tau;b-\tau)\,d\tau db$$

と表される．

$C(P)$ としては $C(P)/P$ が非増加であるような，以下のような関数が想定されるのが普通である：

$$\begin{aligned}
&(1)\ \ C(P) = \alpha_0 P, \\
&(2)\ \ C(P) = \frac{\alpha_0 \alpha_\infty P}{\alpha_0 P + \alpha_\infty}, \\
&(3)\ \ C(P) = \alpha_\infty.
\end{aligned}$$

交渉相手の数が人口規模が増大するにつれて飽和するという法則 (2) は，P が小さければペア形成関数として単純な質量作用の法則を与える法則 (1) に近づき，P が十分大であれば，1 次同次のペア形成関数を与える (3) のケースに近づく．

もしも，感染形態が薬物濫用者集団における汚染された注射針の共有のように，年齢構造があまり重要ではないと考えられる場合には，(8.5) において年齢構造を無視することによって以下のような単純化されたモデルを得る：

$$\begin{aligned}
&\dot{S}(t) = b - (\mu + \lambda(t))S(t), \\
&I_t(t,\tau) + I_\tau(t,\tau) = -(\mu + \gamma(\tau))I(t,\tau), \\
&I(t,0) = \lambda(t)S(t), \\
&\dot{R}(t) = -(\mu + \delta)R(t) + \int_0^\infty \gamma(\tau)I(t,\tau)\,d\tau, \\
&\lambda(t) = \frac{C(P(t))}{P(t)} \int_0^\infty \beta(\tau)I(t,\tau)\,d\tau, \\
&P(t) = S(t) + \int_0^\infty I(t,\tau)\,d\tau.
\end{aligned}$$

このモデルは実際にイタリアにおける薬物濫用者の集団におけるエイズ流行予測に用いられている ([198]). その数学的な解析についてはカスティロ・シャベス (C. Castillo-Chavez, [50]), ティーメ–カスティロ・シャベス ([408]) などを参照していただきたい.

(8.5) が非負の初期条件に対して非負解をもつことは積分方程式への還元などの方法によって示すことができるから, 以下では閾値現象に焦点をあてて考えよう. 考えている年齢構造化システムを単純化するために, 新しい関数 s, i, n を以下の関係式によって導入しておく:

$$
\begin{aligned}
S(t,a) &= s(t,a)B\ell(a), \\
I(t,\tau;a) &= i(t,\tau;a)B\ell(a+\tau)\Gamma(\tau;a), \\
N(t,a) &= n(t,a)B\ell(a).
\end{aligned}
$$

ただしここで, $\ell(a), \Gamma(\tau;a)$ は生残率関数で以下で定義される:

$$
\ell(a) := e^{-\int_0^a \mu(\sigma)d\sigma}, \quad \Gamma(\tau;a) := e^{-\int_0^\tau \gamma(\sigma;a)d\sigma}.
$$

$\ell(a)$ は自然死亡率のもとで, 個体が a 歳まで生残する割合であり, $\Gamma(\tau;a)$ は a 歳で感染した感染者が τ 時間後まで未発症で感染状態にとどまっている割合である. 以上から (s,i) に関する単純化されたシステムを得る:

$$
\begin{aligned}
& s_t(t,a) + s_a(t,a) = -\lambda(t,a)s(t,a), \\
& i_t(t,\tau;a) + i_\tau(t,\tau;a) = 0, \\
& s(t,0) = 1, \\
& i(t,0;a) = \lambda(t,a)s(t,a), \\
& \lambda(t,a) = \frac{C(P(t))}{P(t)} \int_0^\omega db \int_0^b d\tau K(a,b,\tau)i(t,\tau;b-\tau).
\end{aligned}
\tag{8.6}
$$

ここで，

$$K(a,b,\tau) := \beta(a,b,\tau)B\ell(b)\Gamma(\tau;b-\tau),$$
$$P(t) = \int_0^{\omega} B\ell(a)\left[s(t,a) + \int_0^a \Gamma(\tau;a-\tau)i(t,\tau;a-\tau)d\tau\right] da$$

である．

以下ではこのモデルにおける HIV 侵入条件について考えてみよう．(8.6) は感染者のいない自明な定常解 $(s^*, i^*) = (1, 0)$ をつねにもつが，そこに少数の感染者が発生した初期侵入の状況は $(1, 0)$ における以下のような線形化方程式によって記述される：

$$\begin{aligned} &i_t(t,\tau;a) + i_\tau(t,\tau;a) = 0, \\ &i(t,0;a) = \frac{C(P_0)}{P_0}\int_0^{\omega}\int_0^b K(a,b,\tau)i(t,\tau;b-\tau)\,d\tau db, \\ &i(0,\tau;a) = i_0(\tau;a). \end{aligned} \tag{8.7}$$

ここで i_0 は初期データであり，P_0 は感染者のいない定常状態における全活動人口サイズであるが，これはすべて感受性人口からなる：

$$P_0 := \int_0^{\omega} B\ell(a)\,da.$$

(8.7) から境界条件 $i(t,0;a)$ に関する積分方程式を得る：

$$i(t,0;a) = G(t,a) + \frac{C(P_0)}{P_0}\int_0^t\int_{\tau}^{\omega} K(a,b,\tau)i(t-\tau,0;b-\tau)\,dbd\tau. \tag{8.8}$$

ここで，

$$G(t,a) := \begin{cases} \dfrac{C(P_0)}{P_0}\displaystyle\int_t^{\omega}\int_{\tau}^{\omega} K(a,b,\tau)i_0(\tau-t;b-\tau)\,dbd\tau, & 0 < t < \omega, \\ 0, & t > \omega \end{cases}$$

である．$L^1(\mathbf{R}_+)$ に値をとる関数 $B(t)$ を $B(t)(\cdot) := i(t,0;\cdot)$ によって定義して，$\Pi(\tau)$ を以下で定義される $L^1_+(\mathbf{R}_+)$ からそれ自身への正値線形作用素としよう：

$$(\Pi(\tau)\psi)(a) := \begin{cases} \dfrac{C(P_0)}{P_0}\displaystyle\int_\tau^\omega K(a,b,\tau)\psi(b-\tau)\,db, & 0<\tau<\omega, \\ 0, & \tau>\omega. \end{cases}$$

このとき (8.8) は L^1 上の抽象的ヴォルテラ積分方程式とみなすことができる：

$$B(t) = G(t) + \int_0^t \Pi(\tau)B(t-\tau)\,d\tau, \quad t>0. \tag{8.9}$$

スカラーの場合と同様に，(8.9) の漸近挙動はラプラス変換によって調べることができる．$B(t)$ のノルムの成長率に関する先験的評価から $\mathrm{Re}\,\lambda$ が十分に大であれば $B(t)$ のラプラス変換が存在することがわかる．$\beta(a,b,\tau)$ は有界な台をもつと仮定すれば，$G(t)$ と $\Pi(\tau)$ のラプラス変換はすべての複素数 λ に対して存在するから，十分大な実部をもつ複素数 λ に対して以下が成り立つ：

$$\hat{B}(\lambda) = \hat{G}(\lambda) + \hat{\Pi}(\lambda)\hat{B}(\lambda).$$

$\sigma(A)$ を作用素 A のスペクトル集合とするとき，

$$\Lambda := \{\lambda\in\mathbf{C}\,|\,1\in\sigma(\hat{\Pi}(\lambda))\}$$

とすれば，$\lambda\in\mathbf{C}\setminus\Lambda$ に対して，

$$\hat{B}(\lambda) = (I-\hat{\Pi}(\lambda))^{-1}\hat{G}(\lambda)$$

を得る．したがって第 2 章での 1 次元ヴォルテラ方程式の漸近解析とまったく同様に，実部が最大となる Λ の要素によって $B(t)$ の漸近的挙動が決定されることがわかる．

実際に実軸上で，$\hat{\Pi}(\lambda)$ がノンサポーティングでコンパクトな作用素であれば，$\lambda \in \mathbf{R}$ についてスペクトル半径 $r(\hat{\Pi}(\lambda))$ は正値線形作用素 $\hat{\Pi}(\lambda)$ の正固有値であって，$+\infty$ からゼロまで狭義単調に減少するから，特性方程式 $r(\hat{\Pi}(\lambda)) = 1$ はただ 1 つの実根 λ_0 をもち，$\lambda_0 \in \Lambda$ である．このとき $r(\hat{\Pi}(0)) > 1$ であれば $\lambda_0 > 0$，$r(\hat{\Pi}(0)) = 1$ であれば $\lambda_0 = 0$，$r(\hat{\Pi}(0)) < 1$ であれば $\lambda_0 < 0$ となり，さらに λ_0 は Λ の要素の実部の最大値になっていることが示される．したがって，この HIV 流行モデルの次世代作用素は $\hat{\Pi}(0)$ であり，基本再生産数は $R_0 = r(\hat{\Pi}(0))$ である．

積分の順序変更によって $\hat{\Pi}(\lambda)$ は以下のように書き直せる：

$$
\begin{aligned}
(\hat{\Pi}(\lambda)\psi)(a) &= \int_0^\omega \phi_\lambda(a,z)\psi(z)\,dz, \\
\phi_\lambda(a,z) &:= \frac{C(P_0)}{P_0}\int_z^\omega e^{-\lambda(b-z)}K(a,b,b-z)\,db.
\end{aligned}
$$

したがって，次世代作用素 $\hat{\Pi}(0)$ は以下のような L^1_+ の正値積分作用素である：

$$
\begin{aligned}
(\hat{\Pi}(0)f)(a) &= \int_0^\omega \phi_0(a,z)f(z)\,dz, \quad f \in L^1_+, \\
\phi_0(a,z) &:= \frac{C(P_0)}{P_0}\int_z^\omega K(a,b,b-z)\,db.
\end{aligned}
$$

$\hat{\Pi}(0)$ は HIV に感染した人口の感染時点における年齢分布を 2 次感染者のそれへ変換する働きをしている[1]．

前章と同様に変数分離型の感染率（比例混合仮説）の場合を考えよう．$\beta(a,b,\tau) = \beta_1(a)\beta_2(b,\tau)$ とすれば，

$$
\begin{aligned}
&(\hat{\Pi}(\lambda)\psi)(a) \\
&= \frac{C(P_0)}{P_0}\beta_1(a)\int_0^\omega\int_z^\omega e^{-\lambda(b-z)}\beta_2(b,b-z)B\ell(b)\Gamma(b-z;z)\,db\psi(z)\,dz.
\end{aligned}
$$

1) その意味で $\phi_0(a,z)$ は**転移** (transfer) と呼ばれることがある ([260])．

したがって，固有値 1 に属する正固有ベクトルは $\beta_1(a)$ の正定数倍 $k\beta_1$ であり，これを上式に代入して，$k\beta_1$ で両辺を割って整理すれば，以下の特性方程式を得る：

$$1 = \frac{C(P_0)}{P_0} \int_0^\omega \beta_1(z) \int_z^\omega e^{-\lambda(b-z)} \beta_2(b, b-z) B\ell(b) \Gamma(b-z; z)\, dbdz.$$

したがってこのとき基本再生産数は，

$$\begin{aligned} R_0 &= \int_0^\omega \phi_0(z,z)\, dz \\ &= \frac{C(P_0)}{P_0} \int_0^\omega \beta_1(z) \int_z^\omega \beta_2(b, b-z) B\ell(b) \Gamma(b-z; z)\, dbdz \end{aligned}$$

で与えられる．

8.4　定常解の存在と分岐

次にエンデミックな定常解の存在問題を考えよう．(s^*, i^*) をシステム (8.6) の定常解として，$\lambda^*(a)$ を定常状態における感染力とすれば，

$$\begin{aligned} s^*(a) &= e^{-\int_0^a \lambda^*(\xi)\, d\xi}, \\ i^*(\tau; a) &= \lambda^*(a) s^*(a) \end{aligned} \tag{8.10}$$

を得る．(8.10) と λ^* の表現式から，λ^* は以下の非線形積分方程式を満たさねばならない：

$$\lambda^*(a) = \frac{C(P(\lambda^*))}{P(\lambda^*)} \int_0^\omega db \int_0^b d\tau K(a, b, \tau) \lambda^*(b-\tau) e^{-\int_0^{b-\tau} \lambda^*(\xi) d\xi}. \tag{8.11}$$

ここで $P(\lambda^*)$ は λ^* の関数として表した定常状態における活動人口のサイズである：

$$P(\lambda^*) := \int_0^\omega B\ell(a)\left[e^{-\int_0^a \lambda^*(\xi)\,d\xi} + \int_0^a \Gamma(a-\tau;\tau)\lambda^*(\tau)e^{-\int_0^\tau \lambda^*(\xi)d\xi}\,d\tau\right]da. \tag{8.12}$$

逆に (8.11) の非負な解は，(8.10) によって定常解を与える．明らかに $\lambda^* = 0$ は (8.11) の解であって，自明な定常解を与える．$R_0 > 1$ であれば，(8.11) は正の解をもつことを示そう．初めに限定的な条件のもとで初等的な証明をおこなう．

定理 8.1　$C(P)/P$ は P について非増加であるとする．また $K(a,b,\tau)$ は b について，$\Gamma(a;\tau)$ は τ についてそれぞれ微分可能で，

$$\frac{\partial K(a,b,\tau)}{\partial b} \le 0, \quad \frac{\partial \Gamma(a-\tau;\tau)}{\partial \tau} \ge 0 \tag{8.13}$$

であると仮定する．このとき $R_0 > 1$ であれば少なくとも 1 つの非自明な定常解が存在する．

証明　初めに $L^1(0,\omega)$ 上の非線形の正作用素 F を以下で定義しておこう：

$$F(\lambda)(a) := \frac{C(P(\lambda))}{P(\lambda)} \int_0^\omega db \int_0^b d\tau K(a,b,\tau)\lambda(b-\tau)e^{-\int_0^{b-\tau} \lambda(\xi)d\xi}.$$

(8.11) から問題は F の正の不動点をさがすことに帰着される．仮定のもとでは作用素 F は単調作用素になることが示される．実際，積分順序の変更によって，

$$\begin{aligned}
&\int_0^\omega db \int_0^b d\tau K(a,b,\tau)\lambda(b-\tau)e^{-\int_0^{b-\tau} \lambda(\xi)\,d\xi} \\
&= \int_0^\omega d\tau \int_\tau^\omega db K(a,b,\tau)\left[-\frac{\partial}{\partial b}e^{-\int_0^{b-\tau} \lambda(\xi)d\xi}\right] \\
&= \int_0^\omega \left[K(a,\tau,\tau) + \int_\tau^\omega \frac{\partial K(a,b,\tau)}{\partial b} e^{-\int_0^{b-\tau} \lambda(\xi)d\xi}\,db\right]d\tau.
\end{aligned}$$

したがって，仮定のもとでは F における二重積分の部分は λ について単調増大になる．一方，(8.12) においてやはり積分の順序変更によって，

$$P(\lambda) = \int_0^\omega B\ell(a)\Gamma(a;0)\,da + \int_0^\omega e^{-\int_0^\tau \lambda(\xi)d\xi}\,d\tau \int_\tau^\omega B\ell(a)\frac{\partial\Gamma(a-\tau;\tau)}{\partial\tau}\,da$$

を得る．よって仮定のもとでは $P(\lambda)$ は λ の単調減少関数であり，$C(P(\lambda))/P(\lambda)$ は λ について非減少になる．したがって，F は λ について単調（非減少）である．このことからさらに $\lambda \in L^1_+$ に対して，

$$\begin{aligned} F(\lambda)(a) &\geq \frac{C(P(0))}{P(0)}e^{-\|\lambda\|_{L^1}}\int_0^\omega d\tau\int_\tau^\omega K(a,b,\tau)\lambda(b-\tau)\,db \quad (8.14) \\ &= e^{-\|\lambda\|_{L^1}}\int_0^\omega (\Pi(\tau)\lambda)(a)\,d\tau = e^{-\|\lambda\|_{L^1}}(\hat{\Pi}(0)\lambda)(a) \end{aligned}$$

となることに注意しよう．いま x_0 を次世代作用素の固有値 $R_0 > 1$ に属する正固有ベクトルとして，正ベクトル y_0 を

$$y_0 := \frac{\log R_0}{\|x_0\|_{L^1}}x_0 \in L^1_+$$

と定義する．このとき (8.14) から，

$$F(y_0) \geq e^{-\|y_0\|_{L^1}}\hat{\Pi}(0)y_0 = y_0$$

を得る．そこでいま関数列 $\{y_n\}_{n=0,1,2,\cdots}$ を，

$$y_n = F(y_{n-1})$$

によって定義すれば，F の単調性から $y_0 \leq y_1 \leq \cdots \leq y_n \leq y_{n+1} \leq \cdots$ となり，単調増大列になる．y_n は上に有界であるから，レビの定理によって，$y_\infty \in L^1_+$ が存在して $\lim_{n\to\infty} y_n = y_\infty$ となるが，これは F の正不動点に他ならない．□

F の単調性を保証する条件 (8.13) は非常に限定的であるが，たとえば感染率 β が定数で，生存率 $\Gamma(a;\tau)$ が感染年齢 τ に依存しない場合には満た

される．一般的な場合に関する正定常解の存在はクラスノセルスキーの定理（付録の定理 D.18 参照）によって示される．実際，F の原点におけるフレシェ微分を $F'[0]$ とおけば，$F'[0] = \hat{\Pi}(0)$ であり，$F(L^1_+)$ は有界である．そこで次世代作用素 $\hat{\Pi}(0)$ がコンパクトでノンサポーティングであれば，固有値 $R_0 > 1$ に対してゼロでない正固有ベクトルが存在して，それは正値錐におけるただ 1 つの固有ベクトルになっている．したがってその場合はクラスノセルスキーの定理の前提が満たされているから，F は少なくとも 1 つの正不動点をもつことがわかる．すなわち閾値条件 $R_0 > 1$ は伝染病の侵入条件であると同時に，エンデミック定常状態の存在のための十分条件になっている．すなわち一般的に，

定理 8.2　次世代作用素 $\hat{\Pi}(0)$ がコンパクトでノンサポーティング，かつ $R_0 = r(\hat{\Pi}(0)) > 1$ であれば，少なくとも 1 つの非自明な定常解が存在する．

ところで前章で見た年齢構造化 SIR モデルにおいては，$R_0 \leq 1$ であれば自明な定常解のみが存在し，$R_0 > 1$ となれば，少なくとも $|R_0 - 1|$ が小さい範囲ではただ 1 つの正定常解が分岐して局所安定であった．すなわち分岐はスーパークリティカルであったが，ここで考察している HIV モデルではどうであろうか？ この点を考えるために年齢間の感染率に対して比例混合仮説を適用しよう．すなわち，

$$K(a, b, \tau) = k_1(a)k_2(b, \tau)$$

と分解できると仮定する．このとき作用素 F の値域は k_1 によって張られる 1 次元空間になる．したがって，$\lambda(a) = ck_1(a)\,(c > 0)$ として，$\lambda = F(\lambda)$ に代入すれば，以下のような正数 $c > 0$ に関する特性方程式を得る：

$$1 = \frac{C(P(ck_1))}{P(ck_1)} \int_0^{\omega} db \int_0^{b} k_2(b, \tau)k_1(b - \tau)e^{-c\int_0^{b-\tau} k_1(\xi)d\xi}\, d\tau. \qquad (8.15)$$

すなわちこの方程式が正の根 $c > 0$ をもてば，ck_1 が F の不動点（エンデミックな定常状態における感染力）を与えることになる．それに対応して

また，次世代作用素も 1 次元作用素になっている：

$$(\hat{\Pi}(0)\lambda)(a) = \frac{C(P(0))}{P(0)} k_1(a) \int_0^\omega db \int_0^b d\tau k_2(b,\tau)\lambda(b-\tau).$$

したがって $k_1(a)$ が $\hat{\Pi}(0)$ の正固有ベクトルであり，

$$R_0 = \frac{C(P(0))}{P(0)} \int_0^\omega db \int_0^b k_2(b,\tau)k_1(b-\tau)\, d\tau$$

である．

そこでいま関数 $f(c), g(c)$ を

$$f(c) := \int_0^\omega db \int_0^b d\tau\, k_2(b,\tau)k_1(b-\tau)e^{-c\int_0^{b-\tau} k_1(\xi)d\xi},$$

$$g(c) := \frac{P(ck_1)}{C(P(ck_1))}$$

と定義すれば，(8.15) の根は $c > 0$ における 2 つの曲線 f と g の交点で与えられる．f は明らかに単調減少で，$\lim_{c\to\infty} f(c) = 0$ である．一方，$g(c)$ も単調減少であって，$g(\infty)$ は正であると仮定しよう：

$$\lim_{c\to\infty} g(c) = \frac{P(\infty)}{C(P(\infty))} > 0.$$

たとえば $\partial\Gamma/\partial\tau \geq 0$ であれば，$P(\lambda)$ は単調減少で，

$$P(\infty) = \int_0^\omega B\ell(a)\Gamma(a;0)\, da$$

となる．$C(P)/P$ が非増加であると仮定すれば，$g(c)$ は単調減少となる．そこで，

$$R_0 = \frac{f(0)}{g(0)}$$

と書けることに注意すれば，$R_0 > 1$ であれば，必ず $f(c), g(c)$ は $c > 0$ で交点をもつから，F は正の不動点をもつことがわかる．

一方，$R_0 \leq 1$ の場合であるが，$g(0) = f(0)$，すなわち $R_0 = 1$ の場合，$g'(0) < f'(0)$ であれば，g はいったん f よりも下にくるが最終的には g は

f よりも大きくなるから，交点をもつことになる（図 8.6）．さらに $R_0 < 1$ でも R_0 が 1 に近いところでは，$g'(0) < f'(0)$ の仮定もとで，2 つの交点が出現する．すなわちこの場合は $R_0 = 1$ における自明な定常解からの分岐はサブクリティカルであって，閾値条件が満たされなくても，非自明な定常解が存在する．したがって以下を得る：

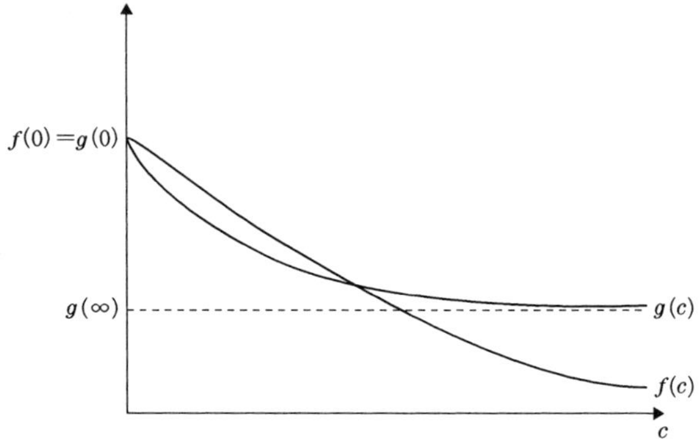

図 8.6

定理 8.3　比例混合仮説のもとで，$C(P(x))/P(x)$ が x について単調増大であるとする．$R_0 < 1$ でかつ $|R_0 - 1|$ が十分に小であれば，2 つの非自明な定常解が存在する．$R_0 \geq 1$ であれば少なくとも 1 つの非自明な定常解が存在する．

しかし，むろん R_0 が十分小さくなれば自明な定常解しか存在しない．たとえば次の定理が示される：

定理 8.4　次世代作用素 $\hat{\Pi}(0)$ はコンパクトでノンサポーティングであって，ある正数 $\alpha > 0$ が存在して，任意の $\phi \in L^1_+ \setminus \{0\}$ に対して，

$$F'[0]\phi - \alpha F(\phi) \in L^1_+ \setminus \{0\}$$

であると仮定する．このとき $R_0 = r(\hat{\Pi}(0)) = r(F'[0]) \leq \alpha$ であれば，F の正値錐 L^1_+ における不動点は原点のみである．

証明 $R_0 \leq \alpha$ としよう．もし F がゼロでない不動点を正値錐 $E := L^1_+$ 内にもてば，それを $\phi \in E \setminus \{0\}$ とすると，

$$\alpha\phi = \alpha F(\phi) \leq \hat{\Pi}(0)\phi$$

となる．このとき，次世代作用素 $\hat{\Pi}(0)$ の固有値 R_0 に属する共役固有ベクトルを $\xi \in E^* \setminus \{0\}$ としよう．これはゼロ以外の正値錐の要素を正の値に写す厳密に正な線形汎関数であり，E^* は E の共役錐である．このとき ξ の $x \in E$ における値を $\langle \xi, x \rangle$ と書けば，仮定から，

$$\langle \xi, F'[0]\phi - \alpha F(\phi) \rangle = (R_0 - \alpha)\langle \xi, \phi \rangle > 0$$

となる．したがって $R_0 > \alpha$ を得るが，これは仮定に反する．□

明らかに，上記の定理における定数 α としては，任意の $\lambda \in L^1_+$ に対して，

$$\frac{C(P(0))}{P(0)} \geq \alpha \frac{C(P(\lambda))}{P(\lambda)}$$

となるようなものをとれば十分であることがわかるが，

$$\frac{C(P(\lambda))}{P(\lambda)} \leq \limsup_{x \to +0} \frac{C(x)}{x}$$

であるから，$C(x)/x$ が有界であれば必ずそのような正数 α が存在する．

8.5 ペア形成による HIV 感染の基本再生産数

先進諸国におけるエイズ流行の主要な経路は，現在では異性間の性的接触と薬物濫用（汚染された注射針の共有）となってきているが，とくに前者はほとんどすべての成人男女がリスク集団を形成するために，最も重要な感染経路である．

しかし異性間の性的接触，とくにペア形成による HIV 流行をモデル化

しようとすると，ペアの持続性や感染力の変動という特性のために，たとえ年齢構造を無視したとしてもきわめて複雑な非線形モデルとなり，その解析は困難である．しかもサハラ以南のアフリカ諸国のように流行が拡大した情況では，ホストの人口動態との相互作用を無視しえないから，年齢構造の導入が必要であり，さらにモデルは非常に複雑となる[2]．そこで以下では異性間の性的接触による HIV 流行の初期侵入相における基本再生産数を計算するという目的に限定して，本来の非線形モデルを単純化，線形化した部分的モデルのみを考えよう[3]．

簡単のため，HIV の侵入を受けるホスト人口の構造変数としては，感染者の感染からの経過時間のみを考える．また感染した者はただちに感染力をもつと仮定しよう．また男女間の性的接触のみによって HIV 感染がおこると仮定し，性的接触はペアのパートナー間でのみ発生すると考える．ここで「ペア」はパートナー間での性交渉によって開始され，ペア形成期間中は一定の頻度でパートナー間に性交渉があり，その間に他の交渉相手をもたないと仮定する．

個体の感染者としての履歴を表す状態別生残率を考えよう．感染個体の状態としては,「感染パートナーとペア形成している」「シングル」「感受性パートナーとペア形成している」の 3 状態を考えて，それらに番号 1, 2, 3 を割り当てる．このモデルでは個体の感染はペア内でしかおこらないので，感受性個体が感染した瞬間にはつねに感染個体とペア形成している．すなわち感染コーホートの出発点は状態 1 である．そこで $\ell_j^m(\tau)$ $(\ell_j^f(\tau))$ は，$\tau = 0$ で状態 1 にいた感染男性（女性）が感染持続時間 τ で状態 j に生残している割合としよう．

ρ_m (ρ_f) を感染男性（女性）が感受性の女性（男性）とペアを形成する率であるとする．これらは本来感受性人口と感染人口の非線形関数であり，流行の拡大とともに変化するはずであるが，ここでは流行初期のみを考え

2)　ペア形成による HIV 流行の全体を記述する非線形両性人口モデルについては [119], [173], [221], [241] などの研究がある．

3)　ペア形成による流行の基本再生産数に関しては [97], [120], [221] などの研究がある．

るために定数であると仮定する．また γ をエイズの発症率，σ をパートナーの解消率として，これらも簡単のため定数と仮定する．ペアは自発的解消以外に，いずれかのパートナーの死亡，エイズ発症によっても解消されると考える．μ_m (μ_f) を男性（女性）の自然死亡率とする．また簡単のため性的活動の自発的中断はないと仮定する．η をパートナーの間での単位時間あたりの接触頻度，$\beta_{mf}(\tau)$ $(\beta_{fm}(\tau))$ は感染持続時間 τ の男性（女性）感染者からそのパートナーの感受性女性（男性）への 1 回の性交渉あたりの HIV 感染確率とする．

簡単のためベクトル記号を導入しよう．

$$\ell^m(\tau) = (\ell_1^m(\tau), \ell_2^m(\tau), \ell_3^m(\tau))^{\mathrm{T}},\ \ell^f(\tau) = (\ell_1^f(\tau), \ell_2^f(\tau), \ell_3^f(\tau))^{\mathrm{T}}$$

を感染男女の生残率ベクトルとする．ただし T はベクトルの転置作用を表す．さらに行列 A^m，A^f を以下のような 3×3 行列とする：

$$A^m(\tau) :=$$
$$\begin{pmatrix} -2\gamma - \sigma - \mu_m - \mu_f & \beta_{mf}(\tau)\rho_m & \eta\beta_{mf}(\tau) \\ \sigma + \gamma + \mu_f & -\gamma - \rho_m - \mu_m & \sigma + \mu_f \\ 0 & (1 - \beta_{mf}(\tau))\rho_m & -\eta\beta_{mf}(\tau) - \gamma - \sigma - \mu_m - \mu_f \end{pmatrix},$$

$$A^f(\tau) :=$$
$$\begin{pmatrix} -2\gamma - \sigma - \mu_m - \mu_f & \beta_{fm}(\tau)\rho_f & \eta\beta_{fm}(\tau) \\ \sigma + \gamma + \mu_m & -\gamma - \rho_f - \mu_f & \sigma + \mu_m \\ 0 & (1 - \beta_{fm}(\tau))\rho_f & -\eta\beta_{fm}(\tau) - \gamma - \sigma - \mu_m - \mu_f \end{pmatrix}.$$

このとき，仮定から $\ell^m(\tau), \ell^f(\tau)$ は以下の微分方程式を満たす：

$$\frac{d\ell^m(\tau)}{d\tau} = A^m(\tau)\ell^m(\tau), \quad \ell^m(0) = (1,0,0)^{\mathrm{T}},$$
$$\frac{d\ell^f(\tau)}{d\tau} = A^f(\tau)\ell^f(\tau), \quad \ell^f(0) = (1,0,0)^{\mathrm{T}}$$

いま $B_m(t)$, $B_f(t)$ を男性および女性の新規 HIV 感染者の単位時間あたりの発生数としよう．このとき以下が成り立つ：

$$B_m(t) = \int_0^\infty [\rho_f \beta_{fm}(\tau)\ell_2^f(\tau) + \eta\beta_{fm}(\tau)\ell_3^f(\tau)]B_f(t-\tau)\,d\tau,$$
$$B_f(t) = \int_0^\infty [\rho_m \beta_{mf}(\tau)\ell_2^m(\tau) + \eta\beta_{mf}(\tau)\ell_3^m(\tau)]B_m(t-\tau)\,d\tau.$$

これは第 5 章で扱ったポラードの線形両性モデルと同型であるから，その基本再生産数は以下のように計算される：

定理 8.5　男女のペア形成による HIV 流行の基本再生産数 R_0 は以下で与えられる：

$$R_0 := \sqrt{R_m R_f}. \tag{8.16}$$

ここで $R_m\,(R_f)$ は男性（女性）感染者が女性（男性）感染者を生産する場合の基本再生産比であり，以下で与えられる．

$$R_m := \int_0^\infty \beta_{mf}(\tau)[\rho_m \ell_2^m(\tau) + \eta\ell_3^m(\tau)]\,d\tau,$$
$$R_f := \int_0^\infty \beta_{fm}(\tau)[\rho_f \ell_2^f(\tau) + \eta\ell_3^f(\tau)]\,d\tau.$$

さらに具体的に R_0 を計算するために，男女差を無視して単純化をおこなおう．すなわち，$\beta(\tau) := \beta_{mf}(\tau) = \beta_{fm}(\tau)$, $\rho := \rho_m = \rho_f$, $\mu := \mu_m = \mu_f$ であると仮定する．したがって，以下ではパラメータの男女の別を指示する添字は省略する．この男女対称の場合における基本再生産数は以下で与えられる：

$$R_0 = \int_0^\infty \beta(\tau)[\rho\ell_2(\tau) + \eta\ell_3(\tau)]\,d\tau. \tag{8.17}$$

ここで男女共通の生残率ベクトル $\ell(\tau) := (\ell_1(\tau), \ell_2(\tau), \ell_3(\tau))^{\mathrm{T}}$ は以下の常微分方程式系の解として与えられることに注意しよう：

$$\frac{d\ell(\tau)}{d\tau} = A(\tau)\ell(\tau),\ \ \ell(0) = (1,0,0)^{\mathrm{T}}. \tag{8.18}$$

行列 A は以下で与えられる：

$$A(\tau) := \begin{pmatrix} -2\gamma-\sigma-2\mu & \beta(\tau)\rho & \eta\beta(\tau) \\ \sigma+\gamma+\mu & -\gamma-\rho-\mu & \sigma+\mu \\ 0 & (1-\beta(\tau))\rho & -\eta\beta(\tau)-\gamma-\sigma-2\mu \end{pmatrix}.$$

一般にシステム (8.18) の解析的な解を得ることはできないが，特別な場合にはこれを得ることができる．感染者の AIDS 発症を無視できる場合，すなわち $\gamma = 0$ となる場合を考える．この仮定は長期的には現実的ではないが，HIV が侵入した初期を考えている限りは近似的に妥当すると考えられる．この仮定のもとでは (8.18) に対して以下の 2 つの積分が存在する：

$$\ell_1(\tau) + \ell_2(\tau) + \ell_3(\tau) = e^{-\mu\tau},$$

$$\ell_1(\tau) + \ell_3(\tau) = e^{-(\sigma+\rho+2\mu)\tau} + \rho \int_0^\tau e^{-(\sigma+\rho+2\mu)(\tau-s)} e^{-\mu s}\, ds.$$

これより解析的な解を以下のように求めることができる．

$$\ell_2(\tau) = \frac{\sigma+\mu}{\sigma+\rho+\mu} e^{-\mu\tau}(1-e^{-(\sigma+\rho+\mu)\tau}), \tag{8.19}$$

$$\begin{aligned} \ell_3(\tau) = {} & \frac{\rho(\sigma+\mu)}{\sigma+\rho+\mu} \\ & \times \int_0^\tau e^{-\int_s^\tau (\eta\beta(\zeta)+\sigma+2\mu)d\zeta}(1-\beta(s))(e^{-\mu s} - e^{-(\sigma+\rho+2\mu)s})\, ds. \end{aligned} \tag{8.20}$$

いま $\phi(a) := \rho\ell_2(a)$ とすれば，$\phi(a)$ は感染持続時間 τ においてペア形成が発生する確率を与える：

$$\phi(a) = \frac{\rho(\sigma+\mu)}{\sigma+\rho+\mu} e^{-\mu a}(1-e^{-(\sigma+\rho+\mu)a}). \tag{8.21}$$

したがって，その全活動期間における個体のパートナー数の平均は，

$$\int_0^\infty \phi(a)\, da = \frac{\rho(\sigma+\mu)}{\mu(\sigma+\rho+2\mu)}$$

で与えられる．(8.17), (8.19)–(8.21) から以下が示された：

定理 8.6　男女対称で $\gamma = 0$ である場合の基本再生産数は，以下のように得られる：

$$R_0 = \int_0^\infty S(\tau)\phi(\tau)\,d\tau. \tag{8.22}$$

ここで，

$$S(\tau) := T(\tau)(1 - \beta(\tau)) + \beta(\tau),$$
$$T(\tau) := \int_\tau^\infty \eta\beta(z)e^{-\int_\tau^z (\beta(\zeta)\eta + \sigma + 2\mu)\,d\zeta}\,dz$$

である．

$S(\tau)$ は感染持続時間 τ において感受性個体とのペア形成をおこなった感染者に関する 1 回のペア形成あたりの感染確率であり，ペア内での持続的交渉によって感染が成立する場合の確率とペア形成の瞬間に感染が成立した場合の確率の 2 つの部分からなっている．1 回あたりの感染率 β が小さければ，前者が R_0 においてより重要な部分となる．$T(\tau)$ は感染持続時間 τ のペア形成している感染者が，感受性パートナーにいつかは感染させる確率である．

基本再生産数がパラメータにどのように依存しているかを知ることは重要である．というのも，流行を抑止する基本的な方策は，R_0 を 1 以下にコントロールすることだからである．(8.22) で与えられる基本再生産数はペア形成率 ρ の単調増大関数であることは容易にわかる．したがって，ペア形成率を低下させることは明らかに R_0 を減少させる有効な手段であるが，ペア解消率 σ に関する R_0 の応答はより複雑である．

簡単のため β が定数の場合を考えよう．このとき R_0 は以下のように計算される：

$$R_0 = \frac{\rho(\sigma + \mu)}{\mu(\sigma + \rho + 2\mu)} \cdot \frac{\beta(\eta + \sigma + 2\mu)}{\beta\eta + \sigma + 2\mu}.$$

そこで微分すれば,

$$\frac{\partial R_0}{\partial \sigma} = \frac{\beta\rho(A\sigma^2 + 2B\sigma + C)}{\mu(\beta\eta + \sigma + 2\mu)^2(\sigma + \rho + 2\mu)^2}$$

となる．ただしここで A, B, C は,

$$\begin{aligned} A &:= \rho + \mu - \eta(1-\beta), \\ B &:= \rho\beta\eta + 2\mu(\rho + \beta\eta + \mu) - \mu\eta, \\ C &:= 4\mu^3 + 4(\rho + \beta\eta)\mu^2 + (\beta\eta^2 + 3\rho\beta\eta + \rho\eta)\mu + \beta\eta^2\rho \end{aligned}$$

である．$D := B^2 - AC$ とおけば，$D < 0$ であれば $\partial R_0/\partial\sigma$ の分子は正定値であるから，R_0 は σ の単調増大関数になる．$D > 0$ の場合には実数 $\alpha_1 < \alpha_2$ が存在して,

$$\frac{\partial R_0}{\partial \sigma} = \frac{\beta\rho A(\sigma - \alpha_1)(\sigma - \alpha_2)}{\mu(\beta\eta + \sigma + 2\mu)^2(\sigma + \rho + 2\mu)^2}$$

と書ける．

$$\left[\frac{\partial R_0}{\partial \sigma}\right]_{\sigma=0} = \frac{\beta\rho C}{\mu(\beta\eta + 2\mu)^2(\rho + 2\mu)^2} > 0$$

であるから，もし $A > 0$ であれば，R_0 は $\alpha_1 < \alpha_2 < 0$ であるときに σ の単調増大関数であり，$0 < \alpha_1 < \alpha_2$ であるときには $\sigma = \alpha_1$ で極大値，$\sigma = \alpha_2$ で極小値をとる．もし $A < 0$ であれば，$\alpha_1 < 0 < \alpha_2$ となるから，R_0 は $\sigma = \alpha_2$ でただ 1 つの極大値をもつ．

一方，現実的なパラメータ領域では $A < 0$，したがって同時に，$D > 0$ であると期待できる．実際,

$$A = (\rho + \mu)\eta\left(\frac{1}{\eta} - \frac{1-\beta}{\rho + \mu}\right)$$

と書けるが，$1/\eta$ はペア内における性的接触の平均間隔であり，$1/(\rho + \mu)$ は単身状態にある平均期間である．したがって，現実的な値においては

$1/\eta \ll 1/(\rho+\mu)$ であり，$1-\beta$ は 1 に近い値であるから $A<0$ となる．すなわち，感染率 β が定数であれば，現実的なパラメータ領域において基本再生産数はペア解消率 σ の関数として単峰型のパターンをとることがわかる．

したがって，ペアの解消率が小さくペアが安定していることは，一般に R_0 を小さくするのに役立っているが，ペア解消率が非常に大きい領域でもやはり R_0 は減少する．これはペアが不安定になりすぎてペア内での感染成立の時間的余裕がなくなるためであるが，そのような領域ではペア解消率を低下させることは，かえって R_0 を大きくしてしまうことになる．

次に R_0 と感染率 $\beta(a)$ の関係を考えよう．パートナーあたりの感染率 $S(\tau)$ や $T(\tau)$ を感染率 $\beta(\tau)$ の汎関数と考えて，$S(\beta)(\tau), T(\beta)(\tau)$ と書こう．このとき部分積分によって，

$$T(\beta)(\tau)=1-(\sigma+2\mu)\int_\tau^\infty e^{-\int_\tau^z(\beta(\zeta)\eta+\sigma+2\mu)\,d\zeta}\,dz,$$

$$S(\beta)(\tau)=1-(1-\beta(\tau))(\sigma+2\mu)\int_\tau^\infty e^{-\int_\tau^z(\beta(\zeta)\eta+\sigma+2\mu)d\zeta}\,dz$$

を得る．したがって，$T(\beta), S(\beta)$ は β の単調増大関数である．さらに $R_0(\beta)$ を β に対応する基本再生産数であるとしよう．このとき

$$R_0(\beta):=\int_0^\infty S(\beta)(a)\phi(a)\,da$$

であるから，$\beta_1\le\beta_2$ であれば $R_0(\beta_1)\le R_0(\beta_2)$ という単調性が成り立つ．しかしながら，この結果は β_1 と β_2 が比較不能な場合には適用できない．

HIV 感染においては感染力が感染期間の間に非常に大きく変動すると考えられているが，その変動パターンは，感染力に対してどのような影響を与えているだろうか．この点に関しては，同じ平均感染力をもつ変動のない感染力パターンに比べて，HIV の感染力変動パターンは R_0 をより小さくするであろうと予測されている ([120], [173], [179])．

いま自然死亡力 μ のもとでの平均感染力 (average infectivity) $\bar{\beta}$ と感染力の規格化されたパターン $h(a)$ を，

$$\bar{\beta} := \mu \int_0^\infty e^{-\mu a} \beta(a)\, da, \quad h(a) := \frac{\beta(a)}{\bar{\beta}}$$

と定義しよう．感染力一定のパターンは $h_0(a) \equiv 1$ によって表される．

初めに，持続的なペア形成が存在しないという特殊な場合 $(\sigma = \infty)$ を考えてみよう．このときは，

$$R_0(\beta) = \rho \int_0^\infty e^{-\mu a} \beta(a)\, da$$

となる．したがって，

$$R_0(\bar{\beta} h_0) = \frac{\rho \bar{\beta}}{\mu} = R_0(\beta)$$

である．すなわちこの場合，平均感染力が不変という仮定のもとでは，感染力パターンの変化は R_0 の変化をもたらさない．感染力パターンの変化が基本再生産数を変化させるには，持続的ペア形成が必要である．

持続的なペア形成のある場合 $(\sigma < \infty)$ は，平均感染力が等しくても，感染力のパターンの違いが異なった基本再生産数を導くであろうと予測されるが，とくに HIV の変動感染率パターンは，一定の感染率よりも低い基本再生産数を導くことが数値計算によって示される ([221])．このことに関するまったく一般的な証明は困難であるが，基本再生産数の公式 (8.22) において，$S(\beta)$ は β とほぼ同じ変動パターンをもち，ペア形成の確率 ϕ が山型の関数であるため，感染率の高い感染初期と晩期は R_0 の計算において相対的に小さな役割しか演じないことから推察される．

第9章

インフルエンザ流行の数理モデル

先に述べたように，ケルマック–マッケンドリックが1927年に提出した変動感染力 (variable infectivity) をもつSIR型モデルは，その後の伝染病モデルの原型として広範な影響力をもったが，彼らがその後1930年代に提起したモデルはほとんど注目されることがなかった．この後期のモデルは感染力の変動とともに感受性人口における感受性の変動をも考慮した複雑なものであった．このモデルに関しては，具体的な伝染病への適用例が提示されなかったことも長い間無視されてきた要因であったであろう．

しかしながら，近年広く認識されてきているように，ウィルスの病原性の進化やホストの免疫系の変動などは，伝染病流行において大きな役割を果たしており，そうした点をモデルに反映させるためには，後期のケルマック–マッケンドリックモデルの考え方は非常に有効である．本章ではウィルス変異による感受性の変動という視点を考慮したモデルとして，ピーズ (C. M. Pease) によるインフルエンザの流行モデルをとりあげ，その性質を調べるとともに，ケルマック–マッケンドリックモデルとの関連を明らかにする．

9.1 A 型インフルエンザ流行モデル

麻疹や水疱瘡などの古典的伝染病のモデリングにおいては，感染から回復した患者が生涯免疫を得ると仮定され，感受性人口における免疫力の変化ないし感受性の個体差というものは考慮されてこなかった．その場合，再帰的流行は新たな感受性人口が人口学的に補充されることによって引き起こされると考えられる．しかしながら，生涯に複数回感染する可能性があるような感染症においては，ホストの感受性の変動ということがその反復的流行に重要な役割を果たしていると考えられる．

ホスト人口の感受性の変動という場合には少なくとも 2 つの要因が考えられる．1 つはホストにおける免疫力の自然減衰である．これはたとえばワクチンによって誘導された免疫の場合にはよく見られることである．もう 1 つはウィルスの側における抗原性の変異によって既存の免疫力が無効化される場合である．

A 型インフルエンザウィルスにおいては，その抗原性はアミノ酸置換によって連続的に変化しており，これが毎年の再帰的流行の要因となっていると考えられている（抗原ドリフト）．これに対して，数十年に一度発生する大流行はまったく新しいサブタイプの出現によると考えられる（抗原シフト）．A 型インフルエンザについてはホストの感受性の変化は，ホスト側の免疫力の自然減衰によるよりも，もっぱらウィルス側の抗原ドリフトの効果によることが実験的に示唆されている．

こうしたことを背景にして，ピーズは以下のような仮定を設けて A 型インフルエンザの流行モデルを定式化した ([336])：

(1) 各時刻において 1 種類のタイプのインフルエンザウィルスが流行している．

(2) ランダムドリフトが連続的に一定の率で発生してウィルスの抗原性を変化させていて，過去に流行したウィルスに感染した経験のあるホストは，累積したドリフト効果によってそのウィルスとのアミノ

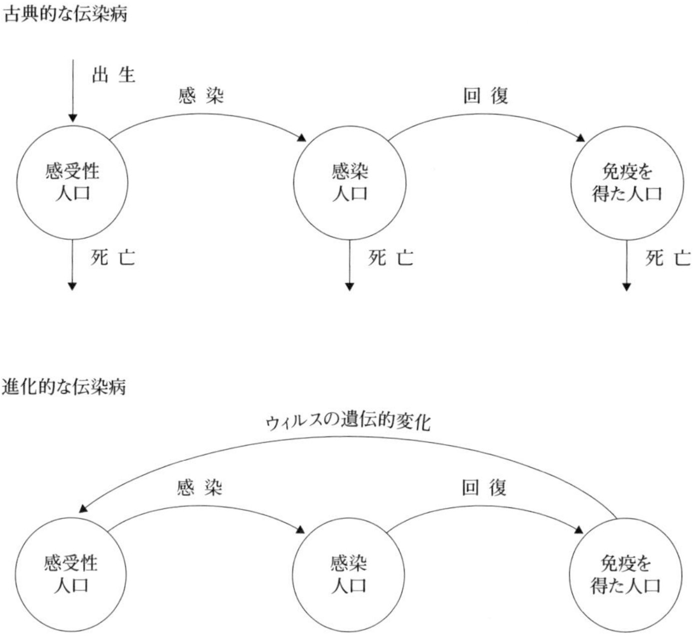

図 9.1 古典的な伝染病と進化的な伝染病の違い．古典的な伝染病では感受性人口は出生によって補充され，大部分のホスト人口は免疫状態で死亡する．進化的な伝染病では，ウィルスの変異によって，一度免疫を得た人口がふたたび感受性人口となる．

酸置換量で測られた遺伝的距離が離れた新たなウィルスに再感染する確率が高まる．

(3) その再感染率は累積したアミノ酸置換量に比例して増大する．

以下ではピーズの仮定 (3) のかわりに，より一般的に再感染率は単調増大で上に有界であると仮定しよう．無限大になりうる再感染率は現実的には考えにくいからである．このときピーズモデルは以下のように定式化される：

$$\begin{aligned}
&\frac{\partial S(t,a)}{\partial t} + k\frac{\partial S(t,a)}{\partial a} = -\gamma(a)S(t,a)I(t), \\
&\frac{dI(t)}{dt} = -vI(t) + I(t)\int_0^\infty \gamma(a)S(t,a)\,da, \\
&kS(t,0) = vI(t).
\end{aligned} \tag{9.1}$$

ここで $S(t,a)$ は感染経験のある感受性人口密度であり，パラメータ a はホスト個体が最後に感染したインフルエンザウィルスと時刻 t 時点において流行しているウィルスの抗原としての差異をアミノ酸置換量を基準にして測ったものである．すなわち，

$$\int_{a_0}^{a_1} S(t,a)\,da$$

は t 時刻におけるウィルスとアミノ酸置換量で測って a_0 から a_1 だけ異なっているウィルスによってかつて罹患した感受性人口数に他ならない．k はインフルエンザウィルスにおけるアミノ酸置換速度（突然変異率）であり，$\gamma(a)$ は再感染率，v は回復率である．

ピーズモデルの特徴は，ウィルスの変異をホスト人口の感受性の相対的変化として読み直す点にある．k は定数であると仮定しているから，本質的には a は持続時間と同じ役割を果たしている．人口学的タイムスケールに比べて短期的な流行期間を考える限りホストの人口動態を無視するという仮定は妥当であろう．このとき，$S(t,\infty)=0$ [1)] と仮定すれば総人口 N は保存される：

$$N = \int_0^\infty S(t,a)\,da + I(t).$$

したがって，(9.1) は以下のような $S(t,a)$ に関する単独の方程式の初期値・

1)　この仮定は非負関数 $S(t,a)$ が a について可積分かつ微分可能で，その微分 $\partial S/\partial a$ が絶対可積分であれば自動的に満たされている．

境界値問題へ還元される：

$$\begin{aligned}
&\frac{\partial S(t,a)}{\partial t} + k\frac{\partial S(t,a)}{\partial a} = -\gamma(a)S(t,a)\left[N - \int_0^\infty S(t,a)\,da\right],\\
&kS(t,0) = v\left[N - \int_0^\infty S(t,a)\,da\right],\\
&S(0,a) = S_0(a).
\end{aligned} \tag{9.2}$$

ここで $S_0(a)$ は初期データである．

マッケンドリックタイプの方程式 (9.1) は特性線に沿って積分する標準的な方法によって，以下のように解ける：

$$S(t,a) = \begin{cases} S\Big(t-\dfrac{a}{k},0\Big)e^{-\int_0^{\frac{a}{k}}\gamma(k\sigma)I(t-\frac{a}{k}+\sigma)d\sigma}, & t-\dfrac{a}{k}>0,\\ S(0,a-kt)e^{-\int_0^t\gamma(a-kt+k\sigma)I(\sigma)d\sigma}, & t-\dfrac{a}{k}<0. \end{cases} \tag{9.3}$$

ここで $S(t-a/k,0)$ は，

$$S\left(t-\frac{a}{k},0\right) = \frac{v}{k}I\left(t-\frac{a}{k}\right)$$

である．表現 (9.3) と総人口の保存性から以下のような $I(t)$ に関する非線形積分方程式を得る：

$$\begin{aligned}
I(t) = N &- \frac{v}{k}\int_0^{kt} I\left(t-\frac{a}{k}\right)e^{-\int_0^{\frac{a}{k}}\gamma(k\sigma)I(t-\frac{a}{k}+\sigma)d\sigma}da\\
&- \int_{kt}^\infty S_0(a-kt)e^{-\int_0^t\gamma(a-kt+k\sigma)I(\sigma)d\sigma}da.
\end{aligned}$$

ここで $S_0(a) := S(0,a)$ は初期データである．この非線形積分方程式は，

$$\int_0^\infty S_0(a)\,da < N \tag{9.4}$$

であれば，大域的な正値解をもつことが示される ([223])．したがって $S(t,a)$ は (9.3) から決定され，それが (9.1) あるいは (9.2) の解を与える．条件 (9.4)

が満たされない場合は，$\|S_0\|_{L^1} = N$ で，感染人口はつねにゼロであって，

$$S(t,a) = \begin{cases} 0, & t - \dfrac{a}{k} > 0, \\ S_0(a - kt), & t - \dfrac{a}{k} < 0 \end{cases}$$

となる．このとき感受性人口の各人が感染した経験のあるウィルスタイプと現存するウィルスの相対距離は抗原ドリフトによってつねに拡大していく．感染者がいない場合は新たな感染からの回復による免疫力の更新がないために，ホスト人口の感染経験は，環境中で定常的に進行するウィルス変異に対して相対的に古びてゆき，その免疫力は低下をつづける．すなわち感染者のいない定常状態はこの場合存在しないが，これはまったく感染経験のない人口というカテゴリーを無視した結果であって，このモデルの大きな特徴である．

$f \in L^1_+(\mathbf{R}_+)$ が $\|f\|_{L^1} = N$ を満たすとき，

$$U_f(t,a) := \begin{cases} 0, & t - \dfrac{a}{k} > 0, \\ f(a - kt), & t - \dfrac{a}{k} < 0 \end{cases}$$

で与えられる解を**自明な解**と呼ぼう．いま自明な解 U_f を 1 つ固定して，

$$x(t,a) = U_f(t,a) - S(t,a)$$

とおけば，$x(t,a)$ は以下のような初期値・境界値問題を満たす：

$$\begin{aligned} &\frac{\partial x(t,a)}{\partial t} + k\frac{\partial x(t,a)}{\partial a} = \gamma(a)(U_f(t,a) - x(t,a))\int_0^\infty x(t,a)\,da, \\ &x(t,0) = -\frac{v}{k}\int_0^\infty x(t,a)\,da, \\ &x(0,a) = f(a) - S_0(a). \end{aligned} \tag{9.5}$$

システム (9.5) は非自律的で非線形であるが，境界条件が同次線形になっているために半線形のコーシー問題になっているから，古典的な定数変化

法の公式によって発展作用素を構成することができ，正の初期条件に対する解 $S(t,a) = U_f(t,a) - x(t,a)$ の正値性は保証される．すなわちピーズモデルは数学的に適切なコーシー問題を構成している ([228])．

9.2　閾値条件とパーシステンス

本節では初めにインフルエンザモデルの定常解の存在と一意性を考えよう．$(S^*(a), I^*)$ をシステム (9.1) の定常解であるとすれば，

$$\frac{dS^*(a)}{da} = -\frac{\gamma(a)I^*}{k}S^*(a), \quad kS^*(0) = vI^*.$$

したがって，以下の表現を得る：

$$S^*(a) = \frac{vI^*}{k}e^{-\frac{I^*}{k}\int_0^a \gamma(\sigma)d\sigma}. \tag{9.6}$$

上記の表現 (9.6) と全人口が一定値 N であることから，I^* に関する以下の方程式を得る：

$$N = I^* + \int_0^\infty S^*(a)\,da = I^*\left(1 + \frac{v}{k}\int_0^\infty e^{-\frac{I^*}{k}\int_0^a \gamma(\sigma)d\sigma}da\right). \tag{9.7}$$

それゆえ，この方程式が正の解を区間 $[0, N]$ においてもてば，それに対応して定常解が定まることになる．

一方，感染者のいない定常状態が存在しないから，通常の SIR 型伝染病モデルなどとは異なって侵入条件の定式化がこのままではできない．しかしまったく感染経験のないホスト人口の感染率を $\gamma(\infty) := \lim_{a\to\infty}\gamma(a)$ とすれば，規模 N のまったく感染経験のない人口集団の基本再生産数は，

$$R_0 = \frac{N\gamma(\infty)}{v}$$

で与えられる．このとき (9.1) に対して以下のような閾値定理が得られる：

定理 9.1　$R_0 \le 1$ であれば流行は自然に消滅する．一方，$R_0 > 1$ であればただ 1 つの定常状態が存在する．

証明　(9.1) から，$t>0$ において，

$$I'(t) \le -vI(t) + I(t)\gamma(\infty)(N - I(t)) = v(R_0 - 1)I(t) - \gamma(\infty)I^2(t)$$

となる．このとき $R_0 \le 1$ であれば，$\lim_{t\to\infty} I(t) = 0$ となることは容易にわかる．したがって感染者は自然に消滅する．次に $R_0 > 1$ であるとしよう．関数 $F(x)$ $(x \in (0, N])$ を以下のように定義する：

$$F(x) := x\left(1 + \frac{v}{k}\int_0^\infty e^{-\frac{x}{k}\int_0^a \gamma(\sigma)d\sigma}da\right).$$

このとき (9.7) から，エンデミックな定常状態は方程式 $F(x) = N$ の正根に対応して得られる．有界単調性の仮定から，任意の小さな $\varepsilon > 0$ に対して a_0 が存在して，$a \ge a_0$ で $\gamma(a) \ge \gamma(\infty) - \varepsilon$ となる．このとき，

$$\begin{aligned}\int_0^\infty e^{-\frac{x}{k}\int_0^a \gamma(\sigma)d\sigma}\,da &= \int_0^{a_0} e^{-\frac{x}{k}\int_0^a \gamma(\sigma)d\sigma}da + \int_{a_0}^\infty e^{-\frac{x}{k}\left\{\int_0^{a_0} + \int_{a_0}^a\right\}\gamma(\sigma)d\sigma}da \\ &\le a_0 + \int_{a_0}^\infty e^{-\frac{x}{k}(\gamma(\infty)-\varepsilon)(a-a_0)}\,da = a_0 + \frac{k}{x(\gamma(\infty)-\varepsilon)}.\end{aligned}$$

したがって，以下を得る：

$$\limsup_{x\to+0} F(x) \le \frac{v}{\gamma(\infty) - \varepsilon}.$$

$R_0 > 1$ であるから，ε をあらかじめ $0 < \varepsilon < \gamma(\infty) - v/N$ となるようにとることができる．したがって，$\limsup_{x\to+0} F(x) < N$ を得る．$F(N) > N$ であるから，方程式 $F(x) = N$ は少なくとも 1 つの根を区間 $(0, N]$ においてもつから，エンデミックな定常状態は少なくとも 1 つつねに存在する．定常解の一意性を示すためには，$F(x)$ が単調であることを示せば十分であるが，$F(x)$ は変数変換によって以下のように変形できる：

$$F(x) = x + v\int_0^\infty e^{-\int_0^a \gamma\left(\frac{k\sigma}{x}\right)d\sigma}da.$$

したがって $F(x)$ は単調増大であり，定常解は高々1 つしかない．□

$R_0 \geq 1$ である場合には，定常状態における**有病率** (prevalence) π を以下のように定義できる：

$$\pi := \frac{I^*}{N} = \frac{I^*}{I^* + \int_0^\infty S^*(a)\,da}.$$

有病率と基本再生産数の間には以下の関係がある：

$$\pi \leq 1 - \frac{1}{R_0}. \tag{9.8}$$

実際，

$$\begin{aligned} \int_0^\infty S^*(a)\,da &= \frac{vI^*}{k}\int_0^\infty e^{-\frac{I^*}{k}\int_0^a \gamma(\sigma)d\sigma}\,da \\ &\geq \frac{vI^*}{k}\int_0^\infty e^{-\frac{I^*}{k}\gamma(\infty)a}\,da = \frac{v}{\gamma(\infty)} = \frac{N}{R_0} \end{aligned}$$

であるから，

$$\pi = \frac{I^*}{I^* + \int_0^\infty S^*(a)\,da} \leq \frac{I^*}{I^* + N/R_0}$$

となり，(9.8) が得られる．

有病率に関するより重要な情報はタイムスケールを考察することによって得られる．定常状態においては，

$$\frac{S^*(a)}{S^*(0)} = e^{-\frac{I^*}{k}\int_0^a \gamma(\sigma)d\sigma}$$

は感受性コーホートにおける残存率と解釈される．すなわち新たに回復したばかりの感受性ホストが持続時間 a/k において未感染状態にとどまっている割合である．それゆえホスト個体が再感染するまでにおこった平均的なアミノ酸置換量を A_0 と表せば，

$$A_0 = \int_0^\infty a\frac{I^*\gamma(a)}{k}e^{-\frac{I^*}{k}\int_0^a \gamma(\sigma)d\sigma}da = \int_0^\infty e^{-\frac{I^*}{k}\int_0^a \gamma(\sigma)d\sigma}da.$$

それゆえ，A_0 のアミノ酸置換がおこるまでに要する時間は A_0/k となる．一方，ホスト個体が感染状態にある平均的な時間は $1/v$ である．A_0/k は通常年単位で測られるのに対して，$1/v$ のタイムスケールは日ないし週単位である．すなわち，実際のインフルエンザ流行においては $A_0/k \gg 1/v$ であると考えられる．したがって，長期と短期のタイムスケールの比 q は以下のように与えられる：

$$q := \frac{A_0 v}{k} = \frac{v}{k}\int_0^\infty e^{-\frac{I^*}{k}\int_0^a \gamma(\sigma)d\sigma} da = \frac{1}{I^*}\int_0^\infty S^*(a)\,da = \frac{1-\pi}{\pi}.$$

したがって，

$$\pi = \frac{1}{1+q}$$

である．たとえば q が 50 以上であれば，有病率は高々数パーセントと評価される．

これまでは基本再生産数が定常状態の出現のための閾値条件を与えることを見たが，通常の伝染病モデルと同様に，基本再生産数は伝染病の侵入の閾値条件も与えている．ピーズのモデルでは病気のない定常状態は存在しないから，定常状態への侵入という状況は想定できないが，時間に依存する**有効再生産率** (effective reproductive rate) が定義できる：

$$R(t) = \frac{1}{v}\int_0^\infty \gamma(a)S(t,a)\,da.$$

有効再生産率を用いれば，感染人口の成長率は以下のように計算される：

$$\frac{1}{I(t)}\frac{dI(t)}{dt} = v(R(t)-1).$$

したがって侵入条件は $R(t) > 1$ である．もし初期人口が感受性人口のみから成っていれば，

$$R(t) = \frac{1}{v}\int_{kt}^\infty \gamma(a)S_0(a-kt)\,da = \frac{1}{v}\int_0^\infty \gamma(a+kt)S_0(a)\,da$$

であるから,

$$\lim_{t\to\infty} R(t) = R_0$$

となる．すなわち $R_0 > 1$ であれば $R(0) < 1$ であっても時間とともに閾値条件は満たされてしまい，ホスト人口集団はインフルエンザが流行可能な状態となる．

さらに $R_0 > 1$ であれば，ウィルスがいったん侵入すれば，自然には消滅しないことが以下のような形で示される：

定理 9.2 ([449]) $R_0 > 1$ かつ $I(0) > 0$ であれば，システム (9.1) にしたがう $I(t)$ は**一様に強パーシステント** (uniformly strongly persistent) である．すなわち初期データに依存しない $\varepsilon > 0$ がとれて，

$$\liminf_{t\to\infty} I(t) \geq \varepsilon.$$

この証明についてはヤン (J. Yang, [449]), ティーメ–ヤン ([409]) を，またシステムのパーシステンスの概念についてはティーメ ([406]) を参照されたい．ここでは，より弱い結果のみを示しておこう：

定理 9.3 ([449]) $R_0 > 1$ かつ $I(0) > 0$ であれば，システム (9.1) にしたがう $I(t)$ は**一様に弱パーシステント** (uniformly weakly persistent) である．すなわち初期データに依存しない $\varepsilon > 0$ がとれて，

$$\limsup_{t\to\infty} I(t) \geq \varepsilon.$$

証明 いまこのシステムが一様に弱パーシステントでないと仮定しよう．すなわち任意の $\varepsilon > 0$ に対して，$I(0) > 0$ でかつ $\limsup_{t\to\infty} I(t) < \varepsilon$ となる解 $I(t)$ が存在すると仮定する．したがってある $t_\varepsilon > 0$ が存在して，$t \geq t_\varepsilon$ で $I(t) \leq \varepsilon$ である．このとき任意の $A > 0$ について，表現 (9.3) から，$t - A/k \geq t_\varepsilon$ であれば，

$$\int_0^A S(t,a)da \leq \frac{v\varepsilon A}{k}.$$

一方，γ の単調性から以下が成り立つことに注意しよう：

$$\begin{aligned}\int_0^\infty \gamma(a)S(t,a)\,da &= \int_0^A \gamma(a)S(t,a)\,da + \int_A^\infty \gamma(a)S(t,a)\,da \\ &\geq \int_0^A \gamma(a)S(t,a)\,da + \gamma(A)\int_A^\infty S(t,a)\,da \\ &= \gamma(A)\int_0^\infty S(t,a)\,da - \int_0^A (\gamma(A)-\gamma(a))S(t,a)\,da \\ &\geq \gamma(A)(N-I(t)) - \gamma(A)\int_0^A S(t,a)\,da.\end{aligned}$$

(9.1) の $I(t)$ に関する方程式に上記の関係を適用すれば，$t > t_\varepsilon + A/k$ において，

$$\begin{aligned}\frac{I'(t)}{I(t)} &\geq -v + \gamma(A)(N-I(t)) - \gamma(A)\int_0^A S(t,a)\,da \\ &\geq -v + \gamma(A)N - \left[\gamma(A)I(t) + \gamma(A)\int_0^A S(t,a)\,da\right] \\ &\geq -v + \gamma(A)N - \left[\gamma(A)\varepsilon + \gamma(A)\frac{v\varepsilon A}{k}\right] \\ &\geq v\left(-1 + \frac{\gamma(A)N}{v}\right) - \varepsilon\gamma(\infty)\left(1 + \frac{vA}{k}\right).\end{aligned}$$

そこで，仮定から十分大きな $A > 0$ に対しては，$\gamma(A)N/v > 1$ となるから，そのような A を 1 つとって固定しておく．それに対応して $\varepsilon > 0$ を，

$$0 < \varepsilon < \frac{v(-1+\gamma(A)N/v)}{\gamma(\infty)(1+vA/k)}$$

ととっておけば，それに対して，ある $t_\varepsilon > 0$ が存在して，$t \geq t_\varepsilon$ で $I(t) \leq \varepsilon$ となる解が存在する．そのような解 $I(t)$ に対しては上記の議論から，

$$\liminf_{t\to\infty} \frac{I'(t)}{I(t)} > 0$$

である．$I(t)$ はつねに正であったから，これから $\lim_{t\to\infty} I(t) = \infty$ を得るが，これは $I(t)$ の有界性に反する．したがって $I(t)$ は一様に弱パーシステントでなければならない．□

9.3 定常状態の安定性

A 型インフルエンザにおいては，従来のタイプと非常に異なったウィルスの出現（シフト）による大流行の中間の時期は，支配的なタイプにおける抗原性ドリフトによる小流行が反復される様子が観測される．ピーズモデルは定常解の摂動によって減衰振動をおこす可能性があるから，これがドリフトによる小流行を説明すると思われるかもしれないが，現実の流行においては減衰性は必ずしも見出されない．したがって，ここで考察しているような進化的メカニズムが周期的な解を導くかどうかは非常に興味深い論点である．

以下では $R_0 > 1$ であると仮定する．したがって，つねに定常状態が存在するが，そこにおける摂動を新しい変数 $\zeta(t,a)$ で表そう：

$$S(t,a) = S^*(a) + \zeta(t,a).$$

ここで $S^*(a)$ は定常解である．このとき (9.2) の定常解における線形化システムは以下のようになる：

$$\frac{\partial \zeta(t,a)}{\partial t} + k\frac{\partial \zeta(t,a)}{\partial a} = -\gamma(a)I^*\zeta(t,a) + \gamma(a)S^*(a)\int_0^\infty \zeta(t,a)\,da,$$
$$k\zeta(t,0) = -v\int_0^\infty \zeta(t,a)\,da.$$

そこで，$\zeta(t,a) = e^{\lambda t}v(a)$ とおけば，λ が満たすべき特性方程式として以下を得る：

$$\begin{aligned}1 = \Delta(\lambda) := &-\frac{v}{k}\int_0^\infty e^{-\frac{\lambda}{k}a - \frac{I^*}{k}\int_0^a \gamma(\sigma)d\sigma} da \\ &+\frac{1}{k}\int_0^\infty \int_0^a e^{-\frac{\lambda}{k}(a-s) - \frac{I^*}{k}\int_s^a \gamma(\sigma)d\sigma}\gamma(s)S^*(s)\,dsda.\end{aligned} \tag{9.9}$$

線形化安定性の原理から特性方程式 $\Delta(\lambda)=1$ の根の配置によって平衡点の安定性が判定される．ここで，$1-\Delta(\lambda)$ は半平面 $\mathrm{Re}\,\lambda > -\gamma(\infty)I^*$ において正則であることがわかる．そこで，その零点である特性根の集合

$$\Lambda := \{\lambda \in \mathbf{C} \,|\, \Delta(\lambda)=1, \mathrm{Re}\,\lambda > -\gamma(\infty)I^*\}$$

は離散的な点からなっている．さらに特性方程式 $\Delta(\lambda)=1$ は以下のように書ける：

$$\Delta(\lambda) = -\int_0^\infty e^{-\frac{\lambda}{k}a}\Phi(a)\,da = 1. \tag{9.10}$$

ここで，

$$\Phi(a) := \frac{v}{k}e^{-\frac{I^*}{k}\int_0^a \gamma(\sigma)d\sigma}\left(1-\frac{I^*}{k}\int_0^\infty \gamma(s)e^{-\frac{I^*}{k}\int_a^{a+s}\gamma(\sigma)d\sigma}ds\right)$$

である．実際，(9.9) において積分順序を交換すれば，

$$\begin{aligned}
&\frac{1}{k}\int_0^\infty \int_0^a e^{-\frac{\lambda}{k}(a-s)-\frac{I^*}{k}\int_s^a \gamma(\sigma)d\sigma}\gamma(s)S^*(s)\,dsda \\
&\quad = \frac{1}{k}\int_0^\infty \gamma(s)S^*(s)\,ds\int_s^\infty e^{-\frac{\lambda}{k}(a-s)-\frac{I^*}{k}\int_s^a \gamma(\sigma)d\sigma}\,da \\
&\quad = \frac{1}{k}\int_0^\infty \gamma(s)S^*(s)\,ds\int_0^\infty e^{-\frac{\lambda}{k}z-\frac{I^*}{k}\int_s^{s+z} \gamma(\sigma)d\sigma}\,dz \\
&\quad = \frac{1}{k}\int_0^\infty \gamma(s)\,ds\int_0^\infty e^{-\frac{\lambda}{k}z}S^*(s+z)\,dz \\
&\quad = \frac{1}{k}\int_0^\infty e^{-\frac{\lambda}{k}a}\int_0^\infty S^*(s+a)\gamma(s)\,dsda.
\end{aligned}$$

それゆえ，(9.6), (9.9) を用いれば以下の表現に到達する：

$$\Delta(\lambda) = -\int_0^\infty e^{-\frac{\lambda}{k}a}\frac{S^*(a)}{I^*}\left[1-\frac{I^*}{k}\int_0^\infty \gamma(s)\frac{S^*(a+s)}{S^*(a)}ds\right]da$$

ふたたび (9.6) を用いれば，(9.10) を得る．次に，

$$\phi(a) := 1-\frac{I^*}{k}\int_0^\infty \gamma(s)e^{-\frac{I^*}{k}\int_a^{a+s}\gamma(\sigma)d\sigma}ds$$

と定義すれば，$\gamma(a)$ の単調性から $\phi(a)$ は非減少で，

$$\phi(0) = 1 + \int_0^\infty \frac{d}{ds}\left[e^{-\frac{I^*}{k}\int_0^s \gamma(\sigma)d\sigma}\right] ds = 0$$

であるから，すべての $a \geq 0$ について $\phi(a) \geq 0$ を得る．このとき任意の $a \geq 0$ に対して $\Phi(a) \geq 0$ であり，かつ実の λ に対して $\Delta(\lambda) \leq 0$ であるから，$\Delta(\lambda) = 1$ は実根をもたない．さらにもし $\lambda \in \Lambda$ であれば，$\bar{\lambda} \in \Lambda$ であるから，Λ は共役複素数のペアからなっている．またロトカの特性方程式と同様に右半平面にはいつも高々有限個の特性根しか存在しない．以上から次の定理が示された：

定理 9.4　$\Lambda \cap \mathbf{R} = \emptyset$ であり，かつ Λ は離散的な共役複素数のペアを要素としている．任意の $\alpha > -\gamma(\infty)I^*$ に対して，Λ の要素は半平面 $\mathrm{Re}\,\lambda \geq \alpha$ に高々有限個しか存在しない．

そこで (9.2) の線形化安定性の原理は以下のように述べることができる：

定理 9.5 ([228])　任意の $\lambda \in \Lambda$ に対して $\mathrm{Re}\,\lambda < 0$ であれば，定常解 S^* は局所的に漸近安定である．

上記の定理から線形化作用素が右半平面に固有値をもたなければ，定常解は漸近安定となるから，以下ではもっぱら特性方程式の根の分布を考えればよいことになる．そこで特性方程式を以下のように書き換えよう：

$$\hat{K}(\lambda) = \int_0^\infty e^{-\lambda\tau} K(\tau)\, d\tau = \frac{1}{\Delta(0)}. \tag{9.11}$$

ここで積分核 $K(\tau)$ は以下のように定義される：

$$K(\tau) := \frac{k\Phi(k\tau)}{\int_0^\infty \Phi(a)\, da} = -\frac{k\Phi(k\tau)}{\Delta(0)}.$$

$\hat{K}(0) = 1$ であることに注意しておこう．このとき以下を示すことができる：

定理 9.6　$\Delta(0) \geq -1$ であればすべての特性根の実部は負であり，定常解は局所漸近安定である．

証明　$\lambda = \alpha + i\beta \neq 0\,(\alpha \geq 0)$ が特性根であったとしよう．このとき特性方程式 (9.11) から以下が成り立つ：

$$\left|\frac{1}{\Delta(0)}\right| \leq \int_0^\infty e^{-\alpha\tau} K(\tau) |\cos\beta\tau|\, d\tau < \int_0^\infty K(\tau)\, d\tau = 1.$$

したがって，$\Delta(0) < -1$ は非負の実部をもつ特性根が存在するための必要条件である．それゆえ，線形化安定性の原理から $\Delta(0) \geq -1$ であれば定常解は局所漸近安定である．□

興味深いことに，定常解の安定性は定常状態における有病率と関係づけることができる．すなわち以下のような 50 パーセントルールが成り立つ：

系 9.1　$\pi \geq 1/2$ であれば，定常解は局所漸近安定である．

証明　定理 9.6 から，$\pi \geq 1/2$ であれば $\Delta(0) \geq -1$ となることを示せばよい．条件 $\pi \geq 1/2$ から，

$$\int_0^\infty S^*(a)\, da \leq I^*.$$

したがって，$0 \leq \phi(a) < 1$ であるから，

$$-\Delta(0) = \frac{v}{k} \int_0^\infty e^{-\frac{I^*}{k}\int_0^a \gamma(\sigma) d\sigma} \phi(a)\, da \leq \frac{1}{I^*} \int_0^\infty S^*(a)\, da \leq 1.$$

これより結論を得る．□

前節で見たように，現実的な流行のパラメータ領域では有病率は数パーセントほどであることが多いと考えられるから，上記のルールを外れたところで何がおきているのかが問題である．

定常解から周期解を導く機構としてはホップ分岐が考えられる．すなわち，特性根のペアがパラメータの変化とともに虚軸を横断的に横切って右半平面へ移動するような場合には，安定平衡点から周期解が分岐すること

が期待できる．実際，(9.11) のタイプの特性方程式は，すでにイースタリンモデルを扱った際に見たように，$\Delta(0) < -1$ であれば右半平面に根をもつ可能性があるから，有病率が小さい場合には定常解の不安定化にともなって周期解が出現する可能性が示唆される．実際，ヤンは再感染率 γ が，ゼロから一定時間後に正の値に飛躍するような階段関数である場合は，周期解の分岐がおきることを示している ([449])．しかし，そのようなケースは実質的には持続時間依存的な SIRS モデルと同じであり，感受性変動モデルの本来の意義を保持しているとはいえない．一般に，我々が想定したような連続単調関数の γ の場合に周期解が存在するかどうかは未解明である．

9.4　ワクチンの効果

この節ではワクチン接種の効果について考えてみよう．ただし現実のワクチン政策においては，ホスト人口の年齢構造に依存したスケジュールをたてることが重要であるが，ここではホストの人口動態を無視しているために，そうした点は考慮することができない．

ここで考えているような進化的機構のもとでは，ワクチンの効果というものは，たとえ各時点におけるウィルスタイプによく適合したワクチンが使用されたとしても一時的なものである．また，実際には流行中のウィルスに完全に適合したワクチンをつねに用意することも困難であろうから，ワクチンによって誘導される免疫性は，当該の時期に流行しているウィルスによる罹患から誘導される免疫性とは異なるであろう．しかし以下では単純化のために，一定の率でワクチン接種をされたホストは，ちょうど感染から回復したホストと同様に考えられると仮定しよう．$\varepsilon > 0$ をワクチン接種率とすると，(9.1) のかわりに以下のような新しいシステムを得る：

$$\frac{\partial S(t,a)}{\partial t} + k\frac{\partial S(t,a)}{\partial a} = -\varepsilon S(t,a) - \gamma(a)S(t,a)I(t),$$

$$\frac{dI(t)}{dt} = -vI(t) + I(t)\int_0^\infty \gamma(a)S(t,a)\,da,$$
$$kS(t,0) = vI(t) + \varepsilon\int_0^\infty S(t,a)\,da.$$

ワクチン項のないモデルとの重要な相違点は，この新しいシステムには感染者のいない定常状態 (DFSS) が存在することである．これは感染者が存在しなくとも，このシステムではホストの免疫性がワクチンの定常的な導入で更新されているからである．DFSS は以下で与えられる：

$$S^*(a) = \frac{\varepsilon N}{k}e^{-\frac{\varepsilon}{k}a}, \quad I^* = 0.$$

したがって，この定常状態への侵入条件としての，ε に依存した基本再生産数が以下のように計算される：

$$R(\varepsilon) = \frac{1}{v}\int_0^\infty \gamma(a)S^*(a)\,da = \frac{\varepsilon N}{kv}\int_0^\infty e^{-\frac{\varepsilon}{k}a}\gamma(a)\,da.$$

これはさらに以下のように書き換えられる：

$$R(\varepsilon) = \frac{N}{v}\int_0^\infty e^{-x}\gamma\left(\frac{kx}{\varepsilon}\right)dx.$$

したがって，$R(\varepsilon)$ は ε に関して単調減少であって，

$$\frac{\gamma(0)N}{v} \le R(\varepsilon) \le R_0 = \frac{\gamma(\infty)N}{v}$$

である．それゆえ，$\gamma(0)N/v < 1$ であれば，十分大きな ε に対して $R(\varepsilon) < 1$ となるから，$R_0 > 1$ であっても，原理的にはワクチン接種率を上げることによって，流行を抑止することは可能である．

次にエンデミックな定常状態を考えよう．$(S^*(a), I^*)$ を定常解とすれば，

$$\begin{aligned}\frac{dS^*(a)}{da} &= -\frac{\varepsilon}{k}S^*(a) - \frac{\gamma(a)I^*}{k}S^*(a), \\ kS^*(0) &= vI^* + \varepsilon\int_0^\infty S^*(a)\,da.\end{aligned} \tag{9.12}$$

したがって以下の表現を得る：

$$S^*(a) = S^*(0)e^{-\frac{\varepsilon}{k}a - \frac{I^*}{k}\int_0^a \gamma(\sigma)d\sigma}. \tag{9.13}$$

(9.12), (9.13) から，

$$\int_0^\infty S^*(a)\,da = \frac{(vI^*/k)\int_0^\infty e^{-\frac{\varepsilon}{k}a - \frac{I^*}{k}\int_0^a \gamma(\sigma)d\sigma}da}{1 - (\varepsilon/k)\int_0^\infty e^{-\frac{\varepsilon}{k}a - \frac{I^*}{k}\int_0^a \gamma(\sigma)d\sigma}da}$$

であり，総人口の保存性から以下を得る：

$$N = I^* + \frac{(vI^*/k)\int_0^\infty e^{-\frac{\varepsilon}{k}a - \frac{I^*}{k}\int_0^a \gamma(\sigma)d\sigma}da}{1 - (\varepsilon/k)\int_0^\infty e^{-\frac{\varepsilon}{k}a - \frac{I^*}{k}\int_0^a \gamma(\sigma)d\sigma}da}.$$

これが $I^* > 0$ となる解をもてば，エンデミックな定常状態が存在することになる．

定理 9.7　$R(\varepsilon) > 1$ であれば，少なくとも 1 つのエンデミックな定常状態が存在する．

証明　関数 $\psi(x)$ を以下のように定義しよう：

$$\psi(x) = x\left(1 + \frac{v}{\varepsilon}\frac{\phi(x)}{1 - \phi(x)}\right).$$

ここで，

$$\phi(x) := \frac{\varepsilon}{k}\int_0^\infty e^{-\frac{\varepsilon}{k}a - \frac{x}{k}\int_0^a \gamma(\sigma)d\sigma}da$$

である．このとき方程式 $\psi(x)=N$ が区間 $(0,N)$ に根をもつことを示せばよい．$\psi(N)>N$ であり，

$$\lim_{x\to+0}\psi(x)=\frac{v}{\varepsilon}\lim_{x\to+0}\frac{x\phi(x)}{1-\phi(x)}=\frac{v}{\varepsilon}\frac{\phi(0)}{-\phi'(0)}=\frac{N}{R(\varepsilon)}$$

であることから，$R(\varepsilon)>1$ であれば $\psi(+0)<N$ であり，少なくとも1つの根が区間 $(0,N)$ に存在することがわかる．□

さらに定常解の安定性について考えてみよう．$x(t,a)$ を定常解 $S^*(a)$ からの摂動とする．このとき定常解における線形化方程式は以下のようになる：

$$\frac{\partial x(t,a)}{\partial t}+k\frac{\partial x(t,a)}{\partial a}=-(\varepsilon+\gamma(a)I^*)x(t,a)+\gamma(a)S^*(a)\int_0^\infty x(t,a)\,da,$$
$$x(t,0)=\frac{\varepsilon-v}{k}\int_0^\infty x(t,a)\,da.$$

ふたたび $x(t,a)=e^{\lambda t}v(a)$ とおいて，λ が満たすべき特性方程式を求めれば，以下を得る：

$$\begin{aligned}1=\Delta_\varepsilon(\lambda):=&\frac{\varepsilon-v}{k}\int_0^\infty e^{-\frac{\varepsilon+\lambda}{k}a-\frac{I^*}{k}\int_0^a\gamma(\sigma)d\sigma}da\\&+\frac{1}{k}\int_0^\infty\int_0^a e^{-\frac{\varepsilon+\lambda}{k}(a-s)-\frac{I^*}{k}\int_s^a\gamma(\sigma)d\sigma}\gamma(s)S^*(s)\,dsda.\end{aligned}$$

ワクチン項がない場合と同様に，特性方程式 $\Delta_\varepsilon(\lambda)=1$ の根がすべて負の実部をもてば，定常解は局所漸近安定となる．$\Delta_\varepsilon(\lambda)$ は半平面 $\mathrm{Re}\,\lambda>-\varepsilon-\gamma(\infty)I^*$ において正則関数を定義していることに注意しよう．$\varepsilon<v$ の場合は，$\varepsilon=0$ の場合と同様に固有値の分布は単純ではないが，$\varepsilon\geq v$ の場合は，実の λ について特性方程式の積分核は正値であるから，特性根の分布はロトカの方程式の場合と同様になる．したがって次の定理が得られる：

定理 9.8　$\varepsilon\geq v$ であれば，定常解が局所漸近安定となる必要十分条件は $\Delta_\varepsilon(0)<1$ である．このとき感染者のいない自明な定常解は，$R(\varepsilon)<1$ であれば局所漸近安定であるが，$R(\varepsilon)>1$ であれば不安定である．

証明　$\varepsilon \geq v$ である場合は，実の λ について $\Delta_\varepsilon(\lambda)$ は $+\infty$ からゼロまで単調減少するから実の特性根がただ 1 つ存在して，それは $\Delta_\varepsilon(0) < 1$ であれば負である．それが支配的な特性根であることはロトカの特性方程式の場合と同様である．とくに，自明な定常解においては特性方程式は以下のようになる：

$$\Delta_\varepsilon(\lambda) = \frac{1}{\varepsilon + \lambda} \frac{\varepsilon N}{k} \int_0^\infty \gamma(a) e^{-\frac{\varepsilon}{k} a} da + \frac{\varepsilon - v}{\varepsilon + \lambda} = 1.$$

このとき，$\mathrm{Re}\,\lambda > -\varepsilon$ におけるただ 1 つの可能な特性根は，

$$\lambda_0 = -v + \frac{\varepsilon N}{k} \int_0^\infty \gamma(a) e^{-\frac{\varepsilon}{k} a}\, da = v(R(\varepsilon) - 1) > -\varepsilon$$

であるから，$R(\varepsilon) < 1$ であれば自明な定常解は局所漸近安定であり，$R(\varepsilon) > 1$ であれば，それは不安定である．□

ピーズのインフルエンザモデルの制約は，それがホスト人口の年齢構造や動態を無視している点にある．そうした点を考慮した拡張の可能性については，以下においてケルマック–マッケンドリックの古典モデルとの関連において明らかにしよう．

9.5　ケルマック–マッケンドリック再考

ピーズのインフルエンザモデルは感受性人口の再感染率がウィルスの変異に伴って変動するという新しい観点を伝染病モデルにもたらしたが，これはより広義に見るならば，ホスト人口における感受性の変動を考慮に入れたということである．そうした点からするならば，じつはすでにケルマック–マッケンドリックが 1930 年代に提起した一般的なモデルの特別な場合であると考えられるのである．この後期ケルマック–マッケンドリックモデル（**感受性変動モデル**: variable susceptibility model）はこれまでほとんど省みられることがなかったが，ピーズモデルから明らかなように，

伝染病流行の本質的な側面をとらえた重要なモデルであるといえる．そこで，本節では 1930 年代のケルマック–マッケンドリックモデルを現代的に再構成して，それがある意味でピーズモデルの拡張になっていることを示そう．

$S(t,\tau)$ は時刻 t，持続時間（感受性状態に入ってからの経過時間）τ における感受性人口の密度関数，$I(t,\tau)$ は時刻 t，持続時間（感染時間）τ における感染人口の密度関数，$R(t,\tau)$ は時刻 t，持続時間（最近の感染から回復してからの経過時間）τ における回復して部分的に免疫化された人口の密度とする．m と μ はそれぞれ粗出生率，粗死亡率とし，$\gamma(\tau)$ は感染時間 τ における回復率，$\beta_1(\tau)\beta_2(\sigma)$ は感染時間 σ の感染者から持続時間 τ における感受性個体への感染率とする．この感染率に関しては以下のように仮定しよう：

仮定 9.1　$\gamma, \beta_j \in L^\infty_+(\mathbf{R}_+)$ $(j=1,2)$ であり，$\beta_1(\tau)$ は単調増加とする．感染時間 σ の感染者からまったく感染経験のない感受性人口への感染率は $\beta_1(\infty)\beta_2(\sigma)$ で与えられる．ただし，$\beta_1(\infty) := \sup_{\tau\ge 0}\beta_1(\tau)$ である．

すなわち，$\beta_2(\tau)$ は感染個体における感染力の変化を表し，$\beta_1(\tau)$ は感受性個体における感受性の変動を表す．それが単調増大であるということは感受性個体の免疫性が時間とともに減衰することを意味している．ここでは感染力と感受性の変動は独立であると仮定しているから，感染率は両者の積で表されている．このときケルマック–マッケンドリックのモデル（感受性変動モデル）は以下のように定式化することができる：

$$
\begin{aligned}
\frac{\partial S(t,\tau)}{\partial t} + \frac{\partial S(t,\tau)}{\partial \tau} &= -\mu S(t,\tau) - S(t,\tau)\beta_1(\infty)\int_0^\infty \beta_2(\sigma)I(t,\sigma)\,d\sigma,\\
\frac{\partial I(t,\tau)}{\partial t} + \frac{\partial I(t,\tau)}{\partial \tau} &= -(\mu+\gamma(\tau))I(t,\tau),\\
\frac{\partial R(t,\tau)}{\partial t} + \frac{\partial R(t,\tau)}{\partial \tau} &= -\mu R(t,\tau) - R(t,\tau)\beta_1(\tau)\int_0^\infty \beta_2(\sigma)I(t,\sigma)\,d\sigma,
\end{aligned}
$$

$$
\begin{aligned}
&S(t,0) = m\int_0^\infty (S(t,\tau)+I(t,\tau)+R(t,\tau))\,d\tau,\\
&I(t,0) = \int_0^\infty \{\beta_1(\infty)S(t,\tau)+\beta_1(\tau)R(t,\tau)\}\,d\tau \int_0^\infty \beta_2(\tau)I(t,\tau)\,d\tau,\\
&R(t,0) = \int_0^\infty \gamma(\tau)I(t,\tau)\,d\tau,\\
&S(0,a) = S_0(a),\quad I(0,a) = I_0(a),\quad R(0,a) = R_0(a).
\end{aligned}
\tag{9.14}
$$

ここで (S_0, I_0, R_0) は初期データを表す．$N(t)$ を全人口サイズとすれば，

$$
N(t) := \int_0^\infty (S(t,\tau)+I(t,\tau)+R(t,\tau))\,d\tau.
$$

各分布は各時刻で可積分関数の空間 $L^1(\mathbf{R}_+)$ の正値錐に値をとるが，さらに 1 回微分もまた絶対可積分であるような解を考えれば，

$$
S(t,\infty) = I(t,\infty) = R(t,\infty) = 0
$$

と仮定しておいてよい．したがって，(9.14) から以下を得る：

$$
\frac{dN(t)}{dt} = (m-\mu)N(t).
$$

すなわち $m=\mu$ であれば，全人口サイズは保存される：

$$
N(t) = N := \int_0^\infty (S_0(\tau)+I_0(\tau)+R_0(\tau))\,d\tau.
$$

以下ではこのような全人口サイズが一定の場合を考えよう．この仮定のもとでは，(9.14) における S の境界条件は条件 $S(t,0)=\mu N$ によって置き換えることができる．

人口ベクトルを $p(t,\tau) := (S(t,\tau), I(t,\tau), R(t,\tau))^{\mathrm{T}}$，状態空間をバナッハ空間 $E := L^1(\mathbf{R}_+)\times L^1(\mathbf{R}_+)\times L^1(\mathbf{R}_+)$ の正値錐 E_+ であるとする．$q=(q_1,q_2,q_3)^{\mathrm{T}}\in E_+$ に対して，行列 $Q(\tau;q)$, $M(\tau;q)$ を以下のように定義する：

$$
Q(\tau;q) := \begin{pmatrix} \mu+\beta_1(\infty)\langle\beta_2,q_2\rangle & 0 & 0 \\ 0 & \mu+\gamma(\tau) & 0 \\ 0 & 0 & \mu+\beta_1(\tau)\langle\beta_2,q_2\rangle \end{pmatrix},
$$

$$
M(\tau;q) := \begin{pmatrix} m & m & m \\ \beta_1(\infty)\langle\beta_2,q_2\rangle & 0 & \beta_1(\tau)\langle\beta_2,q_2\rangle \\ 0 & \gamma(\tau) & 0 \end{pmatrix}.
$$

ここで $\langle\beta_2,q_2\rangle$ は,

$$
\langle\beta_2,q_2\rangle := \int_0^\infty \beta_2(\tau)q_2(\tau)\,d\tau
$$

と定義する．このときシステム (9.14) は以下のような非線形の年齢構造化人口動態モデルとして定式化される：

$$
\begin{aligned}
&\left(\frac{\partial}{\partial t}+\frac{\partial}{\partial\tau}\right)p(t,\tau)+Q(\tau;p(t,\cdot))p(t,\tau)=0,\\
&p(t,0)=\int_0^\infty M(\tau;p(t,\cdot))p(t,\tau)\,d\tau,\\
&p(0,\tau)=p_0(\tau).
\end{aligned}
\tag{9.15}
$$

ここで $p_0(\tau) := (S_0(\tau),I_0(\tau),R_0(\tau))^{\mathrm{T}} \in E_+$ は初期データである．

このモデルの正値解の存在と一意性を示すために，制御変数を

$$
C(t) := \int_0^\infty \beta_2(\tau)I(t,\tau)\,d\tau
$$

と定義しよう．$C(t)$ を与えられた時間 t の関数と考えると，システム (9.15) は非自律的な線形問題とみなすことができる．特性線に沿って積分すれば，以下を得る：

$$
S(t,\tau) = \begin{cases} \mu N L_s(\tau,t-\tau;C), & t-\tau>0, \\ S_0(\tau-t)L_s(t,0;C), & \tau-t>0, \end{cases} \tag{9.16}
$$

$$I(t,\tau)=\begin{cases}B_i(t-\tau)\Gamma_0(\tau), & t-\tau>0,\\ I_0(\tau-t)\dfrac{\Gamma_0(\tau)}{\Gamma_0(\tau-t)}, & \tau-t>0,\end{cases} \tag{9.17}$$

$$R(t,\tau)=\begin{cases}B_r(t-\tau)L_r(\tau,t-\tau,0;C), & t-\tau>0,\\ R_0(\tau-t)L_r(t,0,\tau-t;C), & \tau-t>0.\end{cases} \tag{9.18}$$

ここで，L_s，L_r，Γ_0 は各状態における生残率であり，以下のように定義される：

$$\begin{aligned}&L_s(h,t;C):=e^{-\mu h-\beta_1(\infty)\int_0^h C(t+\sigma)d\sigma},\\ &L_r(h,t,\tau;C):=e^{-\mu h-\int_0^h \beta_1(\tau+\sigma)C(t+\sigma)d\sigma},\\ &\Gamma_0(\tau):=e^{-\mu\tau-\int_0^\tau \gamma(\sigma)d\sigma}.\end{aligned}$$

また，$B_i(t):=I(t,0)$, $B_r(t):=R(t,0)$ は未知の境界値で，以下の積分方程式を満たす：

$$B_i(t)=G(t;C)+\int_0^t \Psi(t,\tau;C)B_r(t-\tau)\,d\tau, \tag{9.19}$$

$$B_r(t)=H(t)+\int_0^t \gamma(\tau)\Gamma_0(\tau)B_i(t-\tau)\,d\tau. \tag{9.20}$$

ここで G, Ψ, H は以下で与えられる：

$$\begin{aligned}G(t;C)&:=C(t)\left[\beta_1(\infty)\int_0^\infty S(t,\tau)\,d\tau\right.\\ &\qquad\left.+\int_t^\infty \beta_1(\tau)L_r(t,0,\tau-t;C)R_0(\tau-t)\,d\tau\right],\\ \Psi(t,\tau;C)&:=C(t)\beta_1(\tau)L_r(\tau,t-\tau,0;C),\\ H(t)&:=\int_t^\infty \gamma(\tau)\frac{\Gamma_0(\tau)}{\Gamma_0(\tau-t)}I_0(\tau-t)\,d\tau.\end{aligned}$$

$C(t)$ が与えられた関数であれば，$S(t,r)$ は (9.16) で決定される既知の関数とみなせる．(9.19), (9.20) から $B_i(t)$ に関する単一の積分方程式を得る：

$$B_i(t)=F(t;C)+\int_0^t \Phi(t,\tau;C)B_i(t-\tau)\,d\tau. \tag{9.21}$$

ここで F, Φ は,

$$F(t;C) := G(t;C) + \int_0^t \Psi(t,\tau;C)H(t-\tau)\,d\tau,$$
$$\Phi(t,\tau;C) := \int_0^\tau \Psi(t,\sigma;C)\gamma(\tau-\sigma)\Gamma_0(\tau-\sigma)\,d\sigma$$

である．すなわち，もし $C(t)$ が与えられれば，$I(t,\tau)$ は (9.17) と (9.21) で決定され，ついで $R(t,\tau)$ は (9.18) と (9.20) で決定される．

上の議論から初期値・境界値問題 (9.15) は C と B_i に関する連立積分方程式システムに還元される：

$$\begin{aligned} B_i(t) &= F(t;C) + \int_0^t \Phi(t,\tau;C)B_i(t-\tau)\,d\tau, \\ C(t) &= J(t) + \int_0^t \beta_2(\tau)\Gamma_0(\tau)B_i(t-\tau)\,d\tau. \end{aligned} \tag{9.22}$$

ここで $J(t)$ は以下のように与えられた関数である：

$$J(t) := \int_t^\infty \beta_2(\tau)\frac{\Gamma_0(\tau)}{\Gamma_0(\tau-t)}I_0(\tau-t)\,d\sigma.$$

(9.22) のタイプの非線形積分方程式システムは，すでにガーティンとマッカミィによって研究されており ([165])，パラメータや初期条件が滑らかであれば，連続で大域的な正値解の一意的な存在が示される．B_i, B_r, C が決まれば，(9.16)–(9.18) は初期データが微分可能で境界条件とコンシステントであれば (9.14) の古典的な解を与える．

上記のケルマック–マッケンドリックの一般的な感受性変動モデルにおいて，ホストの人口動態を無視して，$m = \mu = 0$ と仮定し，さらに感染者の持続時間依存性を考慮しないで，β_2, γ は定数と仮定する．さらに一度も感染経験のない感受性人口 $S(t,a)$ を無視すれば，以下のような単純化されたシステムを得る：

$$
\begin{aligned}
&\frac{dI(t)}{dt} = -\gamma I(t) + \beta_2 I(t) \int_0^\infty \beta_1(\tau) R(t,\tau)\, d\tau, \\
&\frac{\partial R(t,\tau)}{\partial t} + \frac{\partial R(t,\tau)}{\partial \tau} = -\beta_1(\tau)\beta_2 I(t) R(t,\tau), \\
&R(t,0) = \gamma I(t).
\end{aligned}
$$

ただしここで $I(t) := \int_0^\infty I(t,\tau)\, d\tau$ である．これがピーズのインフルエンザモデルに他ならないことは明らかであろう．すなわち，ピーズモデルはケルマック–マッケンドリックの感受性変動モデルの特別な場合として理解できる．ただし，ピーズモデルは独自の意義をもっており，その性質はケルマック–マッケンドリックモデルの一般的特性に還元できるものではない ([409])．

ケルマック–マッケンドリックの感受性変動モデル (9.14) に関しては，自明な定常解 $(S^*, I^*, R^*) = (\mu N e^{-\mu\tau}, 0, 0)$ が存在する．この DFSS において，少数の感染者が発生した場合の新規感染者の発生率 $B_i(t)$ は，以下のような再生方程式を満たす：

$$
\begin{aligned}
B_i(t) &= \int_0^\infty \beta_1(\infty) S^*(\tau)\, d\tau \int_0^\infty \beta_2(\tau)\Gamma_0(\tau) B_i(t-\tau)\, d\tau \\
&= N\beta_1(\infty) \int_0^\infty \beta_2(\tau)\Gamma_0(\tau) B_i(t-\tau)\, d\tau.
\end{aligned}
$$

したがって，(9.14) の基本再生産数は

$$
R_0 = N\beta_1(\infty) \int_0^\infty \beta_2(\tau)\Gamma_0(\tau)\, d\tau
$$

で与えられる．さらにこのとき，以下の閾値定理を示すことができる：

定理 9.9 ([227])　$R_0 \leq 1$ であれば，定常解としては感染者のいない自明な定常解だけが存在して大域的に安定である．$R_0 > 1$ であればただ 1 つのエンデミックな定常解が存在する．エンデミックな定常解は，その有病率が十分小であれば局所漸近安定である．

ケルマック–マッケンドリックはさまざまな付加的条件のもとでそのモデルを検討しているが，いままでのところ，(9.14) のエンデミックな定常解の大域的な安定性や不安定性に関する結果は知られていない．これまで省みられることのなかった後期のケルマック–マッケンドリックモデルは，ホストの感受性変動という重要な視点を考慮していた点で，きわめて革新的であった．ピーズモデルが明らかにしたように，そのモデルの潜在的可能性は 60 年を経てなお汲み尽くされたとはいえないのである[2)]．

2)　後期ケルマック–マッケンドリックモデルに関するその後の結果については [461] を参照．

付 録

A　人口学への応用

第 2 章で紹介した安定人口モデルは，人口統計学ないし人口学的分析に対して多様なアイディアを提供してきている．それらは雑多の数学的テクニークと実用的要請への応答の集積であるが，ここでその一端を紹介しておこう．関心のある読者は，キーフィッツ ([255], [256])，ポラード (J. H. Pollard, [340])，コール ([68]) などの古典的な数理人口学のテキストを参照されたい．またより現代的な人口学のテキストとしてはプレストン (S. H. Preston) ら ([343])，サイラス・チュー ([78])，ショーン ([368]) などが参考になろう．

A.1　再生産指標

第 2 章で示した安定人口モデルには性別がなかったが，現実の人口統計に適用する際には，男女別のデータに対して適用せねばならない．そこで，以下では性別を新たに導入して形式的にモデルを拡張しておき，男女別の安定人口をもとにした再生産指標を導入しよう．ただしここでは，男女のペア形成という非線形相互作用を考慮するわけではなく，つねに与えられた女子の出生力は実現されると仮定する本質的に単性の線形理論 (female dominant model) であることに変わりはない．

$p_m(t,a)$ を男子の年齢密度関数，$p_f(t,a)$ を女子の年齢密度関数とする．同様に動態率も男女別に与え，それぞれ下付添え字 m, f で区別することにしよう．このとき，マッケンドリック方程式は以下のようになる：

$$\left(\frac{\partial}{\partial t}+\frac{\partial}{\partial a}\right)\begin{pmatrix}p_m(t,a)\\ p_f(t,a)\end{pmatrix}=\begin{pmatrix}-\mu_m(a) & 0\\ 0 & -\mu_f(a)\end{pmatrix}\begin{pmatrix}p_m(t,a)\\ p_f(t,a)\end{pmatrix},$$

$$\begin{pmatrix}p_m(t,0)\\ p_f(t,0)\end{pmatrix}=\int_0^\omega\begin{pmatrix}0 & \beta_{mf}(a)\\ 0 & \beta_{ff}(a)\end{pmatrix}\begin{pmatrix}p_m(t,a)\\ p_f(t,a)\end{pmatrix}da.$$

ここで $\beta_{mf}(a)$ は a 歳の女子の男児出生率であり，$\beta_{ff}(a)$ は a 歳の女子の女児出生率である．出産過程への男性人口の関与は無視しているために，男子人口はもっぱら女子人口のみによって再生産され，一方女子人口はそれだけで安定人口モデルになっているから，その挙動は男子人口にかかわりなく決まっている．このとき，$B_m(t)$, $B_f(t)$ を男女の単位時間あたりの出生児数とすれば，女子人口に対するロトカの特性方程式

$$\int_0^\omega \beta_{ff}(a)\ell_f(a)e^{-\lambda_0 a}\,da=1$$

から計算される自然成長率を λ_0 とすれば，

$$\lim_{t\to\infty}B_f(t)e^{-\lambda_0 t}=q_0$$

であったから，

$$\begin{aligned}\lim_{t\to\infty}e^{-\lambda_0 t}B_m(t)&=e^{-\lambda_0 t}\int_0^\omega \beta_{mf}(a)\ell_f(a)B_f(t-a)\,da\\ &=q_0\int_0^\omega \beta_{mf}(a)\ell_f(a)e^{-\lambda_0 a}\,da\end{aligned}$$

を得る．すなわち男子人口は女子人口と同じ自然成長率をもち，強エルゴード的である．以上のような設定のもとでは，女子人口の基本再生産数（純再生産率）R_0 は男女人口に共通の再生産力指標になることは明らかであろう：

$$R_0=\int_0^\omega \beta_{ff}(a)\ell_f(a)\,da.$$

一方，R_0 よりもしばしば人口統計において伝統的に利用される再生産指標は，年齢別出生率の総和として与えられる**合計出生率**[1] (TFR) である．すなわち，

$$\mathrm{TFR}:=\int_0^\omega \beta_{\cdot f}(a)\,da.$$

1) 合計特殊出生率ともよばれる．

ここで $\beta_{\cdot f}(a) := \beta_{mf}(a) + \beta_{ff}(a)$ は a 歳女子の男女児を込みにした年齢別出生率である．したがって，TFR は一人の女子が死亡による中断がない場合に生涯に産むと期待される平均子供数と解釈される．TFR は R_0 よりも計算が簡単であるが，死亡による再生産の中断の効果と出生性比が考慮されていないから，それだけでは R_0 のような人口増加についての閾値条件として使用できない．

そこで女子人口の**臨界出生率** (female critical fertility rate) あるいは**人口置換水準** (replacement level) を以下のように定義する：

$$\beta_{\rm cr} := \frac{\rm TFR}{R_0} = \frac{\int_0^\omega \beta_{\cdot f}(a)\,da}{\int_0^\omega \beta_{ff}(a)\ell_f(a)\,da}.$$

$\beta_{\rm cr}$ の定義から以下が成り立つことがわかる：

$$R_0 > 1 \text{ ならば } {\rm TFR} > \beta_{\rm cr},$$
$$R_0 = 1 \text{ ならば } {\rm TFR} = \beta_{\rm cr},$$
$$R_0 < 1 \text{ ならば } {\rm TFR} < \beta_{\rm cr}.$$

したがって，R_0 と 1 の大小関係は TFR と $\beta_{\rm cr}$ のそれとはまったく同値である．それゆえ，$\beta_{\rm cr}$ があらかじめ計算されていれば，それと TFR の大小を比較することによって，考えている人口が漸近的に増大する傾向にあるのか減少していく傾向にあるのかを判定することができることになる．ところが $\beta_{\rm cr}$ の計算には R_0 の計算と同じだけの手間がかかるから，一見して R_0 による判定に比べて容易な手続きとは思われない．しかし現実には $\beta_{\rm cr}$ は安定した値をもっているため，計算の容易な TFR を指標として用いることは実用的なメリットがある．

実際，$\beta_{\rm cr}$ は出生性比，死亡率，年齢別出生率のパターンの変動によって変化するが，たとえば各年次において期間的データから計算された日本人女子の $\beta_{\rm cr}$ は 1980 年以降 2.08 で安定している．ここで人口置換水準が 2 を上回るのは，死亡率と出生性比の効果によるが，戦前期の日本のように，乳幼児死亡率の高い人口においては $\beta_{\rm cr}$ は 3 ないし 4 を上回る場合もある．現在の先進諸国におけるように，再生産期間までの死亡率が十分に小さい状況では出生性比の効果のほうが大きいことに注意しよう．新生児における女児の出産割合は通常男児のそれよりも小さいから，女子人口の単純再生産を保証するための平均子供数は 2 より大きくならざるを得ない．女子人口をもとにした $\beta_{\rm cr}$ は，とくに出生性比が年齢にかかわりなく一定値 $\eta = \beta_{mf}(a)/\beta_{ff}(a) \approx 1.06$ であれば，

$$\beta_{\rm cr} = \frac{(1+\eta)\int_0^\omega \beta_{ff}(a)\,da}{\int_0^\omega \beta_{ff}(a)\ell_f(a)\,da} \ge 1 + \eta \approx 2.06$$

である．すなわち出生性比が 1 を越えているがゆえに，女子人口の再生産をもとにした置換水準はつねに 2 を越えることになる．

また実際に人口統計において利用されている TFR は，各年の年齢別出生率の合計であって，対象となる人口は安定人口ではないから，その値は実際のコーホートが経験する年齢別出生率の合計ではない．したがって，そのような期間的に観測された TFR は，対象人口の再生産力を正しく反映しているわけではないことに注意しなければならない ([202])．

男女別の安定人口に対して，定数 γ を

$$\gamma := \int_0^{\omega} \beta_{mf}(a)\ell_f(a)e^{-\lambda_0 a}da = \lim_{t\to\infty}\frac{B_m(t)}{B_f(t)}$$

とすれば，これは漸近的な**出生性比** (sex ratio at birth) に他ならないが，もし年齢別の出生性比が母親の年齢に無関係に定数 $(\beta_{mf}(a)/\beta_{ff}(a) = \eta)$ であると仮定するならば，γ はこの定常的な出生性比 η に等しい．実際，自然状態の人間人口においては，新生児における男女比はほぼ 1.05 ないし 1.06 で安定しているから，漸近的な出生性比はほぼこの出生性比に等しいであろう．

漸近的年齢分布として，男女込みの総人口によって規格化されたものを人口統計学では**安定人口構造係数**と呼ぶ．すなわち，

$$P(t) := \int_0^{\omega} (p_m(t,a) + p_f(t,a))\,da$$

とおくとき，男子および女子の安定人口構造係数 $C_m(a)$, $C_f(a)$ は，

$$C_m(a) := \lim_{t\to\infty}\frac{p_m(t,a)}{P(t)} = \frac{\gamma e^{-\lambda_0 a}\ell_m(a)}{\int_0^{\omega} e^{-\lambda_0 a}(\gamma\ell_m(a) + \ell_f(a))\,da},$$
$$C_f(a) := \lim_{t\to\infty}\frac{p_f(t,a)}{P(t)} = \frac{e^{-\lambda_0 a}\ell_f(a)}{\int_0^{\omega} e^{-\lambda_0 a}(\gamma\ell_m(a) + \ell_f(a))\,da}$$

となる．また安定人口出生率は全人口に対して定義されるのが普通であるから，

$$b_0 := \lim_{t\to\infty}\frac{B_m(t) + B_f(t)}{P(t)} = \frac{\gamma + 1}{\int_0^{\omega} e^{-\lambda_0 a}(\gamma\ell_m(a) + \ell_f(a))\,da}.$$

これを用いれば，安定人口構造係数は以下のように書ける：

$$C_m(a) = \frac{\gamma}{\gamma+1}b_0 e^{-\lambda_0 a}\ell_m(a), \quad C_f(a) = \frac{1}{\gamma+1}b_0 e^{-\lambda_0 a}\ell_f(a).$$

当然ながら全人口の年齢構造は，

$$C(a) = C_m(a) + C_f(a) = \frac{e^{-\lambda_0 a}(\gamma\ell_m(a) + \ell_f(a))}{\int_0^{\omega} e^{-\lambda_0 a}(\gamma\ell_m(a) + \ell_f(a))\,da}$$

で与えられる．図 A.1(a) は日本人女性の 1930 年の年齢分布と安定人口分布，静止人口（生残率）を示したものである ([419])．戦前の日本のように出生率が安定的である場合には，現実の人口分布と安定人口分布はよく一致していることがわかる．一方，図 A.1(b) に見るように，出生率の低下が持続している 1990 年においては，現実の人口分布と安定人口分布はかけ離れており，しかも安定人口分布はマイナス成長のために非常に高齢化した形態をしている．直観的に明らかなよう

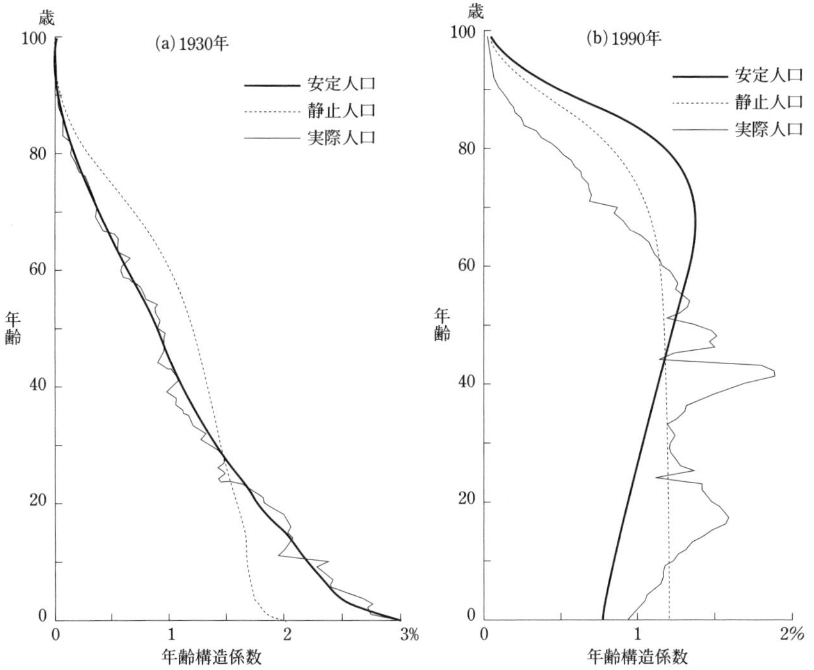

図 **A.1**　日本の人口構造.

に，安定年齢構造は自然成長率が高ければ，若年齢層が多いピラミッド状の「若い」人口構造を示す．このことは以下のようにしてもわかる．$A_n(\lambda)$ を自然成長率が λ である安定人口分布の平均年齢としよう：

$$A_n(\lambda) := \int_0^{\omega} a w(a)\, da, \quad w(a) = \frac{e^{-\lambda a}\ell(a)}{\int_0^{\omega} e^{-\lambda a}\ell(a)\, da}.$$

このとき簡単な計算で以下が示される：

$$\frac{\partial A_n(\lambda)}{\partial \lambda} = -\sigma^2.$$

ここで σ は安定人口分布の平均年齢の分散である：

$$\sigma^2 := \int_0^\omega (A_n(\lambda) - a)^2 w(a)\, da.$$

すなわち，安定年齢分布の平均年齢は自然成長率の単調減少関数である．

基本再生産数や合計出生率は自然成長率の正負を決める閾値条件を提供するが，その大小関係は自然成長率の大小関係と一致するわけではないことに注意せねばならない．λ_0 は人口レベルにおける成長特性を表しているが，それは R_0 で示される再生産力の大きさ（完結出生力）だけではなく，その実現のタイミングに依存しているからである．この点は A.4 節で検討する．

実際には生命表と年齢別出生率のデータは離散的なものであるから，自然成長率を計算するためには，特性方程式を離散化したうえで，反復計算を計算機でおこなうか，純再生産関数に滑らかな関数をカーブフィッティングする必要がある．簡単でかつ精度もよい近似として，古典的なダブリン–ロトカによる方法を示しておこう ([124])．

純再生産関数 $\Psi(a) = \beta(a)\ell(a)$ をガウス分布によって近似することを考える．すなわち，$\Psi(a)$ を同じ R_0，平均値，分散をもったガウス分布で置き換えてみると，

$$\Psi(a) \approx \frac{R_0}{\sigma\sqrt{2\pi}} e^{-\frac{(a-\mu)^2}{2\sigma^2}}.$$

ここで μ は再生産年齢の平均，σ^2 はその分散を表す：

$$\mu := \int_0^\omega a \frac{\Psi(a)}{R_0}\, da, \quad \sigma^2 := \int_0^\omega (a-\mu)^2 \frac{\Psi(a)}{R_0}\, da.$$

とくに，

$$R_n := \int_0^\omega a^n \Psi(a) da$$

と定義しておけば，再生産年齢の平均（定常人口における平均出産年齢）とその分散は以下のように計算される：

$$\mu = \frac{R_1}{R_0}, \quad \sigma^2 = \frac{R_2}{R_0} - \left(\frac{R_1}{R_0}\right)^2.$$

ガウス分布は実軸全体で定義されているから，特性方程式においても積分区間を実軸全体に置き換えれば，

$$\int_{-\infty}^{\infty} e^{-\lambda a} \frac{R_0}{\sigma\sqrt{2\pi}} e^{-\frac{(a-\mu)^2}{2\sigma^2}} da = R_0 e^{-\lambda\mu + \frac{\sigma^2\lambda^2}{2}} = 1$$

となる．すなわち λ は以下の 2 次方程式を満たす：

$$\frac{\sigma^2}{2}\lambda^2 - \mu\lambda + \log R_0 = 0. \tag{A.1}$$

この場合は (A.1) は 2 つの根をもつが，それが実根である場合，そのうち小さいほうの根は自然成長率のよい近似（ダブリン–ロトカの公式）になっている．

$$\lambda_0 \approx \frac{\mu - \sqrt{\mu^2 - 2\sigma^2 \log R_0}}{\sigma^2}. \tag{A.2}$$

上の式の右辺は R_0 と 1 の大小関係にしたがって正負の符号を替えることに注意しよう．(A.1) の大きいほうの実根はつねに正であって，自然成長率の近似としては不適切である．このより大きい実根が出現するのは，積分区間を実軸全体にとったせいである．もっと極端に，分散がゼロ（デルタ関数状の再生産関数）を仮定すれば，(A.1) から，

$$\lambda_0 \approx \frac{\log R_0}{\mu}$$

という近似式を得るが，これですら実際の人口においてはその自然成長率の近似としてはかなり有効であり，キーフィッツによれば，その誤差はせいぜい 5% 程度である ([255])．近似公式 (A.2) から，自然成長率は明らかに R_0 以外に純再生産率の平均と分散によって影響を受けることがわかる．

A.2 人口モメンタム

安定人口に対しては，その人口増加の慣性（人口モメンタム）が問題となることがある．人口の慣性は，マルサス的に増加してきた人口は，個体レベルにおける再生産力が急速に低下しても，なお全体としては増加を続けるという傾向を意味している．この人口モメンタムをはかるために，以下のような単純なケースを想定しよう．いま初期時刻においては人口は安定分布をしており，その分布を，

$$p_0(a) = p_0(0)e^{-\lambda_0 a}\ell(a)$$

とおき，その純再生産率を $R_0 = \int_0^\infty \Psi(a)da \neq 1$ とする．ここで $\lambda_0 \neq 0$ は安定人口成長率，$\ell(a)$ は生残率関数，$\Psi(a)$ は純再生産関数である．そして時刻 $t = 0$

以後は純再生産関数のパターンはそのままで，$t>0$ では R_0 が 1 に変化したと仮定する．このとき最終的に出現する定常人口のサイズ $P(\infty)$ と初期人口規模 $P(0)$ の比

$$M_p := \frac{P(\infty)}{P(0)}$$

をキーフィッツにならって，**人口成長のモメンタム** (momentum of population growth) と呼ぶ．このとき以下の定理が成り立つ：

定理 A.1 (**キーフィッツのモメンタム公式**)

$$M_p = \frac{b_0 e_0}{\lambda_0 \kappa}\left(\frac{R_0-1}{R_0}\right). \tag{A.3}$$

ここで b_0 は初期安定人口の粗出生率，e_0 は平均寿命，κ は定常状態での平均再生産年齢であり，それぞれ，

$$b_0 = \frac{1}{\int_0^\infty e^{-\lambda_0 a}\ell(a)\,da},\quad e_0 = \int_0^\infty \ell(a)\,da,\quad \kappa = \int_0^\infty a\frac{\Psi(a)}{R_0}\,da$$

で与えられる．

証明　仮定のもとでは自然成長率がゼロとなるために，出生率に対して，定理 2.3 から以下が成り立つことに注意すればよい：

$$\lim_{t\to\infty} B(t) = q_0 = \frac{\int_0^\infty G(t)\,dt}{\int_0^\infty a(\Psi(a)/R_0)\,da}.$$

ここで初期時刻に存在していた人口の $t=0$ 以降での再生産スケジュールは $\Psi(a)/R_0$ であるから，

$$G(t) = \int_t^\infty \frac{p_0(a-t)}{\ell(a-t)}\frac{\Psi(a)}{R_0}\,da = \frac{p_0(0)e^{\lambda_0 t}}{R_0}\int_t^\infty e^{-\lambda_0 a}\Psi(a)\,da$$

となる．したがって，

$$\begin{aligned}\int_0^\infty G(t)dt &= \frac{p_0(0)}{R_0}\int_0^\infty dt\int_t^\infty e^{-\lambda_0(a-t)}\Psi(a)\,da \\ &= \frac{p_0(0)}{R_0}\int_0^\infty \Psi(a)\,da\int_0^a e^{-\lambda_0(a-t)}\,dt = \frac{p_0(0)}{R_0}\int_0^\infty \Psi(a)\left[\frac{1-e^{-\lambda_0 a}}{\lambda_0}\right]da\end{aligned}$$

であり，

$$\lim_{t\to\infty} B(t) = \frac{p_0(0)}{\lambda_0\kappa}\frac{R_0-1}{R_0}$$

を得る．定常状態での総人口は $P(\infty)=B(\infty)e_0$ であり，

$$P(0)=\int_0^\infty p_0(a)\,da=\frac{p_0(0)}{b_0}$$

であるから (A.3) を得る．□

純再生産率がある一時点で期間的に調整されるというキーフィッツの公式の想定は，R_0 調整による人口定常化の結果としての定常人口サイズの下限を与えるためのものであって，実行可能性からすればまったく非現実的である．これに対して，コーホート的に R_0 を調整することはより現実的である．実際，完結出生力水準に関する個体の家族計画は，コーホート上で世代ごとに実現されたはずだからである．そこで初期人口は安定分布であるが，キーフィッツの想定と異なって，$t=0$ 以降に生まれた人口の純再生産率が $\Psi(a-\tau)/R_0$ $(\tau>0)$ となったと仮定しよう．すなわち初期時刻以後に生まれた世代は「2 子政策」と晩産化政策を実行する．ただし厳密には晩産による遅れは出生率関数に発生するのであるが，簡単のため以下ではまず純再生産関数に発生すると考える．

このとき，ふたたび安定人口理論から以下が成り立つ：

$$\lim_{t\to\infty} B(t)=\frac{\int_0^\infty G(t)\,dt}{\int_0^\infty a(\Psi(a-\tau)/R_0)\,da}.$$

このとき，初期人口の再生産スケジュールは Ψ であるから，

$$G(t)=p_0(0)e^{\lambda_0 t}\int_t^\infty e^{-\lambda_0 a}\Psi(a)\,da$$

となる．したがって上と同様に計算すれば，

$$\int_0^\infty G(t)dt=p_0(0)\int_0^\infty \Psi(a)\left[\frac{1-e^{-\lambda_0 a}}{\lambda_0}\right]da$$

であり，

$$\int_0^\infty a\frac{\Psi(a-\tau)}{R_0}\,da=\kappa+\tau,\quad \kappa:=\int_0^\infty a\frac{\Psi(a)}{R_0}\,da$$

であるから，

$$\lim_{t\to\infty} B(t) = \frac{p_0(0)(R_0-1)}{\lambda_0(\kappa+\tau)} \tag{A.4}$$

を得る．定常状態での総人口は $P(\infty) = B(\infty)e_0$ であるから，コーホート的調整に対する人口モメンタムを M_c とおけば，

$$M_c := \frac{P(\infty)}{P(0)} = \frac{p_0(0)e_0(R_0-1)}{\lambda_0(\kappa+\tau)} \cdot \frac{1}{p_0(0)\int_0^\infty e^{-\lambda_0 a}\ell(a)\,da} = \frac{b_0 e_0(R_0-1)}{\lambda_0(\kappa+\tau)}.$$

したがって，新しいモメンタム公式として，

$$M_c = \frac{b_0 e_0(R_0-1)}{\lambda_0(\kappa+\tau)} = \frac{R_0\kappa}{\kappa+\tau}M_p \tag{A.5}$$

を得る．

モメンタム公式は初期人口がすでに定常人口 ($R_0=1$) の場合には定義上適用されないが，すでに定常化した人口においても晩産化政策は実行できる．そこで上記の計算において，$R_0=1$ とおいて $\lambda_0 \to 0$ とすれば，

$$\lim_{t\to\infty} B(t) = \frac{\int_0^\infty G(t)\,dt}{\int_0^\infty a\Psi(a-\tau)\,da} = \frac{p_0(0)\kappa}{\kappa+\tau}.$$

したがって晩産化によって最終的な出生率 $B(\infty)$ は $p_0(0)$ より小さくなり，逆に早産化すれば $p_0(0)$ より大きくなる．このときのモメンタムは

$$M_c = \frac{B(\infty)e_0}{p_0(0)e_0} = \frac{\kappa}{\kappa+\tau} \tag{A.6}$$

となる．

(A.5) においては $R_0>1$ であると仮定しているから，$\tau=(R_0-1)\kappa$ と $\tau>0$ を選べば，$M_c=M_p$ となる．すなわち，2 子政策と晩産化政策を併用するというマイルドな家族政策によって，期間 TFR の人口置換水準への瞬間的調整という限界的な政策によって得られるのと同様な定常人口規模を実現できることがわかる．むろん，実現可能な遅れ τ の値は $\kappa=25$ とすれば高々τ は 5 年程度であろうから，R_0 が高々1.2 程度でなければ，こうした方策は十分には達成されない．しかしこの例が示していることは，家族政策というと最終的な子供数ばかりが注目されるが，タイミングも重要な人口レギュレーションの手段であるということである．家族にとって子供数を制限することは，文化的規範や経済的な条件によっては受け入れがたいものであっても，出生タイミングの調整はずっと受け入れやすい手段であろう．

また (A.6) は純再生産率が不変でも，出産の遅れによって定常人口規模は $\kappa/(\kappa+\tau)$ 倍に減少させられることを示している．出生力のタイミング変化は個体にとっては自己のファミリーサイズの変更を意味しないにもかかわらず，全体人口の成長率と規模を変更してしまう作用をもつ．これは年齢構造をもつ人口のサイズというものが，個体あたりの再生産数と世代の回転速度（平均世代間隔）に依存して決まっているという当然の事実の反映であるが，見落とされやすい論点である ([226]).

A.3　間接推定

人口学におけるマッケンドリック方程式の静学的応用の代表例としては，1980 年代に開発された variable r-method (プレストン–コールシステム) がある．ベネット–堀内 ([27]) およびプレストン–コール ([342]) はマッケンドリック方程式が以下のように書き換えられることに気がついた：

$$\frac{1}{p(t,a)}\frac{\partial p(t,a)}{\partial a} = -\mu(t,a) - r(t,a). \tag{A.7}$$

ここで右辺の $r(t,a)$ は人口の**年齢別成長率** (age specific growth rate) であり，

$$r(t,a) := \frac{1}{p(t,a)}\frac{\partial p(t,a)}{\partial t}$$

と定義される．年齢別成長率は継続する 2 時点のセンサスがあれば計測できるから，比較的そのデータが入手しやすく，統計的に頑健なパラメータである．(A.7) を年齢変数に関して積分すれば，

$$p(t,a) = p(t,0)\ell_p(t,a)\exp\Big(-\int_0^a r(t,\sigma)\,d\sigma\Big) \tag{A.8}$$

となる．ここで $\ell_p(t,a) := e^{-\int_0^a \mu(t,\sigma)d\sigma}$ は時刻 t において観測される死亡率によって決定される期間的生存率に他ならない．

(A.8) は，時刻 t を止めて共時的に眺めてみると，各時点における年齢構造が年齢別成長率と死亡率によって決定されていること，したがって，たとえば期間的生命表の ℓ_x（定常人口）と実際の人口構造は年齢別成長率を介して相互に変換できることを意味している．とくにパラメータが時間に依存しない場合は，$r(t,a)$ が定数となるような $p(t,a)$ が存在するが，それが安定分布である．$C(t,a) = p(t,a)/\int_0^\infty p(t,a)da$ を人口構造係数，$b(t) = p(t,0)/\int_0^\infty p(t,a)\,da$ を粗出生率とすれば，(A.8) はさらに以下のように書き換えられる：

$$\frac{1}{\ell_p(t,a)} = \frac{b(t)e^{-\int_0^a r(\sigma,a)d\sigma}}{C(t,a)}. \tag{A.9}$$

そこで 2 時点のセンサスが利用できるが，動態統計が存在しないという状況において，上式の左辺を推定することを考えてみよう．そうした状況は，発展途上諸国の人口統計においてはしばしば見られることである．

異なる人口集団の生命表生残率のロジット変換が 1 次変換で結び付けられるという観察から，適当な標準生命表を選んで，その生存率を $\ell_s(a)$ とすれば以下の変換式を得る：

$$\log\left(\frac{1-\ell_p(t,a)}{\ell_p(t,a)}\right) = \alpha + \beta \log\left(\frac{1-\ell_s(a)}{\ell_s(a)}\right). \tag{A.10}$$

ここで α, β は未知パラメータである．(A.9) と (A.10) から以下の関係を得る：

$$\frac{e^{-\int_0^a r(\sigma,a)d\sigma}}{C(t,a)} = \frac{1}{b(t)} + \frac{e^{\alpha}}{b(t)}\left(\frac{1-\ell_s(a)}{\ell_s(a)}\right)^{\beta}. \tag{A.11}$$

(A.11) において，左辺はセンサスデータから実測され，右辺のかっこ内は標準生命表から得られるから，この式は $b(t), \alpha, \beta$ を未知パラメータとする 1 つの回帰方程式として見ることができる．とくに $\beta = 1$ とおいてもロジット変換の適合度は高いとされているから，そう仮定すれば (A.11) は線形の回帰方程式になり，$1/b(t)$, α は容易に推定される．したがって，式 (A.9) に戻れば，$\ell_p(t,a)$ すなわち死亡水準が推定されることになる ([341])．

上記の考え方は死亡水準以外の人口学的指標の推定にもしばしば有効である．たとえば，$\beta(t,a)$ を年齢別出生率，$v(t,a)$ を母親の出産年齢別の新生児分布とすると，

$$v(t,a) = \frac{\beta(t,a)p(t,a)}{p(t,0)} = \beta(t,a)\ell_p(t,a)e^{-\int_0^a r(\sigma,a)d\sigma}.$$

したがって，$v(t,a)$ をサンプル調査によって得たとすると，期間的な純再生産率 (NRR) は以下のように計算されることになる：

$$\mathrm{NRR} = \int_0^{\infty} v(t,a)e^{\int_0^a r(\sigma,a)d\sigma}\,da.$$

これらの推定法は動態統計データのない人類学的集団などの研究に利用されている ([143])．いうまでもなく，上記の手法は任意の封鎖人口において成り立つ諸関係であるが，純移動率などを導入すれば，人口移動のある場合にも拡張は可能である．1980 年代に至って，人口学における古典的主題である間接推定論はマッケンドリック方程式によって再活性化されることになったのである ([15], [222])．

A.4 摂動論

出生率や死亡率などの基礎的パラメータが変化した場合に，年齢構造にどのような影響があるかという問題は，人口学における基礎的な問いの 1 つである．たとえば人口の年齢構造の高齢化という過程は，欧州，とくにフランスなどではすでに 19 世紀から進行してきており，その要因が出生率の減少によるのか，死亡率の低下によるのか，という人口高齢化の要因論が古くから議論されてきた．フランスの人口学者は戦前から「人口の高齢化は死亡率の低下によるのではなく，もっぱら出生率の低下によっておこる」という人口高齢化の経験法則を主張してきた．この場合，問題は初期条件の違いや一時的摂動の影響を除去した長期的年齢構造への影響であるが，1950 年代頃に，日米の人口学者はそれぞれ独立に安定人口分布へのパラメータ変動の影響を観察するという比較静学的方法でこの経験法則を証明するに至り，論争には決着がついた（[67], [391], [392]）．

以下ではアーサー (W. B. Arthur) による摂動論的な手法で，安定人口分布へのパラメータ変動の影響を考えてみよう ([14])．そのために以下の関係式のシステムを考える：

$$\begin{cases} \int_0^\omega e^{-\lambda a}\ell(a)\beta(a)\,da - 1 = 0, \\ b\int_0^\omega e^{-\lambda a}\ell(a)\,da - 1 = 0, \\ be^{-\lambda a}\ell(a) - c(a) = 0. \end{cases} \tag{A.12}$$

ここで $\beta(a)$ は年齢別出生率， $\ell(a)$ は生残率， λ は自然成長率，b は安定人口出生率，$c(a)$ は安定人口分布である．

いま年齢別出生率の微小な変動を $\Delta\beta(a)$ として，それに対応する自然成長率，安定人口出生率，安定人口分布の変動を $\Delta\lambda, \Delta b, \Delta c(a)$ とする．$\Delta\lambda$ は微小なので，$e^{-\Delta\lambda a} = 1 - \Delta\lambda a$ と近似したうえで，上の関係式に代入すれば，

$$\begin{cases} \int_0^\omega e^{-\lambda a}(1-\Delta\lambda a)\ell(a)(\beta(a)+\Delta\beta(a))\,da - 1 = 0, \\ (b+\Delta b)\int_0^\omega e^{-\lambda a}(1-\Delta\lambda a)\ell(a)\,da - 1 = 0, \\ (b+\Delta b)e^{-\lambda a}(1-\Delta\lambda a)\ell(a) - (c(a)+\Delta c(a)) = 0. \end{cases} \tag{A.13}$$

ここで 2 次以上の微小量を無視すれば，(A.13) は以下のように解ける：

$$\Delta\lambda = \frac{1}{A_m}\int_0^\omega e^{-\lambda a}\ell(a)\Delta\beta(a)\,da, \tag{A.14}$$

$$\frac{\Delta b}{b} = A_n\Delta\lambda = \frac{A_n}{A_m}\int_0^\omega e^{-\lambda a}\ell(a)\Delta\beta(a)\,da, \tag{A.15}$$

$$\frac{\Delta c(a)}{c(a)} = (A_n - a)\Delta\lambda = \frac{A_n - a}{A_m}\int_0^\omega e^{-\lambda a}\ell(a)\Delta\beta(a)\,da. \tag{A.16}$$

ただしここで,

$$A_m := \int_0^\omega a e^{-\lambda a}\ell(a)\beta(a)\,da, \quad A_n := \frac{\int_0^\omega a e^{-\lambda a}\ell(a)\,da}{\int_0^\omega e^{-\lambda a}\ell(a)\,da}$$

であり, A_m は安定人口の平均出産年齢, A_n は安定人口の平均年齢である. したがって, 出生率が低下 $(\Delta\beta < 0)$ すれば, 成長率と粗出生率は低下するが, 年齢分布は平均年齢以上の高齢層が増加し, 平均年齢以下の若年層が減少する. この場合, 人口の高齢化が進むことは明らかである.

同様な分析を死亡率の変動に適用してみよう. 死亡率の変化は生残率の変化と考えてよいから, $\ell(a)$ の変動を $\Delta\ell(a)$ として, それに対応する自然成長率, 安定人口出生率, 安定人口分布の変動を $\Delta\lambda$, Δb, $\Delta c(a)$ としよう. (A.12) から以下を得る:

$$\begin{cases} \int_0^\omega e^{-\lambda a}(1-\Delta\lambda a)\beta(a)(\ell(a)+\Delta\ell(a))\,da - 1 = 0, \\ (b+\Delta b)\int_0^\omega e^{-\lambda a}(1-\Delta\lambda a)(\ell(a)+\Delta\ell(a))\,da - 1 = 0, \\ (b+\Delta b)e^{-\lambda a}(1-\Delta\lambda a)(\ell(a)+\Delta\ell(a)) - (c(a)+\Delta c(a)) = 0. \end{cases} \tag{A.17}$$

ふたたび 2 次以上の項を無視してこれを解けば, 以下を得る:

$$\Delta\lambda = \frac{1}{A_m}\int_0^\omega e^{-\lambda a}\beta(a)\Delta\ell(a)\,da, \tag{A.18}$$

$$\frac{\Delta b}{b} = A_n\Delta\lambda - b\int_0^\omega e^{-\lambda a}\Delta\ell(a)\,da, \tag{A.19}$$

$$\frac{\Delta c(a)}{c(a)} = (A_n - a)\Delta\lambda - b\int_0^\omega e^{-\lambda a}\Delta\ell(a)\,da + \frac{\Delta\ell(a)}{\ell(a)}. \tag{A.20}$$

(A.18) から死亡率が低下 $(\Delta\ell > 0)$ すれば, 成長率は増加することがわかるが, もしも死亡率の改善が再生産年齢以降の高齢層のみでおこるのであれば, 成長率には影響を及ぼさない. 一方, 粗出生率と年齢分布の変化の方向は一義的には定まらない．とくに年齢分布では，(A.20) の右辺の第 1 項では平均年齢以上の高齢層が減少し，平均年齢以下の若年層が増大する人口の若年化という効果が現れているが，第 2，第 3 項は死亡率の改善が直接的に年齢分布の高齢化を生みだす効果を示している．もしも死亡率の改善が再生産年齢以降の高齢層のみでおこるのであれば，第 1 項の効果はないから，人口構造は高齢化することになる．すなわち，人口再生産の近代化過程においては若年死亡率の改善が先行するから，そのような死亡率の改善は人口若年化をもたらすであろうが，近代化した人口での高齢死亡率の改善は人口高齢化を促進するといえよう ([343])．要するに，近代化過程における人口の高齢化はもっぱら出生率の低下によるものであったといってよいであろうが，現代の先進諸国のような十分に出生率が低下しきった社会では，高齢者死亡率の改善も人口高齢化の要因である．

最後に，出生率の摂動が自然成長率に与える影響を具体例で考えよう．いま，

$$\Delta\beta(a) = (1-k)\beta(a-\tau) - \beta(a)$$

とおこう．すなわち出生率関数は形状を変えないまま，$(1-k)$ 倍され，τ だけタイミングの遅れが発生したと仮定する．むろん τ は最小の再生産年齢よりも小さい数であるとする．このとき (A.14) から，

$$\Delta\lambda_0 = \frac{1}{A_m}\left((1-k)e^{-\lambda_0\tau}\int_0^\infty e^{-\lambda_0 a}\beta(a)\ell(a+\tau)\,da - 1\right)$$

となることは容易にわかる．積分項を計算するために，近似的に再生産年齢においては死亡力は一定値 μ をとると仮定すれば，

$$\ell(a+\tau) = e^{-\mu\tau}\ell(a)$$

であるから，以下を得る：

$$\Delta\lambda_0 = \frac{1}{A_m}((1-k)e^{-(\lambda_0+\mu)\tau} - 1). \tag{A.21}$$

(A.21) において，$k=0$，$\tau>0$，すなわち出産タイミングの遅れだけが発生する場合を考えれば，

$$\Delta\lambda_0 > 0 \iff \lambda_0 < -\mu.$$

すなわち，摂動のない場合の再生産力がそもそも人口置換水準以下であって，自然成長率が $-\mu$ より小であれば，晩産化は自然成長率を増大させる．この一見逆説的な現象は，晩産化が平均世代間隔を増加させて世代の回転率を低下させると

考えれば理解されるであろう．一方，当然ながらもし摂動前の自然成長率が正であれば，晩産化はつねに自然成長率を減少させるが，この点はすでにロトカの時代に知られていたことである ([124])．また $\tau = 0$ であれば，

$$\Delta\lambda_0 = -\frac{k}{A_m}$$

であるから，TFR の減少はつねに自然成長率の減少を招くが，減少幅は安定人口の平均出産年齢に反比例する．最後に $k > 0, \tau > 0$，すなわち TFR の減少と出産タイミングの遅れの両方が発生する場合を考えれば，

$$\Delta\lambda_0 > 0 \ \Leftrightarrow \ \lambda_0 < \frac{\log(1-k)}{\tau} - \mu.$$

すなわちこの場合も摂動以前の自然成長率が負で，その絶対値がある程度大きければ，摂動を受けた人口の自然成長率は増大しうる．すなわち人口置換水準以下の TFR をもつ人口に関しては，晩産化が自然成長率の低下をもたらすとは必ずしもいえないのである ([226])．以上は摂動論的な近似計算による考察であったが，まったく一般的に次の定理が成り立つことがわかっている：

定理 A.2 ([44]) τ だけシフトされた出生率を $\beta_\tau(a)$ としよう．すなわち $\beta_\tau(a) := \beta(a-\tau)$ であるが，$a-\tau < 0$ であれば $\beta_\tau(a) = 0$ であるとする．$\beta_\tau(a)$ に対応する自然成長率を $\lambda_0(\tau)$ とすれば，$\lambda_0(\tau)$ は τ の微分可能な関数であり，$d\lambda_0(\tau)/d\tau < 0$ となる必要十分条件は以下で与えられる：

$$\lambda_0(\tau) + \int_0^\infty \mu(a)\ell(a)e^{-\lambda_0(\tau)a}\beta_\tau(a)\,da > 0. \tag{A.22}$$

ここで $\mu(a)$ は a 歳の瞬間的死亡率である．またこの条件は以下の条件と同値である：

$$\mathcal{M} := \int_0^\infty \beta_\tau(a)\frac{dw(a)}{da}\,da < 0. \tag{A.23}$$

ただしここで，$w(a)$ は $\lambda_0(\tau)$ に対応する正規化された安定年齢分布である：

$$w(a) = \frac{e^{-\lambda_0(\tau)a}\ell(a)}{\int_0^\infty e^{-\lambda_0(\tau)a}\ell(a)\,da}.$$

証明 $\lambda_0(\tau)$ は以下の特性方程式を満たしている：

$$F(\lambda_0, \tau) := \int_0^\infty e^{-\lambda_0 a}\beta_\tau(a)\ell(a)\,da - 1 = 0.$$

ここで，

$$F(\lambda_0,\tau)=e^{-\lambda_0\tau}\int_0^\infty e^{-\lambda_0 a}\beta(a)\ell(a+\tau)\,da-1$$

となるから，F は λ_0,τ について連続的微分可能である．

$$\frac{\partial F}{\partial\tau}=-\lambda_0(F(\lambda_0,\tau)+1)-\int_0^\infty e^{-\lambda_0 a}\beta_\tau(a)\mu(a)\ell(a)\,da,$$
$$\frac{\partial F}{\partial\lambda_0}=-\int_0^\infty ae^{-\lambda_0 a}\beta_\tau(a)\ell(a)\,da$$

であるから，$F(\lambda_0(\tau),\tau)=0$ に注意すれば，陰関数定理によって $\lambda_0(\tau)$ は微分可能で，

$$\frac{d\lambda_0(\tau)}{d\tau}=-\frac{\partial F/\partial\tau}{\partial F/\partial\lambda_0}=-\frac{\lambda_0(\tau)+\int_0^\infty e^{-\lambda_0(\tau)a}\beta_\tau(a)\mu(a)\ell(a)\,da}{\int_0^\infty ae^{-\lambda_0 a}\beta_\tau(a)\ell(a)\,da}$$

を得る．したがって，(A.22) が成り立つことが，$\lambda_0(\tau)$ が τ の減少関数となるための必要十分条件である．そこで

$$\begin{aligned}&\int_0^\infty e^{-\lambda_0(\tau)a}\beta_\tau(a)\mu(a)\ell(a)\,da\\&=-\int_0^\infty\beta_\tau(a)\left[\frac{d}{da}(e^{-\lambda_0(\tau)a}\ell(a))+\lambda_0(\tau)e^{-\lambda_0(\tau)a}\ell(a)\right]da\\&=-\lambda_0(\tau)-\int_0^\infty\beta_\tau(a)\frac{dw(a)}{da}\,da\left(\int_0^\infty e^{-\lambda_0(\tau)a}\ell(a)\,da\right)\end{aligned}$$

であるから，(A.22) と (A.23) は同値な条件になる．□

ここで指標 $\mathcal{M}$ をブーゼンバーグ–イアネリは**出生力モメンタム** (fertility momentum) と呼んでいる．すなわち出生力モメンタムが負であることが，摂動された自然成長率が減少するための必要十分条件であるが，自然成長率が負の領域では，出生率モメンタムが正でありうることがわかる．すなわち人口置換水準を下回る出生率においては，晩産化は必ずしも自然成長率を低下させない．

B　ラプラス変換と積分方程式

本文中ではヴォルテラ型積分方程式とラプラス変換の諸結果をくり返し利用したが，ここに必要な範囲で基本的結果をまとめておく．これらのリストはまったく

不十分なものであるが，文献解読の手助けになれば幸いである．ラプラス変換の古典的結果に関しては，[122] が優れている．ただし以下の記述はイアネリによる要約を参考にした ([197], [456])．ヴォルテラ積分方程式に関する標準的な文献は [160], [311] などである．邦語では，古いが [243] が有用である．

B.1　ラプラス変換

非負の実数を定義域とする局所可積分な関数 $f \in L^1_{loc}(\mathbf{R}_+;\mathbf{R})$ と複素パラメータ $\lambda \in \mathbf{C}$ を考える．積分

$$\hat{f}(\lambda) = \int_0^\infty e^{-\lambda t} f(t)\, dt \tag{B.1}$$

が異常積分として存在する場合，すなわち，

$$\lim_{T \to +\infty} \int_0^T e^{-\lambda t} f(t)\, dt$$

が存在する場合に，f は λ でラプラス変換可能であるという．さらに積分 (B.1) が絶対収束であるとき，f は λ で絶対ラプラス変換可能であるという．

f が λ_0 でラプラス変換可能（絶対ラプラス変換可能）であれば，$\mathrm{Re}\,\lambda > \mathrm{Re}\,\lambda_0$ となる任意の λ について，f はラプラス変換可能（絶対ラプラス変換可能）であることは容易にわかる．そこで以下のように収束座標を定義できる：

$$\sigma := \inf\{\lambda_0 \in \mathbf{R} \,|\, f \text{ は} \lambda_0 \text{でラプラス変換可能}\}.$$

このとき，(B.1) は半平面 $S_\sigma = \{\lambda \,|\, \mathrm{Re}\,\lambda > \sigma\}$ において複素関数を定義するが，これは S_σ において正則である．それゆえ (B.1) によって定義される解析関数 $\hat{f}(\lambda)$ を f のラプラス変換と呼ぶ．

定理 B.1 (積分定理)　$f(t)$ は $\lambda_0 > 0$ でラプラス変換可能であるとし，

$$F(t) := \int_0^t f(s)\, ds, \quad t \ge 0$$

とする．このとき $F(t)$ は $\lambda = \lambda_0$ において絶対ラプラス変換可能であり，$\lambda = \lambda_0$ および $\mathrm{Re}\,\lambda > \lambda_0$ で以下が成り立つ：

$$\hat{F}(\lambda) = \frac{\hat{f}(\lambda)}{\lambda}.$$

さらに $t \to \infty$ において $F(t) = o(e^{\lambda_0 t})$ であり，$F(t)$ は $\mathrm{Re}\,\lambda > \lambda_0$ で絶対ラプラス変換可能である．

定理 B.2 (微分定理)　$f(t)$ は $t>0$ で微分可能で，$f'(t)$ は $\lambda_0>0$ でラプラス変換可能とする．このとき $f(t)$ は $\lambda_0>0$ でラプラス変換可能で，$f'(0^+)$ が存在して以下が成り立つ：

$$\hat{f'}(\lambda)=\lambda\hat{f}(\lambda)-f(0^+),\quad \mathrm{Re}\,\lambda>\lambda_0.$$

さらに $t\to\infty$ において $f(t)=o(e^{\lambda_0 t})$ であり，$f(t)$ は $\mathrm{Re}\,\lambda>\lambda_0$ で絶対ラプラス変換可能である．

定理 B.3 (畳み込み定理)　$f(t)$ と $g(t)$ は $\lambda_0>0$ で絶対ラプラス変換可能とする．このとき畳み込み積分

$$F(t):=\int_0^t f(t-s)g(s)\,ds,\quad t\ge 0$$

は $\lambda=\lambda_0$ で絶対ラプラス変換可能であり，

$$\hat{F}(\lambda)=\hat{f}(\lambda)\hat{g}(\lambda),\quad \mathrm{Re}\,\lambda\ge\lambda_0$$

が成り立つ．

定理 B.4 (複素逆変換公式)　$f(t)$ は $\lambda\ge\sigma_0$ で絶対ラプラス変換可能とする．このとき $\sigma>\sigma_0$ について以下が成り立つ：$t>0$ の近傍で f が有界変動であれば，

$$\frac{f(t^+)+f(t^-)}{2}=\frac{1}{2\pi i}\int_{\sigma-i\infty}^{\sigma+i\infty}e^{\lambda t}\hat{f}(\lambda)\,d\lambda,\quad t>0.$$

また $t=0$ の近傍で有界で有界変動であれば，

$$\frac{f(0^+)}{2}=\frac{1}{2\pi i}\int_{\sigma-i\infty}^{\sigma+i\infty}\hat{f}(\lambda)\,d\lambda.$$

また $t<0$ では以下が成り立つ：

$$\int_{\sigma-i\infty}^{\sigma+i\infty}e^{\lambda t}\hat{f}(\lambda)\,d\lambda=0.$$

ただし上記の無限積分は以下のような主値の意味で計算されている：

$$\int_{\sigma-i\infty}^{\sigma+i\infty}g(\lambda)\,d\lambda=\lim_{T\to+\infty}\int_{-T}^{T}g(\sigma+is)\,ds.$$

定理 B.5　$f_1(t), f_2(t)$ はラプラス変換可能で，十分大なる $\mathrm{Re}\,\lambda$ について $\hat{f}_1(\lambda)=\hat{f}_2(\lambda)$ であれば，ほとんどいたるところで $f_1(t)=f_2(t)$ である．

定理 B.6　$\hat{f}(\lambda)$ は $\lambda = \lambda_0$ で収束しているとする．このとき扇形領域 $|\mathrm{arc}(\lambda - \lambda_0)| \leq \theta < \pi/2$ において，λ が 2 次元的に無限大となるとき，

$$\lim_{\lambda \to \infty} \hat{f}(\lambda) = 0 \tag{B.2}$$

となる[1)].

定理 B.7 (リーマン–ルベーグの補題)　$f \in L^1(0,T)$ であれば，以下が成り立つ：

$$\lim_{|y| \to \infty} \int_0^T e^{-iyt} f(t)\, dt = 0.$$

定理 B.8　$f \in L^1(0,T)$ であれば，任意の実数 x_0 について，$x \geq x_0$ で一様に，

$$\lim_{|y| \to \infty} \int_0^T e^{-iyt} e^{-xt} f(t)\, dt = 0.$$

条件 (B.2) は与えられた複素関数がなんらかの原関数のラプラス変換像であるための必要条件ではあるが，十分条件ではない．ある複素関数がラプラス像になっているための十分条件として次の定理がある：

定理 B.9 ([122, p.187])　複素関数 $F(\lambda)$ は半平面 $\mathrm{Re}\,\lambda > \sigma$ で解析的，任意の半平面 $\mathrm{Re}\,\lambda \geq \sigma + \varepsilon > \sigma$ において，2 次元的に

$$\lim_{|\lambda| \to +\infty} F(\lambda) = 0 \tag{B.3}$$

であって，さらに任意の $x > \sigma$ について，

$$\int_{-\infty}^{+\infty} |F(x+iy)|\, dy < +\infty \tag{B.4}$$

であるとする．このとき，$t \in \mathbf{R}$ について以下の関数が定義できる：

$$f(t) = \frac{1}{2\pi i} \int_{x-i\infty}^{x+i\infty} e^{\lambda t} F(\lambda)\, d\lambda, \quad x > \sigma. \tag{B.5}$$

$f(t)$ は x の選び方によらない $\mathbf{R}$ 上の連続関数で，絶対ラプラス変換可能であり，$\hat{f}(\lambda) = F(\lambda), \mathrm{Re}\,\lambda > \sigma$, $f(t) = 0,\ t < 0$ となる．

この結果はバナッハ空間に値をとるベクトル値関数に対しても拡張されており，無限次元の微分方程式や積分方程式を扱う際に有用である ([141]).

1)　正確には以下のような意味である：「任意の $\varepsilon > 0$ に対してある $R > 0$ が存在して，$|\mathrm{arc}(\lambda - \lambda_0)| \leq \theta < \pi/2$ かつ $|\lambda - \lambda_0| > R$ となるすべての λ について $|\hat{f}(\lambda)| < \varepsilon$ となる.」

B.2　積分方程式

はじめに有限次元の線形のヴォルテラ畳み込みシステムを考察しよう：

$$B(t) = G(t) + \int_0^t \Psi(t-s)B(s)\,ds. \tag{B.6}$$

ここで未知関数 $B(t)$ と初期データ $G(t)$ は n 次元ベクトルであり，$\Psi(t)$ は $n \times n$ の行列である．ここでは，

$$\Psi(\cdot) \in L^1([0,\infty);\mathcal{L}(\mathbf{R}^n)), \quad G(\cdot) \in L^1([0,\infty);\mathbf{R}^n) \tag{B.7}$$

と仮定する．すなわち $\Psi(\cdot)$ は $n \times n$ の行列を値とする可積分関数であり，$G(\cdot)$ は n 次元ベクトルを値とする可積分関数であるとする．

積分核 $\Psi(t)$ に対するレゾルベントは，以下の積分方程式を満たす（行列値）関数である：

$$\begin{aligned} R(t) &= \Psi(t) + \int_0^t \Psi(t-s)R(s)\,ds, \\ R(t) &= \Psi(t) + \int_0^t R(t-s)\Psi(s)\,ds. \end{aligned} \tag{B.8}$$

定理 B.10　$\Psi(\cdot)$ は条件 (B.7) を満たすとする．このとき (B.8) を満たすただ 1 つの $R(\cdot) \in L^1_{loc}([0,\infty);\mathcal{L}(\mathbf{R}^n))$ が存在して，(B.7) を満たす任意の $G(\cdot)$ について，

$$B(t) = G(t) + \int_0^t R(t-s)G(s)\,ds \tag{B.9}$$

は (B.6) のただ 1 つの解を与える．

上記の結果を示すためには，逐次代入によって (B.8) の解を構成すればよい：

$$R(t) = \sum_{j=1}^{\infty} \Psi^{(j)}(t).$$

ただしここで $\Psi^{(j)}$ は，

$$\begin{aligned} \Psi^{(1)}(t) &= \Psi(t), \\ \Psi^{(j+1)}(t) &= (\Psi^{(j)} * \Psi)(t) = \int_0^t \Psi^{(j)}(t-s)\Psi(s)\,ds \end{aligned}$$

として逐次的に定義される．記号 $*$ は畳み込み作用を表し，級数はノルムの意味において収束している．

(B.6) は自明な初期条件 $G(t) \equiv 0$ に対して自明解 $B(t) \equiv 0$ をもつが，解の表示 (B.9) によって，レゾルベント $R(\cdot)$ の可積分性が自明解の安定性と関係していることがわかる．

定義 B.1　任意の $\varepsilon > 0$ に対してある $\delta > 0$ が存在して，$\|G\|_\infty < \delta$ であれば $\|B\|_\infty < \varepsilon$ が成り立つとき，(B.6) の自明解は安定であるという．もし自明解が安定であって，さらに

$$\lim_{t\to+\infty} G(t) = 0 \text{ であれば } \lim_{t\to\infty} B(t) = 0$$

となるとき，漸近安定であるという．

定理 B.11　レゾルベントが半直線 $\mathbf{R}_+$ 上で可積分であるとする．すなわち，

$$R(\cdot) \in L^1([0,\infty); \mathcal{L}(\mathbf{R}^n)). \tag{B.10}$$

このとき $G(\cdot)$ が半直線 $\mathbf{R}_+$ 上で有界連続であれば，任意の $t > 0$ について以下が成り立つ：

$$|B(t)| \le (1 + \|R\|_{L^1})\|G\|_\infty.$$

さらに $\lim_{t\to\infty} G(t) = 0$ であれば，

$$\lim_{t\to+\infty} B(t) = 0$$

となる．

定理 B.12　条件 (B.10) は (B.6) の自明解が安定であるための必要十分条件である．

系 B.1　(B.6) の自明解が安定であることと漸近安定であることは同値である．

条件 (B.7) の下では積分核 $\Psi(\cdot)$ のラプラス変換が $\mathrm{Re}\,\lambda \ge 0$ について絶対収束して存在する．このとき以下を得る：

定理 B.13 (ペーリー–ウィーナーの定理)　条件 (B.10) が満たされるためには，条件

$$\det(I - \hat{\Psi}(\lambda)) \neq 0, \quad \mathrm{Re}\,\lambda \ge 0 \tag{B.11}$$

が成り立つことが必要かつ十分である．

ペーリー–ウィーナーの定理の条件 (B.11) は，再生方程式 (B.6) の特性方程式が右半平面に特性根をもたない条件に他ならない．

非負の核と初期データをもつヴォルテラ方程式 (B.6) に関しては，以下のような漸近挙動に関する定理が成り立つ ([204], [243])：

定理 B.14　$G(t)$, $\Psi(t)$ は非負可積分，$\hat{\Psi}(0)$ は分解不能であるとする．$R_0 = r(\hat{\Psi}(0))$ を $\hat{\Psi}(0)$ のスペクトル半径とする．このとき $R_0 < 1$ であれば，

$$\int_0^\infty B(t)\,dt = (I - \hat{\Psi}(0))^{-1}\hat{G}(0). \tag{B.12}$$

$R_0 \geq 1$ であれば，

$$\lim_{t\to\infty}\frac{1}{t}\int_0^t e^{-\lambda_0 t}B(t)\,dt = \frac{\langle v_0, \hat{G}(\lambda_0)\rangle}{\langle v_0, -\Psi_1 u_0\rangle}u_0. \tag{B.13}$$

ただし λ_0 は $r(\hat{\Psi}(\lambda)) = 1$ のただ 1 つの実根で，v_0, u_0 は $\hat{\Psi}(\lambda_0)$ の固有値 1 に属する左右の正固有ベクトルであり，

$$\Psi_1 := -\int_0^\infty t\Psi(t)\,dt$$

である[2]．

証明　e^{-xt} $(x \geq 0)$ を (B.6) の両辺に乗じて $(0,T)$ $(T > 0)$ で積分すれば，$\hat{G}(x)$, $\hat{\Psi}(x)$ は存在するから，

$$\int_0^T e^{-xt}B(t)\,dt \leq \hat{G}(x) + \hat{\Psi}(x)\int_0^T e^{-xt}B(t)\,dt$$

を得る．$R_0 < 1$ であれば，$I - \hat{\Psi}(x)$ は $x \geq 0$ において非負逆転可能[3]であって，

$$\int_0^T e^{-xt}B(t)\,dt \leq (I - \hat{\Psi}(x))^{-1}\hat{G}(x).$$

したがって $T \to \infty$ とすれば，左辺は単調増大で上に有界であるから，$\hat{B}(x)$ に収束する．すなわち $x \geq 0$ で $\hat{B}(x)$ が存在するから，

$$\hat{B}(x) = (I - \hat{\Psi}(x))^{-1}\hat{G}(x) \tag{B.14}$$

2)　ここで $\langle , \rangle$ は数ベクトルの内積である．

3)　$(I - \hat{\Psi}(x))^{-1}$ が存在して，しかも非負であること．

であって，ここで $x \to +0$ とすれば (B.12) を得る．

$R_0 = 1$ の場合は，$r(\hat{\Psi}(0)) = 1$ であって，(B.14) は $x > 0$ で成り立っている．そこでこの場合は，

$$\lim_{x \to +0} x\hat{B}(x) = \frac{\langle v_0, \hat{G}(0) \rangle}{\langle v_0, -\Psi_1 u_0 \rangle} u_0$$

を得る．この計算は定理 3.2 の証明過程で示したものと同じである．タウバー型の定理 ([26, Theorem 7.8.]) から，

$$\lim_{t \to \infty} \frac{1}{t} \int_0^t B(t)\,dt = \lim_{x \to +0} x\hat{B}(x)$$

であるから (B.13) を得る．$R_0 > 1$ の場合は (B.6) のかわりに

$$e^{-\lambda_0 t} B(t) = e^{-\lambda_0 t} G(t) + \int_0^t e^{-\lambda_0 a} \Psi(a) e^{-\lambda_0 (t-a)} B(t-a)\,da$$

を考えれば，$\int_0^\infty e^{-\lambda_0 a} \Psi(a)\,da = 1$ であって，$R_0 = 1$ の場合に帰着される．□

本文中でたびたび示したように，構造化人口モデルの線形化モデルの解析は，無限次元の抽象的ヴォルテラ方程式の問題へ帰着されることが多い[4)]．

E をバナッハ空間，$\|\cdot\|_E$ をそのノルムとするとき，区間 $I = (a, b)$ $(-\infty \le a < b \le \infty)$ 上のベクトル値関数 $f : I \to E$ がボホナー可積分であるとは，f が強可測で，$\|f(t)\|_E$ が可積分であることである．このとき可積分関数の空間 $L^1(I; E)$ は，ノルム

$$\|f\| := \int_I \|f(t)\|_E\,dt$$

によってバナッハ空間になる．いま $G(t)$ $(t \ge 0)$ は E に値をとる関数であって，$\Psi(a)$ $(a \ge 0)$ は E からそれ自身への有界線形作用素を値にとる関数であるとしよう．このとき以下のような抽象的再生方程式を考えることができる：

$$B(t) = G(t) + \int_0^t \Psi(a) B(t-a)\,da. \tag{B.15}$$

ベクトル値関数 $B : \mathbf{R}_+ \to E$ は，任意の $T \ge 0$ について区間 $[0, T]$ でボホナー可積分で，かつ (B.15) を満たすときに，再生方程式 (B.15) の解であるという．

4)　再生方程式の漸近挙動は古く 1930 年代から 1940 年代にかけて，ケルマック–マッケンドリック ([250]) やフェラー ([133]) によって研究されたが，ベクトル値の方程式に関する厳密な結果がでてきたのは意外に新しく，1960–1970 年代になってからのようである ([26], [72], [141], [146])．

有限次元の場合と同様に，ラプラス変換によって (B.15) は形式的に以下のように解ける：

$$B(t) = G(t) + \frac{1}{2\pi i}\int_{x-i\infty}^{x+i\infty} e^{\lambda t}(I - \hat{\Psi}(\lambda))^{-1}\hat{\Psi}(\lambda)\hat{G}(\lambda)\,d\lambda.$$

ただしここで特異点の集合を，

$$\Lambda := \{\lambda \in \mathbf{C} \,|\, 1 \in \sigma(\hat{\Psi}(\lambda))\}$$

とするとき，$x > \lambda_0 := \sup_{\lambda\in\Lambda} \mathrm{Re}\,\lambda$ であり，$\lambda_0 > \varepsilon$ となるある ε について，$\mathrm{Re}\,\lambda > \varepsilon$ では $\hat{G}(\lambda)$, $\hat{\Psi}(\lambda)$ が存在すると仮定する．

このとき第 2 章でおこなったスカラーのヴォルテラ積分方程式に関する漸近解析は，$\hat{\Psi}(\lambda)$ が $\lambda \in \mathbf{R}$ に対して，正値コンパクトでノンサポーティングな積分作用素であるような場合には，ほぼそのまま無限次元の場合 (B.15) においても成り立つことが示される．すなわちある $\eta > 0$ が存在して，

$$B(t) = G(t) + e^{\lambda_0 t}\left[\frac{\langle v_0, \hat{G}(\lambda_0)\rangle}{\langle v_0, -\Psi_1 u_0\rangle}u_0 + O(e^{-\eta t})\right]$$

となる．ただし，v_0, u_0 は正線形作用素 $\hat{\Psi}(\lambda_0)$ の固有値 1 に属する共役固有ベクトル（正汎関数）と正固有ベクトルであり，

$$-\Psi_1 = -\frac{d}{d\lambda}\hat{\Psi}(\lambda)|_{\lambda=\lambda_0}$$

である ([181])．

C　関数解析的アプローチ

2.7 節で安定人口モデルにおける年齢密度関数の時間発展を記述する作用素半群（人口半群）を導いたが，これは人口過程を無限次元力学系として考察する関数解析的アプローチの端緒である．

ここでは安定人口モデルを $L^1(0,\omega)$ における発展方程式の初期値問題とみなして，古典的なヒレ–吉田の半群の生成定理 ([24], [334], [451]) を用いて，解作用素として人口半群を導いてみよう．こうした定式化は，線形問題を扱っている限りはスマートではあっても，新しい現象解明という点ではあまり効用がないように見える．しかし，より複雑な非線形問題などを扱う場合には，無限次元力学系の理論において発達した手法を利用できるという大きな利点がある．実際，初めに述べたように，1980 年代以降の構造化人口モデルの発達はこうした関数解析的アプローチの開発によるところが大きいのである．

C.1 人口半群と強エルゴード定理

以下では簡単のため，スカラー型の安定人口モデルを考える．また年齢区間は有限で，$\mu, \beta \in L^\infty_+(0,\omega)$ であると仮定する：

$$\bar{\mu} := \sup_{a\in[0,\omega]} \mu(a) < \infty, \quad \bar{\beta} := \sup_{a\in[0,\omega]} \beta(a) < \infty.$$

すなわち，ω は最大到達年齢よりは小さいが，再生産年齢の上限よりは大きい任意の年齢として固定しておこう．そのような年齢区間 $[0,\omega]$ 上の年齢密度関数の集合は，ポスト再生産期間の人口からのフィードバックがない限り，それ自体で閉じた再生産系をなし，再生産期以後の年齢層の挙動とは別に考えることができる．そこでそのような有限年齢区間上に議論を限定しても一般性は失われない．このとき安定人口モデル (2.6) は，以下のようなバナッハ空間 $L^1(0,\omega)$ 上の抽象的微分方程式の初期値問題として考えることができる1)：

$$\frac{dp(t)}{dt} = Ap(t), \quad p(0) = p_0. \tag{C.1}$$

ただしここで，A は 2.5 節で導入した人口作用素である：

$$(A\phi)(a) := -\frac{d\phi(a)}{da} - \mu(a)\phi(a),$$
$$\mathcal{D}(A) = \{\phi \in L^1(0,\omega) \,|\, \phi\text{は絶対連続で}\phi(0) = \int_0^\omega \beta(a)\phi(a)\,da\}.$$

このとき，$\phi \in \mathcal{D}(A)$ であれば，ほとんどいたるところで微分係数 ϕ' が存在して，$\phi' \in L^1(0,\omega)$ となっている．以下の定理の証明2)は困難ではないが，ここでは略する：

定理 C.1　人口作用素 A は 2.7 節における人口半群 $T(t)$ の無限小生成作用素である．$p_0 \in \mathcal{D}(A)$ であれば，$T(t)p_0$ は (C.1) の古典解を与える．

強連続半群とその生成素のスペクトルに関する一般的な性質をいくつかあげておく．くわしくは [319], [437] などを参照していただきたい．$\sigma(A)$ を線形作用素 A のスペクトル集合，$P_\sigma(A)$ を A の点スペクトル，$\rho(A) := \mathbf{C} \setminus \sigma(A)$ はレゾルベント集合，$R(\lambda, A) := (\lambda - A)^{-1}$ $(\lambda \in \mathbf{C})$ をレゾルベントとしよう．**スペクトル上限** (spectral bound) $s(A)$ は，

$$s(A) := \sup\{\mathrm{Re}\,\lambda \,|\, \lambda \in \sigma(A)\}$$

1)　人口問題における自然な状態空間は L^1 であるが，制御問題などを意識して L^2 で考える場合もある．[380] などを参照．

2)　ウェブ ([437]) などではより一般的な条件下で示されている．

と定義される．一方，C_0 半群 $T(t)$ に対して，その**スペクトル半径** (spectral radius) は，

$$r(T(t)) := \sup\{|\lambda| \mid \lambda \in \sigma(T(t))\}$$

として定義される．また**成長上限** (growth bound) は，

$$\omega_0 := \inf\{w \in \mathbf{R} \mid \text{任意の } t \geq 0 \text{ に対してある } M(w) \in \mathbf{R}_+ \text{が存在して，} \\ \|T(t)\| \leq M(w)e^{wt}\}$$

として定義される．このとき，

$$\omega_0 = \lim_{t\to\infty} \frac{\log \|T(t)\|}{t}$$

で，$-\infty \leq \omega_0 < \infty$ である．

定理 C.2　ω_0 を強連続半群 $T(t)$ $(t \geq 0)$ の成長上限，A を生成作用素とすれば，任意の $t \geq 0$ に対して以下が成り立つ：

$$e^{s(A)t} \leq r(T(t)) = e^{\omega_0 t}.$$

A が有界な作用素であれば，

$$e^{s(A)t} = r(T(t)) = e^{\omega_0 t}$$

となり，$\omega_0 = s(A)$ であることが示される．したがってそのような場合は，生成作用素のスペクトルの実部の上限が負であれば，$\lim_{t\to\infty} \|T(t)\| = 0$ となる．これは抽象的な線形微分方程式 $\dot{x} = Ax$ のゼロ解の安定性定理に他ならない．

$t_0 > 0$ が存在して $T(t_0)$ がコンパクト作用素になるとき（したがって任意の $t \geq t_0$ で $T(t)$ はコンパクト），$T(t)$ は**終局的にコンパクト** (eventually compact) であるといわれる．そのような半群に関しては，スペクトル写像定理が成り立つ ([319], p.87)：

$$\sigma(T(t)) \setminus \{0\} = e^{t\sigma(A)} := \{e^{t\lambda} \mid \lambda \in \sigma(A)\}, \quad t \geq 0. \tag{C.2}$$

すなわち，(C.2) が成り立つ場合は $\omega_0 = s(A)$ であるから，(C.1) のゼロ解が大域的漸近安定であるためには，生成作用素 A のスペクトルの上限が負であればよいことがわかる．

定理 C.3　人口作用素 A は以下のような性質をもつ．ただし，

$$\hat{\Psi}(\lambda) := \int_0^\omega e^{-\lambda a}\beta(a)\ell(a)\,da, \quad \underline{\mu} := \inf_{a\in[0,\omega]}\mu(a)$$

と定義しておく：

(1) $\sigma(A) = P_\sigma(A) = \{\lambda \in \mathbf{C} \,|\, \hat{\Psi}(\lambda) = 1\}$.

(2) $R(\lambda, A)$ はコンパクト作用素で，

$$\begin{aligned}(R(\lambda, A)\phi)(a) &= \int_0^a e^{-\lambda(a-z)}\frac{\ell(a)}{\ell(z)}\phi(z)\,dz \\ &\quad + \frac{e^{-\lambda a}\ell(a)}{1-\hat{\Psi}(\lambda)}\int_0^\omega\int_z^\omega e^{-\lambda(a-z)}\frac{\ell(a)}{\ell(z)}\beta(a)\,da\phi(z)\,dz.\end{aligned} \tag{C.3}$$

(3) $\lambda \in \sigma(A)$ であれば λ の代数的重複度は有限であって，λ に対応する固有空間は，$N(\lambda - A) = \{ce^{-\lambda a}\ell(a) \,|\, c \in \mathbf{C}\}$ で与えられる．

(4) $\rho(A) \supset \{\lambda \in \mathbf{C} \,|\, \mathrm{Re}\,\lambda > \bar{\beta} - \underline{\mu}\}$ であり，$\lambda \in \mathbf{R}$ で $\lambda > \bar{\beta} - \underline{\mu}$ であれば，$R(\lambda, A)$ は正値作用素である．

(5) $\lambda \in \sigma(A)$ であれば $\bar{\lambda} \in \sigma(A)$ である．

(6) 任意の $\alpha > -\infty$ について，A は半平面 $\mathrm{Re}\,\lambda \geq \alpha$ に高々有限個の固有値しかもたない．

証明　レゾルベント方程式 $(\lambda - A)f = \phi$ $(f \in \mathcal{D}(A), \phi \in L^1)$ を形式的に解けば，$\hat{\Psi}(\lambda) \neq 1$ となる $\lambda \in \mathbf{C}$ に対して表現 (C.3) を得る．$R(\lambda, A)$ は 1 次元作用素とヴォルテラ型積分作用素の和であるから，$\lambda \in \rho(A)$ であればコンパクト作用素であって，$\sigma(A) = \{\lambda \in \mathbf{C} \,|\, \hat{\Psi}(\lambda) = 1\}$ となる．$1 - \hat{\Psi}(\lambda)$ はゼロでない整関数であるから，高々可算な離散的なゼロ点をもち，それらは無限遠点以外には集積しない．したがって $\sigma(A)$ は離散的な複素数からなり，$\lambda \in \sigma(A)$ であれば，$e^{-\lambda a}\ell(a)$ とその定数倍が固有関数となっていることは明らかであるから，$\sigma(A) = P_\sigma(A)$ である．これで (1)–(3) が示されたが，(4)–(6) はすでに 2.4 節で示されている．□

定理 C.4　A は閉作用素であり，定義域 $\mathcal{D}(A)$ は $L^1(0, \omega)$ で稠密である．

証明　A が閉作用素であることを示すためには $u_n \in \mathcal{D}(A)$, $u_n \to u \in L^1$, $Au_n \to v \in L^1$ であれば $u \in \mathcal{D}(A)$ かつ $Au = v$ となることを示せばよい．

$$(Au_n)(a) = -u_n'(a) - \mu(a)u_n(a)$$

であるから，

$$u_n(a) = \ell(a) \int_0^\omega \beta(\sigma) u_n(\sigma)\, d\sigma - \int_0^a (Au_n)(\sigma) \frac{\ell(a)}{\ell(\sigma)}\, d\sigma.$$

ここで，$n \to \infty$ とすれば，

$$u(a) = \ell(a) \int_0^\omega \beta(\sigma) u(\sigma)\, d\sigma - \int_0^a v(\sigma) \frac{\ell(a)}{\ell(\sigma)}\, d\sigma$$

を得る．したがって，$u \in \mathcal{D}(A)$ かつ $Au = v$ となる．

次に定義域の稠密性を示そう．はじめにレゾルベント方程式

$$(\lambda - A) f = g,\ f \in \mathcal{D}(A),\ g \in L^1$$

を考える．(C.3) から $\lambda \in \rho(A)$ のとき $R(\lambda, A) = (\lambda - A)^{-1}$ は以下のように分解できる：

$$(\lambda - A)^{-1} g = J(\lambda) g + K(\lambda) g.$$

ここで $J(\lambda)$, $K(\lambda)$ は以下のように定義される：

$$(J(\lambda)g)(a) := \int_0^a e^{-\lambda(a-z)} \frac{\ell(a)}{\ell(z)} g(z)\, dz, \tag{C.4}$$

$$(K(\lambda)g)(a) := \frac{e^{-\lambda a}\ell(a)}{1 - \hat{\Psi}(\lambda)} \int_0^\omega \beta(a) \int_0^a e^{-\lambda(a-z)} \frac{\ell(a)}{\ell(z)} g(z)\, dz da. \tag{C.5}$$

そこで，

$$\|\lambda(\lambda - A)^{-1} g - g\|_{L^1} \le \|\lambda J(\lambda) g - g\|_{L^1} + \|\lambda K(\lambda) g\|_{L^1}$$

となることに注意しよう．このとき $\lim_{\lambda\to\infty} \|\lambda K(\lambda) g\|_{L^1} = 0$ である．一方，$J(\lambda)$ は以下で定義される閉作用素 A_0 のレゾルベントである：

$$\begin{aligned}(A_0 f)(a) &= -f'(a) - \mu(a) f(a),\\ \mathcal{D}(A_0) &= \{f \in L^1(0,\omega) \,|\, f \text{ は絶対連続で } f(0) = 0\}.\end{aligned}$$

明らかに A_0 はエイジングの過程に対応した半群

$$(U(t)\phi)(a) = \begin{cases} \phi(a-t) \dfrac{\ell(a)}{\ell(a-t)}, & a - t > 0, \\ 0, & t - a > 0 \end{cases}$$

の生成作用素であるから，$\lim_{\lambda\to\infty}\|\lambda J(\lambda)g-g\|_{L^1}=0$ となる．したがって任意の $g\in L^1$ に対して，$\lambda(\lambda-A)^{-1}g\in\mathcal{D}(A)$ であり，かつ $\lim_{\lambda\to\infty}\lambda(\lambda-A)^{-1}g=g$ であるから，$\mathcal{D}(A)$ は $L^1(0,\omega)$ で稠密である．□

定理 C.5　人口作用素 A は強連続半群 $T(t)$ $(t\geq 0)$ を生成する．$T(t)$ は以下を満たす：

$$\|T(t)\|\leq e^{(\bar{\beta}-\underline{\mu})t}, \tag{C.6}$$

$$\text{任意の } t\geq 0 \text{ について}, T(t)(L^1_+)\subset L^1_+. \tag{C.7}$$

また $T(t)$ は $t>\omega$ でコンパクト作用素となる．

証明　(C.4), (C.5) から $\mathrm{Re}\,\lambda>\bar{\beta}-\underline{\mu}$ において以下を得る：

$$\begin{aligned}\|J(\lambda)g\|_{L^1}&\leq\int_0^\omega da\int_0^a e^{-(\lambda+\underline{\mu})(a-z)}|g(z)|\,dz\\&=\frac{\|g\|_{L^1}}{\mathrm{Re}\,\lambda+\underline{\mu}}\leq\frac{\|g\|_{L^1}}{\mathrm{Re}\,\lambda-(\bar{\beta}-\underline{\mu})},\end{aligned}$$

$$\begin{aligned}\|K(\lambda)g\|&\leq|(1-\hat{\Psi}(\lambda))^{-1}|\int_0^\omega e^{-(\mathrm{Re}\,\lambda+\underline{\mu})a}\,da\bar{\beta}\int_0^\omega\int_0^a e^{-(\lambda+\underline{\mu})(a-z)}|g(z)|\,dzda\\&\leq\frac{\mathrm{Re}\,\lambda+\underline{\mu}}{\mathrm{Re}\,\lambda-(\bar{\beta}-\underline{\mu})}\cdot\frac{\bar{\beta}}{\mathrm{Re}\,\lambda+\underline{\mu}}\cdot\frac{\|g\|_{L^1}}{\mathrm{Re}\,\lambda+\underline{\mu}}\leq\frac{\|g\|_{L^1}}{\mathrm{Re}\,\lambda-(\bar{\beta}-\underline{\mu})}.\end{aligned}$$

したがって，

$$\|R(\lambda,A)\|\leq\frac{1}{\mathrm{Re}\,\lambda-(\bar{\beta}-\underline{\mu})}$$

という吉田の評価式を得るから，ヒレ–吉田の定理が適用できて，A は強連続半群 $T(t)$ $(t\geq 0)$ を生成して，(C.6) を満たすことがわかる．またヒレの公式から強収束の意味で，

$$T(t)=s-\lim_{n\to\infty}\left(\frac{n}{t}\right)^n R\left(\frac{n}{t},A\right)^n$$

となるが，$n/t>\bar{\beta}-\underline{\mu}$ においては $R(n/t,A)$ は正値作用素であるから，$T(t)$ も正値作用素である．定理 C.1 と生成作用素の一意性から，本定理で得られた半群が 2.7 節で得られた人口半群であることがわかる．また定理 2.11 から $T(t)$ は $t>\omega$ においてコンパクト作用素になる．□

上記の定理から $T(t)p_0$ $(p_0\in\mathcal{D}(A))$ が (C.2) の解を与えていることがわかる．このとき第 2 章で得た強エルゴード定理は，以下のように述べることができる：

定理 C.6 λ_0 を人口作用素の実固有値であるとする．このとき1次元の射影子 P_0，および正数 $\varepsilon > 0$, $M(\varepsilon) \ge 1$ が存在して，

$$\|e^{-\lambda_0 t}T(t) - P_0\| \le M(\varepsilon)e^{-\varepsilon t}$$

となる．ここで u_0, v_0 を A の固有値 λ_0 に対応する固有ベクトルおよび共役固有ベクトルとすれば，

$$P_0\psi = \frac{\langle v_0, \psi\rangle}{\langle v_0, u_0\rangle}u_0$$

と表される．

第2章で得た結果からわかるように，年齢区間が有限の場合は人口作用素の半群は一般化固有関数で漸近展開されてしまうから，ほとんど有限次元と同じように議論できる[3]([205])．一方，年齢区間が半無限区間である場合は，人口作用素のレゾルベントスペクトルとして点スペクトル以外のものが出現するために，それらの本質的スペクトルの位置を統制する必要があり，そのためには軌道のコンパクト性とスペクトルの関係に関するより進んだ結果を必要とする ([437])．

半群アプローチによる強エルゴード定理の証明はウェブによって初めておこなわれたが ([436])，ギレンベルグ (M. Gyllenberg)–ウェブは上記の人口半群の強エルゴード性の概念を一般の非線形半群にも適用できるよう拡張して，以下のような概念を導入した ([169])：

定義 C.1 バナッハ空間 X の強連続半群 $T(t)$ $(t \ge 0)$ に対して，ある定数 $\lambda \in \mathbf{R}$ とゼロでない作用素 P が存在して，P の値域は1次元部分空間に含まれ，任意の $x \in X$ に対して，

$$\lim_{t\to\infty} e^{-\lambda t}T(t)x = Px \tag{C.8}$$

となるとき，$T(t)$ は**漸近同期的指数関数的成長** (asynchronous exponential growth; A.E.G) であるという[4]．また定数 λ は**内的成長率** (intrinsic growth constant) という．漸近同期的指数関数的成長は，収束 (C.8) が X の有界集合上で一様である

3) こうした半群の漸近展開は輸送方程式において古くから知られていたものである．たとえば [238] を参照せよ．

4) A.E.G. のかわりに斉一的指数関数的成長 (balanced exponential growth) などと呼ばれることもある ([402])．

とき**一様** (uniform) であるといわれる．さらに任意の $x \in X$ に対して，$M > 0$, $\delta > 0$ が存在して，

$$\|e^{-\lambda t}T(t)x - Px\| \le Me^{-\delta t}\|x\| \tag{C.9}$$

であるとき，**指数関数的** (exponential) といわれる．X が正値錐 X_+ をもつバナッハ空間で，部分集合 $Y \subset X_+$ について，すべての $x \in Y \setminus \{0\}$ で $Px \in X_+ \setminus \{0\}$ であれば，漸近同期的指数関数的成長は Y において**厳密に正** (strictly positive) であるといわれ，さらに Px が準内点であれば，Y において**エルゴード的** (ergodic) であるという [5]．

ウェブ は $T(t)$ $(t \ge 0)$ が線形半群である場合に，それが A.E.G. であるための必要十分条件を示している ([439])．線形の場合は，P は 1 次元部分空間への射影子 (spectral projection) である．またギレンベルグ–ウェブは半線形方程式の解作用素として得られる非線形半群が A.E.G. であるためのの十分条件を与えている．

発展方程式 (C.2) は，年齢構造をもつ人口モデルを関数解析的な枠組みのなかで研究していくための出発点になるが，ここでは 1 つだけ直接的な応用例を示しておこう．3.2 節で考察した外部から移入民がある安定人口モデルを考えてみよう：

$$\begin{aligned}
&\frac{\partial p(t,a)}{\partial t} + \frac{\partial p(t,a)}{\partial a} = -\mu(a)p(t,a) + f(t,a), \quad t > 0,\ 0 < a < \omega, \\
&p(t,0) = \int_0^\omega \beta(a)p(t,a)\,da, \quad t > 0, \\
&p(0,a) = p_0(a).
\end{aligned} \tag{C.10}$$

(C.10) を L^1 における初期値問題として考えよう：

$$\frac{dp(t)}{dt} = Ap(t) + f(t), \quad p(0) = p_0. \tag{C.11}$$

ここで $f(t)$ は任意の $T > 0$ に対して $f(t) \in L^1(0,T; L^1(0,\omega))$ であると仮定すれば，$T(t) = e^{tA}$ を人口半群とするとき，(C.11) の**弱解** (mild solution) は以下のように与えられる ([334])：

$$p(t) = T(t)p_0 + \int_0^t T(t-s)f(s)\,ds, \quad 0 \le t \le T. \tag{C.12}$$

もし $f(t)$ が連続的微分可能で，$p_0 \in \mathcal{D}(A)$ あれば，(C.12) で与えられる弱解は

5) X^* を X の共役空間とするとき，任意の $x^* \in X_+^* \setminus \{0\}$ に対して $< x, x^* >> 0$ であるような $x \in X_+$ は準内点と呼ばれる (付録 D 参照).

初期値問題 (C.11) の古典解になる．3.2 節では古典的に扱うために非同次項が時間に依存しないケースだけを考えたが，ここではより広く $f(t)$ に対する以下のような条件を考えよう：

(1) $\sup_{t\geq 0}\|f(t)\| < \infty$.

(2) $\lim_{t\to\infty} f(t) = f_0$ となる $f_0 \in L^1_+$ が存在する．

(3) $\int_0^\infty \|f(s) - f_0\|ds < \infty$ となる $f_0 \in L^1_+$ が存在する．

こうした条件のもとで以下が示される：

定理 C.7 ([206])　$p(t)$ は (C.12) で与えられる弱解で，$T(t)$ は強エルゴード的（あるいは一様収束の意味で A.E.G.）であるとする．すなわち，$\lambda_0 \in \mathbf{R}$, 1 次元の射影子 P_0, および正数 $\varepsilon > 0$, $M(\varepsilon) \geq 1$ が存在して，

$$\|e^{-\lambda_0 t}T(t) - P_0\| \leq M(\varepsilon)e^{-\varepsilon t}$$

であるとする．このとき以下が成り立つ：

(i) f に対する条件 (1), (2) の双方が成り立つかまたは条件 (3) が成り立ち，$\lambda_0 < 0$ であれば，

$$\lim_{t\to\infty} p(t) = -A^{-1}f_0.$$

(ii) f に対する条件 (1), (2) の双方が成り立つかまたは条件 (3) が成り立ち，$\lambda_0 = 0$ であれば，

$$\lim_{t\to\infty} \frac{p(t)}{t} = P_0 f_0.$$

(iii) f に対する条件 (1) または条件 (3) が成り立ち，$\lambda_0 > 0$ であれば，

$$\lim_{t\to\infty} e^{-\lambda_0 t}p(t) = P_0\Big(p_0 + \int_0^\infty e^{-\lambda_0 s}f(s)\,ds\Big).$$

もし f が時間に依存しなければ，条件 (1)–(3) はいずれも満たされ，定理 3.3 は上記の結果の特殊なケースとして得られる．この定理から，$\lambda_0 > 0$ であれば，移入民があっても人口の漸近的マルサス径数は影響を受けないことがわかる．また $\lambda_0 < 0$ であれば，定常的な移入民によって人口は一定のサイズと年齢分布をもつ人口に収束する．その極限人口分布は以下で与えられる：

$$(R(0,A)f_0)(a) = \int_0^a \frac{\ell(a)}{\ell(z)}f_0(z)\,dz + \frac{\ell(a)}{1-R_0}\int_0^\omega \int_0^x \beta(x)\frac{\ell(x)}{\ell(z)}f_0(z)\,dzdx.$$

ここで $R_0 = \int_0^\omega \beta(a)\ell(a)\,da$ は基本再生産数である．この定常人口は $\ell(a)$（移入のない場合の定常人口）よりも高齢化したものであることがわかる．

C.2　非線形問題

以下のような一般的な非線形人口問題を考えてみよう：

$$
\begin{aligned}
&p_t(t,a) + p_a(t,a) + G(p(t,\cdot))(a) = 0,\\
&p(t,0) = F(p(t,\cdot)),\\
&p(0,a) = p_0(a).
\end{aligned}
\tag{C.13}
$$

ここで，$G(p(t,\cdot))(a)$, $F(p(t,\cdot))$ は人口分布 $p(t,\cdot)$ によるフィードバック効果を考慮した死亡率と出生率を与える非線形作用素である．一般に，人口が年齢以外の内部構造（たとえば空間的配置，ある状態での持続時間，サイズ・体重などの生理学的パラメータ）をもつ場合には，$p(t,a)$ は有限次元ないしは無限次元の空間 E に値をとるベクトル値関数であると考えられる．

非線形モデル (C.13) は，$E = \mathbf{R}^n$ である場合はウェブによって仔細に検討された ([437])．ウェブは (C.13) を以下のような積分方程式に変換したうえで，系の時間推進を記述する非線形半群 $S(t)$ $(t \geq 0)$ を構成した：

$$
p(t,a) = \begin{cases} F(t-a,\cdot) + \displaystyle\int_{t-a}^{t} G(p(s,\cdot))(s+a-t)\,ds, & a \in (0,t),\\ p_0(a-t) + \displaystyle\int_0^t G(p(s,\cdot))(s+a-t)\,ds, & a \in (t,\infty). \end{cases}
$$

このとき $p(t,a) = (S(t)p_0)(a)$ であり，$S(t)$ の生成作用素は，

$$
\begin{aligned}
(A\phi)(a) &= -\frac{d\phi(a)}{da} + G(\phi)(a),\\
\mathcal{D}(A) &= \{\phi \in L^1_+ \mid \phi\text{は絶対連続},\ \phi' \in L^1,\ \phi(0) = F(\phi)\}
\end{aligned}
$$

となる．このとき (C.13) を $L^1(\mathbf{R}_+; E)$ 上のコーシー問題

$$
\frac{dp(t)}{dt} = Ap(t), \quad p(0) = p_0 \tag{C.14}
$$

として考えれば，$p_0 \in \mathcal{D}(A)$ であれば，$S(t)p_0$ は (C.14) の古典解を与える．

しかしながら，非線形系 (C.13) の線形安定性解析や漸近挙動の解析のためには，たんに半群解を構成するだけではなく，それを線形半群からの摂動として構成することができれば非常に有利である．もし人口問題 (C.13) において境界条件が線形であれば，(C.13) の解作用素となる非線形半群は，線形半群の摂動として容易に得ることができる．しかし非線形の境界条件に対しては，古典的な定数変化法の公式によっては対応できない．そこで，非線形の境界条件を処理する方法が 1980 年代後半以降多数開発されてきている．プリュス，ウェブは人口モデル (C.13) の

特性に依拠して，定常解が存在する場合に，古典的な定数変化法の公式が適用できることを示している ([345], [437])．一方，より普遍的な状況に適用できる摂動法として代表的な試みとしては，クレメント (Ph. Clément)，ディークマンなどによる関数空間 L^1 の sun-reflexivity を用いる方法 ([61]–[65], [118]) やデッシュ (W. Desch)，シャパッヒャーなどによる Z-空間法 ([87], [89], [155]) などがある．

ここでは 1 つの例として，稠密でない定義域をもつヒレ–吉田作用素による生成定理を用いたティーメの処方を紹介しよう ([80], [399])．ただし簡単のため，正値性や不変性などの解への制限の処理は無視しておく．

$X := L^1(\mathbf{R}_+; E)$ を人口ベクトルの状態空間，拡張された状態空間を $Z := E \times X$ とおき，その閉部分空間 Z_0 を $Z_0 := \{0\} \times X$ によって定義する．Z 上の作用素 $\mathcal{A}$ を，

$$\mathcal{A}(0, \psi) := (-\psi(0), -\psi'), \quad (0, \psi) \in \mathcal{D}(\mathcal{A}) := \{0\} \times \mathcal{D}(A)$$

と定義する．ここで A は X 上で稠密に定義された微分作用素である：

$$(A\psi)(a) := -\psi'(a), \quad \mathcal{D}(A) = \{\psi \in L^1(\Omega) \mid \psi \in W^{1,1}(\Omega)\}.$$

$\psi \in W^{1,1}$ は，ψ が絶対連続かつほとんどいたるところで微分可能, $\psi' \in L^1$ となることを意味している．有界な非線形摂動作用素 $\mathcal{B} : Z_0 \to Z$ を，

$$\mathcal{B}(0, \psi) = (F(\psi), G(\psi)), \quad (0, \psi) \in Z_0$$

と定義すれば，(C.13) は Z 空間の形式的な半線形コーシー問題として書ける：

$$\frac{du(t)}{dt} = \mathcal{A}u(t) + \mathcal{B}u(t), \quad u(0) = (0, \phi) \in Z_0. \tag{C.15}$$

このとき，作用素 $\mathcal{A}$ の定義域は Z_0 では稠密であるが，Z 上で必ずしも稠密ではない．非線形の摂動作用素 $\mathcal{B}$ は $Z_0 = \overline{\mathcal{D}(\mathcal{A})}$ でのみ定義されているが，その値は Z_0 の外側にはみ出してしまっている．ただし $\lambda > 0$ でヒレ–吉田の評価

$$\|(\lambda - \mathcal{A})^{-1}\| \le \frac{1}{\lambda}$$

を満たすことがわかる．こうした場合は古典的な生成定理や定数変化法の公式は使えないが，以下のような Z_0 上の拡張された公式を考えることができる：

$$u(t) = \mathcal{T}_0(t)u(0) + \lim_{\lambda \to \infty} \int_0^t \mathcal{T}_0(t-s)\lambda(\lambda - \mathcal{A})^{-1}\mathcal{B}u(s)\, ds. \tag{C.16}$$

ただしここで $\mathcal{T}_0(t)$ は Z_0 上の半群で，$\mathcal{A}$ の Z_0 上の部分 (part) $\mathcal{A}_0$ によって生成されている．$\mathcal{A}_0$ は以下のように定義される：

$$\mathcal{A}_0 = \mathcal{A}, \quad D(\mathcal{A}_0) = \{(0, \psi) \in D(\mathcal{A}) \,|\, \mathcal{A}(0, \psi) \in Z_0\}.$$

このとき，

$$\mathcal{A}_0(0, \psi) := (0, -\psi'), \quad (0, \psi) \in D(\mathcal{A}_0) := \{0\} \times \mathcal{D}(A_0)$$

である．ここで A_0 は X 上で稠密に定義された通常の 1 階微分作用素である：

$$(A_0\psi)(a) := -\psi'(a), \quad \mathcal{D}(A_0) = \{\psi \in L^1 \mid \psi \in W^{1,1}, \psi(0) = 0\}.$$

したがって，$T_0(t) = e^{tA_0}$ を X 上の平行移動の半群であるとすれば，

$$\mathcal{T}_0(t)(0, \psi) = (0, T_0(t)\psi)$$

と書ける．(C.16) ではレゾルベントの性質 $(\lambda - \mathcal{A})^{-1}(Z) \subset Z_0$ により，右辺の積分に意味があることに注意しよう．むろんこの場合，積分と極限は交換できないが，ティーメは適当な条件のもとでこの拡張された定数変化法の公式が一意的な連続解をもち，それが以下の式を満たすという意味で，(C.15) の**積分解** (integral solution) に他ならないことを示している：

$$u(t) = u(0) + \mathcal{A} \int_0^t u(s)\, ds + \int_0^t \mathcal{B}u(s)\, ds. \tag{C.17}$$

積分解は $u(0) \in \mathcal{D}(\mathcal{A})$, $\mathcal{A}u(0) + \mathcal{B}u(0) \in \overline{\mathcal{D}(\mathcal{A})}$ であれば古典解になることが知られている．拡張された定数変化法の公式 (C.16) によって，定常解の線形化安定性の原理を示すことができる．

D　正値作用素の理論と応用

生物個体群や物質のさまざまな分布の時間発展は，抽象的にいえば，時間 t の関数としての分布関数 $f(t)$ を時間推進する作用素 $U(t, s) : f(s) \to f(t)$ $(t > s)$ によって決定される．ここで 2 パラメータの発展作用素 $U(t, s)$ $(t \geq s)$ は時間発展の経路の一意性（初期値問題の解の一意性）を反映して以下のような推移規則を満たすと考えられる：

$$U(t, r)U(r, s) = U(t, s), \quad t \geq r \geq s.$$

ただし $U(s,s)=I$(単位写像) であるとする．とくに U が時間間隔 $t-s$ のみに依存する場合は，$U(t,s)=T(t-s)$ と書けば，$T(t)$ は作用素の半群になる．

また生命・社会現象の数理においては非負の分布量が問題であるから，$U(t,s)$ は $f(t)$ の属する状態空間の正値錐における非負の発展作用素であると考えられる．とくに非負の線形発展作用素は，非負行列に関するペロン–フロベニウス理論に代表されるように著しい性質を有しており，じつはシャープ–ロトカ–フェラーの強エルゴード定理も人口半群の正値性の必然的結果として得られる．

本付録では，無限次元正値作用素のペロン–フロベニウス理論，ヒルベルト射影距離による縮小写像の原理，バーコフによる線形増殖過程の理論，非線形正値作用素のいくつかの結果などを紹介する．証明などの詳細は，[22], [35]–[37], [47], [48], [162], [208], [212], [325], [326] を参照していただきたい．また非負行列に関するペロン–フロベニウス理論や，その離散時間人口モデル（レスリー行列モデル）への応用については，[54], [77], [144], [203], [278], [279], [320] などがある．

D.1　ペロン–フロベニウス理論

すでに見たように，生物個体群モデルにおいては正値作用素の理論が非常に有効である．有限次元のモデル（行列人口モデル）では非負行列に対するペロン–フロベニウスの理論に依拠することができる．一方，連続時間のモデルでは通常，状態空間は L^1 であり，無限次元の正値作用素を考えねばならない．

無限次元正値作用素のペロン–フロベニウスの理論はクレイン–ルトマン (M. G. Krein and M. A. Rutman, [267]) 以来，非常に多く研究されてきているが，人口モデルの状態空間としては L^1 が最も自然であるから，内点をもたない正値錐に対する結果がとりわけ必要になる．ここではおもに [181], [298], [366] などに依拠して，生物人口モデルにとって必要な範囲で基礎的な概念と結果を述べておこう．したがって可能な限りの一般性を求めることはせず，もっぱら状態空間としては L^1 を想定している．より一般的な議論に関しては，[37], [162], [264], [266], [367] などを参照されたい．

E を実または複素バナッハ空間として E^* をその共役空間とする．E^* は E 上のすべての線形汎関数からなる空間である．以下では $f\in E^*$ であるとき，f の $\psi\in E$ における値を $<f,\psi>$ と書く．

E における閉集合 E_+ が**錐** (cone)（あるいは正値錐 (positive cone)）であるとは，以下の条件が成り立つことである：

$$
\begin{cases}
E_+ + E_+ \subset E_+, \\
\lambda \geq 0 \Rightarrow \lambda E_+ \subset E_+, \\
E_+ \cap (-E_+) = \{0\}, \\
E_+ \neq \{0\}.
\end{cases}
\tag{D.1}
$$

錐 E_+ に対して，$y-x \in E_+$ であれば $x \leq y$ と書き，$y-x \in E_+ \setminus \{0\}$ であれば $x < y$ と書く．もし集合 $\{\psi - \phi \,|\, \psi, \phi \in E_+\}$ が E において稠密であれば，錐 E_+ は**トータル** (total) であるといわれる．$B(E)$ を E から E への有界線形作用素のなす集合とする．$r(T)$ は作用素 $T \in B(E)$ のスペクトル半径，$P_\sigma(T)$ は T の点スペクトルを表すとする．

共役錐 E_+^* は E^* のすべての正値線形汎関数からなる部分集合である．ここで正値線形汎関数とは，すべての $\psi \in E_+$ について $< f, \psi > \geq 0$ となる $f \in E^*$ である．$\psi \in E_+$ は，もしすべての $f \in E_+^* \setminus \{0\}$ について $< f, \psi >> 0$ となる場合に**準内点** (quasi-interior point) または**ノンサポーティング・ポイント** (nonsupporting point) と呼ばれる．正値線形汎関数 $f \in E_+^*$ はすべての $\psi \in E_+ \setminus \{0\}$ について $\langle f, \psi \rangle > 0$ となる場合に**厳密に正** (strictly positive) といわれる．$T \in B(E)$ が**正値** (positive) であるとは，$T(E_+) \subset E_+$ となる場合である．もし $T, S \in B(E)$ について $(T-S)(E_+) \subset E_+$ であれば，$S \leq T$ と書く．

定理 D.1 (クレイン–ルトマンの定理，[267])　錐 E_+ はトータルであり，正値線形作用素 $T : E_+ \to E_+$ はコンパクトで $r(T) > 0$ であるとする．このとき $r(T)$ は T の固有値で，それに対応してゼロでない正固有ベクトル $\psi \in E_+ \setminus \{0\}$ が存在する．

定義 D.1 ([366])　正値作用素 $T \in B(E)$ は，任意の $\psi \in E_+ \setminus \{0\}, f \in E_+^* \setminus \{0\}$ に対して，ある正の番号 $p = p(\psi, f)$ が存在して，$< f, T^p \psi >> 0$ となるときに**セミノンサポーティング** (semi-nonsupporting) と呼ばれる．正値作用素 $T \in B(E)$ は，任意の $\psi \in E_+ \setminus \{0\}$, $f \in E_+^* \setminus \{0\}$ に対して，ある正の番号 $p = p(\psi, f)$ が存在して，$n \geq p$ となるすべての番号 n について $< f, T^n \psi >> 0$ となるときに**ノンサポーティング** (nonsupporting) と呼ばれる．

セミノンサポーティングの概念は非負行列論における分解不能性を無限次元に拡張したものであり，クラスノセルスキーらはこれを irreducible と呼んでいる．またノンサポーティングは非負行列の原始性の一般化である．このとき以下が示される：

定理 D.2 ([366])　錐 E_+ はトータルであり，$T \in B(E)$ は E_+ に関してセミノンサポーティング，$r(T)$ はレゾルベント $R(\lambda, T) = (\lambda - T)^{-1}$ の極であるとする．このとき以下が成り立つ：

(1) $r(T) \in P_\sigma(T) \setminus \{0\}$ であって，$r(T)$ はレゾルベントの単純な極 (simple pole) である．

(2) $r(T)$ に対応する固有空間は 1 次元で，対応する固有ベクトル $\psi \in E_+$ は準内点である．また E_+ 内の固有ベクトルは ψ の定数倍に限る．

(3) $r(T)$ に対応する共役作用素 T^* の固有空間も 1 次元で，その固有ベクトル $f \in E_+^*$ は厳密に正である．

定理 D.3 ([298])　E はバナッハ束であるとする．$S, T \in B(E)$ が正値作用素であれば以下が成り立つ：

(1) $S \leq T$ であれば $r(S) \leq r(T)$.

(2) S, T がセミノンサポーティングでコンパクトであれば，$S \leq T$, $S \neq T$ かつ $r(T) \neq 0$ であれば $r(S) < r(T)$ となる．

D.2　射影的縮小写像の原理

次節で述べる線形増殖過程の理論においてキーとなるのは，正値錐をもつ半順序線形空間におけるヒルベルト射影距離ないしはホップの振動比に関する諸結果である．増殖過程の理論を述べるのに必要な範囲でいくつかの予備的概念を導入しておこう．

集合 X のある 2 元 $x, y \in X$ について，二項関係 $\leq$ が存在して，

(1) $x \leq x$.
(2) $x \leq y$ かつ $y \leq x$ ならば $x = y$.
(3) $x \leq y$ かつ $y \leq z$ ならば $x \leq z$.

という性質をもつとき，X を**半順序集合** (semi-ordered set) といい，関係 $\leq$ を**半順序**と呼ぶ．$x \leq y$ かつ $x \neq y$ の場合に $x < y$ と書く．半順序 $\leq$ が定義された実線形空間 X の任意の 2 元 $x, y \in V$ に対して，半順序 $\leq$ によるその上限 $\sup(x, y) =: x \vee y$ と下限 $\inf(x, y) =: x \wedge y$ が存在するとき，X を**束** (lattice) であるという．さらに半順序 $\leq$ が条件

(1) $x \leq y$ ならば $x + z \leq y + z$.
(2) $x \leq y$ かつ $\lambda \geq 0$ ならば $\lambda x \leq \lambda y$.

を満たすとき，X を**ベクトル束** (vector lattice) という．ベクトル束の元 $x \in X$ の絶対値は $|x| = x \vee (-x)$ で定義される．X が実バナッハ空間であるとき，それがベクトル束であり，かつそのノルム $\|\cdot\|$ について

$$|x| \leq |y| \text{ であれば } \|x\| \leq \|y\|$$

が成り立つ場合に，X は**バナッハ束** (Banach lattice) であるといわれる．我々が応用上関心のある L^1 空間や $\mathbf{R}^n$ などはすべてバナッハ束である．さらに半順序線形空間 $\{X, \leq\}$ は，$nx \leq y$ $(n = 1, 2, \cdots)$ であるときに $x \leq 0$ となる場合に**アルキメデス的** (Archimedean) と呼ばれる．任意のバナッハ束はアルキメデス的である．

V を正値錐 C をもつ実線形空間とする．このとき V における半順序 $\leq$ は $y - x \in C$ であるとき $x \leq y$ として定義される．さらに $C^+ = C \setminus \{0\}$ と定義するとき，$(x, y) \in V \times C^+$ に対して，

$$\sup(x/y) := \inf\{\lambda \,|\, x \leq \lambda y\}, \quad \inf(x/y) := \sup\{\mu \,|\, \mu y \leq x\}$$

と定義する．ただし $\inf \emptyset = \infty$, $\sup \emptyset = -\infty$ としておく．このとき V がアルキメデス的であれば，$\inf(x/y) \neq \infty$, $\sup(x/y) \neq -\infty$ となる．実際，たとえばもし $\inf(x/y) = \infty$ であれば $nx \leq y$ $(n = 1, 2, \cdots)$ が成り立つから $y \leq 0$ でなければならないが，これは仮定に反する．$\sup(x/y) \neq -\infty$ となることも同様にしてわかる．このとき $(x, y) \in V \times C^+$ の**振動** (oscillation) とは以下で定義される量である：

$$\mathrm{osc}(x/y) := \sup(x/y) - \inf(x/y).$$

アルキメデス性から振動量 $\mathrm{osc}(x/y)$ はすべての $(x, y) \in V \times C^+$ に対して定義されて，$[0, \infty]$ に値をとる．振動がゼロとなるのは x, y が比例している場合だけである．また C^+ において**ヒルベルト射影距離** (Hilbert projective pseudometric) は以下のように定義される：

$$d(x, y) := \log \left[\frac{\sup(x/y)}{\inf(x/y)} \right].$$

このとき $d(x, y)$ が以下のような基本的な性質をもつことは容易に示される：

補題 D.1　$x, y, z \in C^+$ であれば以下が成り立つ：

(1) $d(x, x) = 0$, $d(x, y) = d(y, x)$, $d(x, z) \leq d(x, y) + d(y, z)$.

(2) $d(x,y)=0$ となるのはある $\lambda>0$ について $x=\lambda y$ となる場合に限る．

(3) 任意の $\lambda>0,\ \mu>0$ に対して $d(\lambda x,\mu y)=d(x,y)$.

ヒルベルト射影距離は，上記のように距離の公理の 1 つ ($d(x,y)=0$ ならば $x=y$) を満たさないから，厳密には擬距離 (pseudometric) であるが，簡単のため以下では射影距離と呼んでおく．距離 d によって $\{C^+,d\}$ は擬距離空間になる．擬距離空間 $\{C^+,d\}$ における**連結成分** (connected component) とは，$d(x,y)<\infty$ となるような要素のなす同値類である．**射線** (ray) とは $d(x,y)=0$ となるような要素がなす同値類である．2 つの C^+ の要素 x, y が**比較可能** (comparable) であるとは，$\mu>0,\ \alpha\geq 1$ が存在して，

$$\mu y\leq x\leq \alpha\mu y \tag{D.2}$$

となる場合である．このとき，

補題 D.2 C^+ の要素 x, y が同一の連結成分に属するのは，それらが比較可能な場合に限る．

証明 $\mu y\leq x\leq \alpha\mu y$ であれば $d(x,y)\leq\alpha$ となることは明らか．逆に $d(x,y)<\infty$ であれば，

$$\inf(x/y)y\leq x\leq \sup(x/y)y\leq e^{d(x,y)}\inf(x/y)y$$

であるから，$\mu=\inf(x/y),\ \alpha:=\exp(d(x,y))$ として (D.2) が成り立つ．□

V 上で定義された線形作用素 A は $A(C)\subset C$ である場合に**非負** (nonnegative) であるという．また $A(C^+)\subset C^+$ であるとき**正** (positive) であるという．C^+ における二要素が比較可能であれば，非負線形作用素 A によるその像も比較可能である．さらに A が正線形であれば，任意の $(x,y)\in C^+\times C^+$ に対して，

$$d(Ax,Ay)\leq d(x,y)$$

であるから，射影距離 d に関して正線形作用素は広義の縮小写像である．正作用素 A の**射影半径** (projective diameter) は，

$$\Delta(A):=\sup\{d(Ax,Ay)\,|\,(x,y)\in C^+\times C^+\}$$

と定義される．正線形作用素 A について $\Delta(A)<\infty$ であれば，A は**一様に正** (uniformly positive) であるといわれる．もし A のなんらかのベキが一様に正となる場合には，A は**一様に原始的** (uniformly primitive) であるという．正線形作用素の一様正値性または一様原始性は以下のように特徴付けることができる：

補題 D.3　正線形作用素 A が一様に原始的であるのは，以下の条件が成り立つ場合に限る：ある自然数 r と $e \in C^+$, $\alpha \geq 1$ および正汎関数 $\lambda(x)$ が存在して，

$$\lambda(x)e \leq A^r x \leq \alpha\lambda(x)e. \tag{D.3}$$

ここで正汎関数とは任意の $x \in C^+$ に対して $\lambda(x) > 0$ となるものである．

証明　(D.3) が成り立てば $d(A^r x, e) \leq \log\alpha$ であるから，任意の $(x, y) \in C^+ \times C^+$ について，

$$d(A^r x, A^r y) \leq d(A^r x, e) + d(e, A^r y) \leq 2\log\alpha \tag{D.4}$$

となり，$\Delta(A^r) \leq 2\log\alpha < \infty$ となる．逆に A が一様に原始的であるときは，ある番号 r が存在して，任意の固定した $y \in C^+$ に対してすべての $x \in C^+$ で $d(A^r x, A^r y) \leq \Delta(A^r) < \infty$ である．そこで定義より，

$$\begin{aligned}&\inf(A^r x/A^r y)A^r y \leq A^r x\\&\qquad\qquad \leq \sup(A^r x/A^r y)A^r y \leq e^{\Delta(A^r)}\inf(A^r x/A^r y)A^r y\end{aligned}$$

であるから，$e = A^r y$, $\lambda(x) = \inf(A^r x/e)$, $\alpha = \exp(\Delta(A^r))$ とおけば (D.3) を得る．□

系 D.1　一様に原始的な正線形作用素 A については，ある自然数 r が存在して，値域 $A^n(C^+)$ $(n \geq r)$ は 1 つの連結成分 K に含まれ，K は A について不変 $(A(K) \subset K)$ である．

証明　r を A^r が一様に正となるような番号とする．ある $y \in C^+$ を固定すれば，任意の $x \in C^+$ に対して (D.4) を得る．$A^r(C^+)$ の要素はすべて $A^r y$ と比較可能であるから，$A^r y$ を含む連結成分を K とすれば $A^r(C^+) \subset K$ となる．さらに任意の $z \in K$ については，$\mu_1 > 0, \mu_2 > 0$ が存在して $\mu_1 A^r y \leq z \leq \mu_2 A^r y$ と書けるから，

$$\begin{aligned}\mu_1 \inf(A^{r+1}y/A^r y)A^r y &\leq \mu_1 A^{r+1} y \leq Az \leq \mu_2 A^{r+1} y\\&\leq \mu_2 e^{\Delta(A^r)}\inf(A^{r+1}y/A^r y)A^r y\end{aligned}$$

となり，$A(K)$ の任意の要素は $A^r y$ と比較可能だから K の要素になっている．□

正作用素 A と $0 < d(x,y) < \infty$ となる x, y に対して**射影ノルム** (projective norm) $\|A\|_p$ または**バーコフの縮小比** (Birkhoff contraction ratio) $k(A)$ を,

$$\|A\|_p = k(A) := \sup\left\{ \frac{d(Ax, Ay)}{d(x,y)} \,\middle|\, 0 < d(x,y) < \infty, (x,y) \in C^+ \times C^+ \right\}$$

と定義する．また正作用素 A の**ホップの振動比** (Hopf oscillation ratio) $N(A)$ は,

$$N(A) := \sup\left\{ \frac{\mathrm{osc}(Ax/Ay)}{\mathrm{osc}(x/y)} \,\middle|\, 0 < \mathrm{osc}(x/y) < \infty, (x,y) \in V \times C^+ \right\}$$

と定義される．このとき正線形作用素とヒルベルト射影距離に関するバーコフの定理は以下のように述べられる：

定理 D.4 (バーコフの定理)　A がアルキメデス的な半順序の定義された実線形空間 $\{V, C, \leq\}$ の正線形作用素であれば，以下が成り立つ：

$$k(A) = N(A) \leq \tanh\left[\frac{\Delta(A)}{4}\right].$$

上記の定理から一様に正な線形作用素は，射影距離について縮小比が 1 より小さな真の縮小写像になることがわかる．すなわち,

$$d(Ax, Ay) \leq \tanh\left[\frac{\Delta(A)}{4}\right] d(x,y).$$

この結果はバーコフによって初めて示されが ([32])，オストロウスキー (A. M. Ostrowski, [333])，バウアー (F. L. Bauer, [22])，ブシェル (P. J. Bushell, [48]) などはまったく算術的で初等的な証明を与えている．

定理 D.5 (射影的縮小写像の原理)　正線形作用素 A が一様に原始的で，正値錐 C の連結成分が射影距離 d に関して完備であれば，A は d に関するただ 1 つの不動点（正固有ベクトル）$v \in C^+$ をもち，任意の $x \in C^+$ に関して $A^n x$ $(n = 1, 2, \cdots)$ は v に収束する．

証明　仮定からある番号 r で $\Delta(A^r) < \infty$ となるから，$k(A^r) < 1$ である．任意の $x \in C^+$ に関して $y = Ax$ とおけば,

$$d(A^r x, A^{r+1} x) = d(A^r x, A^r y) \leq \Delta(A^r) < \infty.$$

そこで $n > r$ となる番号について $q := [n/r]$ とおけば,

$$d(A^n x, A^{n+1} x) \leq k(A^r)^{q-1} d(A^r x, A^{r+1} x).$$

したがって $A^n x$ は十分大きな $n > r$ でコーシー列となり，それは $A^r(C^+)$ を含む連結成分に含まれているから，仮定から d の意味での極限 v をもつ．すなわち $d(A^n x, v) \to 0$ $(n \to \infty)$． このような v が比例定数を除いて一意的であることは三角不等式から明らかである．また $d(Av, v) \le d(Av, A^{n+1}x) + d(A^{n+1}x, v) \le d(v, A^n x) + d(A^{n+1}x, v) \to 0$ $(n \to \infty)$ であるから，$d(Av, v) = 0$ であり，v は d の意味での不動点である．このときある $\lambda > 0$ が存在して $Av = \lambda v$ であるから，v は正固有値 λ に属する正固有ベクトルである．□

上記の定理を用いるためには正値錐 C の連結成分が射影距離 d に関して完備であることを示さねばならないが，応用上重要なバナッハ束に関してはこの前提が満たされている．

定理 D.6 ([35]) $\{V, C, \le\}$ がバナッハ束であれば，正値錐 C の 1 つの連結成分は射影距離に関して完備（擬）距離空間になる．

上の定理から，たとえばバナッハ束の単位球 U 上の連結成分は射影距離 d によって通常の距離が定義されて，それは完備距離空間になることがわかる．A が一様に原始的な線形写像であれば，ある自然数 n に対して単位球を単位球に写す写像 $x \to A^n x/\|A^n x\|$ は d に関して縮小比が 1 より真に小さい縮小写像になるから，連結成分のなかにただ 1 つの不動点 $v \in U$ をもつことになる．そのとき $\lim_{n\to\infty} d(A^n x, v) = 0$ であるが，じつはノルムの意味でも $\|A^n x/\|A^n x\| - v\| \to 0$, $n \to \infty$ となることが以下の定理からわかる：

定理 D.7 バナッハ束の単位球 U 上では以下が成り立つ：

$$\|f - g\| \le e^{d(f,g)} - 1, \quad f, g \in U \cap C^+. \tag{D.5}$$

証明 $\|f\| = \|g\| = 1$ であるとする．$d(f, g) = \infty$ であれば自明であるから，f, g は同一の連結成分に属するとしよう．したがって，

$$\inf(f/g)g \le f \le e^{d(f,g)} \inf(f/g)g$$

となるが，ノルムの絶対値に関する単調性から，

$$\inf(f/g) \le 1 \le e^{d(f,g)} \inf(f/g)$$

となる．したがって，

$$\begin{aligned}\|f - g\| &= \|f \vee g - f \wedge g\| \\ &\le \|e^{d(f,g)} \inf(f/g)g - \inf(f/g)g\| = (e^{d(f,g)} - 1) \inf(f/g)\end{aligned}$$

を得る．$\inf(f/g) \le 1$ であるから (D.5) がしたがう．□

X が有限次元ユークリッド空間 $\mathbf{R}^n$ である場合は，非負線形作用素は非負行列で表され，X の正値錐 C は非負ベクトル $x = (x_1, \cdots, x_n) \ge 0$ からなる集合である．このときすべての要素が正であるベクトル $x = (x_1, \cdots, x_n) > 0$ の集合を C_0 とすれば，これは 1 つの連結成分をなしていて，$x = (x_1, \cdots, x_n), y = (y_1, \cdots, y_n) \in C_0$ であれば，

$$d(x, y) = \log \left[\frac{\max_i(x_i/y_i)}{\min_j(x_j/y_j)} \right] = \max_{i,j} \log \left(\frac{x_i y_j}{x_j y_i} \right)$$

となる．非負行列 A が原始的な行列であれば，ある自然数 r が存在して $A^r(C^+) \subset C_0$ であるから，一様に原始的になる．したがって定理 D.5, D.6 から，正固有ベクトル $v \in C_0$ が存在して，任意の $x \in C^+$ に対して，

$$\lim_{r \to \infty} d(A^r x, v) = 0$$

となる．すなわち，ペロン–フロベニウスの定理とその結果としての強エルゴード性が得られる．同様にして，行列人口モデルに関する弱エルゴード定理が得られる ([84], [85], [147], [283], [373])．

D.3　線形増殖過程の理論

時間パラメータのとりうる範囲として，正の半無限区間 $J = [s_0, \infty)$ あるいは負の半無限区間 $J = (-\infty, s_0]$ を考える．正値錐 C をもつバナッハ束 (V, C) 上で定義された 2 パラメータの線形作用素の族 $U(t, s)$ $(t \ge s,\ t, s \in J)$ で**増殖性** (multiplicative property)

$$U(t, r)U(r, s) = U(t, s), \quad t \ge r \ge s, \quad t, r, s \in J$$

を満たし，$U(s, s) = I$（I は恒等写像）であるものを正の時間または負の時間に関する**時間的非斉次の増殖過程** (time-inhomogeneous multiplicative process) と呼ぶ[1]．すべての $t, s \in J$ に対して $U(t, s)(C^+) \subset C^+$ であるとき，$U(t, s)$ は正であると呼ばれる．正の時間に関する増殖過程において，ある $\alpha > 0$ が存在して，任意の $K > s_0$ に対して $t > s > K$ がとれて $\Delta(U(t, s)) \le \alpha$ となる場合に，**正の時間について一様に原始的** (uniformly primitive for positive time) であるといわれる．同様に負の時間に関する増殖過程において，ある $\alpha > 0$ が存在して，任意の

1)　U は発展作用素 (evolution operator) ともいわれる．

$K < s_0$ に対して $s < t < K$ がとれて $\Delta(U(t,s)) \leq \alpha$ となる場合に，**負の時間について一様に原始的** (uniformly primitive for negative time) であるといわれる．

時間区間 J で定義され正値錐 C に値をとる関数 $f(t)$ は，任意の $t, s \in J$ に対してつねに $f(t) = U(t,s)f(s)$ となるとき，増殖過程 $U(t,s)$ と**共立**であるといわれる．

C^* を V 上の非負線形汎関数全体のなす集合とする．$V^* := \{f^* - g^* \mid f^*, g^* \in C^*\}$ と定義すれば，C^* は V^* の正値錐であり，ベクトル空間 (V^*, C^*) は (V, C) の共役空間となる．バナッハ束の共役空間はふたたびバナッハ束となるから，そこにおける**共役増殖過程** (dual multiplicative process) $U^*(s,t)$ $(s \leq t)$ が以下の関係によって定義できる：

$$\langle U^*(s,t)v^*, \phi \rangle = \langle v^*, U(t,s)\phi \rangle.$$

ここで $\langle v, \phi \rangle$ は汎関数 v の ϕ における値を意味する．C^* に値をとる関数 $v^*(t)$, $t \in J$ はすべての $t \in J$ について定義されていて，かつすべての $s \leq t$ $(s, t \in J)$ について $v^*(s) = U^*(s,t)v^*(t)$ であるときに，$U^*(s,t)$ と**共立**であるという．明らかに $f(t)$, $v^*(t)$ が互いに共役な増殖過程によって推進される関数であるとすれば，任意の t, s について，

$$\langle v^*(t), f(t) \rangle = \langle v^*(s), f(s) \rangle = \text{const.} \tag{D.6}$$

となる．

$U(t,s)$ $(t \geq s)$ が正の時間に関する (V, C) 上の時間的非斉次増殖過程であるとき，任意の $\psi, \phi \in C^+$ に対して，

$$\lim_{t \to \infty} d(U(t,s)\psi, U(t,s)\phi) = 0$$

となるとき，**弱エルゴード的** (weakly ergodic) であるという．このときさらに正数 $\varepsilon > 0$, $M(\varepsilon) \geq 1$ が存在して，任意の $s \in J$ に対して，

$$\|U(t,s)\|_p \leq M(\varepsilon)e^{-\varepsilon(t-s)}$$

である場合に，**指数関数的に弱エルゴード的** (exponentially weakly ergodic) であるという．

定理 D.8 $U(t,s)$ $(t \geq s)$ は正の時間に関する (V, C) 上の弱エルゴード的な時間的非斉次増殖過程であり，$f(t)$, $g(t)$ は $U(t,s)$ と共立であるとする．$d(f(s), g(s)) < \infty$ であれば $U^*(s,t)$ と共立な正汎関数 $v^*(s) \in V^*$ が存在して以下が成り立つ：

$$f(t) = (\langle v^*(s), f(s) \rangle + \varepsilon(t))g(t). \tag{D.7}$$

ここで $\lim_{t\to\infty}\varepsilon(t)=0$ である．ここで正汎関数 $v^*(t)$ は比例定数を除けば一意的に定まる．正汎関数 $v^*(s)$ は**主要汎関数** (importance functional) と呼ばれる．

証明　$f(t)$, $g(t)$ は $U(t,s)$ と共立な関数であるとする．このとき，

$$\begin{aligned}\mathrm{osc}(f(t)/g(t)) &= \sup(f(t)/g(t)) - \inf(f(t)/g(t))\\ &\le \{\exp[d(f(t),g(t))]-1\}\inf(f(t)/g(t))\\ &\le \{\exp[d(f(t),g(t))]-1\}\sup(f(s)/g(s))\end{aligned}$$

であり，仮定から $t\to\infty$ において右辺はゼロに収束する．このとき $\sup(f(t)/g(t))$ は t について単調減少で下に有界，$\inf(f(t)/g(t))$ は t について単調増大で上に有界であるから，両者は共通の非負の極限をもつ．いま $g(t)$ のほうを固定して考えれば，この極限は正の汎関数 $v^*(s)$ を以下のように定義する：

$$\langle v^*(s), f(s)\rangle := \lim_{t\to\infty}\inf(f(t)/g(t)) = \lim_{t\to\infty}\sup(f(t)/g(t)).$$

明らかに $v^*(s)$ は線形であって，

$$\inf(f(t)/g(t))g(t) \le f(t) \le \sup(f(t)/g(t))g(t)$$

より，以下を得る：

$$|f(t) - \langle v^*(s), f(s)\rangle g(t)| \le |g(t)|\mathrm{osc}(f(t)/g(t)).$$

したがって (D.7) がしたがう．さらに任意の $s<r$ について，

$$\begin{aligned}&\langle v^*(r), f(r)\rangle = \lim_{t\to\infty}\inf(U(t,r)f(r)/U(t,r)g(r))\\ &= \lim_{t\to\infty}\inf(U(t,r)U(r,s)f(s)/U(t,r)U(r,s)g(s)) = \langle v^*(s), f(s)\rangle\end{aligned}$$

であるから，

$$\begin{aligned}\langle v^*(s), f(s)\rangle &= \langle v^*(t), f(t)\rangle\\ &= \langle v^*(t), U(t,s)f(s)\rangle = \langle U^*(s,t)v^*(t), f(s)\rangle.\end{aligned}$$

したがって，$v^*(s)=U^*(s,t)v^*(t)$ であるから，$v^*(t)$ は $U^*(s,t)$ と共立である．ここで定義した汎関数 $v^*(s)$ は $g(t)$ に依存して決まっているが，任意の $U(t,s)$ と共立な $h(t)$ に関して定義される主要汎関数は $v^*(s)$ と比例定数しか違わない．実際，$h(t)$ を固定して上と同様に定義した主要汎関数を $u^*(s)$ とおけば，(D.7) から

$$h(t) = (\langle v^*(s), h(s)\rangle + \varepsilon(t))g(t)$$

であるから，

$$\sup(f(t)/h(t)) = \frac{\sup(f(t)/g(t))}{\langle v^*(s), h(s)\rangle + \varepsilon(t)} \to \langle u^*(s), f(s)\rangle.$$

すなわち，

$$\langle v^*(s), f(s)\rangle = \langle v^*(s), h(s)\rangle\langle u^*(s), f(s)\rangle$$

を得る．したがって $v^*(s) = \langle v^*(s), h(s)\rangle u^*(s)$ であり，(D.6) から $\langle v^*(s), h(s)\rangle$ は定数であるから，主要汎関数は比例定数を除けば一意的である．□

定理 D.9　$U(t,s)$ $(t \geq s)$ は正の時間に関する (V,C) 上の時間的非斉次増殖過程であるとする．$U(t,s)$ $(t \geq s)$ が正の時間に関して一様に原始的であれば，弱エルゴード的である．

証明　$U(t,s)$ は正の時間に対して一様に原始的であるから，任意の $s \in S$ について番号 $\alpha > 0$ と無限点列 $s = t_0 < t_1 < t_2 < \cdots < t_n \to \infty$ が S に存在して，$\Delta(U(t_{2n+1}, t_{2n})) \leq \alpha$ とできる．このとき $t > t_{2n+1}$, $\psi, \phi \in C^+$ に対して，

$$d(U(t,s)\phi, U(t,s)\psi) \leq \left(\tanh\frac{\alpha}{4}\right)^n \alpha \to 0, \quad n \to \infty.$$

これは $U(t,s)$ が弱エルゴード的であることを示している．□

応用上は，$U(t,s)$ と共立な関数 $f(t)$ は考えている物理的ないし生物的なシステムの状態ベクトルであり，$U(t,s)$ は時間推進の作用素である．いま 2 つの状態ベクトルの時系列 $f(t)$, $g(t)$ は弱エルゴード的な増殖過程 $U(t,s)$ $(t \geq s)$ と共立であるとするとしよう．このとき定理 D.7, D.9 から以下がしたがう：

$$\lim_{t\to\infty}\left\| \frac{f(t)}{\|f(t)\|} - \frac{g(t)}{\|g(t)\|} \right\| = 0. \tag{D.8}$$

また明らかに，$v^* \in V^*$ であれば，

$$\lim_{t\to\infty}\left| \langle v^*, \frac{f(t)}{\|f(t)\|}\rangle - \langle v^*, \frac{g(t)}{\|g(t)\|}\rangle \right| = 0.$$

すなわち弱エルゴード的な増殖過程においては，それによって時間推進される任意の 2 つの状態ベクトルは漸近的に比例する．したがって，正規化された状態ベクトルおよびその線形汎関数は漸近的に等しくなる．

さらにある増殖過程が負の時間に関して一様に原始的であることがわかっていれば，それと共立な分布が一意的に構成できることが示される：

定理 D.10 ([36])　$U(t,s)$ $(t \geq s)$ は負の時間に関して一様に原始的な (V,C) 上の時間的非斉次増殖過程であるとする．このとき比例定数を除いて一意的な関数 $f(t): J \to C^+$ が存在して，$U(t,s)$ と共立となる．

上記の定理は考えているプロセスの時間発展法則 $U(t,s)$ が一様に原始的であれば，U によって生成された状態分布の過去の時系列が一意的に再構成できることを保証している点で非常に興味深い．

$U(t,s)$ $(t \geq s)$ を正の時間 $J = [s_0, \infty)$ に関する (V,C) 上の時間的非斉次増殖過程であるとする．このとき正の時間に関する**成長上限** (the growth bound) $\omega_p^+(U)$ を以下のように定義する：

$$\omega_p^+(U) := \lim_{\tau \to \infty} \frac{\log \eta(\tau)}{\tau}. \tag{D.9}$$

ここで，

$$\eta(\tau) := \sup_{s \geq s_0} \|U(s+\tau, s)\|_p$$

である．(D.9) の極限値が実際に存在することは，$\log \eta(\tau)$ が $[0,\infty)$ において劣加法的であることからしたがう．実際，

$$\begin{aligned}\eta(x+y) &= \sup_{s \geq s_0} \|U(s+x+y, s)\|_p \leq \sup_{s \geq s_0} \|U(s+x+y, s+x)\|_p \|U(s+x, s)\|_p \\ &\leq \sup_{s \geq s_0} \|U(s+x+y, s+x)\|_p \sup_{s \geq s_0} \|U(s+x, s)\|_p \leq \eta(y)\eta(x)\end{aligned}$$

であるから，$\log \eta(\tau)$ は劣加法的であり，$[0,\infty)$ において劣加法的な関数に関しては極限 $\lim_{\tau \to \infty} \log \eta(\tau)/\tau$ が存在することが示される ([125, p.618, Lemma 4])．

$U(t,s)$ は射影距離に関して広義の縮小写像であるから，成長上限はつねにゼロ以下である．さらに定義から，$\varepsilon > \omega_p^+(U)$ であれば，$M(\varepsilon) \geq 1$ が存在して，

$$\|U(t,s)\|_p \leq M(\varepsilon) e^{\varepsilon(t-s)}$$

となることがわかる．そこで，もし $\omega_p^+(U) < 0$ であれば，一様に原始的な増殖過程は，じつは指数関数的に弱エルゴード的であることになる．

定理 D.11 ([208])　$U(t,s)$ $(t \geq s)$ を正の時間 $J = [s_0, \infty)$ に関する (V,C) 上の時間的非斉次増殖過程であるとする．正数 $\xi > 0$, $\alpha > 0$ が存在してすべての $s \geq s_0$ に対して $\Delta(U(s+\xi, s)) \leq \alpha$ であれば，$U(t,s)$ $(t \geq s)$ は指数関数的に弱エルゴード的であって，以下が成り立つ：

$$\omega_p^+(U) \leq \frac{\log(\tanh \alpha/4)}{\xi}.$$

発展作用素 $U(t,s)$ $(t \geq s)$ が時間間隔 $t-s$ のみに依存している場合は，特別に研究するに値する．この場合は $U(t,0)=T(t)$ とおくことによって1パラメータの非負作用の族 $T(t)$ $(t \geq 0)$ を得るが，明らかにこれは半群性を有する：

$$T(t)T(u) = T(t+u), \quad t \geq 0, \ u \geq 0.$$

一般に，(V,C) 上の非負作用素の 1 パラメータ半群を**時間的に斉次な増殖過程** (time-homogeneous multiplicative process) と呼ぶ．このとき $t_1 > 0$ が存在して $T(t_1)$ が一様に正となるとき，増殖過程 $T(t)$ $(t \geq 0)$ は一様に原始的であるといわれる．

$T(t)$ $(t \geq 0)$ を (V,C) 上の時間的に斉次な増殖過程とする．$\phi_0 \in C^+$ が存在して，

$$d(T(t)\phi_0, \phi_0) = 0, \ t \geq 0, \quad \lim_{t \to \infty} d(T(t)\psi, \phi_0) = 0, \ \psi \in C^+$$

が成り立つとき，$T(t)$ $(t \geq 0)$ は**強エルゴード的** (strongly ergodic) であるという．そのとき ϕ_0 は**安定分布** (stable distribution) と呼ばれる．さらに正数 $\varepsilon > 0$, $M(\varepsilon) \geq 1$ が存在して，

$$\|T(t)\|_p \leq M(\varepsilon)e^{-\varepsilon t}$$

である場合に，$T(t)$ $(t \geq 0)$ は**指数関数的に強エルゴード的** (exponentially strongly ergodic) であるという．

定義から明らかなように，安定分布 ϕ_0 は $T(t)$ の固有ベクトルであり，ある関数 $r(t) > 0$ が存在して，任意の $t \geq 0$ に対して，

$$T(t)\phi_0 = r(t)\phi_0$$

となっている．$r(t)$ は ϕ_0 に対応する $T(t)$ の正固有値であって，半群性から以下の関数方程式を満たす：

$$r(t)r(s) = r(t+s), \quad r(0) = 1.$$

$T(t)$ が強連続であれば $r(t)$ は連続関数であり，$\lambda \in \mathbf{R}$ が存在して $r(t) = e^{\lambda t}$ と書ける．すなわち λ はこの増殖過程のマルサス径数に他ならない．

J を $\mathbf{R}$ の非有界な部分集合とするとき，関数 $f(t) : J \to C^+$ は $f(t+s) = T(t)f(s)$ となっているときに $T(t)$ $(t \geq 0)$ と共立であるという．安定分布が存在する場合には，明らかに斉一成長軌道 $r(t)\phi_0$ は $T(t)$ と共立である．

定理 D.12　$T(t)$ $(t \geq 0)$ は (V, C) 上の強エルゴード的な時間的斉次増殖過程，ϕ_0 は $T(t)$ の安定分布，$r(t)$ は ϕ_0 に対応する固有値であるとする．このとき汎関数 v_0^* が存在して，$d(\phi, \phi_0) < \infty$ となるすべての ϕ について以下が成り立つ：

$$T(t)\phi = \langle v_0^*, \phi \rangle r(t)\phi_0 + o(r(t)).$$

ここで $\lim_{t\to\infty} o(r(t))/r(t) = 0$ であり，v_0^* は共役過程 $T^*(t)$ の固有値 $r(t)$ に属する固有ベクトルである．

定理 D.13　$T(t)$ $(t \geq 0)$ は (V, C) 上の時間的斉次増殖過程であるとする．$T(t)$ $(t \geq 0)$ が一様に原始的であれば，指数関数的に強エルゴード的である．

定理 D.14　$T(t)$ $(t \geq 0)$ は (V, C) 上の一様に原始的な時間的斉次増殖過程であるとする．$f(t)$ $(t \in J = (-\infty, t_0])$ が $T(t)$ $(t \geq 0)$ と共立的であれば，$f(t)$ は $t \in J$ について安定分布である．

定理 D.15　$T(t)$ が一様に原始的な強連続半群であれば，漸近的指数関数的成長率 λ と 1 次元射影子 P が存在して，

$$\lim_{t\to\infty} e^{-\lambda t} T(t)\phi = P\phi$$

となる．ここで $P\phi = \langle v_0^*, \phi \rangle \phi_0$ である．

このことは付録 C で解析的に示された人口半群の強エルゴード性が，その一様原始性の必然的帰結であることを示している．

時間的に非斉次な増殖過程 $\{U(t,s)\}_{s \leq t}$ に対してもその強エルゴード性を以下のように定義することができる：

定義 D.2　増殖過程 $\{U(t,s)\}_{0 \leq s \leq t < \infty}$ に対して 1 次元作用素 P_s と $\lambda \in \mathbf{R}$ が存在して，任意の $\phi \in C$ に対して，

$$\lim_{t\to\infty} e^{-\lambda(t-s)} U(t,s)\phi = P_s\phi$$

となるとき，$\{U(t,s)\}_{0 \leq s \leq t < \infty}$ は漸近的成長率 λ で強エルゴード的であるという．

この定義から以下の補題がただちに得られる：

補題 D.4　定義 D.2 における 1 次元作用素 P_s に対して $\phi_0 \in C$, $f_s \in C^*$ が存在して，

$$P_s\phi = \langle f_s, \phi \rangle \phi_0, \quad U^*(s,t) f_t = e^{\lambda(t-s)} f_s.$$

証明　$s < t < u$ とするとき，

$$e^{-\lambda(u-t)}U(u,t)e^{-\lambda(t-s)}U(t,s) = e^{-\lambda(u-s)}U(u,s).$$

したがって定義から $u \to \infty$ とすれば，任意の $\phi \in C$ に対して，

$$P_t e^{-\lambda(t-s)}U(t,s)\phi = P_s\phi \tag{D.10}$$

となる．P_s, P_t は 1 次元だから，その値域は時間原点に依存しない $\phi_0 \in C$ によって張られる．P_s は線形だから，ある $f_s \in C^*$ が存在して $P_s\phi = \langle f_s, \phi\rangle\phi_0$ と書ける．このとき (D.10) から任意の $\phi \in C$ に対して，

$$\langle f_t, e^{-\lambda(t-s)}U(t,s)\phi\rangle = \langle f_s, \phi\rangle$$

であるから，$f_s = e^{-\lambda(t-s)}U^*(s,t)f_t$ である．□

定理 D.16　一様に原始的な増殖過程 $\{U(t,s)\}_{0\le s\le t<\infty}$ に対してある $\phi_0 \in C^+$，$\lambda \in \mathbf{R}$ が存在して，

$$U(t,s)\phi_0 = e^{\lambda(t-s)}\phi_0$$

であれば $\{U(t,s)\}_{0\le s\le t<\infty}$ は漸近的成長率 λ で強エルゴード的である．

証明　(D.7) において $g(t) = U(t,s)\phi_0 = e^{\lambda(t-s)}\phi_0$ とすれば，

$$U(t,s)\phi = (\langle v^*(s), \phi\rangle + \varepsilon(t))e^{\lambda(t-s)}\phi_0$$

となることから明らかである．□

最後に，バナッハ束 (V, C) における増殖過程 $\{U(t,s)\}_{s\le t}$ が周期性をもつ場合を考えよう．すべての $s \le t$ に対して，ある $\theta > 0$ が存在して，

$$U(t+\theta, s+\theta) = U(t,s),\ s \le t$$

が成り立つとしよう．さらに任意の s について $U(s+\theta, s)$ は一様に原始的な正作用素であるとする．$x_0 \in C \setminus \{0\}$ を $U(s+\theta, s)$ の正固有値 $\lambda(s) > 0$ に対応する正固有ベクトルであるとすれば，

$$U(t+\theta, s)x_0 = U(t+\theta, s+\theta)U(s+\theta, s)x_0 = \lambda(s)U(t,s)x_0.$$

そこで $[s,\infty)$ から C への関数 $t\to g(t)$ を,

$$g(t) := e^{-r(t-s)}U(t,s)x_0,\quad r := \frac{\log\lambda(s)}{\theta}$$

と定義すれば, $g(t)$ は周期 θ をもつことは容易にわかる. (D.7) から, 正汎関数 $v^*(s)$ が存在して, $d(x_0,x)<\infty$ であるような要素 $x\in C$ に対して以下が成り立つ:

$$e^{-r(t-s)}U(t,s)x = \langle v^*(s),x\rangle g(t) + o(\|g(t)\|).$$

ここで $g(t)$ は周期関数だから $\|g(t)\|$ は有界であり,

$$\lim_{t\to\infty}\|e^{-r(t-s)}U(t,s)x - \langle v^*(s),x\rangle g(t)\| = 0$$

を得る. すなわちこの場合, $f(t)=U(t,s)x$ とすれば,

$$\lim_{t\to\infty}\left\|\frac{f(t)}{\|f(t)\|}-\frac{g(t)}{\|g(t)\|}\right\| = 0$$

となるから, 分布 $f(t)/\|f(t)\|$ は周期的に変動する構造 $g(t)/\|g(t)\|$ へ収束することになる.

以上ではもっぱら線形の発展作用素ないし増殖過程の弱エルゴード性のみを考えてきたが, ある種の非線形の正値作用素に対しても, 射影距離の概念を用いてその弱エルゴード性を研究することができる ([142], [325]–[327], [398]).

D.4 非線形正値作用素

構造化人口モデルにおいて定常解の存在問題や安定性を考える際には, 無限次元における非線形正値作用素を相手にしなければならない場合が多い. 本文中ではしばしば正面からそうした問題を扱うことを避けて有限次元に還元できる場合を扱ったが, ここでは無限次元の非線形正値作用素を考える際に有用ないくつかの結果をあげておく.

定義 D.3 E_+ は実バナッハ空間 E の錐であるとする. E_+ によって導入される半順序を $\le$ で表す. 正値作用素 $A:E_+\to E_+$ は以下の条件を満たす $\psi_0\in E_+\setminus\{0\}$ が存在するとき, **上に凸** (concave) であるといわれる:

(1) すべての $\psi\in E_+\setminus\{0\}$ について $\alpha=\alpha(\psi)>0$, $\beta=\beta(\psi)>0$ が存在して, $\alpha\psi_0\le A\psi\le\beta\psi_0$ となる. すなわち A の値域は ψ_0 と比較可能な要素からなる.

(2) ψ_0 と比較可能なすべての $\psi \in E_+$ と $0 \leq t \leq 1$ について，$A(t\psi) \geq tA\psi$ となる．

上記の定義で，$\psi \in E_+$ が $\psi_0 \in E_+$ と比較可能という意味は，$\alpha(\psi) > 0$, $\beta(\psi) > 0$ が存在して $\alpha\psi_0 \leq \psi \leq \beta\psi_0$ となることである．性質 (1) はまた e-positive とも呼ばれる ([2])．

作用素の単調性と凸性は不動点の一意性を導くための条件になると予測される．実際，1 次元の単調増加関数の場合は，グラフ的考察から不動点が高々1 つであることは凸性から明らかであろうが，無限次元の場合は付帯的条件が必要である：

定理 D.17　正値作用素 $A : E_+ \to E_+$ は単調で上に凸であるとする．$\alpha_1\psi_0 \leq \psi \leq \beta_1\psi_0$ ($\alpha_1 = \alpha_1(\psi) > 0$, $\beta_1 = \beta(\psi) > 0$) となるような任意の $\psi \in E_+$ と任意の $0 < t < 1$ に対して，$\eta = \eta(\psi, t) > 0$ が存在して，

$$A(t\psi) \geq tA\psi + \eta\psi_0$$

であれば，A は高々1 つしか正不動点をもたない．

証明　背理法による．いま A は 2 つの正不動点 $\psi_1, \psi_2 \in E_+ \setminus \{0\}$ をもったとしよう．このとき仮定から，$\alpha_1 = \alpha_1(\psi_1) > 0$, $\beta_2 = \beta_2(\psi_2) > 0$ を選んで以下が成り立つようにできる：

$$\psi_1 = A\psi_1 \geq \alpha_1\psi_0 \geq \alpha_1\beta_2^{-1}A\psi_2 = \alpha_1\beta_2^{-1}\psi_2.$$

そこで $k := \sup\{\mu \,|\, \psi_1 \geq \mu\psi_2\}$ と定義すると，$k > 0$ がわかる．そこでもし $0 < k < 1$ であれば，$\eta = \eta(\psi_2, k) > 0$ が存在して，

$$\psi_1 = A\psi_1 \geq A(k\psi_2) \geq kA\psi_2 + \eta\psi_0 \geq k\psi_2 + \eta\beta_2^{-1}A\psi_2 = (k + \eta\beta_2^{-1})\psi_2$$

を得るが，これは k の定義に矛盾する．したがって $k \geq 1$ でなければならないから，$\psi_1 \geq \psi_2$ であるが，番号を入れ替えてまったく同様な議論ができるから，$\psi_2 \geq \psi_1$ でもあり，$\psi_1 = \psi_2$ を得る．□

ここで第 7 章で用いた定理を述べておこう．ただしここでは我々の目的に十分な範囲で仮定を強めておく．証明はクラスノセルスキーと同様である ([264, Theorem 4.11])：

定理 D.18　正値錐 E_+ をもつ実バナッハ空間 E における正作用素 Ψ が，$\Psi(0) = 0$ でかつ強フレシェ微分 $T := \Psi'(0)$ をもち，T は固有値 $\lambda_0 > 1$ に

対応する正固有ベクトル $v_0 \in E_+$ をもつが，E_+ 内には固有値 1 に属する固有ベクトルをもたないと仮定する．作用素 Ψ がコンパクトで $\Psi(E_+)$ が有界であれば，Ψ は少なくとも 1 つのゼロでない不動点を E_+ 内にもつ．

$\Psi(0) = 0$ となる非線形の正作用素 Ψ に対して，任意の $f \in E_+$ に関して $\Psi(f) \leq Tf$ となるような正線形作用素 (a majorant of the operator Ψ) がある場合は，以下の有用な定理が成り立つ：

定理 D.19　正値錐 E_+ をもつ実バナッハ空間 E_+ における正作用素 Ψ に対して，任意の $f \in E_+$ に関して $Tf - \Psi(f) \in E_+ \setminus \{0\}$ となるような正線形作用素 T が存在して，T はコンパクト，ノンサポーティングであるとする．このとき $r(T) \leq 1$ であれば，Ψ は E_+ においてゼロ以外に不動点をもたない．

証明　いま $f = \Psi(f)$ となる $f \in E_+ \setminus \{0\}$ があったとすると，$f = \Psi(f) \leq Tf$. $F^* \in E_+^* \setminus \{0\}$ を T の正固有値 $r(T)$ に対応する共役固有ベクトル（汎関数）としよう．このとき $< F^*, f >$ を F^* の $f \in E_+$ における値とすれば，F^* は厳密に正であったから，$< F^*, f >> 0$ でかつ

$$\langle F^*, Tf - f\rangle = (r(T) - 1)\langle F^*, f\rangle > 0.$$

したがって，$r(T) > 1$ となって矛盾である．□

非線形作用素に関しては [1], [2], [162], [264], [265] などが参考になる．

参考文献

[1] H. Amann (1970), Fixed point equations and nonlinear eigenvalue problems in ordered Banach spaces, *SIAM Review* 18(4): 620-709.

[2] H. Amann (1972), On the number of solutions of nonlinear equations in ordered Banach spaces, *J. Func. Anal.* 11: 346-384.

[3] H. Amann (1990), *Ordinary Differential Equations: An Introduction to Nonlinear Analysis*, Walter de Gruyter, Berlin.

[4] R. M. Anderson (1991), Discussion: The Kermack-McKendrick epidemic threshold theorem, *Bull. Math. Biol.* 53(1/2): 3-32.

[5] R. M. Anderson and R. M. May (1991), *Infectious Diseases of Humans: Dynamics and Control*, Oxford Univ. Press, Oxford.

[6] V. Andreasen (1989), Disease regulation of age-structured host populations, *Theor. Popul. Biol.* 36: 214-239.

[7] V. Andreasen, S. Levin and J. Lin (1996), A model of influenza A drift evolution, *Z. angew. Math. Mech.* 76, S2: 421-424.

[8] V. Andreasen, J. Lin and S. A. Levin (1997), The dynamics of cocirculating influenza strains conferring partial cross-immunity, *J. Math. Biol.* 35: 825-842.

[9] S. Anita (2000), *Analysis and Control of Age-Dependent Population Dynamics*, Kluwer, Dordrecht.

[10] T. Arbogast and F. A. Milner (1989), A finite difference method for a two-sex model of population dynamics, *SIAM J. Num. Anal.* 26: 1474-1486.

[11] O. Arino (1992), Some spectral properties for the asymptotic behavior of semigroups connected to population dynamics, *SIAM Review* 34(4): 445-476.

[12] O. Arino, E. Sánchez, B. de la Parra and P. Auger (1999), A singular perturbation in an age-structured population model, *SIAM J. Appl. Math.* 60(2): 408-436.

[13] O. Arino and W. V. Smith (1998), Migration in age structured population dynamics, *Mathematical Models and Methods in Applied Sciences* 8(5): 905-925.

[14] W. B. Arthur (1984), The analysis of linkages in demographic theory, *Demography* 21(1): 109-129.

[15] W. B. Arthur and J. W. Vaupel (1984), Some general relationships in population dynamics, *Population Index* 50(2): 214-226.

[16] M. Artzrouni (1985), Generalized stable population theory, *J. Math. Biol.* 21: 363-381.

[17] N. T. J. Bailey (1975), *The Mathematical Theory of Infectious Diseases and its Applications*, 2nd Edition, Charles Griffin, London.

[18] N. T. J. Bailey (1982), *The Biomathematics of Malaria*, Charles Griffin, London.

[19] M. S. Bartlett (1956), Deterministic and stochastic models for recurrent epidemics, In *Proceedings of the Third Berkeley Symposium on Mathematical Statistics and Probability*, J. Neyman (ed.), Vol. IV, California Univ. Press, pp.81-109.

[20] M. S. Bartlett (1957), Measles periodicity and community size, *J. Roy. Stat. Soc.* A120: 48-70.

[21] M. S. Bartlett (1970), Age distributions, *Biometrics* 26: 377-386.

[22] F. L. Bauer (1965), An elementary proof of the Hopf inequality for positive operators, *Numerische Mathematik* 7: 331-337.

[23] G. I. Bell and E. C. Anderson (1967), Cell growth division I. A mathematical model with applications to cell volume distributions in mammalian suspension cultures, *Biophysical Journal* 7: 329-351.

[24] A. Belleni-Morante (1979), *Applied Semigroups and Evolution Equations*, Clarendon Press, Oxford.

[25] A. Belleni-Morante and G. Busoni (1995), Some remarks on densely defined streaming operators, *Math. Comput. Modelling* 21(8): 13-15.

[26] R. Bellman and K. Cooke (1963), *Differential-Difference Equations*, Academic Press, New York.

[27] N. Bennett and S. Horiuchi (1981), Estimating the completeness of death registration in a closed population, *Population Index* 47(2): 207-221.

[28] E. Beretta and Y. Takeuchi (1995), Global stability of an SIR epidemic model with time delays, *J. Math. Biol.* 33: 250-260.

[29] D. Bernoulli (1760), Essai d'une nouvelle analyse de la mortalite causee par la petite verole et des avantages de l'incubation pout la prevenir, *Mem. Math. Phys. Acad. R. Sci. Paris*: 1-45.

[30] S. Bertoni (1998), Periodic solutions for non-linear equations of structured populations, *J. Math. Anal. Appl.* 220: 250-267.

[31] F. C. Billari, P. Manfredi and A. Valentini (2000), Macro-demographic effects of the transition to adulthood: Multistate stable population theory and an application to Italy, *Math. Popul. Studies* 9(1): 33-63.

[32] G. Birkhoff (1957), Extensions of Jentzsch's theorem, *Trans. Amer. Math. Soc.* 85: 219-227.

[33] G. Birkhoff (1961a), Lattices in applied mathematics, In *Lattice Theory*, Proceedings of Symposia in Pure Mathematics, Vol. 2, Amer. Math. Soc., Providence, R.I.: 155-184

[34] G. Birkhoff (1961b), Positivity and criticality, In *Nuclear Reactor Theory*, G. Birkhoff and E. P. Wigner (eds.), Proceedings of Symposia in Applied Mathematics, Vol. XI, Amer. Math. Soc.: 116-126.

[35] G. Birkhoff (1962), Uniformly semi-primitive multiplicative process, *Trans. Am. Math. Soc.* 104: 37-51.

[36] G. Birkhoff (1965), Uniformly semi-primitive multiplicative process II, *J. Math. Mech.* 14(3): 507-512.

[37] G. Birkhoff (1967), *Lattice Theory*, 3rd Edition, American Mathematical Society, Providence, R.I..

[38] F. Brauer (1975), On a nonlinear integral equation for population growth problems, *SIAM J. Math. Anal.* 6(2): 312-317.

[39] F. Brauer and C. Castillo-Chávez (2001), *Mathematical Models in Population Biology and Epidemiology*, Texts in Applied Mathematics 40, Springer, Berlin.

[40] H. Braun (1978), Stochastic stable population theory in continuous time, *Scand. Actuarial J. 1978*: 185-203.

[41] R. Brookmeyer and M. H. Gail (1994), *AIDS Epidemiology: A Quantitative Approach*, Oxford Univ. Press, New York Oxford.

[42] S. Busenberg and K. Cooke (1993), *Vertically Transmitted Diseases: Models and Dynamics*, Biomathematics 23, Springer, Berlin.

[43] S. Busenberg, K. Cooke and M. Iannelli (1988), Endemic threshold and stability in a class of age-structured epidemic, *SIAM J. Appl. Math.* 48: 1379-1395.

[44] S. Busenberg and M. Iannelli (1985), Separable models in age-dependent population dynamics, *J. Math. Biol.* 22: 145-173.

[45] S. Busenberg, M. Iannelli and H. Thieme (1991), Global behaviour of an age-structured S-I-S epidemic model, *SIAM J. Math. Anal.* 22: 1065-1080.

[46] S. Busenberg, M. Iannelli and H. Thieme (1993), Dynamics of an age-structured epidemic model, In *Dynamical Systems*, Nankai Series in Pure, Applied Mathematics and Theoretical Physics Vol. 4, Liao Shan-Tao, Ye Yan-Qian and Ding Tong-Ren (eds.), World Scientific, Sigapore, pp.1-19.

[47] P. J. Bushell (1973a), Hilbert's metric and positive contraction mappings in a Banach space, *Arch. Rat. Mech. Anal.* 52: 330-338.

[48] P. J. Bushell (1973b), On the projective contraction ratio for positive linear mappings, *J. London Math. Soc.* (2) 6: 256-258.

[49] V. Capasso (1993), *Mathematical Structures of Epidemic System*, Lect. Notes in Biomath. 97, Springer, Berlin.

[50] C. Castillo-Chavez (ed.) (1989), *Mathematical and Statistical Approaches to AIDS Epidemiology*, Lect. Notes in Biomath. 83, Springer, Berlin.

[51] C. Castillo-Chavez, S. Busenberg (1991), On the solution of the two-sex mixing problem, In *Differential Equations Models in Biology, Epidemiology and Ecology*, S. Busenberg and M. Martelli (eds.), Lect. Notes in Biomath. 92, Springer, Berlin, pp.80-98.

[52] C. Castillo-Chavez, S. Busenberg, K. Gerow (1991), Pair formation in structured populations, In *Differential Equations with Applications in Biology, Physics, and Engineering*, J. A. Goldstein, F. Kappel and W. Schappacher (eds.), Marcel Dekker, New York, pp.47-65.

[53] C. Castillo-Chavez and W. Huang (1995), The logistic equation revisited: The two-sex case, *Math. Biosci.* 128: 299-316.

[54] H. Caswell (2001), *Matrix Population Models*, 2nd Edition, Sinauer, Sunderland.

[55] P. Cerone (1987), On stable population theory with immigration, *Demography* 24(3): 431-438.

[56] Y. Cha, M. Iannelli and F. A. Milner (1998), Existence and uniqueness of endemic states for the age-structured S-I-R epidemic model, *Math. Biosci.* 150: 177-190.

[57] Y. Cha, M. Iannelli and F. A. Milner (2000), Stability change of an epidemic model, *Dynamic Systems and Applications* 9: 361–376.

[58] W. L. Chan and B. Z. Guo (1992a), Controlled age-dependent population dynamics based on parity progression, *J. Math. Anal. Appl.* 166: 442-455.

[59] W. L. Chan and B. Z. Guo (1992b), Age-dependent population dynamics based on parity interval progression, *Mathl. Comput. Modelling* 16(4): 57-68.

[60] B. Charlesworth (1994), *Evolution in Age-Structured Populations*, 2nd Edition, Cambridge Univ. Press, Cambridge.

[61] Ph. Clément, O. Diekmann, M. Gyllenberg, H. J. A. M. Heijmans and H. R. Thieme (1987), Perturbation theory for dual semigroups I. The sun-reflexive case, *Math. Ann.* 277: 709-725.

[62] Ph. Clément, O. Diekmann, M. Gyllenberg, H. J. A. M. Heijmans and H. R. Thieme (1988), Perturbation theory for dual semigroups II. Time-dependent perturbations in sun-reflexive case, *Proc. Royal Soc. Edinburgh* 109A: 145-172.

[63] Ph. Clément, O. Diekmann, M. Gyllenberg, H. J. A. M. Heijmans and H. R. Thieme (1989a), Perturbation theory for dual semigroups III. Nonlinear Lipschitz continuous perturbations in the sun-reflexive, In *Volterra Integrodifferential Equations in Banach Spaces and Applications*, G. Da Prato and M. Iannelli (eds.), Pitman Research Notes in Mathematics Series 190, Longman, Harlow, pp.67-89.

[64] Ph. Clément, O. Diekmann, M. Gyllenberg, H. J. A. M. Heijmans and H. R. Thieme (1989b), Perturbation theory for dual semigroups IV: The interwining formula and the canonical pairing, In *Semigroup Theory and Applications*, Ph. Clément, S. Invernizzi, E. Mitidieri, I.I. Vrabie (eds.), Lect. Notes in Pure and Applied Mathematics 116, Marcel Dekker, New York, pp. 95-116.

[65] Ph. Clément, O. Diekmann, M. Gyllenberg, H. J. A. M. Heijmans and H. R. Thieme (1989c), A Hille-Yosida theorem for a class of weakly $*$ continuous semigroups, *Semigroup Forum* 38: 157-178.

[66] Ph. Clément, H. J. A. M. Heijmans, S. Angenent, C. J. van Duijn and B. de Pagter (1987), *One-Parameter Semigroups*, CWI Monograph 5, North-Holland, Amsterdam.

[67] A. J. Coale (1957), How the age distribution of a human population is determined, *Cold Spring Harbor Symposia on Quantitative Biology* 22: 83-88.

[68] A. J. Coale (1972), *The Growth and Structure of Human Populations*, Princeton Univ. Press, Princeton.

[69] J. E. Cohen (1979), Ergodic theorems in demography, *Bull. Amer. Math. Soc.* 1(2): 275-295.

[70] J. E. Cohen (1995), *How Many People Can the Earth Support?*, W. W. Norton and Company, New York and London. [邦訳：ジョエル・E・コーエン『新人口論：生態学的アプローチ』, 重定南奈子・瀬野裕美・高須夫悟 訳, 農文協, 東京, 1998.]

[71] S. A. Colgate, E. A. Stanley, J. M. Hyman, S. P. Layne and C. Qualls, Risk behavior-based model of the cubic growth of acquired immunodeficiency syndrome in the United States, *Proc. Natl. Acad. Sci* 86: 4793-4797.

[72] K. S. Crump (1970), On systems of renewal equations, *J. Math. Anal. Appl.* 30: 425-434.

[73] J. M. Cushing (1979a), Nontrivial periodic solutions of integrodifferential equations, *J. Inte. Equ.* 1: 165-181.

[74] J. M. Cushing (1979b), Nontrivial periodic solutions of some Volterra integral equations, In *Volterra Equations*, Lect. Notes Math. 737, Springer, Berlin, pp.50-66.

[75] J. M. Cushing (1982), Bifurcation of periodic solutions of nonlinear equations in age-structured population dynamics, In *Nonlinear Phenomena in Mathematical Sciences*, Academic Press, New York, pp.279-288.

[76] J. M. Cushing (1989), A strong ergodic theorem for some nonlinear matrix models for the dynamics of structured populations, *Natural Resource Modeling* 3(3): 331-357.

[77] J. M. Cushing (1998), *An Introduction to Structured Population Dynamics*, CBMS-NSF Regional Conference Series in Applied Mathematics 71, SIAM, Philadelphia.

[78] C. Y. Cyrus Chu (1998), *Population Dynamics: A New Economic Approach*, Oxford Univ. Press, New York and Oxford.

[79] G. Da Prato and M. Iannelli (1993), Boundary control problem for age-dependent equations, In *Evolution Equations, Control Theory, and Biomathematics*, Ph. Clément and G. Lumer (eds.), Proceedings of the Han-sur-Lesse Conference, Lect. Notes Pure Appl. Math. 155, Marcel Dekker, New York, pp.91–100.

[80] G. Da Prato and E. Sinestrari (1987), Differential operators with non dense domain, *Annali della Scuola Normale Superiore di Pisa*, 14(2): 285-344.

[81] P. Das Gupta (1976), Age-parity-nuptiality-specific stable population model that recognizes births to single woman, *J. Amer. Stat. Ass.* 71, No.354: 308-314.

[82] M. C. M. De Jong, O. Diekmann and J. A. P. Heesterbeek (1994), The computation of R_0 for discrete-time epidemic models with dynamic heterogeneity, *Math. Biosci.* 119: 97-114.

[83] A. M. de Roos (1996), A gentle introduction to physiologically structured population models, In *Structured Population Models in Marine, Terrestrial, and Freshwater Systems*, S. Tuljapurkar and H. Caswell (eds.), Chapman and Hall, New York, pp.119-204.

[84] L. Demetrius (1971), Multiplicative processes, *Math. Biosci.* 12: 261-271.

[85] L. Demetrius (1974), Multiplicative processes-II, *Math. Biosci.* 20: 345-357.

[86] L. Demetrius (1977), Measures of fitness and demographic stability, *Proc. Natl. Acad. Sci. USA* 74(1): 384-386.

[87] W. Desch and W. Schappacher (1985), Spectral properties of finite-dimensional perturbed linear semigroups, *J. Diff. Equ.* 59: 80-102.

[88] W. Desch and W. Schappacher (1986), Linearized stability for nonlinear semigroups, In *Differential Equations in Banach Spaces*, A. Favini and E. Obrecht (eds.), LNM 1223, Springer, Berlin, pp.61-73.

[89] W. Desch, W. Schappacher and Kang Pei Zhang (1989), Semilinear evolution equations, *Houston Journal of Mathematics* 15(4): 527-552.

[90] G. Di Blasio, M. Iannelli and E. Sinestrari (1982), Approach to equilibrium in age structured populations with increasing recruitment process, *J. Math. Biol.* 13: 371-382.

[91] O. Diekmann (1977), Limiting behaviour in an epidemic model, *Nonl. Anal. Theory Math. Appl.* 1: 459-470.

[92] O. Diekmann (1978), Thresholds and travelling waves for the geographical spread of infection, *J. Math. Biol.* 6: 109-130.

[93] O. Diekmann (1979), Run for your life. A note on the asymptotic speed of propagation of an epidemic, *J. Diff. Equ.* 33: 58-73.

[94] O. Diekmann (1993), An introduction to structured (meta) population models, In *Patch Dynamics*, S. A. Levin, T. M. Powell and J. H. Steels (eds.), Lect. Notes Biomath. 96, Springer, Berlin, pp.162-175

[95] O. Diekmann (1997), The many facets of evolutionary dynamics, *J. Biol. Sys.* 5(3): 325-339.

[96] O. Diekmann (1999), Modeling and analysing physiologically structured populations, In *Mathematics Inspired by Biology*, V. Capasso and O. Diekmann (eds.), Lect. Notes Math. 1714, Springer, Berlin, pp.1-37.

[97] O. Diekmann, K. Dietz and J. A. P. Heesterbeek (1991), The basic reproduction ratio for sexually transmitted diseases I. Theoretical considerations, *Math. Biosci.* 107: 325-339

[98] O. Diekmann, M. Gyllenberg, J. A. J. Metz and H. R. Thieme (1993), The "cumulative" formulation of (physiologically) structured population models, In *Evolution Equations, Control Theory, and Biomathematics*, Ph. Clément and G. Lumer (eds.), Proceedings of the Han-sur-Lesse Conference, Lect. Notes Pure Appl. Math. 155, Marcel Dekker, New York, pp.145–154.

[99] O. Diekmann, M. Gyllenberg, J. A. J. Metz and H. R. Thieme (1998), On the formulation and analysis of general deterministic structured population models I. Linear Theory, *J. Math. Biol.* 36: 349-388.

[100] O. Diekmann, M. Gyllenberg, J. A. J. Metz and H. R. Thieme (2001), On the formulation and analysis of general deterministic structured population models II. Nonlinear Theory, *J. Math. Biol.* 43: 157-189.

[101] O. Diekmann, M. Gyllenberg and H. R. Thieme (1993), Perturbing semigroups by solving Stieltjes renewal equations, *Differential and Integral Equations* 6(1): 155-181.

[102] O. Diekmann, M. Gyllenberg and H. R. Thieme (1995), Perturbing evolutionary systems by step responses and cumulative outputs, *Differential and Integral Equations* 8(5): 1205-1244.

[103] O. Diekmann, M. Gyllenberg and H. R. Thieme (2000), Lack of uniqueness in transport equations with a nonlocal nonlinearity, *Mathematical Models and Methods in Applied Sciences* 10: 581-591.

[104] O. Diekmann, H. Heesterbeek and J. A. J. Metz (1995), The Legacy of Kermack and McKendrick, In *Epidemic Models: Their Structure and Relation to Data*, D. Mollison (ed.), Cambridge Univ. Press, Cambridge, pp.95-115.

[105] O. Diekmann, J. A. P. Heesterbeak and J. A. J. Metz (1990), On the definition and the computation of the basic reproduction ratio R_0 in models for infectious diseases in heterogeneous populations, *J. Math. Biol.* 28: 365-382.

[106] O. Diekmann and J. A. P. Heesterbeek (2000), *Mathematical Epidemiology of Infectious Diseases: Model Building, Analysis and Interpretation*, John Wiley and Sons, Chichester.

[107] O. Diekmann, H. J. A. M. Heijmans and H. R. Thieme (1984), On the stability of the cell-size distribution, *J. Math. Biol.* 19: 227-248.

[108] O. Diekmann, H. J. A. M. Heijmans and H. R. Thieme (1986), On the stability of the cell-size distribution II: Time-periodic developmental rates, *Comp. Maths. with Appls.* 12A(4/5): 491-512.

[109] O. Diekmann and H. G. Kaper (1978), On the bounded solutions of a nonlinear convolution equation, *Nonlinear Analysis, Theory, Methods and Applications* 2(6): 721-737.

[110] O. Diekmann, A. A. de Koeijer and J. A. J. Metz (1996), On the final size of epidemic within herds, *Canadian Applied Mathematics Quarterly* 4(1): 21-30.

[111] O. Diekmann and M. Kretzschmar (1991), Patterns in the effects of infectious diseases on population growth, *J. Math. Biol.* 29: 539-570.

[112] O. Diekmann, H. A. Lauwerier, T. Aldenberg and J. A. J. Metz (1983), Growth, fission and the stable size distribution, *J. Math. Biol.* 18: 135-148.

[113] O. Diekmann and J. A. J. Metz (1994), On the reciprocal relationship between life histories and population dynamics, In *Frontiers in Mathematical Biology*, S. A. Levin (ed.), Lect. Notes Biomath. 100, pp.263-279.

[114] O. Diekmann, J. A. J. Metz, S. A. L. M. Kooijman and H. J. A. M. Heijmans (1984), Continuum population dynamics with an application to *Daphnia magna*, *Nieuw Archief voor Wiskunde* 4(2): 82-109.

[115] O. Diekmann and R. Montijn (1982), Prelude to Hopf bifurcation in an epidemic model: Analysis of a characteristic equation associated with a nonlinear Volterra integral equation, *J. Math. Biol.* 14: 117-127.

[116] O. Diekmann, R. M. Nisbet, W. S. C. Gurney and F. van den Bosch (1986), Simple mathematical models for cannibalism: A critique and a new approach, *Math. Biosci.* 78: 21-46.

[117] O. Diekmann and S. A. van Gils (1984), Invariant manifolds for Volterra integral equations of convolution type, *J. Diff. Equ.* 54: 139-180.

[118] O. Diekmann, S. A. van Gils, S. M. Verduyn Lunel and H. -O. Walther (1995), *Delay Equations: Functional-, Complex-, and Nonlinear Analysis*, Appl. Math. Sci. 110, Springer, Berlin.

[119] K. Dietz (1988), On the transmission dynamics of HIV, *Math. Biosci.* 90: 397-414.

[120] K. Dietz, J. A. P. Heesterbeek and D. W. Tudor (1993), The basic reproduction ratio for sexually transmitted diseases Part II. Effects of variable HIV infectivity, *Math. Biosci.* 117: 35-47.

[121] K. Dietz and D. Schenzle (1985), Proportionate mixing models for age-dependent infection transmission, *J. Math. Biol.* 22: 117-120.

[122] G. Doetsch (1974), *Introduction to the Theory and Application of the Laplace Transformation*, Springer, Berlin.

[123] L. I. Dublin (1950), Alfred James Lotka, 1880-1949, *J. Amer. Stat. Ass.* 45: 138-139.

[124] L. I. Dublin and A. J. Lotka (1925), On the true rate of natural increase, *J. Amer. Stat. Ass.* New Series, No. 150 (Vol. 20): 305-339.

[125] N. Dunford and J. T. Schwartz (1957), *Linear Operators. Part I: General Theory*, Wiley, New York.

[126] R. H. Elderkin (1985), Nonlinear, globally age-dependent population models: some basic theory, *J. Math. Anal. Appl.* 108: 546-562.

[127] R. H. Elderkin (1995a), Structured populations with nonlinear, nonlocally dependent dynamics: basic theory, *J. Math. Anal. Appl.* 192: 392-412.

[128] R. H. Elderkin (1995b), Population structured by vector-borne disease, In *Differential Equations and Applications to Biology and to Industry*, M. Martelli, K. Cooke, E. Cumberbatch, B. Tang and H. Thieme (eds.), World Scientific, Singapore.

[129] T. J. Espenshade, L. F. Bouvier and W. B. Arthur (1982), Immigration and the stable population model, *Demography* 19(1): 125-133.

[130] L. Euler (1760), Recherches générales sur la mortalité et la multiplication du genre humaine, *Histoire de l'Academie Royale des Sciences et Belles Lettres* 16, 144-164. [A general investigation into the mortality and multiplication of the human species, Translated by N. and B. Keyfitz, *Theoretical Population Biology* 1: 307-314.]

[131] M. Farkas (2001), *Dynamical Models in Biology*, Academic Press, San Diego.

[132] G. Feeney (1983), Population dynamics based on birth intervals and parity progression, *Population Studies* 37: 75-89.

[133] W. Feller (1941), On the integral equation of renewal theory, *Ann. Math. Stat.* 12: 243-267.

[134] L. Fibonacci (1202), In *Liber Abbaci di Leonardo Pisano*, ed. Baldasani Bancompagni (Tipografia delle Scienze Math. e Fisiche, Romalla).

[135] R. A. Fisher (1999), *The Genetical Theory of Natural Selection: A Complete Variorum Edition*, J. H. Bennett (ed.), Oxford Univ. Press, Oxford. [The original edition was published in 1930.]

[136] W. E. Fitzgibbon, M. E. Parrott and G. F. Webb (1995), Diffusive epidemic models with spatial and age dependent heterogeneity, *Discrete and Continuous Dynamical Systems* 1(1): 35-57.

[137] J. C. Frauenthal (1975), A dynamical model for human population growth, *Theor. Popul. Biol.* 8: 64-73.

[138] J. C. Frauenthal and K. E. Swick (1983), Limit cycle oscillations of the human population, *Demography* 20(3): 285-298.

[139] A. G. Fredrickson (1971), A mathematical theory of age structure in sexual populations: Random mating and monogamous marriage models, *Math. Biosci.* 10: 117-143.

[140] H. P. Freund and D. L. Book (1990), Determination of the spread of HIV from the AIDS incidence history, *Math. Biosci.* 98: 227-241.

[141] A. Friedman and M. Shinbrot (1967), Volterra integral equations in Banach space, *Trans. Amer. Math. Soc.* 126(1): 131-179.

[142] T. Fujimoto and U. Krause (1988), Asymptotic properties for inhomogeneous iterations of nonlinear operators, *SIAM J. Math. Anal.* 19(4): 841-853.

[143] T. B. Gage, B. Dyke and P. G. Riviere (1984), The population dynamics and fertility of the Trio of Surinam: An application of a two census method, *Human Biology* 56(4): 691-701.

[144] F. R. Gantmacher (1959), *The Theory of Matrices*, Vol. 2, Chelsea, New York.

[145] W. Gleißner (1988), The spread of epidemics, *Applied Mathematics and Computation* 27: 167-171.

[146] I. C. Gohberg and I. A. Fel'dman (1974), *Convolution Equations and Projection Methods for their Solution*, Translations of Mathematical Monographs Vol. 41, Amer. Math. Soc., Providence.

[147] M. Golubitsky, E. B. Keeler and M. Rothschild (1975), Convergence of the age structure: Applications of the projective metric, *Theor. Popul. Biol.* 7: 84-93.

[148] J. Grasman and B. J. Matkowsky (1983), Singular perturbations of epidemic models involving a threshold, In *Asymptotic Analysis II*, A. Dold and B. Eckmann (eds.), LNM 985, Springer, Berlin, pp.400-412.

[149] J. Grasman and O. A. van Herwaarden (1999), *Asymptotic Methods for the Fokker-Planck Equation and the Exit Problem in Applications*, Springer, Berlin.

[150] J. Graunt (1662), *Natural and Political Observations Mentioned in a Following Index, and Made upon the Bills of Mortality*, London. Republished with an introduction by B. Benjamin in the *Journal of the Institute of Actuaries* 90: 1-61 (1964).

[151] D. Greenhalgh (1987), Analytical results on the stability of age-structured recurrent epidemic models, *IMA J. Math. Appl. Med. Biol.* 4: 109-144.

[152] D. Greenhalgh (1988a), Analytical threshold and stability results on age-structured epidemic models with vaccination, *Theor. Popul. Biol.* 33: 266-290.

[153] D. Greenhalgh (1988b), Threshold and stability results for an epidemic model with an age-structured meeting rate, *IMA J. Math. Appl. Med. Biol.* 5: 81-100.

[154] G. Greiner (1984), A typical Perron-Frobenius theorem with applications to an age-dependent population equation, In *Infinite-Dimensional Systems*, F. Kappel and W. Schappacher (eds.), Lect. Notes Math. 1076, Springer, Berlin, pp.86-100.

[155] G. Greiner (1989), Semilinear boundary conditions for evolution equations of hyperbolic type, In *Semigroup Theory and Applications*, Ph. Clément, S. Invernizzi, E. Mitidieri, I.I. Vrabie (eds.), Lect. Notes in Pure and Applied Mathematics 116, Marcel Dekker, New York, pp.201-214.

[156] B. T. Grenfell and A. P. Dobson (eds.) (1995), *Ecology of Infectious Diseases in Natural Populations*, Cambridge Univ. Press, Cambridge.

[157] G. Gripenberg (1981), On some epidemic models, *Quart. Appl. Math.* 39: 317-327.

[158] G. Gripenberg (1983a), On a nonlinear integral equation modelling an epidemic in an age-structured population, *J. Reine. Angew. Math.* 341: 54-67.

[159] G. Gripenberg (1983b), An estimate for the solution of a Volterra equation describing an epidemic, *Nonlinear Analysis, Theory, Methods and Applications* 7(2): 161-165.

[160] G. Gripenberg, S-O. Londen and O. Staffans (1990), *Volterra Integral and Functional Equations*, Cambridge Univ. Press, Cambridge.

[161] J. Guckenheimer, G. Oster and A. Ipaktchi (1977), The dynamics of density dependent population models, *J. Math. Biol.* 4: 101-147.

[162] D. Guo and V. Lakshmikantham (1988), *Nonlinear Problems in Abstract Cones*, Academic Press, London.

[163] M. E. Gurtin (1973), A system of equations for age-dependent population diffusion, *J. theor. Biol.* 40: 389-392.

[164] M. E. Gurtin (1983), Some questions and open problems in continuum mechanics and population dynamics, *J. Diff. Equ.* 48: 293-312.

[165] M. E. Gurtin and R. C. MacCamy (1974), Non-linear age-dependent population dynamics, *Arch. Rat. Mech. Anal.* 54: 281-300.

[166] M. E. Gurtin and R. C. MacCamy (1977), On the diffusion of biological populations, *Math. Biosci.* 33: 35-49.

[167] M. E. Gurtin and R. C. MacCamy (1979a), Some simple models for nonlinear age-dependent population dynamics, *Math. Biosci.* 43: 199-211.

[168] M. E. Gurtin and R. C. MacCamy (1979b), Population dynamics with age dependence, In *Nonlinear Analysis and Mechanics: Heriot-Watt Symposium*, Vol. III, R. J. Knops (ed.), Pitman, London, pp.1-35.

[169] M. Gyllenberg and G. F. Webb (1992), Asynchronous exponential growth of semigroups of nonlinear operators, *J. Math. Anal. Appl.* 167: 443-467.

[170] K. P. Hadeler (1989a), Pair formation in age-structured populations, *Acta. Applic. Math.* 14: 91-102.

[171] K. P. Hadeler (1989b), Modeling AIDS in structured populations, In *Bulletin of the International Statistical Institute, Proceedings of the 47th Session*, Volume LIII, Book 1, Paris, pp.83-99.

[172] K. P. Hadeler (1992a), Periodic solutions of homogeneous equations, *J. Diff. Equ.* 95: 183-202.

[173] K. P. Hadeler (1992b), Structured population models for HIV infection pair formation and non-constant infectivity, In *AIDS Epidemiology Methodological Issues*, N. P. Jewell, K. Dietz and V. T. Farewell (eds.), Birkhäuser, Boston, pp.156-173.

[174] K. P. Hadeler (1993), Pair formation models with maturation period, *J. Math. Biol.* 32: 1-15.

[175] K. P. Hadeler and K. Ngoma (1990), Homogeneous models for sexually transmitted diseases, *Rocky Mountain Journal of Mathematics* 20(4): 967-986.

[176] K. P. Hadeler, R. Waldstätter and A. Wörz-Busekros (1988), Models for pair formation in bisexual populations, *J. Math. Biol.* 26: 635-649.

[177] J. B. S. Haldane (1926), A mathematical theory of natural and artificial selection. Part IV, *Proc. Camb. Phil. Soc.* 23: 607-615.

[178] J. K. Hale (1988), *Asymptotic Behavior of Dissipative Systems*, Mathematical Survey and Monographs 25, Amer. Math. Soc., Providence.

[179] H. Heesterbeek (1992), R_0, PhD Thesis, Centrum voor Wiskunde en Informatica, Amsterdam.

[180] H. J. A. M. Heijmans (1985), *Dynamics of Structured Populations*, PhD Thesis, University of Leiden.

[181] H. J. A. M. Heijmans (1986), The dynamical behaviour of the age-size-distribution of a cell population, In *The Dynamics of Physiologically Structured Populations*, J. A. J. Metz and O. Diekmann (eds.), Lect. Notes Biomath. 68, Springer, Berlin, pp.185-202.

[182] L. Henry (1976), *Population: Analysis and Models*, Edward Arnold, London.

[183] H. W. Hethcote (1974), Asymptotic behaviour and stability in epidemic models, In *Mathematical Problems in Biology*, P. van den Driessche (ed.), Lect. Notes Biomath. 2, Springer, Berlin, pp.83-92.

[184] H. W. Hethcote (2000), The mathematics of infectious diseases, *SIAM Review* 42(4): 599-653.

[185] M. W. Hirsch (1982), Systems of differential equations which are competitive or cooperative. I: Limit sets, *SIAM J. Math. Anal.* 13(2): 167-179.

[186] M. W. Hirsch and S. Smale (1974), *Differential Equations, Dynamical Systems, and Linear Argebra*, Academic Press, New York. [邦訳 スメール, ハーシュ『力学系入門』, 田村一郎・水谷忠良・新井紀久子 訳, 岩波書店, 1976.]

[187] J. Hofbauer and K. Sigmund (1998), *Evolutionary Games and Population Dynamics*, Cambridge Univ. Press, Cambridge. [邦訳 ホッフバウアー, シグムント『進化ゲームと微分方程式』, 竹内康博・佐藤一憲・宮崎倫子 訳, 現代数学社, 2001.]

[188] E. Hopf (1963), An inequality for positive linear integral operator, *J. Math. Mech.* 12(5): 683-692.

[189] F. Hoppensteadt (1974), An age dependent epidemic model, *J. Franklin Inst.* 297(5): 325-333.

[190] F. Hoppensteadt (1975), *Mathematical Theories of Populations: Demographics, Genetics and Epidemics*, Society for Industrial and Applied Mathematics, Philadelphia.

[191] F. C. Hoppensteadt (1976), A nonlinear renewal equation with periodic and chaotic solutions, *SIAM-AMS Proceedings* 10: 51-60.

[192] F. Hoppensteadt (1982), *Mathematical Methods of Population Biology*, Cambridge Univ. Press, Cambridge.

[193] P. H. Hsu and A. G. Fredrickson (1975), Population-changing processes and the dynamics of sexual populations, *Math. Biosci.* 26: 55-78.

[194] X. C. Huang (1990), An age-dependent population model and its operator, *Physica D* 41: 356-370.

[195] J. M. Hyman and E. Ann Stanley (1988), Using mathematical models to understand the AIDS epidemic, *Math. Biosci.* 90: 415-473.

[196] M. Iannelli (1985), Mathematical problems in the description of age structured populations, In *Mathematics in Biology and Medicine*, Lect. Notes Biomath. 57, Springer, Berlin, pp.19-32.

[197] M. Iannelli (1995), *Mathematical Theory of Age-Structured Population Dynamics*, Giardini Editori e Stampatori in Pisa.

[198] M. Iannelli, R. Loro, F. Milner, A. Pugliese and G. Rabbiolo (1992), An AIDS model with distributed incubation and variable infectiousness: Applications to IV drug users in Latium, Italy, *Eur. J. Epidemiol.* 8(4): 585-593.

[199] M. Iannelli and M. Martcheva (1997), A semigroup approach to the well posedness of an age-structured two-sex population model, *Dynamic Systems and Applications* 6: 353-370

[200] M. Iannelli and M. Martcheva (2001), Homogeneous dynamical systems and age-structured SIR model with proportionate mixing incidence, preprint.

[201] J. Impagliazzo (1985), *Deterministic Aspects of Mathematical Demography*, Springer, Berlin.

[202] 稲葉 寿 (1986a), 期間合計特殊出生率とコーホート出生率の関係について,『人口問題研究』178: 48-53.

[203] 稲葉 寿 (1986b), 多地域人口成長の離散時間モデルについて,『人口問題研究』179: 1-15.

[204] 稲葉 寿 (1987), 多次元安定人口理論の数学的基礎 I：古典論,『人口問題研究』184: 52-77.

[205] H. Inaba (1988a), A semigroup approach to the strong ergodic theorem of the multistate stable population process, *Math. Popul. Studies* 1(1): 49-77.

[206] H. Inaba (1988b), Asymptotic properties of the inhomogeneous Lotka-Von Foerster system, *Math. Popul. Studies* 1(3): 247-264.

[207] 稲葉 寿 (1988c), 多地域人口成長モデルにおけるパラメータ推定問題について,『人口問題研究』187: 29–45.

[208] H. Inaba (1989a), Weak ergodicity of population evolution processes, *Math. Biosci.* 96: 195-219.

[209] H. Inaba (1989b), *Functional Analytic Approach to Age-Structured Population Dynamics*, PhD Thesis, University of Leiden.

[210] H. Inaba (1990), Threshold and stability results for an age-structured epidemic model, *J. Math. Biol.* 28: 411-434.

[211] 稲葉 寿 (1992a), 初婚過程によって再生産される人口のダイナミカル・モデルとその応用, 『人口問題研究』47(4): 15-34.

[212] H. Inaba (1992b), Strong ergodicity for perturbed dual semigroups and application to age-dependent population dynamics, *J. Math. Anal. Appl.* 165(1): 102-132.

[213] H. Inaba (1993a), *A Mathematical Model for Human Population Reproduction by Iterative Marriage*, Working Paper Series 18, Institute of Population Problems, Tokyo.

[214] H. Inaba (1993b), *An Age-Structured Two-Sex Model for Human Population Reproduction by First Marriage*, Working Paper Series 15, Institute of Population Problems, Tokyo.

[215] 稲葉 寿 (1993c), HIV/AIDS 感染の Invasion Problem について, In *Mathematical Topics in Biology*, 数理解析研究所講究録 827, 京都大学数理解析研究所: 32-44.

[216] 稲葉 寿 (1994a), 流行初期における HIV 感染者数の推定とコントロール戦略, 『人口問題研究』49(4): 23-33.

[217] 稲葉 寿 (1994b), 日本のエイズの動向と HIV 感染者数の推定について, 『人口問題研究』50(4): 31-44.

[218] 稲葉 寿 (1994c), HIV/AIDS 感染の Invasion Problem: Part II -Pair Formation and Variable Infectivity-, In *Mathematical Topics in Biology*, 数理解析研究所講究録 870, 京都大学数理解析研究所: 95-111.

[219] H. Inaba (1995a), Human population reproduction via first marriage, *Math. Popul. Studies* 5(2):123-144.

[220] H. Inaba (1995b), The exponential phase of HIV/AIDS epidemic in Japan, 「数理生物学における決定論・確率モデルの基礎理論的研究」, 統計数理研究所共同研究リポート 76, 統計数理研究所, pp.55-66.

[221] H. Inaba (1997a), Calculating R_0 for HIV infection via pair formation, In *Advances in Mathematical Population Dynamics -Molecules, Cells and Man*, O. Arino, D. Axelrod and M. Kimmel (eds.), World Scientific, Singapore, pp.355-382.

[222] 稲葉 寿 (1997b), 数理人口学の発展, 『人口学研究』第 21 号: 7-17.

[223] H. Inaba (1998), Mathematical analysis for an evolutionary epidemic model, In *Mathematical Models in Medical and Health Sciences*, M. A. Horn, G. Simonett and G. F. Webb (eds.), Vanderbilt University Press, Nashville and London, pp.213-236.

[224] 稲葉 寿 (1999), 人口と伝染病の数理,「関数方程式の方法と応用」, 数理解析研究所講究録 1083, 京都大学数理解析研究所: 75-104.

[225] H. Inaba (2000a), Persistent age distributions for an age-structured two-sex population model, *Math. Popul. Studies* 7(4): 365-398.

[226] 稲葉 寿 (2000b), 出生力のエイジ・シフトの効果についての注意, 『人口学研究』第 26 号: 21-27.

[227] H. Inaba (2001a), Kermack and McKendrick revisited: The variable susceptibility model for infectious diseases, *Japan J. Indust. Appl. Math.* 18(2): 273-292.

[228] H. Inaba (2001b), Endemic threshold and stability in an evolutionary epidemic model, to appear in the IMA Volume on *Mathematical Approaches for Emerging and Reemerging Infectious Diseases: Models, Methods, and Theory*, Springer.

[229] H. Inaba (2002), Nonlinear dynamics of open marine population with space-limited recruitment: The case of mortality control, to appear in *J. Math. Anal. Appl.*.

[230] Institute of Medicine, National Academy of Science (1988), Confronting AIDS Update, National Academy Press, Washington, D. C. [邦訳『続エイズとの闘い Update』, 西岡久壽彌・南谷幹夫 監訳, 同文書院 1988.]

[231] V. Isham and G. Medley (eds.) (1996), *Models for Infectious Human Diseases: Their Structure and Relation to Data*, Cambridge Univ. Press, Cambridge.

[232] 伊藤達也 (1978), 1960 年代以降のわが国出生変動についての人口学的一試論, 『人口問題研究』148: 24-43.

[233] 伊藤達也・坂東里江子 (1989), 1980 年代前半における結婚出生力の動向, 『人口問題研究』189: 51-69.

[234] 巌佐 庸 (1990), 『数理生物学入門：生物社会のダイナミクスを探る』, HBJ 出版局, 東京. [1998 年に共立出版から再販.]

[235] J. C. Jager and E. J. Ruitenberg (eds.) (1988), *Statistical Analysis and Mathematical Modelling of AIDS*, Oxford Univ. Press, Oxford.

[236] J. C. Jager and E. J. Ruitenberg (eds.) (1992), *AIDS Impact Assessment: Modelling and Scenario Analysis*, Elsevier, Amsterdam.

[237] N. P. Jewell, K. Dietz and V. T. Farewell (eds.) (1992), *AIDS Epidemiology: Methodological Issues*, Birkhäuser, Boston.

[238] K. Jörgens (1958), An asymptotic expansion in the theory of neutron transport, *Commu. Pure Appl. Math.* 11: 219-242.

[239] 梯 正之 (1990), 数理モデルによる麻疹予防接種の効果分析, 『日本公衆衛生学雑誌』7: 481-489.

[240] M. Kakehashi (1998), Mathematical analysis of the spread of HIV/AIDS in Japan, *IMA J. Math. Appl. Med. Biol.* 15: 1-13.

[241] M. Kakehashi (2000), Validity of simple pair formation model for HIV spread with realistic parameter setting, *Math. Popul. Studies* 8(3): 279-292.

[242] E. H. Kaplan and M. L. Brandeau (eds.) (1994), *Modeling the AIDS Epidemic: Planning, Policy, and Prediction*, Raven Press, New York.

[243] 河田龍夫 (1952), 『応用数学概論 II』, 岩波書店, 東京.

[244] N. Keiding and J. M. Hoem (1976), Stochastic stable population theory with continuous time. I, *Scand. Actuarial J. 1976*: 150-175.

[245] D. G. Kendall (1949), Stochastic processes and population growth, *J. Roy. Stat. Soc.* B 11: 230-264.

[246] D. G. Kendall (1956), Deterministic and stochastic epidemics in closed populations, In *Proceedings of the Third Berkeley Symposium on Mathematical Statistics and Probability*, J. Neyman (ed.), Vol. IV, California Univ. Press: 149-165.

[247] W. O. Kermack and A. G. McKendrick (1927), Contributions to the mathematical theory of epidemics I, *Proceedings of the Royal Society* 115A: 700-721. (Reprinted in *Bulletin of Mathematical Biology* 53(1/2): 33-55, 1991.)

[248] W. O. Kermack and A. G. McKendrick (1932), Contributions to the mathematical theory of epidemics II. The problem of endemicity, *Proceedings of the Royal Society* 138A: 55-83. (Reprinted in *Bulletin of Mathematical Biology* 53(1/2): 57-87, 1991.)

[249] W. O. Kermack and A. G. McKendrick (1933), Contributions to the mathematical theory of epidemics III. Further studies of the problem of endemicity, *Proceedings of the Royal Society* 141A: 94-122. (Reprinted in *Bulletin of Mathematical Biology* 53(1/2): 89-118, 1991.)

[250] W. O. Kermack and A. G. McKendrick (1936), The solution of sets of simultaneous integral equations related to the equation of Volterra, *Proc. London Math. Soc.*, Ser. 2, 41: 462-482.

[251] W. O. Kermack and A. G. McKendrick (1937), Contributions to the mathematical theory of epidemics IV. Analysis of experimental epidemics of the virus disease mouse ectromelia, *Journal of Hygiene, Cambridge* 37: 172-187.

[252] W. O. Kermack and A. G. McKendrick (1939), Contributions to the mathematical theory of epidemics V. Analysis of experimental epidemics of mouse typhoid; A bacterial disease conferring incomplete immunity, *Journal of Hygiene, Cambridge* 39: 271-288.

[253] N. Keyfitz (1972a), The mathematics of sex and marriage, In *Proceedings of the Sixth Berkeley Symposium on Mathematical Statistics and Probability*, Vol. 4, *Biology and Health*, California Univ. Press, Berkeley: 89-108.

[254] N. Keyfitz (1972b), Population waves, In *Population Dynamics*, T. N. E. Greville (ed.), Academic Press, New York, pp.1-38.

[255] N. Keyfitz (1977), *Introduction to the Mathematics of Population with Revisions*, Addison-Wesley, Reading.

[256] N. Keyfitz (1985), *Applied Mathematical Demography*, 2nd Edition, Springer, New York.

[257] S. E. Kingsland (1995), *Modeling Nature*, 2nd Edition, Chicago Univ. Press, Chicago and London.

[258] D. Kirschner (1996), Using mathematics to understand HIV immune dynamics, *Notices of the AMS*, 43(2): 191-202.

[259] D. E. Kirschner and G. F. Webb (1997), A mathematical model of combined drug therapy of HIV infection, *J. Theoretical Medicine* 1(1): 25-34.

[260] H. Knolle (1990), Age preference in sexual choice and the basic reproduction number of HIV/AIDS, *Biom. J.* 32(2): 243-256.

[261] 小北英輝，横山 聡，稲葉 寿，合原一幸 (1999), C 型慢性ウィルス性肝炎の数理モデル，『電子情報通信学会論文誌』A, Vol.J 82-A No.3: 365-374.

[262] 国立社会保障・人口問題研究所 (2000),『人口統計資料集』, 研究資料第 299 号.

[263] T. Kostova and F. Milner (1991), Nonlinear age-dependent population dynamics with constant size, *SIAM J. Math. Anal.* 22(1): 129-137.

[264] M. A. Krasnoselskii (1964a), *Positive Solutions of Operator Equations*, Noordhoff, Groningen.

[265] M. A. Krasnoselskii (1964b), *Topological Methods in the Theory of Nonlinear Integral Equations*, Pergamon Press, London.

[266] M. A. Krasnosel'skij, Je. A. Lifshits and A. V. Sobolev (1986), *Positive Linear Systems—The Method of Positive Operators—*, Heldermann Verlag, Berlin.

[267] M. G. Krein and M. A. Rutman (1948), Linear operators leaving invariant a cone in a Banach space, *Uspehi. Mat. Nauk.* 3: 3-95 (in Russian); English translation: *Amer. Math. Soc. Transl.* (1), 10: 199-325, (1950).

[268] L. Lamas (1985), *Birth Intervals, Parity Specific Fertility, and Stable Populations*, Ph.D. dissertation, University of Wisconsin.

[269] L. Lamberti and P. Vernole (1981), Existence and asymptotic behaviour of solutions of an age structured population model, *Bollettino U.M.I. Analisi Funzionale e Applicazioni* Series V, Vol.XVIII -C,N.1, pp.119-139.

[270] L. Lamberti and P. Vernole (1982), An age structured epidemic model - asymptotic behaviour, *Bollettino U. M. I. Analisi Funzionale e Applicazioni*, Serie VI, Vol.1-C.N.1, pp.145-158.

[271] K. C. Land and A. Rogers (eds.) (1982), *Multidimensional Mathematical Demography*, Academic Press, New York.

[272] H. L. Langhaar (1972), General population theory in age-time continuum, *J. Franklin Inst.* 293(3): 199-214.

[273] A. Lasota and J. A. Yorke (1996), When the long-time behavior is independent of the initial density, *SIAM J. Math. Anal.* 27(1): 221-240.

[274] H. A. Lauwerier (1984), *Mathematical Models of Epidemics*, 2nd printing, Mathematical Centre Tracts 138, Mathematisch Centrum, Amsterdam.

[275] H. Le Bras (1971), Équilibre et croissance de populations soumises à des migrations, *Theor. Popul. Biol.* 2: 100-121.

[276] J. Ledent and A. Rogers (1988), Stable growth in native-dependent multistate population dynamics, *Math. Popul. Studies* 1(2): 157-171.

[277] R. Lee (1974), The formal dynamics of controlled populations and the echo, the boom and the bust, *Demography* 11(4): 563-585.

[278] P. H. Leslie (1945), On the use of matrices in certain population mathematics, *Biometrika* 33(3): 183-212.

[279] P. H. Leslie (1948), Some further notes on the use of matrices in population mathematics, *Biometrika* 35(3/4): 213-245.

[280] B. R. Levin, J. J. Bull and F. M. Stewart (1996), The intrinsic rate of increase of HIV/AIDS: Epidemiological and evolutionary implications, *Math. Biosci.* 132: 69-96.

[281] J. Li (1988), Persistence and extinction in continuous age-structured population models, *Comput. Math. Applic.* 15(6-8): 511-523.

[282] X. Z. Li, G. Gupur and G. T. Zhu (2001), Threshold and stability results for an age-structured SEIR epidemic model, *Comp. Math. Appls.* 42: 883-907.

[283] A. Lopez (1961), *Problems in Stable Population Theory*, Office of Population Research, Princeton Univ. Press, Princeton.

[284] L. F. Lopez and F. A. B. Coutinho (2000), On the uniqueness of the positive solution of an integral equation which appears in epidemiological models, *J. Math. Biol.* 40: 199-228.

[285] A. J. Lotka (1907), Relations between birth rates and death rates, *Science* N. S. 26: 21-22.

[286] A. J. Lotka (1923), Contribution to the analysis of maralia epidemiology. I. General part, Supplement to the *Amer. J. Hygiene* 3: 1-37. [Republished in *The Golden Age of Theoretical Ecology: 1923-1940*, F. M. Scudo and J. R. Ziegler (eds.) (1978), Lect. Notes Biomath. 22, Springer, Berlin, pp. 302-347.]

[287] A. J. Lotka (1925), *Elements of Physical Biology*, The Williams and Wilkins Co., Inc. [Republished as *Elements of Mathematical Biology*, Dover, New York, 1956.]

[288] A. J. Lotka (1931), The structure of a growing population, *Hum. Biol.* 3: 459-493.

[289] A. J. Lotka (1937a), A historical error corrected, *Hum. Biol.* 9: 104-107.

[290] A. J. Lotka (1937b), Population analysis: a theorem regarding the stable age distribution, *J. Washington Acad. Sci.* 27(7): 299-303.

[291] A. J. Lotka (1939a), On an integral equation in population analysis, *Ann. Math. Stat.* 10: 144-161.

[292] A. J. Lotka (1939b), *Théorie Analytique des Associations Biologiques. Deuxième Partie: Analyse Démographique avec Application Particulière è l'Espèce Humaine.* (Actualités Scientifiques et Industrielles, No. 780), Hermann et Cie, Paris.

[293] W. Lutz, W. Sanderson and S. Scherbov (2001), The end of world population growth, *Nature* 412: 543-545.

[294] R. C. MacCamy (1981), A population model with nonlinear diffusion, *J. Diff. Equ.* 39: 52-72.

[295] T. R. Malthus (1798), *An Essay on the Principle of Population*, First Edition, London.

[296] P. Marcati (1981), Asymptotic behavior in age-dependent population dynamics with hereditary renewal law, *SIAM J. Math. Anal.* 12(6): 904-916.

[297] P. Marcati (1982), On the global stability of the logistic age-dependent population growth, *J. Math. Biol.* 15: 215-226.

[298] I. Marek (1970), Frobenius theory of positive operators: Comparison theorems and applications, *SIAM J. Appl. Math.* 19: 607-628.

[299] M. Martcheva (1999), Exponential growth in an age-structured two-sex populations, *Math. Biosci.* 157: 1-22.

[300] M. Martcheva and F. A. Milner (1999), A two-sex age-structured population model: Well-posedness, *Math. Popul. Studies* 7(2): 111-129.

[301] M. Martcheva and F. A. Milner (2001), The mathematics of sex and marriage, revisited, *Math. Popul. Studies* 9(2): 123-141.

[302] M. Martelli, K. Cooke, E. Cumberbatch, B. Tang and H. Thieme (eds.), *Differential Equations and Applications to Biology and Industry*, World Scientific, Singapore.

[303] T. Matsumoto, S. Oharu and H. R. Thieme (1996), Nonlinear perturbations of a class of integral semigroups, *Hiroshima Math. J.* 26(3): 433-473.

[304] R. May and R. M. Anderson (1985), Endemic infections in growing populations, *Math. Biosci.* 77: 141-156.

[305] A. G. McKendrick (1926), Application of mathematics to medical problems, *Proc. Edinburgh Math. Soc.* 44: 98-130.

[306] A. G. McKendrick and M. Kesava Pai (1911), The rate of multiplication of micro-organisms: A mathematical study, *Proc. Edinburgh Math. Soc.* 31: 649-655.

[307] A. McLean (1986), Dynamics of childhood infections in high birthrate countries, In *Immunology and Epidemiology*, G. W. Hoffmann and T. Hraba (eds.), Lect. Notes Biomath. 65, Springer, Berlin, pp.171-197.

[308] J. A. J. Metz (1978), The epidemic in a closed population with all susceptibles equally vulnerable; some results for large susceptible populations and small initial infections, *Acta Biotheoretica* 27(1/2): 75-123.

[309] J. A. J. Metz and O. Diekmann (1986), *The Dynamics of Physiologically Structured Populations*, Lect. Notes in Biomath. 68, Springer, Berlin.

[310] R. K. Miller (1968), On the linearization of Volterra integral equations, *J. Math. Anal. Appl.* 23: 198-208.

[311] R. K. Miller (1971), *Nonlinear Volterra Integral Equations*, Benjamin, Menlo Park.

[312] S. Mitra (1983), Generalization of the immigration and the stable population model, *Demography* 20(1): 111-115.

[313] S. Mitra and P. Cerone (1986), Migration and stability, *Genus* Vol. XLII-n, 1-2: 1-12.

[314] C. J. Mode (1985), *Stochastic Processes in Demography and Their Computer Implementation*, Springer, Berlin.

[315] C. J. Mode and M. A. Salsburg (1993), On the formulation and computer implementation of an age-dependent two-sex demographic model, *Math. Biosci.* 118: 211-240.

[316] D. Mollison (ed.) (1995), *Epidemic Models: Their Structure and Relation to Data*, Cambridge Univ. Press, Cambridge.

[317] 森田優三 (1944),『人口増加の分析』, 日本評論社, 東京.

[318] J. Müller (1998), Optimal vaccination patterns in age-structured populations, *SIAM J. Appl. Math.* 59(1): 222-241.

[319] R. Nagel (ed.) (1986), *One-Parameter Semigroups of Positive Operators*, Lect. Notes Math. 1184, Springer, Berlin.

[320] 二階堂副包 (1961),『経済のための線形数学』, 培風館, 東京.

[321] H. T. J. Norton (1928), Natural selection and Mendelian variation, *Proc. Lond. Math. Soc.* 28: 1-45.

[322] F. W. Notestein (1950), Alfred James Lotka 1880-1949, *Population Index* 16: 22-29.

[323] M. A. Nowak and R. M. May (1991), Mathematical biology of HIV infections: Antigenic variation and diversity threshold, *Math. Biosci.* 106(1): 1-21.

[324] M. A. Nowak and R. M. May (2000), *Virus Dynamics: Mathematical Principles of Immunology and Virology*, Oxford Univ. Press, Oxford.

[325] R. D. Nussbaum (1988), *Hilbert's Projective Metric and Iterated Nonlinear Maps*, Memoirs of the American Mathematical Society Vol. 75, Nr. 391, Providence R.I..

[326] R. D. Nussbaum (1989), *Iterated Nonlinear Maps and Hilbert's Projective Metric, II*, Memoirs of the American Mathematical Society Vol. 79, Nr. 401, Providence R.I..

[327] R. D. Nussbaum (1990), Some nonlinear weak ergodic theorems, *SIAM J. Math. Anal.* 21(2): 436-460.

[328] 大田邦昌 (1972), 自由生物集団の成長理論,『生物科学』23(4): 203-217.

[329] 大田邦昌 (1973a), 世代の重なる生物集団の成長特性 (1),『生物科学』24(4): 214-221.

[330] 大田邦昌 (1973b), 世代の重なる生物集団の成長特性 (2),『生物科学』25(3): 163-168.

[331] 大田邦昌 (1975), 個体成長の古典的モデルとダイナミカルシステム,『生物科学』27(2): 103-112.

[332] 大久保 明 (1975), 『生態学と拡散』, 築地書館, 東京.

[333] A. M. Ostrowski (1964), Positive matrices and functional analysis, In *Recent Advances in Matrix Theory*, H. Schrecher (ed.), Wisconsin Univ. Press, Madison, pp.81-101.

[334] A. Pazy (1983), *Semigroups of Linear Operators and Applications to Partial Differential Equations*, Springer, Berlin.

[335] R. Pearl and L. J. Reed (1920), The rate of growth of the population of the United States since 1790 and its mathematical representation, *Proc. Natl. Acad. Sci.* 6: 275-288.

[336] C. M. Pease (1987), An evolutionary epidemiological mechanism, with applications to type A influenza, *Theor. Popul. Biol.* 31: 422-452.

[337] R. A. Pollak (1990a), Two-sex demographic models, *Journal of Political Economy*, 98(2): 399-420.

[338] R. A. Pollak (1990b), Two-sex population models and classical stable population theory, In *Convergent Issues in Genetics and Demography*, J. Adams, A. Hermalin, D. Lam and P. Smouse (eds.), Oxford Univ. Press, Oxford, pp.317-333.

[339] A. H. Pollard (1948), The measurement of reproductivity, *J. Inst. Actuaries* 74: 288-318.

[340] J. H. Pollard (1973), *Mathematical Models for the Growth of Human Populations*, Cambridge Univ. Press, Cambridge.

[341] S. H. Preston (1983), An integrated system for demographic estimation from two age distributions, *Demography* 20(2): 213-226.

[342] S. H. Preston and A. J. Coale (1982), Age structure, growth, attrition, and accession: A new synthesis, *Population Index* 48(2): 217-259.

[343] S. H. Preston, P. Heuveline and M. Guillot (2001), *Demography: Measuring and Modeling Population Processes*, Blackwell, Oxford.

[344] J. Prüss (1981), Equilibrium solutions of age-specific population dynamics of several species, *J. Math. Biol.* 11: 65-84.

[345] J. Prüss (1983a), Stability analysis for equilibria in age-specific population dynamics, *Nonlinear Analysis, Theory, Methods and Applications* 7(12): 1291-1313.

[346] J. Prüss (1983b), On the qualitative behaviour of populations with age-specific interactions, *Comp. Maths. with Appls.* 9(3): 327-339.

[347] J. Prüss and W. Schappacher (1994a), Persistent age-distributions for a pair-formation model, *J. Math. Biol.* 33: 17-33.

[348] J. Prüss and W. Schappacher (1994b), Semigroup methods for age-structured population dynamics, In *Jahrbuch Überblicke Mathematik 1994*, S. D. Chatterji, B. Fuchssteiner, U. Kulisch and R. Liedl (eds.), Vieweg, pp.74-90.

[349] A. Rogers (1975), *Introduction to Multiregional Mathematical Demography*, John Wiley, New York.

[350] A. Rogers (1995), *Multiregional Demography: Principles, Methods and Extensions*, Wiley, New York.

[351] A. Rogers and F. J. Willekens (1986), *Migration and Settlement: A Multiregional Comparative Study*, D. Reidel, Dordrecht.

[352] J. Reddingius (1971), Notes on the mathematical theory of epidemics, *Acta Biotheoretica* 20: 125-157.

[353] C. Rorres (1976), Stability of an age specific population with density dependent fertility, *Theor. Popul. Biol.* 10: 26-46.

[354] C. Rorres (1979a), Local stability of a population with density-dependent fertility, *Theor. Popul. Biol.* 16: 283-300.

[355] C. Rorres (1979b), A nonlinear model of population growth in which fertility is dependent on birth rate, *SIAM J. Appl. Math.* 37(2): 423-432.

[356] K. H. Rosen (1983), Mathematical models for polygamous mating systems, *Mathematical Modelling* 4: 27-39.

[357] J. Roughgarden, Y. Iwasa and C. Baxter (1985), Demographic theory for an open marine population with space-limited recruitment, *Ecology* 66(1): 54-67.

[358] S. I. Rubinow (1978), Age-structured equations in the theory of cell populations, In *Studies in Mathematical Biology Part II: Populations and Communities*, S. A. Levin (ed.), Studies in Mathematics 16, The Mathematical Association of America, pp.389-410.

[359] S. I. Rubinow and R. O. Berger (1979), Time-dependent solution to age-structured equations for sexual populations, *Theor. Popul. Biol.* 16: 35-47.

[360] W. Rundell (1989), Determining the birth function for an age structured population, *Math. Popul. Stud.* 1(4): 377-395.

[361] W. Rundell (1993), Determining the death rate for an age-structured population from census data, *SIAM J. Appl. Math.* 53(6): 1731-1746.

[362] R. Rundnicki and M. C. Mackey (1994), Asymptotic similarity and Malthusian growth in autonomous and nonautonomous populations, *J. Math. Anal. Appl.* 187: 548-566.

[363] P. A. Samuelson (1976), Resolving a historical confusion in population analysis, *Human Biology* 48: 559-580.

[364] D. A. Sanchez (1985), Iteration and nonlinear equations of age-dependent population growth with a birth window, *Math. Biosci.* 73: 61-69.

[365] 佐藤總夫 (1987),『自然の数理と社会の数理 ： 微分方程式で解析する II』, 日本評論社, 東京.

[366] I. Sawashima (1964), On spectral properties of some positive operators, *Nat. Sci. Report Ochanomizu Univ.* 15: 53-64.

[367] H. H. Schaefer (1974), *Banach Lattices and Positive Operators*, Springer, Berlin.

[368] R. Schoen (1988), *Modeling Multigroup Populations*, Plenum Press, New York and London.

[369] A. Schumitzky and T. Wenska (1975), An operator residue theorem with applications to branching processes and renewal type integral equations, *SIAM J. Math. Anal* 6: 229-235.

[370] J. A. Schumpeter (1932), Ladislaus von Bortkiewicz (Aug. 7, 1868-July 15, 1931), *The Economic Journal* 42: 338-340.

[371] S. Scott and C. J. Duncan (1998), *Human Demography and Diseases*, Cambridge Univ. Press, Cambridge.

[372] F. M. Scudo and J. R. Ziegler (eds.) (1978), *The Golden Age of Theoretical Ecology: 1923-1940*, Lect. Notes Biomath. 22, Springer, Berlin.

[373] E. Seneta (1981), *Non-negative Matrices and Markov Chain*, 2nd Edition, Springer, Berlin.

[374] F. R. Sharpe and A. J. Lotka (1911), A problem in age-distribution, *Philosophical Magazine*, Series 6, Vol. 21: 435-438.

[375] 重定南奈子 (1992), 『侵入と伝播の数理生態学』, UP バイオロジー 92, 東京大学出版会, 東京.

[376] N. Shigesada and K. Kawasaki (1997), *Biological Invasion: Theory and Practice*, Oxford Univ. Press, Oxford.

[377] J. W. Sinko and W. Streifer (1967), A new model for age-size structure of a population, *Ecology* 48(6): 910-918.

[378] D. Smith and N. Keyfitz (1977), *Mathematical Demography: Selected Papers*, Springer, Berlin.

[379] J. Song, C. H. Tuan and J. Y. Yu (1985), *Population Control in China: Theory and Applications*, Praeger, New York.

[380] J. Song and J. Yu (1988), *Population System Control*, Springer, Berlin.

[381] J. Song, J. Yu, C. Liu, L. Zhang and G. Zhu (1986), Spectral properties of population evolution and controllability of population system, *Scientia Sinica* (Series A), Vol. XXIX, No. 8: 800-812.

[382] H. E. Soper (1929), The interpretation of periodicity in disease prevalence, *J. Roy. Stat. Soc.* 92: 34-73

[383] O. V. Staroverov (1977), Reproduction of the structure of the population and marriage, (Russian) *Ekonomika i matematiceskije metody* 13: 72-82.

[384] J. P. Süssmilch (1761), *Die göttliche Ordnung*, 2nd Edition (4th Edition, 1798), Berlin.

[385] J. H. Swart (1987), On the Gurtin-MacCamy conjecture concerning the stability of a simple nonlinear age-dependent population model, *Math. Biosci.* 85: 127-143.

[386] K. E. Swick (1977), A nonlinear age-dependent model of single species population dynamics, *SIAM J. Appl. Math.* 32(2): 484-498.

[387] K. E. Swick (1980), Periodic solutions of a nonlinear age-dependent model of single species population dynamics, *SIAM J. Math. Anal.* 11(5): 901-910.

[388] K. E. Swick (1981a), A nonlinear model for human population dynamics, *SIAM J. Appl. Math.* 40(2): 266-278.

[389] K. E. Swick (1981b), Stability and bifurcation in age-dependent population dynamics, *Theor. Popul. Biol.* 20: 80-100.

[390] K. E. Swick (1985), Some reducible models of age dependent dynamics, *SIAM J. Appl. Math.* 45(2): 256-267.

[391] 館 稔 (1956), 日本人口基本構造の変動 — 出生および死亡の変動との関連において, 『人口問題研究所年報』昭和 31 年度: 1-5.

[392] 高木尚文 (1956), 安定人口理論における一考察, 『人口問題研究』63: 42-49.

[393] 寺本 英 (1997), 『数理生態学』, 朝倉書店, 東京.

[394] H. R. Thieme (1977), A model for the spatial spread of an epidemic, *J. Math. Biol.* 4: 337-351.

[395] H. R. Thieme (1979), Asymptotic estimate of the solutions of nonlinear integral equations and asymptotic speeds for the spread of populations, *J. reine angew. Math.* 306: 94-121.

[396] H. R. Thieme (1984), Renewal theorems for linear periodic Volterra integral equations, *J. Inte. Equ.* 7: 253-277.

[397] H. R. Thieme (1985), Renewal theorems for some mathematical models in epidemiology, *J. Inte. Equ.* 8: 185-216.

[398] H. R. Thieme (1988), Asymptotic proportionality (weak ergodicity) and conditional asymptotic equality of solutions to time-heterogeneous sublinear difference and differential equations, *J. Diff. Equ.* 73: 237-268.

[399] H. R. Thieme (1990), Semiflows generated by Lipschitz perturbations of non-densely defined operators, *Differential and Integral Equations* 3(6): 1035-1066.

[400] H. R. Thieme (1991a), Analysis of age-structured population models with additional structure, In *Mathematical Population Dynamics*, O. Arino, D. E. Axelrod and M. Kimmel (eds.), Marcel Dekker, New York, pp.115-126.

[401] H. R. Thieme (1991b), Stability change for the endemic equilibrium in age-structured models for the spread of S-I-R type infectious diseases, In *Differential Equation Models in Biology, Epidemiology and Ecology*, Lect. Notes in Biomath. 92, Springer, Berlin, pp.139-158.

[402] H. R. Thieme (1998a), Balanced exponential growth of operator semigroups, *J. Math. Anal. Appl.* 223: 30-49.

[403] H. R. Thieme (1998b), Positive perturbation of operator semigroups: Growth bounds, essential compactness, and asynchronous exponential growth, *Discrete and Continuous Dynamical Systems* 4(4): 735-764.

[404] H. R. Thieme (1999), Uniform weak implies uniform strong persistence for non-autonomous semiflows, *Proc. Amer. Math. Soc.* 127(8): 2395-2403.

[405] H. R. Thieme (2000a), Balanced exponential growth for perturbed operator semigroups, *Adv. Math. Sci. Appl.* 10(2): 775-819.

[406] H. R. Thieme (2000b), Uniform persistence and permanence for non-autonomous semiflows in population biology, *Math. Biosci.* 166: 173-201.

[407] H. R. Thieme and C. Castillo-Chavez (1989), On the role of variable infectivity in the dynamics of the human immunodeficiency virus epidemic, In *Mathematical and Statistical Approaches to AIDS Epidemiology*, C. Castillo-Chavez (ed.), Lect. Notes Biomath. 83, Springer, Berlin: 157-176.

[408] H. R. Thieme and C. Castillo-Chavez (1993), How may infection-age-dependent infectivity affect the dynamics of HIV/AIDS ?, *SIAM J. Appl. Math.* 53(5): 1447-1479

[409] H. R. Thieme and J. Yang (2001), An endemic model with variable re-infection rate and applications to influenza, preprint.

[410] W. Timischl (1986), On the process of stabilization in the renewal model: Approximations for the time to convergence, *J. Math. Biol.* 24: 71-79.

[411] I. Todhunter (1949), *A History of the Mathematical Theory of Probability: From the Time of Pascal to that of Laplace*, Chelsea, New York.

[412] E. Trucco (1965a), Mathematical models for cellular systems. The Von Foerster equation. Part I, *Bull. Math. Biophys.* 27: 285-304.

[413] E. Trucco (1965b), Mathematical models for cellular systems. The Von Foerster equation. Part II, *Bull. Math. Biophys.* 27: 449-471.

[414] 辻 正次 (1968), 『複素関数論』, 槇書店, 東京.

[415] S. L. Tucker and S. O. Zimmerman (1988), A nonlinear model of population dynamics containing an arbitrary number of continuous structure variables, *SIAM J. Appl. Math.* 48(3): 549-591

[416] D. W. Tudor (1985), An age-dependent epidemic model with applications to measles, *Math. Biosci.* 73: 131-147.

[417] S. Tuljapurkar (1987), Cycles in nonlinear age-structured models I. Renewal equations, *Theor. Popul. Biol.* 32: 26-41.

[418] S. Tuljapurkar and A. M. John (1991), Disease in changing populations: Growth and disequilibrium, *Theor. Popul. Biol.* 40: 322-353.

[419] 上田耕三 (1978), 安定人口理論とその応用, 『数理科学』No. 176: 52-57.

[420] F. van den Bosch, J. A. J. Metz and O. Diekmann (1990), The velocity of spatial population expansion, *J. Math. Biol.* 28: 529-565.

[421] S. M. Verduyn Lunel (1989), *Exponential Calculus for Linear Delay Equations*, Tract 57, Center for Mathematics and Computer Science, Amsterdam.

[422] S. M. Verduyn Lunel (1990), Series expansions and small solutions for Volterra equations of convolution type, *J. Diff. Equ.* 85: 17-53.

[423] P. F. Verhulst (1838), Notice sur la loi que la population suit dans son accroissement, *Correspondance Mathématique et Physique Publiée par A. Quételet* 10: 113-121.

[424] H. von Foerster (1959), Some remarks on changing populations, In *The Kinetics of Cellular Proliferation*, Grune and Stratton, NY: 382-407.

[425] K. W. Wachter (1984), Lotka's roots under rescalings, *Proc. Natl. Acad. Sci. USA* 81: 3600-3604.

[426] K. E. Wachter (1989), U.S. births and limit cycle models, *Demography* 26(1): 99-115.

[427] K. E. Wachter (1991a), Elusive cycle: Are there dynamically possible Lee-Easterlin models for U.S. births ?, *Population Studies* 45: 109-135.

[428] K. E. Wachter (1991b), Pre-procreative ages in population stability and cyclicity, *Math. Popul. Studies* 3(2): 79-103.

[429] R. Waldstätter (1990), *Models for Pair Formation with Applications to Demography and Epidemiology*, PhD Thesis, University of Tübingen.

[430] P. Waltman (1974), *Deterministic Threshold Models in the Theory of Epidemics*, Lect. Notes Biomath. 1, Springer, Berlin.

[431] G. F. Webb (1979), Compactness of bounded trajectories of dynamical systems in infinite dimensional spaces, *Proc. Roy. Soc. Edinburgh* 84A: 19-33.

[432] G. F. Webb (1980), An age-dependent epidemic model with spatial diffusion, *Arch. Rat. Mech. Anal.* 75: 91-102.

[433] G. F. Webb (1981), A reaction-diffusion model for a deterministic diffusive epidemic, *J. Math. Anal. Appl.* 84: 150-161.

[434] G. F. Webb (1982a), A recovery-relapse epidemic model with spatial diffusion, *J. Math. Biol.* 14: 177-194.

[435] G. F. Webb (1982b), Diffusive age-dependent population models and an application to genetics, *Math. Biosci.* 61: 1-16.

[436] G. F. Webb (1984), A semigroup proof of the Sharpe-Lotka theorem, In *Infinite-Dimensional Systems*, F. Kappel and W. Schappacher (eds.), Lect. Notes Math. 1076, Springer, Berlin, pp.254-268.

[437] G. F. Webb (1985), *Theory of Nonlinear Age-Dependent Population Dynamics*, Marcel Dekker, New York and Basel.

[438] G. F. Webb (1986), Logistic models of structured population growth, *Comp. Maths. with Appls.* Vol. 12A, Nos. 4/5: 527-539.

[439] G. F. Webb (1987), An operator-theoretic formulation of asynchronous exponential growth, *Trans. Amer. Math. Soc.* 303(2): 751-763.

[440] G. F. Webb (1993), Asynchronous exponential growth in differential equations with homogeneous nonlinearities, In *Differential Equations in Banach Spaces*, G. Dore, A. Favini, E. Obrecht and A. Venni (eds.), Lect. Notes in Pure and Applied Mathematics 148, Dekker, New York, pp.225-233.

[441] G. F. Webb (1993/94), Asynchronous exponential growth in differential equations with asymptotically homogeneous nonlinearities, *Advances in Mathematical Sciences and Applications*, Vol. 3: 43-55.

[442] M. Witten (ed.) (1983), *Hyperbolic Partial Differentail Equations -Populations, Reactors, Tides and Waves: Theory and Applications*, Pergamon Press, Oxford.

[443] K. Wysocki (1992), Behavior of directions of solutions of differential equations, *Differential and Integral Equations* 5(2): 281-305.

[444] K. Wysocki (1993), Some ergodic theorems for solutions of homogeneous differential equations, *SIAM J. Math. Anal.* 24(3): 681-702.

[445] 山口喜一・南條善治・重松峻夫・小林和正 (編) (1995),『生命表研究』, 古今書院, 東京.

[446] 山口昌哉 (1972),『非線形現象の数学』, 朝倉書店, 東京.

[447] 山口昌哉 (1975), 生物群集の数理 A 生態学モデル,『数理を通してみた生命』(岩波講座 現代生物科学 17), pp.123-146, 岩波書店, 東京.

[448] 山口昌哉 (1986),『カオスとフラクタル：非線形の不思議』, 講談社, 東京.

[449] J. Yang (2000), *An Evolutionary Epidemic Model with Application to Type A Influenza*, PhD Thesis, Arizona State University.

[450] J. Yellin and P. A. Samuelson (1974), A dynamical model for human population, *Proc. Natl. Acad. Sci. USA* 71, No. 7: 2813-2817.

[451] K. Yosida (1980), *Functional Analysis*, 6th Edition, Springer, Berlin.

[452] R. Zacher (2001), Persistent solutions for age-dependent pair-formation models, *J. Math. Biol.* 42: 507-531.

[453] A. D. Ziebur (1979), New directions in linear differential equations, *SIAM Review* 21(1): 57-70.

第 2 刷の追加文献

[454] O. Diekmann, J. A. P. Heesterbeek and T. Britton (2013), *Mathematical Tools for Understanding Infectious Disease Dynamics*, Princeton University Press, Princeton and Oxford.

[455] ミンモ・イアネリ，稲葉寿，國谷紀良 (2014),『人口と感染症の数理』, 東京大学出版会，東京.

[456] M. Iannelli and F. Milner (2017), *The Basic Approach to Age-Structured Population Dynamics: Models, Methods and Numerics*, Lecture Notes on Mathematical Modelling in the Life Sciences, Springer.

[457] H. Inaba (2006), Mathematical analysis of an age-structured SIR epidemic model with vertical transmission, *Disc. Conti. Dyna. Sys.* Series B, 6(1): 69-96.

[458] H. Inaba (2007), Age-structured homogeneous epidemic systems with application to the MSEIR epidemic model, *J. Math. Biol.* 54: 101-146.

[459] 稲葉 寿（編著） (2007),『現代人口学の射程』, ミネルヴァ書房，東京.

[460] 稲葉 寿（編著） (2008),『感染症の数理モデル』, 培風館，東京.

[461] H. Inaba (2016), Endemic threshold analysis for the Kermack–McKendrick reinfection model, *Josai Mathematical Monographs* vol. 9: 105-133.

[462] H. Inaba (2017), *Age-Structured Population Dynamics in Demography and Epidemiology*, Springer, Singapore.

[463] H. Inaba (2019), The basic reproduction number R_0 in time-heterogeneous environments, *J. Math. Biol.* 79: 731-764.

索 引

人名索引

【A】

アーサー (W. B. Arthur)　335
アルツロウニ (M. Artzrouni)　111

【B】

ベイリー (N. T. J. Bailey)　9
バートレット (M. S. Bartlett)　9
バウアー (F. L. Bauer)　365
ベルナルデリ (H. Bernardelli)　9
ベルヌーイ (D. Bernoulli)　4
バーコフ (G. Birkhoff)　8, 102
ベック (R. Böckh)　6
ボルトキヴィッチ (L. V. Bortkiewicz)　6
ブラウアー (F. Brauer)　147
ブーゼンバーグ (S. Busenberg)　139
ブシェル (P. J. Bushell)　365

【C】

カスティロ・シャベス (C. Castillo-Chavez)　275
クレメント (Ph. Clément)　357
コール (A. Coale)　8
コーエン (J. E. Cohen)　1, 110
サイラス・チュー (C. Cyrus Chu)　162

【D】

デッシュ(W. Desch)　357
ディークマン (O. Diekmann)　13, 195
ダブリン (L. I. Dublin)　10

【E】

オイラー (L. Euler)　4

【F】

フィーニー (G. Feeney)　94
フェラー (W. Feller)　6, 38
フィッシャー (R. A. Fisher)　45
フラウェンタール (J. C. Frauenthal)　161
フレデリクソン (A. G. Fredrickson)　181

【G】

ゴルビツキー (M. Golubitsky)　111
グラスマン (J. Grasman)　215

グラント (J. Graunt) 2
グリッペンベルグ (G. Gripenberg) 195
ガーティン (M. E. Gurtin) 13
ギレンベルグ (M. Gyllenberg) 353

【H】

ハデラー (K. P. Hadeler) 168, 182
アンリ (L. Henry) 82
ハーシュ (M. W. Hirsch) 179

【I】

イアネリ (M. Iannelli) 46, 118
伊藤 77

【K】

ケーパー (H. G. Kaper) 215
ケーラー (E. B. Keeler) 111
ケンドール (D. G. Kendall) 9, 167, 195
ケルマック (W. O. Kermack) 7, 195
キーフィッツ (N. Keyfitz) 185
キングスランド (S. E. Kingsland) 10
クラスノセルスキー (M. A. Krasnoselskii) 376
クレイン (M. G. Krein) 359
クチンスキー (R. R. Kuczynski) 6, 164

【L】

ルブラ (H. Le Bras) 13, 61
レスリー (P. H. Leslie) 9
ルイス (E. G. Lewis) 9
ロペス (A. Lopez) 8
ロトカ (A. J. Lotka) 5, 11
ルネル (S. M. V. Lunel) 39

【M】

マッカミイ (R. C. MacCamy) 13
マルサス (T. R. Malthus) 2
マルチェバ (M. Martcheva) 185
マトコフスキー (B. J. Matkowsky) 215
マッケンドリック (A. G. McKendrick) 5, 7, 195
メッツ (J. A. J. Metz) 13, 195
ミルナー (F. A. Milner) 185
森田 6

【N】

ノートン (H. T. J. Norton) 8
ノートシュタイン (F. W. Notestein) 10

【O】

オストロウスキー (A. M. Ostrowski) 365
オストワルト (F. W. Ostwald) 11

【P】

パール (R. Pearl) 5, 11
ピーズ (C. M. Pease) 296
レオナルド・ピサノ（フィボナッチ）(Leonardo Pisano/Fibonacci) 3
ポラード (A. H. Pollard) 165
ポラード (J. H. Pollard) 323
プレストン (S. H. Preston) 323, 333
プリュス (J. Prüss) 186

【Q】

ケトレー (A. Quetelet) 4

【R】

レディンギウス (J. Reddingius) 195
ロジャース (A. Rogers) 13, 61
ロスチャイルド (M. Rothschild) 111
ルトマン (M. A. Rutman) 359

【S】

サミュエルソン (P. A. Samuelson) 6
シャパッヒャー (W. Schappacher) 186
ショーン (R. Schoen) 13
シャープ (F. R. Sharpe) 5
ソーパー (H. E. Soper) 221

用語索引

【マ】

著者略歴

稲葉 寿（いなば・ひさし）

1957 年　神奈川県茅ヶ崎市に生まれる．
1982 年　京都大学理学部数学科卒業．
1982 年　厚生省人口問題研究所研究員となる．
1989 年　ライデン大学より PhD 取得．
1996 年　東京大学大学院数理科学研究科助教授．
2007 年　東京大学大学院数理科学研究科准教授．
2014 年　東京大学大学院数理科学研究科教授．
現在に至る．

数理人口学

2002 年 3 月 15 日　初　版
2020 年 7 月 20 日　第 2 刷

[検印廃止]

著　者　稲葉 寿
発行所　一般財団法人 東京大学出版会
代表者 吉見俊哉
153–0041 東京都目黒区駒場 4–5–29
電話 03–6407–1069　Fax 03–6407–1991
振替 00160–6–59964
印刷所　三美印刷株式会社
製本所　牧製本印刷株式会社

ISBN 4–13–066901–X Printed in Japan